O LIVRO DOS SABERES

TÍTULO ORIGINAL:
Le Livre des Savoirs

© *Grasset et Fasquelle, 2007*

TRADUÇÃO: Luís Filipe Sarmento

REVISÃO: Marcelino Amaral

DESIGN DE CAPA: FBA

DEPÓSITO LEGAL Nº 294 023/09

Biblioteca Nacional de Portugal – Catalogação na Publicação

VON BARLOEWEN, Constantin

O livro dos saberes. – (Extra colecção)
ISBN 978-972-44-1527-7

CDU 316

PAGINAÇÃO: RPVP Designers

IMPRESSÃO E ACABAMENTO
Guide – Artes Gráficas, Lda.
para
EDIÇÕES 70, LDA.
em
Maio de 2009

ISBN: 978-972-44-1527-7

Direitos reservados para Portugal
por Edições 70

EDIÇÕES 70, Lda.
Rua Luciano Cordeiro, 123 – 1.º Esq.º
1069-157 Lisboa / Portugal
Telefs.: 213190240 – Fax: 213190249
e-mail: geral@edicoes70.pt

www.edicoes70.pt

Esta obra está protegida pela lei. Não pode ser reproduzida, no todo ou em parte, qualquer que seja o modo utilizado, incluindo fotocópia e xerocópia, sem prévia autorização do Editor. Qualquer transgressão à lei dos Direitos de Autor será passível de procedimento judicial.

O LIVRO DOS SABERES
CONVERSAS COM OS GRANDES ESPÍRITOS DO NOSSO TEMPO

Constantin von Barloewen
(Organização)

À memória de Gisa e Bengt, com toda a minha gratidão e afecto, desde a infância em Buenos Aires – para sempre.

E para o Daniel com toda a minha esperança no futuro.

«Os seres humanos são o que nós nos lembramos deles. O que nós chamamos vida é, no fim de contas, a manta de retalhos da lembrança de um outro.»

JOSEPH BRODSKY

Agradecemos a Jochen Winter pela sua colaboração neste projecto. Quinze das entrevistas têm por base as suas adaptações e traduções em alemão publicadas no *Frankfurter Rundschau*, cedendo-nos os direitos exclusivos de publicação.

Agradecimentos

Quando eu e André Heller regressámos uma tarde ao hotel Minza, depois do nosso passeio por Tânger, o produtor Rudi Dolezal, de Viena, esperava-nos no *foyer*. Fora ele que produzira a entrevista televisiva de Paul Bowles que esteve na origem da nossa visita à cidade. Expus-lhe em poucas palavras a nossa ideia de uma biblioteca intercultural. Já estávamos próximos do fim do milénio. O visionário que é Rudi Dolezal ficou imediatamente muito interessado. Mais tarde, ele falou com o seu sócio Hannes Rossacher, da DoRoProduktion, em Viena, e a aventura começou. Tivemos o apoio da ORF, em Viena, e do Canal Arte, a quem exprimo os meus mais profundos agradecimentos.

Mas quero deixar, particularmente aqui, o meu agradecimento a todos aqueles que foram os nossos companheiros desde a primeira hora, os produtores Rudi Dolezal e Hannes Rossacher, assim como a Lukas Sturm, que, ao longo de todas as vicissitudes e acasos que o projecto conheceu, manifestaram uma grande coragem no seu papel de chefes de equipa e nunca hesitaram perante nenhum risco em avançar, mesmo antes que tivéssemos garantido um efectivo financiamento, com as despesas correspondentes às grandes viagens aos universos dos nossos interlocutores: a Joanesburgo, em casa de Nadine Gordimer; ao Rio de Janeiro, em casa de Oscar Niemeyer; a Nova Iorque, com Elie Wiesel, a Princeton ou a Harvard. Quero agradecer particularmente a Piuerre-André Boutang que, com a sua grande experiência e envolvimento, teve um papel, em representação do Canal Arte, determinante para que o projecto tivesse pernas para andar.

Também quero agradecer àquele que foi durante longos anos o decano da Faculty of Arts and Science da Harvard University, Henry Rosovsky, que, em todas as nossas visitas a Harvard, nos deu um apoio moral e amigo e que sempre nos encorajou com muita determinação. Também quero enviar igualmente os meus agradecimentos ao Director-Geral da Unesco, à época, Federico Mayor, por todo o seu apoio e pelo patrocínio oficial da Unesco.

É para mim evidente que nenhuma versão televisiva pode realmente reflectir, mesmo aproximadamente, a profundidade e a substância intelectual destas entrevistas. Concentrámo-nos, então, numa edição em livro. Envio a este propósito os meus sinceros agradecimentos a Anne Dufourmantelle que participou discretamente numa série de entrevistas, por exemplo com Claude Lévi-Strauss, e que, desde o primeiro instante, se envolveu fortemente na publicação da obra escrita. Ela foi uma amiga desde a primeira hora.

Quero agradecer também ao ensaísta e poeta Jochen Winter pelo seu notável trabalho de tradução e de redacção. Agradecimentos particulares, e com um grande respeito, vão também para Olivier Mannoni pelo seu trabalho de tradução e edição, como sempre, notável. Christophe Bataille assumiu constantemente, ao longo do percurso que foi o trabalho de edição, a pesada tarefa de coordenar os interlocutores dispersos pelo mundo inteiro: envio-lhe o meu mais profundo agradecimento. Envio, finalmente, os meus mais sinceros agradecimentos a Olivier Nora, PDG das edições Grasset, que se encarregou pessoalmente, durante muitos anos, deste projecto tão complexo. Sem a sua obstinação, o seu envolvimento, a sua coragem de editor, a publicação nunca teria tido lugar.

Os meus últimos agradecimentos, muito pessoais, vão para a minha colega e sócia neste projecto, assim como de muitos outros, a minha amiga Gala Naoumova que não somente me deu a sua assistência indispensável em todo o suporte, assim como na organização do projecto, tendo um papel intelectual activo na elaboração e realização deste trabalho do início ao fim. Ela foi igualmente uma fonte de equilíbrio, de paz e de encorajamento ao longo de todos estes anos, nas viagens, nos encontros e entrevistas com os protagonistas. Nunca deixou de nos dar confiança e ser compreensiva nas fases mais difíceis do trabalho, ainda que os obstáculos parecessem intransponíveis e que fosse necessário ultrapassá-los de qualquer maneira.

C.V.B. Agosto 2007

Prefácio

> «Não o prazer, não a glória, não o poder: a liberdade,
> unicamente a liberdade»[1].

Não é fácil contar em poucas palavras a origem deste projecto, de encontrar o que constitui a sua raiz – o que fica é apenas uma certa impressão de encantamento que nos deixou.

Num primeiro momento, em Tânger. O meu amigo André Heller, artista multimédia austríaco, pedira-me para que lhe encontrasse uma maneira de ser apresentado a Paul Bowles. Estávamos em Maio de 1997, queríamos gravar uma entrevista com este para canais de televisão internacionais.

É uma daquelas cidades em que sentimos que não é a primeira vez que a visitamos. Percorremos ruas desconhecidas e tivemos a impressão que os *souvenirs* nos cumprimentavam, que vozes conhecidas nos chamavam.

Depois de termos passado muitas horas a discutir no pequeno apartamento de Paul Bowles que, esticado na sua cama, vestido com um robe cor de camelo, pronunciara palavras luminosas, deambulámos, como se estivéssemos ébrios, pelas ruas nocturnas de Tânger. Dormimos pouco e moderámos as nossas peregrinações no dia seguinte.

1   Fernando Pessoa, *Livro do Desassossego*.

Se o papel de Tânger merece ser mencionado, é porque somente o silêncio e uma interioridade meditativa, desprovido de acessórios incómodos da técnica moderna, nos permitiram ter uma visão virada para o futuro, indispensável à preparação deste projecto.

As cidades são, muitas vezes, parecidas com os homens: elas são tristes e velhas, jovens e sorridentes, ameaçadoras e frágeis, flexíveis e cansativas. Frequentemente, fazem lembrar ao visitante um quadro, um livro, uma canção, um sonho; em casos felizes elas emanam uma energia poética, as imagens coloridas de uma impaciência reprimida.

Nós estávamos ainda sob os efeitos da nossa entrevista com Paul Bowles quando nos surgiu uma ideia como um relâmpago: que felicidade seria se tivéssemos, hoje, ao nosso dispor, conversas de fundo com André Gide, Henry James, Marcel Proust, Walt Whitman, Ralph Waldo Emerson ou Henry D. Thoreau, só para citar alguns. A leveza do material, a precisão das câmaras digitais permitiriam realizar e produzir, hoje, um projecto deste género. Assim nasceu a ideia de uma biblioteca intercultural visual que registaria para a posteridade as palavras dos grandes espíritos do nosso tempo no limiar do Terceiro Milénio.

Mas naquele momento encontrávamo-nos em Tânger, uma obra-prima realizada pelos seus habitantes e a sua arte de viver, com essa maneira preguiçosa, sensual, voluptuosa de saborear a existência em harmonia com a vida alegre que a sua juventude oferece, com essa descontracção e essa sensualidade furiosa que se manifesta no *kasbah*.

Centenas de barcos cobertos de bandeirolas percorriam o porto, que parecia mais solitário quando regressámos do passeio pela cidade. Os muros envolviam-no, velhos galões surgidos do passado, plenos da atitude majestosa de um monge gigante, inspirando ao mesmo tempo melancolia e um imenso respeito, exprimindo tudo o que esta cidade pode ter de mágico e de sedutor. Um sentimento de efémero toma conta do indivíduo logo que sente a sombra desse passado grandioso.

Tânger dá a impressão que tudo o que tem um carácter maravilhoso não se enraíza apenas no eterno, mas é também virado para Deus e para os símbolos da religião. Poder-se-ia dizer que ela mal se pode erguer perante a imobilidade rígida de Deus sem o ornamento lúdico dos minaretes e das pequenas torres elegantes e recortadas.

A cada instante, sombras humanas cruzam-se e cumprimentam-se em sussurro nas ruas estreitas. Elas têm, num primeiro olhar, o ar de mensageiros da morte, mas estas silhuetas negras e discretas controlam na realidade grandes grupos de crianças que lhes são confiadas. Distingue-se também os rostos pacíficos, tranquilos, sente-se ao mesmo tempo a grandeza e a morte que espia, escondida em cada recanto. Contudo, mesmo na densa obscuridade desta fé cintila uma luz mística púrpura, reconhecemos aquela celebração fervorosa dos grandes milagres que nos tem tão fortemente iluminado e influenciado nas visões que deram luz a este projecto.

As pessoas exprimem também a arrebatada ternura dos rituais e da poesia das coisas que, por si só, conferem a sua densidade ao ardor pretensamente ingénuo das pessoas simples.

E, obviamente, o mar ali tão perto, que nos envolve, imóvel como um recipiente obscuro. Na costa, uma torre redonda e tenebrosa ergue-se como uma sentinela adormecida. O céu parece repousar nas águas negras da noite e as nuvens brancas sobrevoam como mensageiros do paraíso. A imponência está omnipresente nesta paisagem onírica onde beleza e tristeza são indissociáveis – as punhaladas à luz da lua, evocadoras de tribunais secretos, as portas simuladas e cheias de ferragens no *kasbah* bem próximo, as serenatas perdidas cuja bela melancolia roça a perfeição. Grandes matas emanam sombras que parecem contemplar a sua imagem reflectida nas águas e meditar. O silêncio é omnipresente, aqui repousa a eterna escuridão, mas o seu espelho negro tem também o céu cativo, sustentando o transcendente, o surreal, o brilho das estrelas na cidade, entre os bancos de nuvens de reflexos cambiantes.

Porque tudo, nesta cidade de sonho que ia francamente influenciar o nosso projecto, atraía silenciosamente nas suas paredes o espírito do misticismo. A cidade, em si, tem já qualquer coisa que parece escapar à realidade; mas os fios do destino – incluindo os nossos – parecem tecer-se à sua volta, enraizados em longínquos séculos. As pessoas andam sempre à procura de criptas frescas que lhes permitem descansar um pouco. Nos recantos sombrios do *kasbah*, as pessoas vivem e encaminham-se, no entanto, para o incompreensível. É estranho que se sinta também fortemente esta sabedoria deformada dos manuais escolares segundo a qual a morte é necessariamente uma coisa muito triste e a vida uma violência interminável que impele mesmo os recalcitrantes do amor.

Tânger, as suas ruas brancas, o seu calcário luminoso e cintilante, e à luz da manhã aquela faixa de mar azul e fluida, os minaretes como uma cabeça adornada, bem acima da cidade, com as suas galerias frescas e abobadadas e colunas que impõem respeito.

Mal a tarde cai nesta faixa estreita e delicada onde o ar entra em contacto com a água, um pequeno toque de cor, quase uma intuição, uma exalação, ansiosa, brevemente perturbada de novo pelo início da obscuridade do céu. Na nossa curta vida, o tempo parece ser uma longa espera.

E, de repente, o olhar capta e guarda uma silhueta infinitamente terna, pintada com cores sombrias, que se mostra como um remoto cenário. As crianças brincam por todo o lado. A juventude vive da sua juventude, a velhice, do tempo. Nós envelhecemos perante um impreciso ontem e vagos amanhãs.

Subitamente – terá sido a manobra de um navio ou um raio do pôr-do-sol que se ilumina? – brilha como uma opala, de um branco leitoso resplandecente de todas as cores da tarde, uma linha luminosa na curvatura azul do céu, a cidade iluminada, Tânger, de um branco vivo, um clarão monstruoso, como um diamante trespassado pelo reflexo refulgente de discos que emanam em múltiplos clarões os últimos raios de sol.

O homem parece girar, ele gira até que pára num ponto onde nada espera, mas onde tudo espera.

Tudo em volta das cores se mistura para formar tonalidades mais sombrias, as colinas escurecem, o mar torna-se cinzento crepuscular, o sol vai ficando alaranjado e pálido, perdendo-se no céu, a atmosfera ganha, finalmente, aquela distância e aquela incerteza do fim de tarde que as palavras nunca conseguem explicar. O homem parece sentir-se perto do nada, como se estivesse quase na presença de Deus. Quantas vidas existem numa vida, por uma só vida! Uma flor morta na mão, fazendo nascer uma estrela. O eterno é o resultado da vida eterna.

De repente, aparecem os pequenos cafés. Instalamo-nos para falar do projecto que nos une. Ouvimos ao fundo os artesãos que talham arabescos nas lâminas, de um golpe subtil e prateado, a forja encontra-se a um canto à luz vacilante. Esta vida estrangeira, nos seus sombrios labirintos, tem a atracção mística do incompreensível, atenuada pela constante sensação de ser ao mesmo tempo feliz e infeliz. Na nossa breve existência, a vida é compensada por um curto fim. No último momento, toda a nossa vida não dura senão um instante.

Tânger tem uma forma específica de solidão: uma solidão clara, quase luminosa, um pouco distante da tristeza e da legião de obscuras memórias que assombram tão facilmente as residências abandonadas de cidades mortas como Bruges ou Toledo. Em Tânger, sentimos a calma tranquila do sol, do silêncio, do espaço vivido, sentimo-nos tomados por uma animação secreta, por uma linguagem enigmática, mais eloquente, nos seus gestos mudos, mais do que pelas vozes da multidão. As palavras parecem emanadas das pedras, dá a sensação que as paredes falarão durante toda a eternidade.

Por que razão me parece este breve quadro de Tânger tão necessário? Porque foi lá que o nosso vasto estaleiro nasceu, no decurso da tentativa de encontrar o elo encantado da memória, a fórmula secreta que tais visões oferecem. Elas parecem, contudo, ao abrigo de qualquer perigo, nas barcas aéreas da imaginação, as que transportam os sonhos, levadas por uma profunda curiosidade que, ignorando tudo, tudo contam. É isto que nós queremos fazer com este grande número de entrevistas, com essas testemunhas lendárias que trazem com elas os louros da sua própria lenda. Nós estamos em busca da eternidade, do sopro animado do homem, semelhante ao elemento imperecível da água que nos rodeia nos nossos passeios quotidianos por Tânger: como um prefácio encenado nesta «comédia humana» que se irá reflectir mais tarde no pensamento múltiplo dos nossos interlocutores.

Logo que tomámos a decisão de nos aventurar nesta «biblioteca visual e intercultural», era ainda um objectivo sem perigo. Procurávamos a margem desconhecida onde a energia penetraria com toda a sua força, o lugar onde libertaríamos as tradições intelectuais dos seus pés de chumbo no sentido de tentar seriamente lançar um olhar circular sobre um mundo redondo.

A «biblioteca intercultural» não podia fazer outra coisa senão esforçar-se por atingir um firmamento de conhecimento e de saber.

É sempre a profundidade do pensamento o que está aqui em causa, mas são também os elementos isolados e marginais da existência e da criação intelectual – sem tudo isto, a abstracção que é o ser humano permanece inexplicável, assim como a esperança no progresso. Isto vale sobretudo para a *ratio* científica que devemos abordar com o maior dos escrúpulos e que não é necessário confundir com erudição científica. Este ponto é de uma grande importância para a escolha de parceiros. As entrevistas são muito mais que monografias, elas são a expressão de um processo criativo. Sustentadas pela inteligência intuitiva da palavra falada não têm a rigidez universitária. No melhor dos casos, elas revelam o segredo interior de um grande artista ou de um grande pensador, elas são também o carácter espontâneo que resulta de associações de ideias, penetram nos recantos do pensamento, como um prisma, como uma lupa.

Escolhemos protagonistas que, cada um no seu domínio, marcaram profundamente o século passado. Mas tivemos sempre o olhar virado para o século XXI. Ultrapassando os limites das disciplinas, nos domínios da arte, da literatura, das ciências religiosas e culturais, da antropologia, das ciências da natureza, da música, eles deviam ir até aos limites do saber. Devíamos reunir figuras marcantes do mundo intelectual que tivessem exercido uma grande influência no decurso das décadas anteriores e que o continuariam a fazer. Estes homens e estas mulheres deviam estar abertos às questões centrais da civilização mundial, às questões fundamentais da «situação intelectual» do seu tempo, para retomar a expressão tão apropriada de Edmund Husserl. As figuras dos fundadores do século XX deviam tomar concretamente posição sobre a sua obra, sobre os desafios do tempo presente e do futuro. Era necessário que as diferentes culturas do mundo estivessem representadas, que surgisse o «multiuniverso», o multidiálogo das culturas, característico de uma civilização mundial do século XXI.

Sobre todas estas questões era necessário também um comprometimento: o cosmos não parece constituir uma ordem *sui generis*. Há o contributo do ser humano. Muitos dos nossos interlocutores tinham chegado ao termo da sua vida profissional e tinham chegado a uma idade que predispõe para a sabedoria e para uma visão de conjunto. Tivemos sempre a mesma impressão: mesmo a eternidade parece não durar mais do que um instante. Um momento suficiente para que se apague tanto cem anos como uma fracção de segundo. Seguidamente, relendo todas as entrevistas, uma impressão dominava: em certas pessoas, é a calma interior e exterior que parece tudo dirigir.

O monge distingue-se na solidão pelo seu carácter sublime, o eremita do deserto conhece a grave majestade que confere uma abertura desconhecida, ele sabe que Deus está presente nas pedras e nas cavernas esculpidas do mundo, nas altas e longínquas montanhas, talvez como sucedâneo dos prazeres terrestres da existência. Está cercado por um arco de renúncia, característica do apóstolo, de uma energia, de um tipo de oração que se assemelha sempre a um lamento: à ideia de ter pedido muito pouco à vida e de ter visto mesmo assim recusado essas poucas coisas, na sua busca de um raio de sol, de uma razão animada e que não destrói, duma faculdade de viver as suas visões, que são muito mais que simples divertimentos, de uma vontade não débil, de uma busca de felicidade que embala o ser humano como uma criança nas sombrias profundidades de uma sensibilidade criativa.

Uma noite, já a uma hora tardia, no regresso de uma entrevista com Ernesto Sábato, um homem quase cego que vivia no pobre subúrbio de Santos Lugares, onde encontrei a sua pequena casa ao abrigo de uma sebe, descobri na gare degradada de Retiro, em Buenos Aires, uma inscrição deslavada, feita a giz e mal legível numa parede que se deteriorava. Ela fazia, sem dúvida, alusão a Jorge Luís Borges e à sua biblioteca de Babel. Queria dedicá-la a este projecto que me teve capturado durante tantos anos: «A humanidade não sabe para onde vai porque não espera por ninguém – nem mesmo Deus».

Uma pequena verdade esconde-se, provavelmente, atrás destas palavras: o homem gostaria de ser Deus – mas sem a sua cruz.

Constantin von Barloewen

«Nasci no Alcorão»
Adónis

Adónis (pseudónimo de Ali Ahmed Saïd Esber) é hoje considerado o maior poeta árabe vivo. O seu pseudónimo refere-se ao deus de origem fenícia, símbolo da renovação cíclica. Nascido em 1930 numa pequena aldeia das montanhas do Norte da Síria, Adónis foi iniciado na poesia pelo seu pai, um agricultor letrado. Em 1947, muda-se para a cidade vizinha onde vai encontrar o presidente sírio Choukri al-Kouwatli. Adónis, então com a idade de doze anos, declama a sua prosa e conquista os espectadores. O presidente decide conceder-lhe uma bolsa. Inscreve-se no liceu francês de Tartous. Em 1954, licencia-se em Filosofia na Universidade de Damasco. Publica os seus primeiros poemas com dezassete anos. O seu livro *Chants de Mihyar le Damascène* publica-se em 1961 e simboliza um dos actos fundadores da poesia árabe moderna. A tradução em francês, que irá aparecer em 1983, marcará para Adónis o início do seu reconhecimento mundial. Em 1955, é preso durante seis meses por pertencer ao Partido Popular sírio, um partido que preconiza a expansão da Síria em quase todo o Médio Oriente. Após a sua libertação em 1956, foge para Beirute onde funda em 1957, com o poeta sírio--libanês Youssouf al-Khal, a revista *Chi'r* (Poesia) que tem como objectivo libertar a poesia árabe das suas grilhetas e abri-la às influências estrangeiras. Em 1968, funda a revista *Mawâkif* (Posições), que se quer um espaço de liberdade ao mesmo tempo que um laboratório de renovação «desestruturante» da poesia – ela é imediatamente interdita no mundo árabe. É ali que traduz para árabe Baudelaire, Henri Michaux, Saint-John Perse e em francês Aboul Ala el-Maari. Adónis procura a renovação da poesia árabe contemporânea, apoiando-se no seu passado glorioso mas olhando também para a riqueza da poesia ocidental. No seguimento da guerra civil libanesa, ele foge do Líbano em 1980 para se refugiar em Paris a partir de 1985. Hoje, a poesia de Adónis, feita de múltiplos ecos, leva a sua voz para lá das fronteiras do espaço e do tempo. Entre as suas principais obras destacam-se *Canções de Mihyar e de Damasco* (1961), *Epitáfio para Nova Yorque* (1971), *Crónica das Ramas* (1991).

Senhor Adónis, o que pensa do Alcorão enquanto livro que visa preservar as tradições, tendo em conta todo um carácter absoluto numa determinada situação histórica?

É necessário que se diga que eu não pretendo compreender o Alcorão, porque não sou um muçulmano praticante, eu nasci, se é que posso dizer desta maneira, no Alcorão, porque recitei versículos, até suras completas, na minha infância, foi o meu pai que me iniciou nessa leitura. Com a distância que fui ganhando em relação ao plano religioso, vejo agora o Alcorão como um texto primeiro, e não podemos, actualmente, separar esse texto do texto a que chamarei segundo; o texto segundo é a interpretação ou o conjunto de interpretações feitas pelos ulemás, os juristas e os filósofos, assim como pelos políticos e pelos indivíduos que se encontravam no círculo do califa. Portanto, este segundo texto, muito complicado e muito distinto, tem, do meu ponto de vista, eclipsado o primeiro texto; para melhor compreender, agora, o Alcorão enquanto livro revelado, é necessário libertar este primeiro texto dos livros segundos, porque os textos, ou os textos segundos, *ideologisaram* o Alcorão, politizaram-no, donde os movimentos fundamentalistas de todo o tipo. Do meu ponto de vista, nada disto tem a ver com o texto primeiro do Alcorão. Mas como libertar o texto primeiro do texto segundo? Isso parece-me muito difícil.

Um pensador, um filósofo, um artista, um poeta pode, a título individual, reler o Alcorão, mas é necessário que toda uma nação, todo um povo aceite essa leitura. E, no fundo, a problemática actual é o dualismo entre o texto primeiro e o texto segundo.

Os fundamentalismos não existem somente nas tradições islâmicas, mas também nos cristãos, nos hindus, e mesmo nos budistas.

E também nos judeus.

Estes fundamentalismos, de uma certa maneira, não serão uma forma de antimodernismo? Na Argélia, no Irão, no Paquistão, por exemplo.

Sim, justamente, mas isso depende da concepção que se tem da modernidade ou do modernismo. O que é que quer dizer, no sentido absoluto, modernidade? Se falamos de modernidade na Alemanha ou no Ocidente, isso quer dizer qualquer coisa de radicalmente diferente da modernidade na nossa sociedade árabe ou em África, por exemplo, ou na Índia.

Não há uma modernidade, mas uma pluralidade de modernidades, através das tradições culturais e religiosas, modernidades múltiplas.

Exactamente. Há muitas modernidades, então para melhor circunscrever a sua questão, é necessário ver o que querem dizer modernidade e fundamentalismo.
Na minha opinião, o fundamentalismo, sobretudo o muçulmano, é encorajado e sustentado pelo Ocidente, essencialmente pelo Ocidente moderno. Há uma relação directa entre a política de um certo Ocidente e o fundamentalismo no nosso país. Mas no absoluto, cada fundamentalismo, cada fundamentalismo é antimoderno, antimoderno no sentido em que é antiabertura, antiliberdade, anti--superação, anti-investigação, etc. O fundamentalismo é sempre um regresso ao passado, um caminho para trás. Caminha-se para o futuro através do passado, o que é o contrário de todo o esforço moderno.

O senhor descreve-se a si mesmo como, digamos, quase um rebelde, na tradição herética dos poetas e dos místicos da Idade Média.
Sim, é necessário evocar de novo esses dois níveis no Islão, o nível do primeiro texto e o nível do segundo texto. Eu sou categoricamente contra o segundo texto, contra o que se chama os juristas da lei, os ulemás, eu estou do lado dos místicos, do lado dos poetas, que leram ou que lêem o Alcorão para além de toda a ideologia e de toda a preocupação de *ideologisar* o Alcorão, e neste sentido, sou herético perante o fundamentalismo, e há indivíduos que vêem o Alcorão como um texto a tomar ao pé da letra, em vez de se agarrar a uma interpretação que vai para além do ser, é o que se chama a aparência; é necessários procurar, além desta aparência, o sentido oculto. Dou-lhe um exemplo: há um muçulmano fundamentalista que acredita no inferno, que acredita no paraíso, textualmente, como é descrito no Alcorão; mas há muitos místicos, e mesmo muçulmanos crentes, que não acreditam nisso, que explicam que o inferno não é outra coisa senão um símbolo, assim como o paraíso. Assim, torna-se necessário interpretar simbolicamente estas concepções ou estas crenças. Eu estou do lado dos místicos que tentam reler o Alcorão enquanto texto espiritual para além da lei e, sobretudo, para além da política.

O senhor foi afastado da União de Escritores sírios por ter defendido um diálogo com autores israelitas.
Sim, assisti a um colóquio em Granada, organizado pela Unesco, e disse que, agora, Israel faz parte de uma região geográfica cuja herança é múltipla: houve os Sumérios, os Assírios e a seguir os Gregos, o cristianismo, os faraós, a geração egípcia, incluindo o judaísmo. Como tal, é uma mestiçagem cultural extraordinária e o cristianismo tem adoptado essa mestiçagem, e isto porque o cristianismo é, ao mesmo tempo, religião e cultura, como o islão. O islão era também uma cultura, estava aberto a todas as outras religiões, havia ministros judeus no seio do regime muçulmano em Bagdad e em Damasco, e havia também cristãos; os judeus e os cristãos faziam parte integrante da sociedade árabe e da cultura árabe. E eu levantei essa questão. Agora, se Israel quer

realmente a paz, se quer viver realmente com os árabes, deve aceitar esta mestiçagem, deve participar nesta mestiçagem. É por isto que eu me questiono se, um dia, não poderemos ter, por exemplo, um ministro cristão no seio do governo israelita, não para representar a minoria cristã, mas para representar toda a sociedade; da mesma maneira haveria um ministro muçulmano, assim como há em Marrocos dois ministros judeus que representam a totalidade da sociedade marroquina; se, além disso, houver um ensino misto aberto a todos os cristãos, aos judeus e aos muçulmanos, igualmente, e se se alterar a lei do casamento dos judeus, se fizerem isto, provarão, caros Israelitas, caros judeus, que querem viver juntos nessa sociedade. Mas se patrocinam uma escola só para vós e rejeitam os outros, isso não pode conduzir a uma paz política, não a uma paz entre povos, a uma paz cultural, a uma paz humana.

A sua obra está marcada, no seu conjunto, pela questão da identidade árabe nos tempos modernos, mas também pela recusa de responder a esta questão.

Aí está o nó do problema. Há uma certa concepção, diria, fundamentalista de identidade. Pensa-se que a identidade é uma coisa fabricada antecipadamente, pré-existente... e que o ser humano é apenas uma realização dessa identidade pré-fabricada. É como uma fonte e os descendentes devem sempre encontrar a sua identidade nessa fonte, na embocadura dessa fonte, exactamente no lugar onde ela emana... Eu tenho uma outra concepção de identidade. A identidade nunca é pré-fabricada, a identidade é uma abertura perpétua e isso não vem do passado, isso vem do futuro! O homem cria a sua identidade, criando a sua obra, pelo que a identidade é o infinito, nunca acaba, mesmo com a morte, nunca poderá estar terminada. É exactamente o contrário!

O seu trabalho sobre a questão da identidade, a reformulação constante da poesia na esteira do surrealismo, da mitologia oriental, da cultura árabe muçulmana e da mística especulativa, revela na sua obra um ecletismo produtivo que permite, que favorece mesmo a oscilação

entre tradição e cultura, gerando também essa polifonia que lhe é própria e que dá à sua obra toda a sua originalidade.

Agradeço-lhe por ter dito isso. O que me dá um certo alívio e me tranquiliza. A tradição do povo a que pertenço não é somente a tradição árabe. A tradição árabe remonta a dois mil anos, mas eu pertenço a uma tradição que remonta a cinco mil anos, talvez mais, eu pertenço a uma tradição moderna, a da modernidade. Toda a tradição humana é a minha e, assim, tento abrir esta identidade árabe, esta poesia árabe a outras poesias, a outras identidades. Eu sinto que estou ligado a um Paul Celan, a um Goethe, a um Rimbaud, como estou ligado a não importa qual poeta árabe. É a importância da poesia, é como o amor, é um elemento que unifica os contrários.

Esse elemento de globalidade na tradição árabe, uma poesia universal, é a sua contribuição para a literatura do mundo.

É pelo menos o que eu tento fazer.

A poesia árabe pode ser ao mesmo tempo moderna em relação ao conceito definido pelo Ocidente e preservar a sua identidade de poesia árabe? Isso é possível?

Eu penso mesmo que a problemática moderna, a problemática da modernidade, era, antes de tudo, árabe, antes de ter sido ocidental. Os termos da modernidade, do moderno, encontram-se na tradição árabe a partir do século II da hégira, ou seja, a partir do século VIII da nossa era. Nós temos poetas que preconizaram esta modernidade um pouco à imagem de Baudelaire. Baudelaire tentou fazer uma síntese entre o que ele chamava o eterno e o que chamava o efémero, entre eternidade e tempo. Foi justamente isto que fez a poesia árabe mil anos antes de Baudelaire. Não se pode compreender a modernidade da poesia árabe sem ver esta dimensão histórica da nossa modernidade.

Quando constatou, com Nietzsche, a morte de Deus, sente-se por um lado um certo desespero e uma fragilidade existencial, mas, por outro,

o senhor parece dizer que isso pode ser uma oportunidade, para ousar um novo começo.

Quando digo: «Deus está morto», quero dizer que este Deus é o Deus do texto segundo, o Deus fundamentalista, a concepção fechada e quase antidivina de Deus. Dá-se de Deus uma imagem horrível e aterrorizadora, Assim, o Deus que é morto por mim é o Deus da religião, das instituições, etc., mas nunca disse que Deus, no absoluto, está morto. Deus como identidade, é necessário que o procuremos diante de nós. Deus nunca está atrás de nós, ele está sempre à nossa frente e ele vem da frente.

A viagem enquanto símbolo da fragilidade existencial não representa, para si, exactamente o contrário do enraizamento e do nacionalismo?

Absolutamente. Nesse contexto, estar enraizado não quer dizer de maneira nenhuma estar estável e rígido. Estar enraizado significa estar enraizado no movimento. Então, as minhas raízes, se é que há raízes, estão nos meus passos, nos meus movimentos, e terei sempre muitas raízes. As minhas raízes não estão apenas na minha tradição propriamente dita, as minhas raízes é também toda a humanidade.

E a viagem, será necessário quase dizer «vagabundagem», é também um sinal de libertação, de independência, de recusa das fronteiras: «Eu não conheço fronteiras», disse o senhor. A viagem será a forma mais elevada da poesia? Pensemos em Raymond Rouyssel, Michel Leiris, Rudyard Kipling ou em Joseph Conrad...

A viagem não é senão a metáfora do nosso futuro, dessa passagem perpétua para o futuro e para o desconhecido. Viajar é descobrir, viajar é ir ao mais longínquo da nossa existência física, e viajar é ligarmo-nos ao desconhecido. É por esta razão que a viagem é um grande símbolo para mim, um símbolo poético, mas também um símbolo existencial.

Nós conhecemos a celebração do indivíduo, o desenraizamento utilizado de uma maneira criativa e aberta sobre o futuro. O que é para si a noção de pátria?

A pátria para mim, nesta perspectiva, nunca é finita. Uma pátria é como o amor, é como um poema, ela está a recriar-se perpetuamente, incessantemente a renovar-se.

A sua poesia está marcada pela sede de conhecimento, o senhor inspira-se na corrente sufi e na dos «poetas insubmissos», para retomar a expressão da filósofa espanhola Maria Zambrano, discípula de Ortega y Gasset. Quando se refere a Rimbaud, a Mallarmé e aos surrealistas, reconhece na poesia uma capacidade, um poder, mais essencial no ser.

É o que eu penso, creio que a poesia tem sempre a última palavra a dizer, se é que há uma última palavra. A filosofia pode dar muitas ideias, muitas verdades, mas num determinado momento, num certo grau, já não tem respostas, ela já não tem mais... nenhuma verdade a dizer. É a mesma coisa para a ciência, para as outras disciplinas, para a história. Então, quando as formas de conhecimento guardam silêncio, ou quando não há nada mais a dizer, resta a poesia: sozinha, ela tem qualquer coisa, terá sempre qualquer coisa a dizer e, neste sentido, é a poesia que nos liga, que nos abre a esse desconhecido, logo ao que é essencial.

O senhor evocou, de resto, justamente no decurso da sua pesquisa sobre o segredo da existência, essa oposição entre realidade e metafísica, entre o que está oculto e o que é evidente.

Como sabe, isso vem-me da tradição! Há toda uma tradição que fundou essa concepção do mundo na interpretação do oculto, nomeadamente os filósofos xiitas e místicos; há sempre uma dialéctica entre o aparente e o escondido. Segundo eles, o que é aparente não representa a verdade, nem mesmo a realidade, o que é aparente é efémero, então se se quer procurar verdadeiramente o que é real e essencial é necessário ir em busca do oculto porque o oculto simboliza o infinito e o desconhecido, e se há uma verdade, então essa verdade reside no oculto, nesse infinito.

O seu poema sobre Nova Iorque (*Epitáfio para Nova Iorque*) faz lembrar no início Walt Whitman, o grande poeta americano que fora traído pela sua pátria e para acabar fez o processo da civilização industrial. Haverá alguma razão ao ser acusado de ter uma concepção pré-industrial?

Não, não sou contra a técnica. Sou contra a utilização da técnica. A tecnologia é um aspecto extraordinário do génio humano, na medida em que ela contribui para a felicidade do ser humano, mas um certo imperialismo, não direi do Ocidente, mas de um certo Ocidente, deformou a tecnologia, utilizando-a para destruir o mundo, não para ajudar a humanidade a evoluir, a viver melhor, pelo contrário; e a prova é o fabrico de armas, é isso o que traz a tecnologia moderna e eu sou contra isso.

A sua poesia é levada por uma dimensão religiosa? Ou seja, a sua interpretação do acto amoroso situa-se na tradição do Alcorão, como uma força libertadora, a poesia como sendo a metáfora superior?

Religiosa, mas não no sentido tradicional da palavra. Eu penso que o corpo tem em si mesmo a sua religião, o corpo é uma cultura, diria mesmo, é toda uma civilização. É por isso que eu insisto nesse mundo corporal, que está no seio do corpo, fora de toda a religião, e esta dimensão religiosa, eu chamar-lhe-ia mais uma dimensão mística ou, então, espiritual, porque, para mim, se há verdadeiramente um espírito, se há espírito, é o próprio corpo em si. Subverto as concepções tradicionais da relação entre corpo e alma ou espírito e considero que nós, seres humanos, pelo peso que tem o pensamento religioso, não reconhecemos o nosso corpo, ignoramo-lo absolutamente, mesmo os apaixonados não sabem fazer falar profundamente os seus corpos. Há todo um continente que é o corpo humano para descobrir de novo.

Deve-se pensar que os poetas possuem por vezes uma faculdade quase divina?

Sim, se nos lembrarmos o que é que «divino» quer dizer. Retornamos um pouco ao místico. O que é divino no místico ou no poeta, é o que se pode imaginar num estado de iluminação vivido pelo homem, ele torna-se transparente, e com essa transparência ele pode trespassar a opacidade do mundo. Há, nesse sentido, somente duas transparências, a transparência do ser humano e a transparência do mundo. E a fusão, o encontro destas duas transparências, é o divino. Há muitos poetas que tentaram chegar a essa transparência pela droga.

Sim, Henri Michaux, por exemplo.

Mas um verdadeiro místico não precisa nunca de droga; droga-se com a sua experiência, iluminando-se ou tornando-se transparente para ser capaz de trespassar, de superar essa opacidade do mundo e realizar a fusão entre esses mundos. E a isso chama-se o êxtase. No êxtase, não há limites, não há fronteiras entre a vida e a morte, e isso pode experimentar, cada pessoa pode experimentá-lo no acto sexual. Há, no acto sexual, o instante em que não sabemos se estamos vivos ou mortos. Esse instante é o divino, nos poetas e nos grandes místicos.

A literatura ocidental marcou-o tanto como a oriental; como é que a osmose entre Ocidente e Oriente se traduz na sua obra?

Para mim, há o Ocidente e o Oriente como geografia: isso não me interessa nada. Mas há em cada Ocidente muitos Ocidentes e em cada Oriente muitos Orientes. Há muita simplificação quando se fala de Oriente e de Ocidente. Podemos dizer que há no próprio Ocidente Orientes mais orientais que no Oriente geográfico e que há no Oriente Ocidentes mais ocidentais que no Ocidente geográfico. O Ocidente, para mim, é uma ideia, é uma concepção, mas é o humano que me interessa. Para mim, não há diferença entre Ocidente e Oriente, a não ser geograficamente, e a geografia não conta neste sentido. Logo, sinto-me, ao mesmo tempo, ocidental e oriental e não faço qualquer diferença.

Quais são os pais espirituais que o marcaram na sua obra?

No fundo, eu tenho sido mais influenciado por pensadores do que por poetas. Fui essencialmente influenciado por Heraclito. O que retive da sua dialéctica é que não se pode atravessar o mesmo rio duas vezes. Há no mundo esse movimento perpétuo. E fui influenciado por pensadores que criticaram sobretudo a civilização ocidental e particularmente a cristandade, a civilização cristã, como Nietzsche.

E a literatura latino-americana, com a grande tradição da «metafísica vivida» como Borges na Argentina, Arguedas no Peru, Guimarães Rosa no Brasil e Juan Carlos Onetti no Uruguai.

Eu conheço razoavelmente os poetas da América Latina como Octavio Paz, que foi um amigo. Conheço a sua obra e admiro-o. Também conheci Juan Rulfo.

Essa fractura inicial entre o eu, o mundo, o corpo e o espírito, o céu e a terra, poderá ser suplantado num estado que religue os pontos cardeais? Será possível nesse estado místico atingir o grau mais elevado da iniciação, um grau supremo se conseguimos unir os contrários?

É necessário chegar a esse ponto culminante último onde os contrários se dissolvem, onde já não há mais contrários. E há muitos místicos que se esforçaram, mas não somente os místicos, o próprio surrealismo trabalhou no sentido de chegar a esse ponto extremo onde já não há mais contrários. E isto vem, justamente, de Heraclito. Assim, é muito difícil explicar o itinerário ou, então, o processo, como se faz para chegar a esse estado. Mas, para se chegar aqui, torna-se necessária uma iniciação mística, e um dia espero que tenhamos a ocasião de realizar essa iniciação.

Através da riqueza metafórica das palavras árabes, o acto poético permite a criação de uma nova relação do sentido surgindo sob formas de epifanias.

Eis a questão do sentido. Primeiro, haverá um sentido e o que é que é esse sentido? Onde o encontramos? Na tradição árabe, o sentido preexistiu também. Quando o poeta árabe fala, o público exige dele o sentido que seja já conhecido. Quando ele fala de amor, quando ele fala de glória, quando fala da guerra, ele dá ao leitor ou ao auditor um sentido que ele, leitor ou editor, já conhece. Mas ele apresenta esse sentido de uma forma poética. A poesia, segundo a minha opinião, é uma busca perpétua desse sentido que se evade sempre, não podemos nunca chegar a um sentido. O sentido é uma busca perpétua. E se chegamos ao sentido, se você me diz ou alguém me diz «eu, conheço tudo agora, todos os sentidos, todo o sentido», como dizem os fundamentalistas de todo o tipo, em todas as religiões, isso quer dizer que o mundo torna-se fechado e antecipadamente conhecido. Em poesia, em filosofia, o mundo será sempre desconhecido e avançamos sempre na direcção do sentido.

Com uma grande modéstia.

Exactamente.

Que influência exerceu em si o Partido Popular sírio, que procurou erguer no Próximo Oriente um grande império, numa determinada época? Essa tentativa, que visava conferir uma identidade ao Próximo Oriente, que remetia para o tempo dos Fenícios e para a sua mitologia, atraiu-o?

Eu disse-lhe que considerava desde a minha infância que a minha tradição não é somente o que diz respeito às tradições árabes, a minha tradição é muito mais vasta, ela é suméria, fenícia, tenho dito e redito que a minha tradição é a tradição humana, é a humanidade.

A sua poesia não é marcada por uma visão mitológica e política do futuro, reflectindo uma nova realidade?

Pode ver-se na minha poesia alguns aspectos que aspiram a uma nova realidade, mesmo política. Pode-se ver isso. Mas no fundo, isso foi para mim acidental. O essencial era, e isso permanece sempre, um novo mundo no absoluto; as formas políticas e outras vão acontecendo.

O senhor disse uma vez que a cultura arábico-islâmica tinha necessidade de reformadores e de destruidores, como Nietzsche o foi para a cultura ocidental, de homens que destruiriam os princípios inteiramente rígidos da cultura árabe, que fariam emergir uma renascença espiritual e intelectual.

Absolutamente. Disse-o e repito. Temos sempre necessidade de uma forma de pensar radical que ponha em questão toda esta cultura, sobretudo a cultura ligada ao segundo texto, e hoje não encontro sinais de pensamentos que possam emergir aqui e ali no mundo árabe; e, assim, o futuro neste plano está, na minha opinião, em perigo.

Sim, o homem é remetido a si mesmo, mas será justamente nesta base, a da morte de Deus, no sentido de desenvolver o seu próprio potencial criador e de fruir, assim, dessa morte?

Não, Deus nunca morrerá! O problema não é Deus em si mesmo, são as concepções de Deus, e esse é o problema! É necessário ainda que nos desembaracemos das concepções rígidas e fechadas de Deus, ou ver no mundo um outro Deus.

Considera, como os existencialistas, a condição do ser humano como uma existência apátrida? Como uma vagabundagem sem fim nem objectivo, o que exprime através de Ulisses enquanto personagem parabólica na sua poesia?

É isso a viagem. Uma pátria é também um tipo de viagem, é por essa razão que digo: mesmo que Ulisses tenha regressado, ele não regressou para ver a sua pátria ou o seu país, porque mesmo no seio do seu país ele continuará em viagem. O próprio ser humano está sempre em viagem. Os seus sonhos são viagens, as suas aspirações são viagens, o seu amor é uma viagem, a sua amizade é uma viagem. Ele tenta sempre, para ser mais completo e perfeito, sair de si mesmo para um outro lugar. Esta saída para um outro lugar é uma viagem. Isto pode ver-se sobretudo nos criadores. Um criador anda sempre emigrado. Mesmo no sentido da sua linguagem. Se eu não estivesse sempre emigrado, sempre a partir, sempre em viagem mesmo no interior da minha linguagem, da minha língua, então estaria morto, estaria vazio. Pelo que nunca se regressa, regressa-se formalmente, mas essencialmente estamos sempre em viagem.

Damasco não terá uma dimensão mítica para si? Damasco, enquanto metáfora da pátria, não encarnará um centro – pátria da cidade degradada, nomeadamente a Damasco utópica, a cidade das colunas, a pátria dos desesperados, a pátria daqueles que recusam?

Absolutamente. Eu tenho a minha pátria na minha língua, na minha poesia, nas minhas amizades, no meu amor, e Damasco ou não importa que cidade na Síria infelizmente já não se parece a essa pátria. É por essa razão que a cidade enquanto materialidade, enquanto cidade de todos os dias, não se parece com a de Damasco enquanto símbolo, mas enquanto elemento que faz parte integrante da minha viagem.

A importância do Oriente não será mais de ordem espiritual que política? Não será a pátria das religiões, da mística?

Certamente, e é isso que é contraditório com a tecnicidade moderna e a modernidade ocidental. Esse Oriente, que é o berço das três religiões monoteístas, e que era suposto ser o berço da paz, da amizade, dos povos, da abertura, do amor, tornou-se agora o berço da guerra, do ódio, da destruição, do obscurantismo. É esta a contradição. Como é que isto se pode explicar? É muito fácil apenas dizer: é o Ocidente, o imperialismo, Israel. Na verdade, não se pode, para compreender a situação, esquecer a religião, esquecer a *ideologisação* da religião, ou seja, a transformação da religião em ideologia. É isto que reina actualmente nesse Oriente.

A sua poesia de viagem lê-se como uma viagem para o interior, através de uma paisagem de sonhos e de desejos como relevo lírico.

Sim, mas não só para o interior, mas também para o outro, porque o outro representa para mim um aspecto essencial. Eu não existo enquanto eu sem o outro. Logo, se viajo, viajo para o interior, mas também viajo para o outro. Porque me descubro através do outro e sem esse outro sinto que não existo.

O senhor sublinha o parentesco entre o surrealismo e o sufismo como tendo por objectivo conduzir a níveis desconhecidos da percepção. Nesse sentido, pode-se comprar a escrita de Adónis com a de certos poetas sufistas e surrealistas.

Eu tentei fazer essa ligação entre o misticismo e o surrealismo. Isso dirigia-se aos poetas, sobretudo aos poetas árabes, à jovem geração que procura um certo misticismo no surrealismo. Já o disse: em vez de ler o surrealismo, que é um movimento estranho à tradição árabe, seria melhor ler o misticismo, porque o que iriam encontrar no surrealismo poderão encontrá-lo no misticismo antes do surrealismo, muito mais profundo e muito mais rico. Isto levou-me a alargar a minha leitura do surrealismo e verifiquei que o surrealismo, se nos abstrairmos da religião, é um misticismo, mas sem Deus.

A natureza corporal da sexualidade adquire uma linguagem reservada inicialmente aos santos, como por exemplo a narração de uma sensação mística ou de uma peregrinação.

Eu ligo sempre a sexualidade ao misticismo: a sensualidade, a sexualidade, é essencialmente espiritual e chega-se ao que é espiritual através do que é carnal ou corporal. Logo, a sexualidade é o êxtase material da nossa existência; nesse sentido, eu penso que a sexualidade é extraordinária, é a beleza por excelência deste mundo.

O poeta exerce uma influência no mundo, questão importante, ou mesmo no próprio mundo político? Quando se pensa, por exemplo, nas perseguições em que foram vítimas poetas russos como Ossip Mandelstam ou Joseph Brodsky.

Penso que a poesia desempenha um grande papel mas indirectamente, não directamente. Por outras palavras: quando um homem, um político, um leitor qualquer, lê um grande poeta ou grande poesia, abre um mundo novo, de novas relações entre as coisas e os homens. O que dá ao leitor uma nova imagem do mundo e talvez, no sítio onde trabalha, político ou outro, seja influenciado por essa nova imagem que retirou da poesia; é isto a influência indirecta da poesia, mas a poesia não pode mudar o mundo como já se disse muitas vezes; e, sobretudo, o compromisso político é por natureza antipoético.

Vivemos numa época marcada por uma indiferença crescente, uma ausência de sinais, de valores morais e éticos, o homem parece ser incapaz de afrontar a verdade, sem convicções pessoais e apenas aderindo às opiniões dos outros.

Sim, infelizmente é trágico observar a situação actual do nosso mundo, mas o mais trágico é constatar que o que prevalece, o que reina daqui para a frente, já não é uma cultura na acepção clássica do termo grego, mas uma outra cultura, a cultura da televisão, do cinema, da imagem, do desporto, etc.

Está-se em vias, o mundo está em vias de criar uma outra cultura no plano intelectual e no plano da vida quotidiana. Americanizou-se no mau sentido. A dimensão intelectual criativa está, infelizmente, em regressão, há um conluio, uma aliança entre o mercado internacional, o mercado mundial e essa cultura. A nova cultura está ligada essencialmente ao mercado. E isto mata tudo, muda tudo, todos os valores. Estamos em vias de entrar numa nova época onde o homem retorna a um certo primitivismo. Não há senão uma cultura do olho e do ouvido.

Um primitivismo que não é um arcaísmo?
    Não, não é um arcaísmo. A música, as canções tudo muda. E já não há intelectuais no verdadeiro sentido do termo. Eu creio que o livro vai morrer enquanto livro, tornar-se-á numa cassete. Uma senhora pode ouvir Stendhal enquanto conduz o seu carro ou a preparar uma refeição em sua casa, ela já não tem tempo para passar alguns minutos ou algumas horas com um livro. O futuro... é muito difícil falar do futuro. Mas a americanização do mundo é catastrófica e eu vejo que a política americana – o povo americano nada tem a ver com isso, ele é como todos os outros povos – é como Roma antiga. É um apogeu e, ao mesmo tempo, uma decadência. E se há um símbolo é o de Roma no seu apogeu e decadência.

Pensa que uma ética humanista no espírito da tradição grega e oriental esteja em condições de trazer ao ser humano uma segurança semelhante à da fé religiosa do mundo cristão ou de qualquer outra das grandes religiões?
    Na minha opinião, sim, mas como é que se pode chegar a ela? O que nos falta a esse respeito é o *mythos*, aquilo a que chamamos *mythos*. Agora, o que rege é o *logos* no sentido trivial da palavra e rejeitou-se, marginalizou-se tudo o que é *mythos*, ou seja, tudo o que é humano, poesia, amor, amizade, relações pessoais... Necessitamos, para fazer o equilíbrio, do *mythos*, mas como é que se pode convencer este mundo do *mythos*?

O senhor pensa que as ciências, desde Galileu e Newton, afastaram o homem do mundo da experiência interior, da transcendência, de um mundo ao qual estava ligado a interrogação acerca do sentido da existência humana?
    Mesmo que não tivessem querido, as coisas têm sido nesse sentido, e agrada-me imaginar, como um poeta ingénuo, que os homens de ciência, um dia, despertarão e dirão: «Não criaremos, não inventaremos mais nada que vá contra a pessoa humana e contra a poesia e o amor». Será que isso um dia acontecerá? Eu sonho. Sonhemos...

Como explicar o cepticismo em relação aos avanços e aos conhecimentos científicos que, no passado, pressupunham trazer o progresso da civilização?

É um cepticismo que se pode admitir porque a ciência já não é um instrumento para o bem da humanidade, pelo contrário, tornou-se cada vez mais num elemento para comercializar a humanidade.

Há excepções. Carlo Rubbia, prémio Nobel da Física, diz-se impressionado, mesmo enquanto investigador, pela ordem e pela beleza que ele encontra tanto no cosmos como no interior do mundo material. Enquanto cientista, ele reconhece uma ordem superior das coisas que vai para além da ideia que tudo não é senão fruto do acaso e da estatística. Ele acredita, além disso, numa inteligência situada a um nível superior, para além da própria existência do universo. E ele é um físico!

Eu respeito as suas convicções, mas não posso dizer sim ou não...

No último artigo de Albert Einstein, «Science and Religion» (Ciência e Religião) encontrei uma citação que me tocou muito e que diz: «A minha religião traduz-se na minha admiração respeitosa por uma potência espiritual ilimitada que se revela mesmo nas coisas mais pequenas que podemos conceber com a nossa fraca e frágil razão, pela convicção profunda da presença de uma inteligência espiritual que se revela num universo incompreensível que constitui a minha representação de Deus».

É uma frase muito bela! E pode-se dizer com todo o rigor, misticamente falando, estar do lado de Einstein e dizer a mesma coisa...

Recordo-me de longas conversas com Edward Teller, o físico que inventou a bomba H. Ele não pensa de maneira alguma na metafísica, ele não vê relação entre as ciências humanas e as ciências naturais. Mas Einstein, como um grande físico, sabia que havia uma relação entre a física e a metafísica.

Absolutamente, há essa tendência, está muito espalhada entre os matemáticos e os físicos, porque perante esse desconhecido, eles não têm nada a perder, não têm nada a dizer! O que é a verdade? O que é que podemos dizer? Perante o silêncio, perante o desconhecido, sobretudo depois desta nova época, a época do espaço. E a ciência torna-se como a poesia, torna-se numa descrição desse espaço, desse mundo. Mas o segredo último desse espaço é desconhecido. É por essa razão que um homem da ciência se pode tornar um religioso ou um poeta, isso compreende-se. Para mim, isso prova que a poesia é a única forma de conhecimento que seja essencial e profundamente humana.

Ao longo dos séculos, os milenaristas manifestaram-se regularmente, por exemplo, sob a forma de seitas. Por vezes, sob a forma de quiasma à base de grandes utopias. Hoje, a ameaça ecológica toma o lugar do antigo imaginário, uma ameaça que parece ainda mais opressiva. Quais são os outros movimentos que o senhor percepciona?

Sempre o problema do futuro. É muito difícil falar do futuro. Não é apenas o homem que morre, é a natureza também, a nossa mãe que morre. Sempre e todos os dias… Os ecologistas tentam fazer qualquer coisa, mas, sabe melhor do que eu, eles não chegam a lado nenhum! Esta doença da nossa época, eu não sei como afrontá-la. O meu papel, enquanto poeta, é escrever poesia que dê uma nova imagem deste mundo, que prega o amor deste mundo, dizer que o mundo é belo e que é necessário amá-lo e que não é preciso destruí-lo. Se destruímos a natureza, destruímo-nos a nós mesmos. É o que eu posso fazer. Mas mudar, isso é outra coisa!

A religião pode-se deixar reduzir a um credo sem fundamento nem valor transcendente?

Se há, se aceitarmos uma religião como o budismo *zen* sem Deus, em que a relação entre o homem e o universo, entre o homem e Deus é uma relação pessoal, individual, sem Igreja nem instituição, nessa altura direi que talvez a religião do futuro seja um tipo de budismo *zen*, talvez…

A metafísica do amor estará a ponto de encontrar uma solução para a questão do sentido da vida?

Eu creio que a poesia e o amor são dois elementos essenciais para nos fazer compreender a vida e melhor viver a vida, portanto o amor não é somente essencial enquanto metafísico, enquanto físico é também um elemento essencial da nossa existência e, infelizmente, o amor também está em crise, em regressão, já não se vê amor.

Ele está comercializado.
Já não se vê amor, torna-se...

... uma troca económica...
Uma troca de interesses, é isso mesmo!

A economia hoje tem uma ética, nunca teve?
Tentou-se, no passado, construir uma economia baseada numa certa ética, numa certa forma de socialismo, sobretudo nos Árabes, numa sociedade onde as pessoas não possuíam nada, tomando apenas o que precisavam e o resto deixavam para os outros, mas isso é um sonho. As regram actuais vão no sentido de que a economia não tem ética e não pode ter ética.

Não existe uma certa contradição? Não há hoje em dia uma espiritualidade e uma metafísica que se libertam das culturas, digamos periféricas, e mesmo uma imagem mais humana, menos racional, do ser humano?... Esses países não serão um reservatório da humanidade, estou a pensar, por exemplo, na América Latina, na espiritualidade da literatura latino-americana? Não serão um último refúgio? O que acontecerá ao mundo uma vez que esses países sejam englobados pela civilização técnica?
É um aspecto daquilo a que eu já chamei *mythos*, e esse *mythos* encontra-se igualmente em África, no Médio Oriente, e não unicamente na literatura da América Latina.

Nas culturas arcaicas primeiro.
Exactamente, encontra-se no Extremo Oriente, e deve-se procurar esse *mythos* em todos os seus aspectos e em todos os seus elementos para apoiar a nossa existência contra a tecnicidade, contra o *logos* deformado pela tecnicidade.

Isso quer dizer que uma sociedade sem *mythos* não pode sobreviver?

Ou então será uma sociedade de consumo e de comércio puro...

A evolução que nós conhecemos hoje, que data de muitos milhões de anos, não terá uma dimensão metafísica, não estará aí a dimensão humana, o homem não será senão a cadeia infinita de uma evolução biológica, na qual consiste o lado humano da evolução? O que é a poesia, a literatura, a própria arte, o cinema, a grande música? Pensemos na busca de espiritualidade de um Pasolini em *Medeia* ou em *Mamma Roma*, mas também em Rossellini em *Roma, Cidade Aberta*, em Renoir, Marcel Carne em *Trágico Amanhecer* ou então ainda na música de Mahler ou de Beethoven...

Absolutamente, tem toda a razão e é por isso que direi de uma outra maneira que o ser humano, embora morra e deva morrer tem qualquer coisa em si mesmo que o ultrapassa, ele morre mas fica nele qualquer coisa que não morre, esta finitude humana contém uma infinitude, um infinito; esse infinito contido no próprio seio dessa infinitude é o que se chama espiritualidade, e é o que fica, que ultrapassa tudo e que não morre e talvez seja aí que resida a nossa real existência.

Será que o homem não se desumanizou ao longo do século XX, se o compararmos, por exemplo, com a Renascença?

A resposta que ressalta da nossa conversa é clara: sim, desumanizou-se.

Para além da condição da razão humana, para o poeta, o que é que ele encontra?

Como razão de ser? O amor e a poesia. A vida foi-nos dada uma só vez, e não se repetirá, infelizmente, portanto é necessário compreender esta realidade e viver a sua vida plenamente, e vive-se esta vida plenamente pela criatividade, pela arte e pela amizade, é isto que deve conceber o nosso mundo e a nossa vida.

Hoje, desde Descartes, desde Locke, desde Bentham e os grandes utilitaristas anglo-saxónicos, estamos em vias de perder o sagrado. Será que

uma civilização poderá viver sem um certo sentido do sagrado nas artes, na literatura, na poesia, na música?

Como sabe, o sagrado era no começo profano, logo o sagrado é uma concepção religiosa, e esta concepção religiosa, actualmente, se ela não se libertar da instituição, tornar-se-á cada vez mais um problema. Os nossos problemas actuais no mundo vêm desse sagrado institucionalizado, portanto é necessário mudar a noção de sagrado, deste sagrado institucionalizado que nos pode conduzir aos piores fundamentalismos. Eu prefiro o profano a este sagrado. Se pudermos mudar a noção de sagrado, a civilização poderá evitar a nossa crise que vem da verdadeira ausência de sagrado no humano, no sentido mais profundo da palavra.

Léopold Sédar Senghor evoca a necessidade de uma espiritualidade cósmica, será esse o objectivo da integração do mundo terrestre no mundo cósmico?

Sim. Ele designa com isso uma forma de espiritualidade que transcende o que é particular na espiritualidade. Ele apelava a que se criasse uma nova espiritualidade cósmica ao nível do universo.

Os pintores mexicanos Diego Rivera ou Rufino Tamayo diziam que um grande homem continuava a ser grande mesmo quando estivesse metido no meio do pó. A dignidade do homem, que é a essência do homem, a dignidade apesar da pobreza, parece ter sido possível nas culturas tradicionais asiáticas, africanas e latino-americanas, mas na tradição calvinista da América do Norte isso parece impensável. Será que não é possível que a dignidade exista também na pobreza?

A dignidade é a própria essência do ser humano, mas esse ser humano infelizmente está oprimido, é humilhado, está sempre em crise, prisioneiro, apanhado, emigrado, o sofrimento do ser humano é enorme no nosso mundo, e tudo isto vai contra a sua dignidade, a questão é tratar o ser humano como se trata uma coisa, mas tratar o ser humano como se trata uma coisa é perigoso. Medir a dignidade do homem pela sua riqueza financeira é absurdo.

Neste início do século XXI, poderá evidenciar-se no mundo um ressurgimento de novos elementos gnósticos?

Penso que irá haver um regresso a formas gnósticas e místicas; há de resto muitas dessas formas no nosso mundo actual, porque o homem é quase obrigado a procurar outras maneiras de viver fora do que são as formas criadas pela tecnicidade.

No quadro das culturas tradicionais, o sacrifício tinha uma função e um sentido. Hoje, o conceito de sacrifício já não faz sentido. O mundo material das culturas industriais ainda conhece as formas de sacrifício? Eu tenho dúvidas.

Eu penso que em certas tradições religiosas o sacrifício ainda existe. Na peregrinação, por exemplo, faz-se sacrifícios. Do meu ponto de vista, isso continua. Mas, no Ocidente, como disse, perdeu todo o sentido.

O capitalismo, como se vivencia hoje, será compatível com todas as culturas e religiões, com as suas tradições culturais respectivas, como no Islão ou na América Latina? Há diferenças de aceitação culturais, de aculturação histórica, como dizem os antropólogos, uma dinâmica diferente correspondente às condições da história cultural? Quero dizer, se o senhor consegue ver a adaptação do capitalismo na América Latina, por exemplo nos países que são muito metafísicos, desde a escolástica católica do século XVI, muito espirituais, não é a mesma coisa que nos Estados Unidos com o calvinismo de Max Weber, o empirismo, a via analítica, pragmática na melhor tradição filosófica americana. Por outras palavras, é distinto aplicar o capitalismo noutras culturas, porque se perde a identidade cultural desses países. Será necessário adaptar o capitalismo por todo o lado? Isso será possível ou haverá limites?

Para mim, não é necessário. Para mim, pessoalmente, é necessário, pelo contrário, ser absolutamente anticapitalista, mas, infelizmente, a maioria das pessoas não é da minha opinião. E o capitalismo continua em todos os países e em todas as religiões. Mas entre eles há uma diferença de grau e não de género. Portanto, vai continuar e vai continuar a destruir a nossa identidade cultural.

Temos vivido, desde o século XV, com o universalismo do modelo da civilização ocidental – desde Vasco da Gama, Vespucci ou Cristóvão Colombo. Neste início do século XXI, o mundo muda radicalmente. Há o império chinês que ganha poder na economia mundial, há a Índia, os países islâmicos, a América Latina, a Rússia: não é somente a economia mundial que muda de fisionomia, é toda a civilização mundial. Estes novos paradigmas do poder poderão trazer um novo humanismo intercultural a um mundo multipolar com o «multidiálogo de culturas» como o *kairos*[2] da nossa época? Será uma ilusão?

Eu diria, para terminar, que há Ocidente e Ocidente. O Ocidente de um Goethe, o Ocidente de um Nietzsche, o Ocidente de um Hölderlin, isso é o meu Oriente e também o meu Ocidente. Mas o Ocidente económico e militar pregou um falso humanismo, e nesse sentido este humanismo apregoado pelo económico e militar não só deformou os outros países, mas deu uma falsa ideia de cultura e da tradição ocidentais. E compete também a vós, Ocidentais, combater, como os outros, este tipo de falso humanismo.

---

2   O momento certo ou oportuno (N.T).

«A América também tem necessidade do multilateralismo»

Boutros Boutros-Gahli

Boutros Boutros-Gahli (nascido no Cairo a 14 de Novembro de 1922) tornou-se, em 1 de Janeiro de 1992, no sexto secretário-geral da Organização das Nações Unidas, cargo que ocupou até 1996. Antes da sua nomeação, Boutros-Gahli era vice-primeiro-ministro egípcio encarregado dos Negócios Estrangeiros. Diplomata, jurista, universitário e autor de numerosas obras, Boutros-Gahli tem uma longa experiência internacional. Doutorou-se em Direito Internacional pela Universidade de Paris em 1949. Membro da Comissão de Direito Internacional de 1979 e 1991, integrou igualmente a Comissão Internacional de Juristas. Durante quarenta anos, Boutros-Gahli fez parte de numerosas comissões sobre o direito internacional, os direitos do homem, o desenvolvimento económico e social, a descolonização, a questão do Médio Oriente, o direito humanitário internacional, os direitos das minorias (nomeadamente as étnicas), o não alinhamento, o desenvolvimento da região mediterrânica e a cooperação afro-árabe. Em Novembro de 1997 Boutros-Gahli foi eleito secretário-geral da francofonia na VII Cimeira da Francofonia em Hanói. Fundador da publicação *Alah-ram Igtisadi*, de que foi chefe de redacção durante quinze anos, Boutros-Gahli redigiu o primeiro volume das suas Memórias, *Le Chemin de Jèrusalém* (Fayard, 1997). Esta obra, prémio Mèditerranée Etranger 1998, relata as negociações que conduziriam aos acordos de Camp David entre o Egipto e Israel. Publicou também *Mes années à la Maison de verre* (Fayard 1999), em que retrata a sua experiência à cabeça das Nações Unidas, *En attendant la procheine lune...* (Fayard, 2004) e, recentemente, as suas conversas com Shimon Peres sobre o Próximo Oriente (*Soixante ans de conflit israélo-arabe*, Complexe, 2006).

Que sentido reveste hoje o conceito de liberdade?

Creio que devemos ser prudentes ao abordar o conceito europeu-centrista da liberdade, porque o espírito europeu está ligado, sobretudo, à liberdade de se deslocar e de ter actividades políticas. Será necessário voltar de novo às origens. O princípio da liberdade consiste na certeza de poder receber duas mil calorias diárias, possuir um tecto e um posto de trabalho. Sem estes elementos essenciais, a liberdade não faz sentido. Quando falamos de liberdade, raramente levamos em conta o facto de que um terço da população mundial não dispõe de uma quantidade mínima de alimento, que mil milhões de pessoas são iletradas, o que os priva de toda a liberdade de consciência, nomeadamente a do acesso à leitura.

Deverá existir uma ideia única de dignidade humana no mundo, ou poder-se-á imaginar diferentes formas de dignidade consoante as tradições, culturas e religiões – a dignidade como razão de ser antropológica dos direitos do homem.

A dignidade é uma palavra muito usada nos países do Terceiro Mundo e, nomeadamente, na parte do mundo de onde sou originário. Em árabe, dignidade diz-se *karama,* e esta palavra é usada para designar uma das mais importantes noções do mundo árabe, precisamente nos países em que não estão assegurados um mínimo de alimentação e segurança. Este mínimo de dignidade deve ser aplicado ao mundo inteiro, antes mesmo de encarar a sua variação de forma.

Os fundamentalismos actuais, os nacionalismos seculares e religiosos, em toda a sua complexidade, não serão uma forma de antimodernismo?

É preciso sublinhar que não existe apenas um fundamentalismo mas vários: hindu, cristão, judaico, muçulmano. Cada um destes fundamentalismos assenta na recusa em reconhecer o estrangeiro, aí reside o seu denominador comum. De certa maneira, trata-se de um regresso à aldeia. Chamo a isso a dialéctica do satélite e da aldeia. Quando confrontado com os problemas da mundialização, o indivíduo vulgar sente-se em insegurança. Quando liga a televisão e vê imagens de um genocídio no Ruanda, depois as do cerco de Sarajevo, sente-se em insegurança e tem apenas um desejo, voltar à sua aldeia, às suas origens, à sua família, à sua religião. Desenvolve também um medo elementar pelo estrangeiro ou de tudo o que não diga respeito à sua aldeia. Este reflexo assume diferentes formas em cada país e cristaliza-se, nomeadamente, num sentimento reactivo de superioridade. Simultaneamente, possuem a sua própria complexidade, mantêm os seus mitos específicos. Em França, vocês têm o Le Pen. Nos Estados Unidos, o Ku Klux Klan, mas também a maioria dos membros do Congresso, que nunca saem da seu país. Nos países do Terceiro Mundo, estes fundamentalistas adoptarão na realidade uma atitude anti-ocidental.

Haverá uma possibilidade, neste novo século, de se ver abrir um diálogo entre culturas e religiões, uma identidade transcultural da civilização mundial que corresponde com o «multiuniversalismo» das culturas e religiões, o «multidiálogo» das culturas?

Participo em numerosos diálogos dessa ordem e desenvolvemos esforços concretos em diferentes países do mundo no sentido de encorajar essas tentativas. Mas estamos ainda longe de um verdadeiro diálogo. Estamos ainda numa fase de renascimento de fundamentalismos e de ideias arcaicas.

As democracias são verdadeiras democracias, não no sentido formal e político do termo, mas no sentido de um sistema que oferece respostas concretas às tendências da civilização técnica?

Julgo que a democracia está em perigo, por causa da mundialização, ou melhor das mundializações – já que somos confrontados com várias formas deste fenómeno: a mundialização financeira, da comunicação, do terrorismo, da droga, da doença. Cada globalização possui a sua velocidade e a sua especificidade próprias e será portadora de problemas mundiais que não poderão ser resolvidos por um único país, nem mesmo por dois. Precisamos portanto de um fórum internacional, talvez as Nações Unidas, o Fundo Monetário Internacional ou o Banco Mundial.

De momento, estes problemas não estão a ser tratados de um modo democrático. Aqueles que têm a responsabilidade destes problemas não estão em posição de prestar contas. Aí reside a contradição fundamental. A nível nacional, encorajamos a democracia, criamos departamentos no seio das Nações Unidas, das organizações não governamentais que sustentam a democracia, acompanhando os processos eleitorais, fazendo entregas de dinheiro aos partidos, instando a um exercício razoável do poder, protegendo os direitos do homem. Mas, à escala internacional, a democracia não existe. Portanto, a menos que se crie uma democracia mundial acima ou lado a lado com as democracias mundiais, a verdadeira democracia, a democracia nacional, correrá perigo. Porquê? Porque quanto mais um problema é mundial, menor é o papel do Estado-nação, ao ponto de a democracia nacional se tornar inútil. Como resolver esta contradição fundamental? Temos 185 países, que pressionamos a desenvolver a democracia no interior das suas fronteiras, mas os problemas mundiais existem, os quais são resolvidos de modo não democrático.

Há cerca de cinco séculos que a civilização ocidental se estende ao resto do mundo. Hoje em dia, a tecnologia ocidental impôs-se a países que não dispõem de meios para lhe fazer concorrência. A difusão da economia de mercado ganhou uma dimensão suplementar com a queda do império soviético e a crescente liberalização do mercado mundial. Estas

tendências constituem um perigo para as tradições latino-americanas, chinesas ou islâmicas?

Acredito que a tecnologia pode ser adquirida por todas as nações e que não é monopólio de um só povo. Constato que existe uma reacção em marcha: estão a ser criadas novas organizações destinadas a defender a diversidade cultural, que é tão importante como a biodiversidade. Se defendemos a sobrevivência dos tigres de Bengala, por que é que não nos preocupamos em defender uma cultura ou uma civilização?

Esta diversidade cultural não está ameaçada pela homogeneização tecnológica, especialmente através dos *media* electrónicos e dos fluxos de capitais cuja mobilidade especulativa se tornou quase instantânea, e que é acompanhada de uma ausência de responsabilidade colectiva, no sentido formulado por John Kenneth Galbraith e Joseph Stiglitz, face à mundialização?

Antes de mais, julgo que existe uma importante diversidade de línguas, de religiões e tradições, e não receio uma perda da diversidade cultural. Por outro lado, acredito que nos próximos dez ou quinze anos veremos aparecer novos aparelhos, nomeadamente computadores, capazes de efectuarem traduções. Estas máquinas, ao facultarem a tradução instantânea, irão preservar a diversidade das línguas de todo o mundo. Do mesmo modo actuará a dialéctica da aldeia e do satélite. A mundialização irá incitar à preservação das línguas. Países antigos são submetidos a movimentos de secessão quando certas regiões aspiram à independência. Isto demonstra que a atracção da aldeia, a defesa do seu dialecto, da sua língua e da sua tradição estão ligadas à mundialização.

Que estadistas marcaram o século XX?

Antes de mais, e sem hesitação, mencionaria o nome de Nelson Mandela. Este homem foi capaz de institucionalizar o perdão, criando ao mesmo tempo as condições da reconciliação. Durante estes últimos trinta anos empenhei-me no combate à erradicação do *apartheid*, e estávamos persuadidos de que isso ainda levaria alguns anos, à custa de uma confrontação terrível e de uma guerra civil. Ora, isso aconteceu de uma maneira tranquila graças à generosidade, imaginação e coragem de Nelson Mandela. Além disso, na Europa, apesar de três guerras, 1870, 1914, 1939, a França e a Alemanha, graças aos seus chefes de Estado, De Gaulle e Adenauer, souberam promover não só a reconciliação como a institucionalização da paz entre esses dois países. A mesma constatação pode ser aplicada aos presidentes Sadat e Begin. Finalmente, recuando mais no século XX, mencionaria Gandhi.

A pobreza e a dignidade harmonizam-se de um modo diferente conforme a parte do mundo em que nos situamos?

Segundo a tradição católica, ser pobre garante a entrada no paraíso. Ser rico torna mais difícil o acesso ao paraíso. Retomo, aqui, o meu critério de definição de pobreza. Poder dispor de duas mil calorias diárias, de um tecto, de condições para suportar o Inverno, é um mínimo que deverá constituir um critério aplicável em todo o mundo, e que depende da possibilidade de ter um emprego. No que diz respeito a saber se é mais difícil ser pobre num país rico do que num país pobre, responderei invertendo o problema: é mais difícil os ricos viverem entre os pobres do que os pobres viverem entre os ricos.

Pensa que os princípios da economia de mercado, tal como foram formulados por Adam Smith e os seus herdeiros, poderão servir de base às forças democráticas? O mercado poderá realmente regular a finança?

Há alguns anos participei numa reunião na África do Sul com dirigentes do FMI e preveni-os de que a economia de mercado não iria resolver os problemas dos países pobres do Terceiro Mundo. Nenhum investimento se fará nestes países sem um mínimo de infra-estruturas, sem uma rede telefónica, sem electricidade, sem uma rede rodoviária ou uma boa administração judiciária. A concorrência económica deve ser, portanto, equilibrada pela solidariedade, quer a solidariedade com os países mais pobres quer a solidariedade com as populações marginalizadas dos países ricos. Trata-se das duas pobrezas, a dos países à margem dos países ricos, e das pessoas à margem das sociedades ricas.

A especulação financeira aumentou consideravelmente: não se trata de um perigo para a economia mundial?

Essa especulação vai lado a lado com a economia de mercado. Não se pode parar a economia de mercado. A especulação não me assusta, irá corrigir-se por si própria. Tenho mais receio da marginalização das populações, dos países, mesmo de continentes inteiros, como África. Que fazer para integrar os marginalizados, quer se trate de um país, de uma categoria de pessoas, daqueles a que chamaria os indígenas do mundo? Este problema coloca-se ao nível dos diferendos internacionais. Alguns desses diferendos chamam a atenção da opinião pública mundial. Intervém-se, tenta-se uma mediação, monta-se uma ajuda internacional para apoiar os refugiados. Por outro lado, por razões diversas, alguns conflitos não despertam a atenção da opinião pública internacional. São os conflitos a que chamo órfãos. Ninguém se preocupa com eles. Quem se preocupava com o Afeganistão? Quem se preocupava com o Ruanda, onde meio milhão de seres humanos morreu sob a mais total indiferença da comunidade internacional? Quando se é pobre, o simples facto de chamar a atenção muda tudo. Estamos, portanto, diante de duas formas de pobreza: a de que se fala e que apela à intervenção do mundo, que leva a algumas tomadas de posição, à adopção de certos regulamentos, à abertura de certos problemas de ajuda, e aquela de que ninguém toma conhecimento, de que ninguém se preocupa.

O receio do choque de civilizações não está ao mesmo nível do antigo medo do comunismo?

Não partilho dessa análise. Penso que esse receio tem mais a ver com a questão do multilateralismo. Em 1992, depois da invasão do Kuwait e do sucesso da guerra contra o Iraque, vimos desenhar-se uma tendência, uma tentativa de criação de uma nova ordem mundial capaz de gerir a Guerra Fria. O presidente George Bush (pai) tinha-o anunciado sob uma fórmula retumbante. O mundo inteiro esperou que as Nações Unidas fossem o fórum que permitiria a instalação de um multilateralismo, ou seja, uma forma de democratização das relações internacionais. Todos os principais actores, tanto os Estados-membros como outros que não eram Estados, como as organizações não governamentais, os grandes centros de negócios, participariam na gestão desse período pós-Guerra Fria. E, de repente, aconteceu uma alteração devida ao incidente de Mogadíscio, em que perderam a vida soldados americanos. Este incidente provocou uma alteração na política ligada ao desequilíbrio da maioria no Senado americano, que se tornou republicana sob a presidência Clinton. E essa nova maioria actuou de modo a afastar qualquer tentativa de multilateralismo a favor de um unilateralismo que era uma forma de neo-isolacionismo. Isto constituía um retorno a uma velha tradição americana. Creio que esta teoria do choque das civilizações está directamente ligada à tradição neo-isolacionista que fora, desde sempre, poderosa nos Estados Unidos.

Aceitar o multilateralismo supunha a aceitação de uma coexistência entre diferentes culturas. Por outro lado, a recusa do multilateralismo significa acreditar que todos os problemas devem ser resolvidos por uma única superpotência. Na prática, esta posição equivale a encorajar a confrontação.

Portanto, não partilha a tese de certos observadores, como o professor Kennan, de Princeton, que pensam que se a América deixar de ser uma superpotência, a desordem será mundial? Que perigo traz o universalismo, qual a importância de um mundo multipolar no século XXI?

Posso certamente compreender a lógica da atitude americana. Qual é a posição da América? Não só os seus dirigentes pensam que é um dever envolverem-se em todos os problemas do mundo, como não suportam que certos problemas possam ser resolvidos sem si. Qual é a lógica subjacente a esta política? Os Americanos pensam: «Suponhamos que um grupo de mediadores europeus tenta resolver a crise e falha, nessa altura pedem-nos para intervir e ficaremos implicados. Então, já que seremos implicados, mais vale sê-lo desde o início da mediação». Consequentemente, não toleram que se possa iniciar uma mediação sem a sua autorização, sem a sua bênção – porque em caso de fracasso ninguém resolverá o problema e eles poderão intervir. Esta lógica parece-me muito perigosa por uma razão simples: o poder absoluto corrompe, e corrompe em absoluto. Temos, portanto, necessidade, e a América em primeiro lugar, do multilateralismo, de debater os problemas mundiais com os outros actores.

Esta posição americana, sem uma «satanização» não justificada dos Estados Unidos, não poderá ir contra a diversidade de culturas?

Ela pode, com efeito, ir contra a diversidade de culturas, mas o pior é que vai contra os próprios interesses dos Estados Unidos. Em primeiro lugar, a sua opinião pública não está disposta a desempenhar o papel de polícia do mundo. Em segundo lugar, não têm capacidade para se envolverem nos mil e um problemas do planeta.

Acredita que o desenvolvimento da tecnologia – não apenas com o poder nuclear, a nanotecnologia, a biogenética e as armas bioquímicas, mas também com a revolução digital, etc. – atingiu um limiar perigoso que colocará o homem em perigo na sua identidade humana?

Não, porque a tecnologia, enquanto parte da mundialização, possui um lado bom e outro mau, como qualquer fenómeno. Se respeitarmos certos critérios, certas regras elementares, então a tecnologia estará aí para servir o homem e proteger os direitos do homem. Por outro lado, se a tecnologia não respeita estas regras éticas elementares, acredito que será nefasta.

Acredita que leis históricas ou forças humanas independentes determinem a história? Uma pergunta que nos diz respeito, desde Heródoto, Jacob Burckhardt e Arnold Toynbee, na perspectiva de uma história universal da humanidade?

A força que determina a história é o homem. Tenho uma grande fé nos dirigentes, numa elite. Mas creio que os dirigentes têm necessidade de uma infra-estrutura mínima, de certas forças por detrás deles. Contudo, a inteligência e a imaginação do homem permanecem como a força real empregue por detrás de todas as transformações.

Pensa que uma forma de ecumenismo possa operar entre as religiões e culturas do mundo actual?

É apenas um elemento e que não é suficiente. Necessitamos do que eu designo por instituições, da institucionalização da regra uma vez aceite.

De facto, é inútil adoptar um princípio de base sem uma instituição, sem um instrumento, sem um acompanhamento. Muitas vezes, esse acompanhamento é mais determinante do que a própria regra. Então, com efeito, certos encontros entre religiões e civilizações são importantes, através de umas podemos compreender a outra. Mas a etapa ulterior reside na criação de instituições destinadas a preservar este empenho à escala internacional e que aplicarão as regras sobre as quais conseguimos um acordo.

Diz-se que o homem não consegue viver sem mitologias desde a antiga Grécia, Babilónia, Mesopotâmia, Egipto, a antiga China e a cultura hindu na Índia. Na sociedade industrial e pós-industrial quais serão essas mitologias?

Entre os diferentes mitos modernos, eu colocaria a utopia em primeiro lugar. A utopia de hoje será talvez a realidade de amanhã. O progresso, o facto de alcançar a lua e as estrelas, representam mitos muito importantes. O Clube de Roma prefere limitar-se à dimensão económica do progresso. Mas o progresso no sentido mais lato do termo é um elemento essencial.

Acredita na ideia de um progresso linear na história da evolução do homem?

Naturalmente. Basta comparar a situação de África em 1945, onde apenas existiam três Estados independentes, o Egipto, a Libéria, e a Etiópia, e a África actual. Do mesmo modo, não se pode comparar o mundo de 1945 com uma comunidade internacional de 51 Estados-membros participantes na Conferência de São Francisco e o mundo actual, com 185 Estados no seio das Nações Unidas. Poder-se-á objectar que a participação de novos Estados não constitui um progresso em si, mas essa não é a minha opinião. Seja como for, mais de cem Estados podem exercer o seu direito à autodeterminação. Certas regras respeitantes aos direitos do homem foram adoptadas. Nem sempre são aplicadas mas existem.

Acredita na formulação dos direitos do homem surgida no quadro das Nações Unidas vai para cinquenta anos, ou partilha a atitude mais relativista

a esse respeito de países como a China, a Malásia ou de países islâmicos? No Islão, não existe hoje uma contradição entre a relatividade dos valores culturais e religiosos e a ideia de uma certa universalidade da civilização mundial?

Defendo que os direitos do homem são a primeira etapa. Não se pode resolver todos os problemas nalgumas décadas. Será necessário muito tempo, imaginação e perseverança. Infelizmente, os seres humanos são muito apressados. A idade do cão não corresponde à idade do homem. A idade de uma nação ou de um Estado não corresponde à idade de um homem. Para um Estado, cem anos não são nada; para um homem, viver cem anos é raro. É o bastante para atrair as atenções, para fazer de si uma excepção. O erro será, portanto, concluir que nenhum progresso se fez em matéria de direitos humanos, da protecção das minorias, do desarmamento. Trata-se de conceitos recentes. Cem anos atrás, ninguém falava em desarmamento porque a guerra era uma das molas essenciais das nações. Presentemente, essas mesmas nações condenam a violência, exigem que os confrontos internacionais sejam resolvidos pacificamente.

Segundo uma fórmula de Max Weber, os países ocidentais, embora com matizes entre a América e a Europa, vêm sentindo, desde o Iluminismo, um desencanto em relação ao mundo, que não encontra equivalente noutras civilizações – por exemplo no Islão e nas suas tradições. Trata-se de um perigo para a civilização mundial, uma perda de identidade humana ou um sinal de esperança?

Não estou de acordo com essa ideia de perda do sagrado. Basta entrar em certos lugares para constatar o renascimento da Igreja Católica e de outras religiões, lado a lado com o surgimento de novas formas de religião. O sentimento religioso mantém-se, assim, como um elemento forte. Se certos países levaram a cabo a separação da Igreja e do Estado, não se pode daí concluir que qualquer religião deixou de ter importância. Irei mesmo ao ponto de dizer que a religião não perdeu a sua influência na arte de governar diariamente, mesmo se essa influência seja mais indirecta.

Ao longo da sua experiência pessoal, foi confrontado entre o poder e a moral? O conflito clássico entre Maquiavel e Erasmo, entre a *Realpolitik* e a moral política?

Creio que a moral é um alicerce da acção. Não se pode ser mediador se temos uma atitude imoral. Qualquer profissão, desde a do médico à do engenheiro, exige uma moral. Imaginemos que o poder, em certas circunstâncias, imporia um comportamento imoral. Não sou dessa opinião: temos sempre a possibilidade de nos demitir ou de passar a nossa posição para o papel. Esta distinção entre moralidade e imoralidade parece-me livresca, académica. Na vida prática não é assim.

Ao longo da história do homem – e hoje – uma guerra pode ser justa, ou justificada?

Creio que vou responder no plano jurídico. Na Carta das Nações Unidas, está estipulado que se a comunidade internacional decidir o uso da força, esse uso da força será legal. É a única resposta a dar. Se alguém mata outro na via pública, senhor aceita, creio eu, que a polícia faça uso da força para prender o criminoso.

Poderá haver modernização sem ocidentalização, o que foi tentado pelos Japoneses após a restauração Meiji de 1868 e hoje as tradições islâmicas entre «Meca e a mecanização»?

Não penso que a modernização se confunda com a ocidentalização. Está a subestimar a influência dos países não ocidentais no processo da mundialização. Citarei apenas a da música e da dança africanas, da escultura africana sobre a arte moderna. A mundialização provém simultaneamente de muitas regiões do mundo, e cada membro dessa sociedade participa nela. Mas só se vê a contribuição ocidental, em detrimento da contribuição não ocidental. Tomemos um exemplo muito conhecido: em 1956, a França, a Grã-Bretanha e Israel lançaram a operação militar de Suez contra o Egipto. De imediato, cem obras foram publicadas em França, em Inglaterra e em Israel sobre o assunto, mas nada do outro lado, devido à pobreza, à ausência de tradição crítica e de autores capazes de escrever sobre essa crise. Apenas subsiste uma interpretação unilateral. É o mesmo caso desta ideia de mundialização que é confundida, sem razão, com uma ocidentalização do mundo.

Tem-se a sensação que a sensibilidade e a dimensão metafísica vêm mais de África, da América Latina do que do Ocidente industrializado, onde a racionalização e o *logos* da tecnocracia parecem sufocar a experiência sensível. Temos muito a aprender com esses países, como já dizia o grande sociólogo brasileiro Darcy Ribeiro.

É um justo retorno da história. Basta lembrarmo-nos da influência do Egipto sobre a civilização ocidental. Não se deve extirpar um período da história, deformar a sua importância e concluir pela homotetia da mundialização e da ocidentalização. De facto, a ocidentalização é, ela própria, o resultado de outras civilizações. Creio que existe uma continuidade, uma vez que estamos todos no mesmo barco. As semelhanças e os denominadores comuns são mais numerosos do que os especificados entre povos e nações.

Temos uma história da evolução do homem. Sei que não é fácil, mas quando dentro de cem anos se analisar o século XX, em que é que ele terá marcado a história?

Não sei. Mas sei que a aceleração da mudança foi multiplicada por dez num século e que o fosso entre gerações se vai aprofundar. Simultaneamente, resultado da comunicação, a percepção da divisão entre Norte e Sul do planeta, entre os mais favorecidos e os desprovidos de tudo, será igualmente mais acentuada. Não sei qual a sua consequência para a próxima civilização. Sei que no espaço de vinte anos inventámos a Internet, que as próximas décadas verão a invenção de um computador capaz de efectuar traduções e a multiplicação das transplantações de órgãos. Mas ao longo destes vinte anos, também vimos aparecer os problemas ligados ao ambiente e à questão demográfica. Em si mesma, esta velocidade de mudança é uma novidade.

Por fim, é necessário lembrar que as civilizações que nos precederam tentaram todas encontrar soluções para os seus problemas, observando os seus antecessores. Toda a tradição assenta nisso: que fez o meu pai ou o meu avô? Mergulhamos nos velhos livros na esperança de aí encontrar a solução. Ora, com a aceleração da mudança, os problemas modificam-se radicalmente, e nós já não estaremos em posição de extrair a solução dos nossos antecessores. São os próximos vinte anos que nos trazem a resposta. Somos forçados a aceitar este modo de reflexão.

Hoje, damo-nos conta de mutações geopolíticas e estratégicas consideráveis, novas constelações de poder na Ásia, na América Latina, em África e no Próximo Oriente, com organizações como a OCDE, o MERCOSUR na América Latina, os países da ASEAN, etc. O diálogo Sul-Sul está a tornar-se cada vez mais importante na economia e na política mundiais, com a China e os seus investimentos em África nos recursos naturais em Angola, no Sudão e na América Latina, com a Índia e a exportação da indústria digital, o Brasil e a sua exportação de recursos naturais, a Bolívia que exporta gás para a China, o Irão que exporta petróleo para a Rússia e China. Há grandes mudanças geoestratégicas, mas também consequências antidemocráticas, contrárias aos Direitos do Homem e aos trabalhos do Conselho de Segurança da ONU no que diz respeito aos interesses da Rússia e da China no Sudão, por exemplo. Quais serão as potências políticas do século XXI?

A China será, certamente, uma delas. Também a Rússia, uma vez superadas as suas vicissitudes. Lembremo-nos da Rússia de 1917, da de 1943, quando as tropas nazis estavam às portas de Moscovo. Não obstante, os Russos possuem uma tradição, uma situação geopolítica, uma diplomacia muito antiga, e um alento político para desempenhar um papel económico neste mundo. A Europa estará, penso, em condições de criar uma nova comunidade.

Depois, é muito difícil avaliar a evolução do Brasil, da Indonésia ou da Índia nos próximos cinquenta anos. A questão do futuro dos Estados--nação fica também colocada. O Estado-nação torna-se num novo conceito, sem relação com o seu contexto na Vestefália do século XIX. Reveste-se hoje da forma de um micro-nacionalismo, e estes grupos que querem formar micro-Estados serão arrasados pelo euro, pela mundialização. A única certeza que se mantém é que o nosso século será um período de transformação radical, ainda mais radical do que o da segunda metade do século xx.

O diálogo entre culturas é, com efeito, importante. Mas, na minha opinião, é mais importante que este diálogo encontre um prolongamento nas instâncias internacionais. Participei durante a minha vida em inúmeras conferências e frequentemente constatei que, uma vez encerrados os debates, ninguém mais se importava com as conclusões, por falta de continuidade. A conferência não é mais do que uma nota de rodapé inscrita no livro da História. É por isso que necessitamos de uma nova geração de organizações internacionais. De qualquer modo, a primeira geração foi encarnada pela Sociedade das Nações, a segunda é-o pelas Nações Unidas, é absolutamente necessária uma terceira geração, na qual participarão não apenas os Estados-membros mas também novos actores, que, sem serem Estados, desempenhem um papel nos negócios mundiais. As sociedades multinacionais são um novo actor, as organizações não governamentais outro, as instituições regionais, as grandes cidades ainda outros. Tive uma reunião com presidentes de câmara das grandes cidades, em Istambul, em 1996. As grandes cidades desempenham um papel nos negócios internacionais, têm vocação para se tornarem actores institucionais mundiais. Sem o desdobramento da sociedade civil para resolver os problemas internacionais de amanhã, nunca lá chegaremos. Por outras palavras, o Estado-nação não é suficiente. Depois da privatização de certas indústrias, iremos assistir a uma forma de «privatização» dos negócios internacionais.

Estes novos actores participam cada vez mais na elaboração das regras de amanhã e analisam os problemas internacionais. Um dos obstáculos baseia-se em que as opiniões públicas não se interessam pelos problemas internacionais. Durante a era comunista interessavam-se muito mais, porque o comunismo pretendia formar uma comunidade. Um bom comunista interessava-se pela situação na Nicarágua, no Zimbabué ou na Birmânia. Deixou de ser o caso, e contudo amanhã os problemas interiores não serão tratados por instâncias interiores, mas à escala mundial. Àqueles que recusarem interessar-se pelos negócios internacionais ser-lhes-ão impostas soluções sem terem podido participar na sua elaboração.

Lembro-me de uma conferência que dei no Egipto aos quadros do partido governamental. Uma jovem perguntou-me: «Senhor Ministro dos Negócios Estrangeiros, lemos na imprensa que irá deslocar-se à Nicarágua. Onde fica esse país?». Toda a assistência desatou a rir. «Senhor Ministro, por que não está mais atento à guerra civil libanesa, em vez de ir passear para a Nicarágua?». Respondi-lhe: «Minha senhora, se queremos que a Nicarágua e a América Central prestem atenção aos problemas do Médio Oriente, o Médio Oriente deverá mostrar-se atento à situação na Nicarágua».

Talvez possamos aprender com a História. Que leis determinam a ascensão e a queda das potências políticas?

No dia em que uma nação exerce um poder absoluto sem o controlo da comunidade internacional, trata-se, por definição, de um poder corrompido. Esta definição poderá parecer redutora, mas penso que é correcta. Se não chegamos a este multilateralismo dos poderes, iremos ficar expostos a graves dificuldades. Um ou dois países não podem por si só resolver os problemas do mundo, não têm nem a capacidade, nem a vontade política, nem tempo, nem os conhecimentos necessários.

«Nenhum cientista sabe o que é a vida»
Erwin Chargaff

Erwin Chargaff nasceu a 11 de Agosto de 1905 em Czernowitz, antiga capital da Bucovinia, na altura parte integrante do Império Austro-Húngaro. Depois de ter estudado Química e Ciências Literárias em Viena com Karl Kraus, uma das figuras que mais influenciaram a sua vida, Chargaff trocou, em 1933, a Alemanha nazi por Paris, antes de partir para a Universidade de Columbia em Nova Iorque. Aí foi nomeado professor de Bioquímica em 1952. Entre os seus principais trabalhos figura a descoberta da complementaridade esteroquímica das bases no ADN, que permite uma replicação exacta da molécula e do seu modo de funcionamento como vector de informação da hereditariedade. Chargaff tornou-se particularmente notado com a sua biografia, surgida em 1978, *Le Feu d'Héractile* (tradução francesa das Edições Viviane Hamy, 2006), na qual exprimia violentas críticas ao funcionamento da ciência. Durante os últimos anos de vida tornou-se um observador muito empenhado na civilização técnica.

Morreu em Nova Iorque em 2002, com a idade de noventa e sete anos.

Entre as obras de E. Chargaff, citaremos: *Brevier der Ahnungen* (2002), *Abschen von der Weltgeschicht* (2002) *Stimmen im Labyrinth* (2003).

Erwin Chargaff, além da sua estada na Europa entre 1930 e 1933 – basicamente em Berlim, onde ensinou Química – a que a emigração forçada colocou um termo, vive desde 1928 nos Estados Unidos, país de que rejeita interiormente a cultura e que veemente criticou em muitos textos. Não sentiu a necessidade de se evadir desse exílio americano, sobretudo depois de se ter tornado professor emérito na Universidade de Columbia de Nova Iorque, em 1974?

Bem, no início dos anos sessenta, procurei no Sul de França e no Norte de Itália um domicílio; gostaríamos, tanto eu como a minha mulher, que isso tivesse sido possível, mas tal não nos foi concedido. Aqui, pelo contrário, não se vive no interior de uma cultura mas numa grande lixeira. Este país nunca conheceu um verdadeiro crescimento orgânico. Na sua magnífica obra, *Da Democracia na América*, Tocqueville já tinha compreendido bem que nesta parte do mundo as diferenças culturais seriam suficientes para impedir o estabelecimento de um equilíbrio interno. Do meu ponto de vista, seria preciso um milagre para que uma verdadeira cultura homogénea pudesse nascer de tal mistura.

Tocqueville também previu que a filosofia americana iria ser em primeiro lugar pragmática, ou seja, dominada por um manifesto pensamento do sucesso a que os conceitos de Charles Peirce, William James e John Dewey abriram seguidamente caminho. Para as pessoas que vivem naquilo que designamos por *melting-pot*, o princípio da utilidade parece ser o único elemento de coesão. O senhor foi sempre avesso a esse conceito. Nunca o apreciou e, hoje, exprime mais abertamente a sua aversão por ele.

O *melting-pot* é o menor denominador comum; se o referimos, isso significa que tudo gira à volta do dinheiro, que tudo se reduz ao dinheiro, que tudo assenta nele. Com certeza existiu Henry David Thoreau, o autor de *Walden ou a Vida nos Bosques*[3], que considero um escritor não americano, no sentido mais correcto do termo. Trata-se de um clássico, e continua a ser lido por pessoas que se deleitam com este tipo de masoquismo de alto nível. Mas quase não se vêem, são, de certa maneira, engolidos por um aspirador gigantesco. O que prevalece é um mecanismo que paralisa o pensamento, a sensibilidade, que vai ao ponto de a aniquilar.

Chegou ao ponto de falar da América como de um asilo, de um país trágico, até de uma partida do diabo.

Na realidade, a América não tem história. Falando grosseiramente: nesta terra, durante dois bons séculos, simplesmente não se enterraram pessoas suficientes. A herança cultural relativamente escassa não oferece contrapeso aos critérios absolutos do sucesso. Pelo contrário, gravamos o retrato de presidentes, na maior parte insignificantes, em rochedos que seriam mais belos sem esse género de rostos. A estranha mistura de quakerismo fundamentalista e materialista, o conceito que aqui reina sobre a prosperidade, associada à repulsa proclamada que inspira a ideia de se confrontar seriamente com o pensamento europeu, e sobre o mercado da fé de que temos uma missão a cumprir, nomeadamente nas ciências – nunca me

---

3   Henry David Thoreau, *Walden ou a Vida nos Bosques*, trad. Astrid Cabral, revisão e adaptação de Júlio Henriques, Antígona, Lisboa, 1999.

habituei a isso. Cresci e fui educado num espírito totalmente diferente. Baseado nisto – e sob a influência de Tocqueville – escrevi um pequeno panfleto: *Pobre América – Pobre Mundo*. As pessoas daqui quase que dão dó, com a sua alienação espiritual, o seu divórcio de tudo o que se situa a um nível mais profundo ou mais elevado. Qualquer forma de verdadeira sensibilidade ou de poesia pura parece-lhes grotesca, inconcebível. É realmente uma pena, verdadeiramente: a América é um país trágico.

O senhor tem a convicção, e é surpreendente da parte de um especialista das ciências da natureza, que particularmente a poesia é uma chave indispensável para compreender os aspectos essenciais da realidade interna e externa.

Eu nasci assim.

Na leitura dos seus trabalhos de ensaísta senti frequentemente um desejo de poesia, de mística, de religiosidade que não pode ser atenuado pelas ciências da natureza, pretendendo substituir a religião ou mesmo provando que era supérflua, uma ideia que já fora expressa por Roger Callois.

Exacto. Veja, existem dois tipos de formação do pensamento. Um é mecanista, positivista, reducionista e exprime-se nas ciências da natureza; o outro é aquilo a que chamaria o pensamento lírico, o que está morto, posteriormente, na América como no resto do mundo. No século XVIII, e até ao século XIX, existia ainda – na literatura alemã, com Claudius, Hölderlin e outros, na literatura francesa com Hugo, Baudelaire, Lautréamont, Rimbaud. Depois, as ciências da natureza intervieram. Ocuparam essa posição e, de certa maneira, transformaram-na numa religião dogmática na qual somos obrigados a acreditar. Para ilustrar isto utilizo propositadamente a seguinte imagem.

Quando se coloca individualmente a um cientista a questão: «O que é a vida?», falam-nos do que substitui a vida, e das reacções ou fórmulas em que se reflecte. Isto equivale mais ou menos questionarmo-nos «O que é um livro?» e obter esta resposta: decompomo-lo, analisamos o papel, observamos ao que se assemelham as letras e com que tinta foram impressas – mas ignoramos o que verdadeiramente se encontra no livro. O mesmo se aplica nas ciências da natureza, também não no-lo dizem. Nenhum cientista, ninguém, sabe o que é a vida.

O senhor contesta a ambição que as ciências exactas têm de manipular à sua vontade os processos que se desenvolvem na natureza e, portanto, controlar o restante destino da espécie humana. Isto surge como um fruto diabólico da presunção e da ignorância, porque, no fim de contas, fazemos da natureza um inimigo que teremos de vencer e submeter.

As modernas ciências da natureza – falo, essencialmente, da Biologia – esforçam-se por colonizar a natureza e fazem-lhe guerra. A Medicina, por exemplo, não tenta certamente erradicar a morte, mas retardá-la tanto quanto possível. Ora, existem fronteiras naturais junto das quais não nos deveríamos arriscar. Nesse sentido, sou um piedoso primitivo. Em todo o caso, este tipo de empreendimento não fazia parte, inicialmente, das missões das ciências da natureza, que à partida eram puramente descritivas. Depois, à medida que iam dando uma explicação para os fenómenos, foram forçadas a inventar algo sobre o assunto, já que Deus não nos dá qualquer explicação. Por vezes, evidentemente, tinham razão, outras vezes estavam enganadas. Mas, presentemente, a terceira ciência da natureza, a ciência reparadora, toma o primeiro lugar: quer eliminar alguns erros cometidos pela natureza. Isto inspira-me um medo enorme. A ideia que uns grãos de soja ou umas espécies de cereais produzidas num laboratório, resistentes a alguns parasitas, venham a transformar toda a genética, é assustadora. Sabemos menos do que aquilo que somos capazes de perceber e arriscamo-nos a causar danos irreparáveis. A intervenção no código genético dos produtos alimentares ou sobre criaturas vivas é irreversível; se depois espalhamos pelo mundo este tipo de produtos, cometeremos o maior crime que eu possa imaginar.

Durante décadas, o senhor foi um bioquímico de renome, contribuiu imenso na pesquisa do ADN ao descobrir que as bases adenina e timina, guanina e citosina, cuja sequência define o código genético, possuem um grau de complementaridade. Deu assim a Francis Crick e James Watson a pista essencial para ultimar o modelo helicoidal da dupla hélice,

na qual as bases unidas aos pares constituem as pontes entre duas hastes do ADN. As pesquisas que continuam a ser levadas a cabo nesse domínio atingiram o apogeu com a descodificação, recentemente obtida, do genoma humano. Neste contexto, como descreveria a diferença entre um cientista da sua ordem e os biotecnologistas que lhe sucederam? O que separa as ciências antigas da natureza, das recentes? Será a posição sobre o mistério da vida, que a primeiros respeita e a segunda tenta eliminar?

Os actuais investigadores não se aproximam minimamente do mistério. Newton, por exemplo, foi um físico notável. Mas, nos seus tempos de ócio, escrevia comentários sobre o profeta Daniel – isto significa que se mantinha ligado, por um segundo cordão umbilical, ao Antigo Testamento. É exactamente por esta razão que ele corresponde à minha noção de um grande homem: nem cem por cento cientista, nem cem por cento escritor. Pelo contrário, hoje em dia já não se é físico, químico ou biólogo: somos o quinto pé da centopeia. Isto atrai pequenos intelectos que são perfeitamente indiferentes ao contexto global. Já fiz menção deste problema sob diferentes perspectivas, mas ninguém me quer ouvir. Afirma-se simplesmente que estou agastado porque, ao contrário de Crick e Watson, não obtive o prémio Nobel. Deus bem sabe que não é o caso.

Por força das circunstâncias, o senhor está também extremamente céptico em relação às tentativas desenvolvidas até aqui no sentido de apreender, com a ajuda de uma bioética adaptada, as consequências imprevisíveis da tecnologia genética. Receia que esta não aguente o ritmo da manipulação extremamente acelerado do património hereditário.

Penso que é absurdo cortar a ética às fatias como se fosse um salame. Existe uma só ética, da mesma maneira que existe uma metafísica. A bioética tem uma existência tão pouco significativa como a pornoética ou a cleptoética. Não fazemos a mínima ideia do que significa verdadeiramente a palavra «bio» – para além da capacidade de ganhar dinheiro com os órgãos, os seus transplantes ou cópias. Mas isto é apenas necroética. A vida em si permanece – para todo o sempre, espero – um mistério. É um gás, é um líquido? Que acontece após a fecundação, quando o óvulo é envolvido? Por que razão, logo a seguir, o embrião começa, de repente, a viver? Este acontecimento desenrola-se durante uma paragem, num espaço intermediário onde o mecânico se transforma no metafísico. Não temos qualquer influência nisso, não podemos descodificá-lo, mesmo com a ajuda do mais potente dos computadores. O que nós exploramos não é a vida, mas unicamente certos elementos e certas condições de vida, sem saber verdadeiramente se são efectivamente necessários.

Depois de todas estas críticas, como deverá ser constituída uma ciência da natureza alternativa, favorável ao ser humano e ao ambiente, que prometesse um futuro mais luminoso e humano?

Paradoxalmente, antes de mais, deveria receber menos dinheiro. Há alguns anos, expus esta proposta de reforma numa entrevista; suscitou grande indignação, porque os grandes institutos queixam-se precisamente de dispor de fracos recursos financeiros. Do meu ponto de vista, não se deverá dar demasiada importância à ciência – ela é interessante, mas não é essencialmente vital. Por exemplo, afirmou-se que ocorreria uma catástrofe se o genoma não fosse descodificado mais rapidamente. Descoberta que ainda poderia esperar cem anos. A pressão permanente é uma forma brutal, diria quase criminosa, da promoção da ciência. A América é um país impaciente, cujo vocabulário – lembremos apenas a expressão *the sharp edge of research*[4] – mostra que se encontra em estado de crispação. No fundo, na ciência não há tempo. Aceitaria ter menos dinheiro, mas ter uma vida mais tranquila e com menos distinções concedidas em troca de insignificâncias. Mas desde que eu disse tudo isto, fui acusado de ser reaccionário, de deplorar o meu tempo ou o precedente.

Aos seus olhos o conceito de progresso ainda era válido durante os séculos anteriores; mas, presentemente, parece-lhe ser contraditório ou esvaziado de sentido, como já afirmou, por exemplo, Cornelius Castoriadis.

4   Investigação de ponta (N.T.).

Sim, mas sou céptico: questiono-me se o progresso do espírito humano, que o marquês de Condorcet tentou provar, teve verdadeiramente lugar após a Revolução Francesa. A história da cultura é, sem dúvida, caracterizada justamente por uma flutuação constante. Não vou, portanto, afirmar que, em relação a pontos essenciais, avançámos mais do que o homem de Neandertal. O progresso ininterrupto não significaria, por exemplo, na música, que víssemos continuamente aparecer melhores compositores, Mozarts ainda maiores? Seria verdadeiramente desejável? Na filosofia acontece o mesmo. Mesmo se Heidegger, como alguns afirmam, fosse um génio, não considero que Aristóteles tenha sido forçosamente um pensador pior. No fundo, não me cabe emitir juízos de valor. No melhor dos casos, um progresso moderado teve lugar, segundo a máxima: *per aspera ad astra* – mas estamos longe de atingir as estrelas.

E a história do mundo em si? Segundo tudo indica, não admite o mínimo optimismo.

A história do mundo é um catálogo de actos de violência e de acidentes. No essencial, é feita de guerras, de coroações, de deposições e de revoluções que seguidamente foram reduzidas a zero. Face a coisas tão hediondas, o belo não tem praticamente qualquer possibilidade.

Para os adeptos de Darwin, que se baseiam numa evolução linear das formas de vida – o que se mantém em relação à estrutura psicossocial do ser humano – mesmo essa actividade guerreira seria uma nova confirmação da teoria da evolução; no combate pela existência, seleccionam-se os indivíduos que melhor se adaptaram e demonstraram a sua força. O utilitário triunfa sobre o que é aparentemente inapto.

Do meu ponto de vista, Darwin é um pensador brilhante e um homem que não é antipático, mas a teoria da evolução encerra certos elementos duvidosos. Quando o darwinismo social preconiza a selecção do mais forte, produz efeitos devastadores. Posso imaginar que certos biólogos prudentes ponham em causa, a esse respeito, a exactidão da teoria da evolução – mas não têm coragem de o afirmar abertamente com receio que isso possa vir a prejudicar as suas carreiras. Existem convénios tão enraizados que acabamos por não os reconhecer como tal. Inicialmente, a teoria darwiniana não encontrou grandes adeptos; mas a partir de uma certa altura dominou o edifício intelectual da ciência; tornou-se quase um artigo de fé. Um fenómeno análogo teve lugar na biologia molecular. Tendências semelhantes caracterizaram também épocas anteriores: quando não se era cristão na Idade Média não se chegava a nenhum lado – e em certas circunstâncias acabava-se na fogueira. Mas os novos não eram obrigatoriamente tão crédulos...

Senhor Chargaff, o senhor, pelo contrário, opôs-se sempre aos hábitos e às leis não escritas da ciência e, durante a sua carreira, readquiriu pouco a pouco o papel de «marginal criativo».

Sou possuidor dos genes da sedentariedade. Vivi durante mais de setenta anos na mesma rua, Central Park West, fui casado sessenta e seis, passei quarenta na mesma universidade e nem sequer tentei ser colocado noutra. Isso parecia-me menos importante do que me confrontar com temas que desaguavam noutros domínios, fosse na literatura fosse nas ciências humanas. Esses domínios têm de ser conquistados por si próprios: desse ponto de vista, nada nem ninguém pode ajudar-nos.

Mas o homem que procura sempre a fronteira dos limites em si não se sente, por vezes, excluído do círculo daqueles que reclamam o rigoroso respeito por certas regras de jogo no seio de uma disciplina científica, não se sente abandonado por este mundo que, como o senhor disse, está inteiramente votado à unilateralidade intelectual e à busca do lucro?

Considero-me antes um homem lançado ao mundo, para retomar a formulação de Heidegger. Cada um de nós está só. E lamento as pessoas que, como eu, não conseguem estabelecer uma relação íntima com uma religião. Quando me deparo com alguém sincero assumindo-se como católico praticante chego quase a invejá-lo. Eu tenho certamente uma sensibilidade de ordem religiosa, mas não tenho qualquer espécie de relação com o judaísmo. Tanto eu como os meus pais já não temos qualquer ligação com ele.

Sublinha o facto de a inteligência do espírito não se bastar a si própria, que se trata também, e sobretudo, de inteligência do coração.
Mostro justamente o meu lado sentimental, embora isso de pouco me tenha servido. Em certa altura, perdemos o equilíbrio entre o espírito e o coração, mas, no meu tempo, esse equilíbrio ainda existia. Hoje, tudo o que diz respeito ao sentimento foi literalmente banido.

Isso explica por que o conceito do divino, no sentido de potência despertando tanto a confiança como o terror, pareça estranhamente anacrónico ao nível actual da cultura. O homem pode existir sem ele, no sentido desta nova escatologia de que fala Karl Löwit?
Não, mas pode construir uma capela privada, como eu fiz, e celebrar as cerimónias que necessita. Ele defende-se, assim, com a sua própria força interior, contra o desprezo pela religião que o rodeia.

Mas os mecanismos de dispersão desencadeados pela sociedade do lazer impedem-no na maior parte das vezes. Em que domínios da vida discerne o homem ainda hoje, apesar de tudo, o sentido do sagrado, que o força, desde sempre, a comunicar com o supraterrestre, o que lhe permite preservar o terrestre em toda a sua plenitude e beleza?
Se eu pretendesse fazer humor, diria que o Americano sente, por vezes, o máximo do sagrado no *home run* de um jogador de beisebol. Sejamos sérios: o sagrado sempre foi aparentemente difícil de encontrar: C.G. Jung, por exemplo, encontrava por vezes no campo gente muito devota; então ajoelhava-se e rezava com eles. Existia certamente muito de sagrado em momentos desse género. Mas quanto ao resto, este sentimento, depois da Idade das Luzes, declinou. Goethe ainda o possuía, Eichendorff também. Pessoalmente, sempre senti essa reserva, esse respeito, e isso enche-me de alegria. Pode-se, contudo, compensar mais ou menos a falta do sagrado empregando peças sobresselentes: graças a algumas melodias de Mozart ou cantatas de Bach

que nos vão direitas ao coração, poemas que nos causam um arrepio na espinha.

Quando olha para trás, qual é para si a maior perda que sentiu?
A morte da minha mulher.

Como é que conseguiu ultrapassar essa dor e recomeçar do zero?
Consegue-se, como pode constatar. Podemos suicidar-nos, mas eu não aprovo o suicídio – aí também existe algo de religioso. Eu considero a vida uma dádiva inacreditável. Do mesmo modo, compreendo que um homem como Paul Celan, assaltado por um desespero muito profundo, tenha sido impelido a atirar-se ao Sena.

E a noção de que o senhor venha a desaparecer?
Não estou particularmente receoso. É-nos concedido um certo lapso de tempo e já o ultrapassei. Tornamo-nos cada vez mais ridículos, um velho em Nova Iorque é um fenómeno grotesco. No tempo em que ainda ia passear sozinho em Central Park, há cerca de dois anos, levantou-se uma ventania impensável que quase me levou pelos ares, pedi a uns miúdos se me podia agarrar a eles. Foram-se embora a correr e a rir às gargalhadas. Felizmente uma senhora de idade, negra, apareceu e agarrou-me no braço.

Não está à espera de uma nova gnose?
Espero tudo, estou disposto a saudar o Messias a partir de amanhã. Mas creio que não o vou reconhecer. Do meu ponto de vista, reconhecemos unicamente um génio pelo facto de não o podermos reconhecer. Ora, a essência do Messias é mesmo ser reconhecido. Se não se o vê, como é que se vai saber que ele existe?

«Os futurólogos enganam-se sempre»
Régis Debray

Escritor e filósofo, Régis Debray nasceu em Paris em 1940, filho de um advogado e da resistente Janine Alexandra Debray, futura senadora gaullista. Debray defendeu a sua tese de Filosofia em 1961 na Sorbonne, antes de partir para Nova Iorque. Em 1962, filma um documentário sobre a guerrilha na Venezuela, vivendo como guerrilheiro. De volta a França, publica, entre outros, textos na revista de Sartre, *Les Temps Modernes*, sobre a luta de libertação na América Latina. Em Abril de 1967, Debray é detido por militares bolivianos e condenado a trinta anos de prisão, sendo libertado ao fim de três anos na sequência de uma campanha internacional de protesto. Após a sua detenção, Debray vai morar em casa do poeta chileno Pablo Neruda, efectuando ali uma longa entrevista com Salvador Allende. Mais tarde, Debray irá afastar-se claramente do seu passado revolucionário. Após a vitória de François Mitterrand, em 1981, torna-se conselheiro do presidente para os assuntos do Terceiro Mundo. Régis Debray publicou numerosos ensaios consagrados aos *media* – é fundador da Mediologia – e, mais recentemente, à religião.

Em 2002, é nomeado presidente do Instituto Europeu das Ciências da Religião. Em 2005, cria a revista *Médium, transmettre pour innover*, nas Editions Babylone. Entre as suas principais obras, citemos: *Le pouvoir intellectuel en France* (Ramsay 1979), *Vie et mort de l'image* (Gallimard 1992), *Dieu, un itinéraire* (Odile Jacob, 2002, prémio Combourg), *Le feu sacré. Fonctions du religieux* (Fayard, 2003), *Aveuglantes Lumières Journal en clair obscure* (Gallimard, 2006). Entre outras obras publicadas em Portugal encontram-se *Deus, Um Itinerário*, Âmbar, 2002; *Introdução à Mediologia*, Livros Horizonte, 2004; *O Édito de Caracala*, Guimarães Editores, 2005;

Régis Debray, o leque da sua obra vai desde o empenhamento político a uma análise politológica, da presença pessoal nos *media* à confrontação crítica com os seus métodos, desaguando numa mediologia de um novo género, do estudo de questões ligadas à história contemporânea até trabalhos intensivo sobre a arte, a filosofia e a religião. Constata-se nos seus textos que o que desperta o seu interesse é menos a religião propriamente dita do que o fenómeno religioso. Poderá precisar essa distinção?

A religião está ligada à noção de uma instituição, por exemplo a da Igreja ou do clero e, para além delas, a divindades personificadas. O religioso, pelo contrário, não tem necessidade de um credo, nem sequer de um Deus, e manifesta-se de igual modo sob formas seculares. As grandes ideologias do século xx – comunismo e fascismo – eram religiões seculares, essencialmente ateias. Nesta medida, o conceito do religioso é mais lato do que o da religião. Podemos viver sem religião, mas não sem o religioso.

Esse, por sua vez, está de certa maneira ligado à concepção do sagrado. Que apreciação faz sobre os trabalhos realizados neste domínio pelos filósofos e historiadores das religiões Rudolf Otto, Roger Callois, Mircea Eliade, René Girard, o que distingue a abordagem deles da sua?

René Girard impressionou-me particularmente porque esclarece o sagrado a partir do seu aspecto psicológico. Pela minha parte, vejo no sagrado – se bem que seja difícil apreendê-lo pelo discurso – o resultado de um mecanismo lógico que, sob numerosas formas, atravessa todas as culturas e todas as sociedades. No sagrado exprime-se o sentimento de uma comunidade, ou ainda mais: é ele que a fundamenta e garante a sua perenidade. Só pode reunir as suas diferentes forças numa só na medida em que se abra a um valor transcendente situado para lá de níveis imanentes. Por outras palavras: é necessário pensar simultaneamente a abertura e o fecho – a abertura dos diferentes grupos, que apenas é possível graças à sua abertura relativamente a um objectivo original ou final, seja o do mito do paraíso perdido, de uma promessa quiliástica, ou de um texto constitucional, como o dos Estados Unidos. A quinta-essência do sagrado é isso mesmo. Não é susceptível de manipulação, uma vez que escapa ao poder do homem. Se ele a isso se opusesse, colocar-se-ia ele próprio em questão. Consequentemente, não existe uma coerência e, depois, uma coexistência do social e do sagrado. Isto significa que, afinal de contas, não existe uma sociedade ateia e muito menos uma sociedade agnóstica, mesmo quando se desembaraça do seu Deus: é a fé que mantém a coesão das pessoas. Esta verdade parece banal, mas, na realidade, é fonte de uma monstruosa desilusão e, consequentemente, de tristeza. Pouco importa em que medida multiplicamos os nossos conhecimentos, os que asseguram a promoção da ciência e refinam a nossa paleta de instrumentos técnicos, continuamos a ser animais dotados de fé enquanto vivemos em grupo. Eis a razão pela qual muitos dos conceitos actuais, que prometem a felicidade no fim do caminho, o desaparecimento da loucura e da alienação, são estranhamente vazios, precisamente porque confundem o homem que sabe e o homem que acredita, o indivíduo e o colectivo. Este está sempre submetida à lei da fé. Mesmo quando se cria uma sociedade de matemáticos, de físicos ou de químicos, é preciso dar-lhe um traçado director, uma liturgia, um ritual, um compromisso, um programa, e tudo isto constitui o carácter sagrado deste tipo de comunicação agnóstica.

Isso quer dizer que o limite que caracteriza o indivíduo e o colectivo resulta precisamente da necessidade do ilimitado; apenas este dá, tanto a um como a outro, uma especificidade e uma forma.

Sim, qualquer delimitação exige uma abertura a qualquer coisa de mais global, tal como aparece também na inter-relação clássica entre corpo e alma, matéria e espírito. A partir desse momento, a fronteira é uma constante antropológica indispensável. Contudo, esta perspectiva opõe-se radicalmente às tendências hoje dominantes. Somos os adeptos de uma utopia apreciada por todos, a de um mundo sem fronteiras – basta pensar em organismos como «Médicos sem fronteiras» ou «Repórteres sem fronteiras». Mas, no meu ponto de vista, nós temos necessidade de fronteiras – físicas ou simbólicas – e quando as perdemos, fixamos novas. Chegamos também a essa conclusão quando se observa as situações políticas dos Estados. Assim que se perdem os contornos da identidade de uma nação e que se dissolvem lentamente, vemos surgir regionalizações que degeneram, por vezes, no interior de uma cidade, num patriotismo de bairro. As pessoas começam a delimitar os seus pequenos territórios. Isolam-se, o que prova que não podem viver no infinitamente aberto. Nesta perspectiva, o sagrado não está associado ao sentimento do infinito, mas antes à necessidade de criar um lugar, de preservar uma identidade pela qual se defina o indivíduo e o colectivo. É, certamente, uma hipótese pessimista, mas os factos históricos parecem confirmá-la tanto como os processos actuais nas sociedades a que dizem respeito.

Demonstrou que o homem integrado na comunidade se inspira necessariamente num objectivo superior, que considera sagrado e que elege como objecto dos seus projectos religiosos, mitológicos ou metafísicos. Mas hoje vemos como as potências estatais que governam as comunidades estão cada vez mais submetidas ao processo de secularização. O que nos inspira esta fórmula: «Quanto menos o poder secular é espiritual, tanto mais o poder espiritual é secular».

Estamos perante o princípio dos vasos comunicantes. Se o poder secular deixa de dispor de conteúdos espirituais, é o poder espiritual que se apropria dos conteúdos seculares. Por outras palavras, se o Estado renuncia ao sagrado, a Igreja e o clero voltam-se para o profano. O declínio da autoridade política anda lado a lado com a politização da autoridade espiritual. A antiga União Soviética deu-nos um exemplo apropriado disso; o Estado religioso colocado sob o signo do comunismo foi submetido à secularização. Resultado, a Igreja Ortodoxa aparece hoje como uma potência secular considerável. Entre dois males há que escolher o menor. Salvação individual e salvação colectiva nunca andam lado a lado. Tentemos, portanto, dar vantagem a estas religiões que são as menos «dispendiosas».

No seu livro *L'État séducteur*, descreve o Estado moderno como um sedutor sujeito ele próprio a uma sedução, já que abandonou os seus ideais de origem e fundamenta essencialmente a sua política na realidade imediata – nas correntes da época, e nas decisões *ad hoc* que daí advêm.

Antes do Estado sedutor, existiu o Estado educador – por exemplo, na sua forma republicana tradicional. Assentava na alfabetização das massas, na instauração da escolaridade obrigatória, na criação e extensão do caminho-de-ferro, mas também na imprensa, que cultivava o debate sapiente sobre o espaço público, no sentido kantiano da palavra, e tal como foi entendido na Idade das Luzes. Tratava-se de um Estado que fixava normas obrigatórias – e também, certamente, rigorosas – e perseguia um projecto de dimensões históricas que podia mesmo oferecer uma filosofia da história, quer positiva quer negativa. Hoje, pelo contrário, temos um Estado obnubilado pela opinião pública, pela lógica da procura, e não pela da oferta. Tenta-se determinar com a maior exactidão possível o que as pessoas querem. Nesse propósito, interroga-se, explora-se o mercado; em seguida, a política é orientada segundo as opiniões e as necessidades. Isto não favorece nem a vontade política, nem a racionalidade, mas sim o culto das emoções, a demagogia e uma certa docilidade. O aspecto social ou humanitário ocupa o lugar da diplomacia. Este deslocamento acarreta uma perda de abstracção e, portanto, de idealidade.

A sua argumentação baseia-se, por outro lado, no facto de os representantes do poder executivo virem a ser, sob todos os pontos de vista, recuperados pelos *media*, mas ao mesmo tempo sem deixar passar qualquer possibilidade de utilizar os seus métodos de *marketing*. Nesta medida, o discurso objectivo causa o mesmo efeito que uma relíquia do passado.

Sim, falo do Estado ocidental dotado de sistemas de comunicação eficazes, no qual o Presidente, o Primeiro-Ministro ou o Chanceler devem constantemente estar no ecrã, refiro-me aos ministérios onde o serviço de imprensa tem prioridade sobre todos os outros, falo desses políticos de alto nível que recorrem a diversas sondagens de opinião diárias. Falo do Estado no qual o chefe mais se assemelha a um actor – quando não vem mesmo directamente do *show-business*, como Reagan – e onde o cidadão se torna num simples consumidor. Bem entendido, certos chefes desse Estado, que se considerava como educador, praticavam também um culto de personalidade, e o seu idealismo encobria o perigo de os ver desdenhar justas reivindicações sociais, mas actualmente o pêndulo vai demasiado longe na direcção da exteriorização.

As influências nocivas daquilo a que chama mediocracia não se exercem somente no sector político; vê até nela uma ameaça para a vida social e cultural.

O conceito de mediocracia é composto pelas palavras «médium» e «mediocridade». Entendendo isso como a primazia crescente dos transmissores. À medida que o criador passa para segundo plano, o seu intérprete ganha importância – quer dizer, aquele que leva a obra ao público. Tome como exemplo o teatro: aquilo que vamos ver não é uma peça de Racine, mas uma peça do encenador que encena Racine. Ou a música: é o chefe de orquestra ou o solista que estão em evidência, e não o compositor. Ou ainda na literatura. O apresentador da emissão literária desempenha um papel mais importante do que o autor que evoca. Ocupa, deste modo, a mesma posição dominante do jornalista que, com os seus comentários dirigidos, intervém nos acontecimentos políticos.

Os sintomas deste tipo indicam que a comunicação permanente e omnipresente adquire pouco a pouco a sua independência, e que o faz à custa de conteúdos essenciais de que não nos damos conta e que votamos ao ostracismo. É a razão pela qual estabelece uma nítida diferença entre «comunicar» e «transmitir».

Comunicar é propagar a informação no espaço; transmitir é propagar a informação no tempo. Nesse sentido, o acto de transmissão é o que constitui a cultura e que, consequentemente, distingue o homem do animal. Os animais entendem-se através de sinais acústicos, olfactivos, visuais, mas uma geração não transmite praticamente nada à seguinte. O homem, por sua vez, é a única criatura viva que recorda os seus antepassados e transmite os conhecimentos adquiridos aos seus filhos, engendrando assim uma continuidade criativa. Só ele está em posição de produzir uma história, recolhendo experiências de gerações anteriores e usufruindo delas. Damos aos nossos símbolos uma figura escrita ou visual, inscrevemos na matéria aquilo que, de outro modo, desapareceria connosco. É portanto a matéria que garante a existência do espírito – ou, por outras palavras, a técnica que produz a cultura. Eu entendo por «técnica» tudo o que não faz parte do património genético da espécie, o que, consequentemente, é adquirido – incluindo a escrita, enquanto a capacidade de falar é congénita. É exactamente esta transmissão das qualidades adquiridas que, hoje em dia, parece estar seriamente ameaçada: a comunicação esforça-se por bloquear ou, pelo menos, dificultar a transmissão. Controlamos cada vez melhor o espaço, mas cada vez menos o tempo. Isto pode parecer conservador, mas as tradições que são testemunho da presença do passado no presente empalidecem a olhos vistos. É verdade que possuímos meios de comunicação extraordinários, mas as nossas instituições que veiculam a transmissão – a família, a escola, a universidade, a academia, e mesmo todas as formas de organizações de coexistência humana, desde que encarregadas de velar sobre a herança intelectual – são confrontadas com grandes problemas. Afirmo, portanto, que não é a comunicação, mas a transmissão, que constitui a base de uma antropologia; esta explica o ser humano, porque é ela que o caracteriza.

Isso permite também compreender as suas críticas contra a ciberdemocracia que se antevê. Para si, a Internet e o ciberespaço são redes virtuais que se estendem na horizontal sem fim, mas em que forçosamente falta uma dimensão vertical – uma ideia directora ou um princípio regulador. Que futuro prepara esta ciberdemocracia?

Os futurólogos enganam-se sempre. Além disso, ainda não sabemos o que é exactamente a Internet e que consequência vai ter. Eu questiono-me, portanto, se os tecno-milenaristas ou tecno-optimistas têm verdadeiramente razão ao dizer que a Internet irá permitir estruturar grupos à distância ou até mesmo toda uma democracia. Entre eles, temos por exemplo Pierre Lévy. Tenho uma grande estima por ele, é sem dúvida um dos mais notáveis pensadores do processo tecnológico. Mas, de um certo ponto de vista, defendemos conceitos diferentes: ele deposita na Internet uma esperança política que eu julgo utópica. Como já expliquei há instantes, cada comunidade tem necessidade de um território claramente delimitado e fechado. Ora a Internet é, em alto grau, descontínua, pontual e instável; pode sem dúvida facilitar a troca de conhecimentos, mas não pode nem dar uma coesão a um grupo nem fundar uma verdadeira cultura. Não possui traços menos ambivalentes do que qualquer outra inovação técnica. Não podemos subestimar o seu papel, à maneira dos humanistas que, de um modo geral, desprezam as máquinas e os aparelhos; mas também não temos direito de a sobrevalorizar ou transformá-la num fetiche como fizeram, por exemplo, aqueles que no século XIX acreditaram que o comboio traria rapidamente a paz mundial uma vez que encurtava o tempo de viagem e aproximava os povos. A questão delicada que me preocupa e à qual nunca poderei verdadeiramente dar resposta é a seguinte: o que é imutável no ser humano, o que é transformável ou susceptível de evoluir? Manifestamente, há na sua natureza constantes que não são afectadas pelo progresso técnico e, por outro lado, variáveis que estão profundamente sujeitas à sua influência. Por exemplo, desde a invenção da escrita deixámos de ter a mesma boa memória. Já Platão lamentava que a escrita nos fizesse perder memória, porque fixamos os nossos pensamentos e recordações em papiros. E isto é verdade: ao contrário dos nossos antepassados, somos incapazes de recitar longos passos das epopeias de Homero. Desembaraçámo-nos da memória copiando tudo, imediatamente, em livros, em cassetes ou em discos rígidos. O progresso técnico faz com que percamos faculdades, ou que as desloquemos para vectores situados fora de nós próprios. É precisamente nesse ponto que se revela um problema que interessa aos mediólogos: em que medida se deve levar a sério a técnica? No que me diz respeito, afirmo: deveremos levá-la mais a sério do que os tecnofobos – citemos Heidegger, por exemplo – não o querem admitir. Para eles, os metafísicos, a técnica tem o mesmo significado que o declínio e a alienação da verdadeira natureza do homem. Mas, aos meus olhos, o homem desenvolve-se precisamente graças às suas ferramentas, para se tornar aquele que se deverá situar no quadro da hominização – não é de natureza constante e ilimitada, é-o para em qualquer momento nele se tornar; as conquistas técnicas levam-no cada vez mais longe. Isto não implica que, contudo, venha a sucumbir a uma tecnofilia qualquer e que encare a Internet como solução definitiva de todos os conflitos políticos da humanidade. Nós devemos, pelo contrário, determinar a nossa trajectória entre estas duas posições extremas.

A mediologia de que aqui fala e de que trata no seu livro *Vie et mort de l'image*, representa em múltiplos aspectos, uma ciência universal de imagens e de *media*, que associa história da religião e da arte, ciência da comunicação e conhecimentos técnicos, sociologia e filosofia. Em que condições intelectuais se baseia a mediologia, qual é o seu objectivo?

A mediologia não é uma ciência exacta – recuso-me submeter-me ao terrorismo da cientificidade – mas um domínio de pesquisa, uma problemática, uma maneira de ver as coisas, uma análise das funções sociais superiores no espelho da ideologia, da arte, da religião, da política, etc., e na sua relação com os vectores centrais da transmissão. Na perspectiva da mediologia, podemos descortinar a história em função desses vectores – ou, então, em função daquilo que chamamos as medioesferas: do século XV até ontem, a impressão do livro forjou a grafoesfera. Hoje, estamos rodeados pela videoesfera, na qual, com base numa sensação modificada do tempo, o instante triunfa sobre a duração, o directo sobre o indirecto, o reactivo sobre o discursivo. E esta esfera vídeo passa, quanto a ela, de imediato para uma espécie de hiperesfera composta, no essencial, por sinais digitais. No que concerne à imagem em si – não a imagem concebida, a imagem produzida – devemos primeiro, para compreender os seus efeitos, saber como é fabricada, ou seja que técnicas são empregues – as pinturas rupestres do paleolítico, as esculturas, os baixos-relevos, a pintura a cera, os frescos, os ícones, até à fotografia – e, paralelamente, a história dos conteúdos das crenças, porque conforme as épocas se acreditava nas imagens e era-se confrontado com uma atitude interior diferente. No início da história da iconografia, a imagem era um meio que ajudava o homem a sobreviver, a proteger-se e a ter a sua parte de graça divina, na medida em que ela o ligava às potências invisíveis e em que, consequentemente, era considerada sagrada. Com o aparecimento do conceito de arte nos séculos XV e XVI, com as primeiras colecções e museus, a imagem transformou-se num meio ao serviço do prazer estético e da contemplação. Hoje, despojada das suas qualidades originais, a imagem é essencialmente um mecanismo de informação, seja no domínio da publicidade seja no da ciência. Com a mutação cultural e técnica, o horizonte das expectativas respeitantes à imagem desloca-se – e é exactamente esse processo que constitui o objecto da mediologia.

Permita-me, para terminar, duas questões sobre as suas convicções políticas. Foi conselheiro do presidente Mitterrand. Que julgamento faz posteriormente sobre a sua colaboração com ele? O que resta de tudo isso?

Pouca coisa. Os filósofos sempre tiveram tendência para intervir activamente na política, para contribuírem em dar-lhe forma. Não quero esconder-me atrás dos grandes pensadores que escolheram esse caminho, mas contudo: Platão escreveu o *Político* e aconselhou o tirano Dionísio I sem conseguir convencê-lo. Descartes frequentou a corte da rainha Cristina da Suécia e Rousseau esforçou-se por redigir uma constituição para a Polónia. A minha colaboração política foi de curta duração. Estava nitidamente ligada à mitologia francesa da altura, que culminava na ideia de que a França podia continuar a trazer realizações exemplares à Europa e ao mundo. Bom, ponha isso tudo na conta das minhas neuroses, do meu arcaísmo pessoal. Considero que essa fase da minha vida, a da política diária, terminou – não a renego de modo nenhum, mas também não a lamento.

E o que resta da época em que levava uma vida de revolucionário ao lado de Che Guevara e Fidel Castro?
Foram-me necessários muitos anos para melhor compreender essas experiências e, depois, para reflectir sobre elas nas quatrocentas páginas do meu livro *Loués soient nos seigneurs* – para reflectir sobre o marxismo considerado como uma heresia cristã ou um messianismo secular, sobre o conceito do homem novo pelo Guevara, conceito que remonta a São Paulo e encerra, afinal, uma mística espiritual, sobre a revolução como a última grande proclamação da fé, sobretudo no Ocidente, sobre a minha existência intelectual, de monge e de soldado, face à profunda clivagem entre a ideia revolucionária e a sua transposição para a prática... É necessário assumir os seus erros, é necessário analisar o seu próprio passado sem o menosprezar.

«A Odisseia crioula ou o drama da América Latina e as mitologias do futuro».

Carlos Fuentes

Carlos Fuentes, um mestre da literatura em todos os géneros, nasceu no Panamá em 1928. Filho de diplomata, passou a sua infância na América do Norte, na América do Sul e na Europa. Estudou na Universidade do México onde se diplomou em Direito. Depois, prosseguiu os seus estudos no Instituto de Altos Estudos de Genéve (1950-52). Logo a seguir ocupa funções oficiais: membro da delegação mexicana junto da Organização Internacional do Trabalho, adido de imprensa no Ministério dos Negócios Estrangeiros, embaixador do México em França (entre 1974 e 1977). Funda diversas revistas, como a *Revista Mexicana de Literatura* (1955) com Octavio Paz e, depois, as edições Siglo XXI (1965). Foi professor em diversas universidades dos Estados Unidos até 1982, nomeadamente em Harvard, vive hoje no México e em Londres. Os primeiros escritos de Fuentes foram novelas: *Los días enmascarados* (1954). O seu primeiro romance *La región más transparente* (1958), um libelo contra a sociedade mexicana, testemunhando já o seu interesse pela história e identidade nacionais. Seguiram--se outros romances como *A Morte de Artemio Cruz* (1962) que revela Carlos Fuentes no plano internacional, *Cantar de ciegos* (1964), *Cambio de piel* (1967), *Terra Nostra* (1975), *La cabeza de la hidra* (1978), *Gringo Viejo* (1985) e *A Laranjeira* (1993).

Carlos Fuentes escreveu também para teatro *O Vesgo é Rei* (1970), mas também para cinema – ele foi o argumentista de Buñuel para *La chasse à l'homme*, a partir de um romance de Alejo Carpentier. É autor de numerosos ensaios críticos como *A Casa de Duas Portas* (1971) ou *Cervantes ou a Crítica da Leitura* (1976) e ensaios políticos, *Tempo Mexicano* (1972). O seu romance *Terra Nostra* obteve o prémio Rómulo Gallegos, em 1977, a mais alta distinção literária da América Latina. Carlos Fuentes recebeu, em 1987, o Prémio Cervantes pelo conjunto da sua obra e em 2005 o Grand Prix Metropolis Bleu.

Que papel é que a América Latina poderá ter no século XXI, que contribuição específica poderá trazer à civilização mundial?

No futuro, a principal contribuição da América Latina será definida pelo facto de que o século XXI será uma era de grandes migrações, um século de mestiçagem ou, então, não será. Durante cinco séculos, o Ocidente avançou para Sul e para Leste e impôs os seus valores sem pedir autorização a ninguém. Agora, os povos regressam do Sul e do Leste e também não pedem permissão para isso.

As riquezas do mundo são distribuídas de uma maneira extremamente desequilibrada. Torna-se necessário, portanto, um elemento de compensação: a possibilidade, para os povos dos países pobres, de emigrar para os países ricos. Pode-se em boa medida resolver o problema se o Ocidente, o hemisfério Norte, mostrar uma grande compreensão em relação aos países em desenvolvimento, perdoar as suas dívidas e ajudá-los a prosperar. A Unesco calculou que se pode financiar com onze mil milhões de dólares as necessidades fundamentais do Terceiro Mundo no domínio da educação. Onze mil milhões de dólares é a quantia que os Estados Unidos gastam todos os anos em produtos de beleza. Treze mil milhões de dólares poderiam satisfazer as necessidades fundamentais do Terceiro Mundo no domínio da saúde. Esta soma corresponde, mais ou menos, à quantia que a Europa gasta todos os anos em gelados. Se a economia mundial se impõe universalmente, ela tornar-se-á um sistema onde as mercadorias não serão as únicas a circular, mas onde também os povos migrarão. A América Latina tornar-se-á uma das principais fontes de migrações para o hemisfério Norte, nomeadamente para os Estados Unidos, onde existe já uma população hispanófona de cerca de trinta milhões de pessoas. Dentro de alguns anos, o espanhol será a segunda língua dos Estados Unidos. Melhor, no conjunto do mundo ocidental, ele é já a segunda língua. Os hispanófonos serão, então, a maior minoria, muito maior do que a minoria negra. É a razão pela qual estes movimentos demográficos terão um papel maior no futuro da América Latina. Obviamente, o emigrante não traz unicamente a sua força de trabalho, os seus músculos e o seu suor, mas também a sua cultura e a sua língua, a sua religião e a sua concepção de valores da família e da sociedade. E o afluxo de emigrantes traz também o valor da mestiçagem (*mestizaje*), da mistura de raças, uma atitude hostil ao racismo. Os emigrantes e a visão multiétnica do mundo encontrarão obviamente uma forte resistência. A América Latina vai, certamente, à procura de um mundo mais são e mais rico, mas que também é um mundo mais conflitual.

O problema da América Latina é que se forçou frequentemente a desenvolver modelos de evolução incompatíveis com a realidade cultural, com a sua herança cultural, desde a escolástica católica do século XVI e as culturas arcaicas dos Incas, Olmecas e Astecas. Considerando a herança metafísica da América Latina, que teve um papel considerável, compreende-se que não foi, sem dúvida, fácil impor-se o calvinismo e o pragmatismo da América do Norte, assim como a tecnologia ocidental; há sempre compatibilidade entre, por um lado, as tradições culturais e religiosas e, por outro, e a tecnologia e a modernidade; a tecnologia não é neutra, ele deve ser aculturada nas tradições culturais para não destruir a identidade humana.

As culturas mais pragmáticas da América do Norte tiveram menos dificuldade em obter uma certa identificação do desenvolvimento científico e tecnológico com o desenvolvimento político e económico porque os obstáculos que se lhes opunham foram brutalmente afastados. E eu entendo por isto o facto de os Negros terem sido reduzidos à escravidão e os Índios relegados para reservas ou simplesmente assassinados. Este sentimento de homogeneidade teve, portanto, uma utilidade, certamente, mas não resolveu o problema: como chegar a um dado nível de evolução tendo em conta os elementos culturais da sua própria sociedade? A história dos Estados Unidos no século XIX e no princípio do século XX parece ser a história de um triunfo, mas eu tenho dúvidas sobre o futuro, se os Estados Unidos não compreenderem que se tornam uma sociedade multicultural e que alguns dos seus traços essenciais não permitem essa identificação perfeita de alguns ideais políticos com as realidades científicas e tecnológicas. Apesar de tudo, a tecnologia em si não é boa nem má. Trata-se de saber como e com que fins se a utiliza. Nada impede a América Latina de ter desempenhos de ponta nos domínios científico e tecnológico. Outra coisa é saber se a América Latina estará em condições de utilizar esses desempenhos para resolver os problemas específicos das nossas sociedades, preservando a sua continuidade cultural. Temo que os progressos tecnológicos da humanidade actual não se desenvolvam assim tão rapidamente e tão distante de nós, que nós não estejamos em condições de nos agarrarmos. Alfonso Reyes disse muitas vezes que a América Latina chega sempre muito tarde ao banquete da civilização. Desta vez poderá não ser uma simples metáfora. Poderá ser uma realidade tangível: nós não estamos em condições de ter acesso aos progressos tecnológicos. Se nos pudermos unir, só teremos sucesso na medida em que consigamos resolver os problemas fundamentais do nosso país, os da pobreza e os do subdesenvolvimento. Então, todos teremos, naturalmente, acesso à tecnologia. O problema não é saber se dispomos de tecnologia ou não, mas se temos ou não sociedades sãs e justas.

O senhor fala muitas vezes da heterogeneidade do mundo hispanófono e também da «crioulização» que pode ser uma profecia para a civilização mundial do século XXI, para uma identidade intercultural do mundo.
    Há tanta homogeneidade como heterogeneidade. Quando falo de heterogeneidade, falo de um facto. O grande sonho de Bolívar, levar a efeito

a unidade de todos os países ibéricos da América, é simplesmente irrealizável, porque cada um destes países conheceu uma evolução diferente ao longo dos séculos. Tem-se muita dificuldade em conceber a existência de pontos de contacto entre as Honduras e a Argentina. E o mesmo se passa com os países limítrofes, como a Bolívia e o Chile, que são totalmente diferentes. É a razão pela qual uma unidade política real é inconcebível. Mas temos uma forte unidade linguística. A unidade linguística abre a porta a uma identidade comum na medida em que nos reconhecemos nos valores que herdámos do mundo mediterrânico, índio e africano, que se misturaram no mundo europeu e criaram a identidade latino-americana.

Desde há muitos séculos, constata-se em todo o mundo uma secularização, uma perda do sagrado na sociedade, na arte, na pintura e na literatura, mas também em numerosas formas de expressão simbólica. A América Latina escapou a esta secularização da tradição ocidental?

Ninguém escapou ao processo de secularização. Num certo sentido, tornámo-nos todos protestantes. A Igreja Católica recusa o sucesso financeiro. São Tomás de Aquino disse que emprestar dinheiro com juros era um pecado contra o Espírito Santo. Quando se defende uma atitude deste tipo, quando Espanha, no início da sua história, perseguiu os judeus que eram os seus banqueiros, os seus capitalistas e os seus financiadores, quem poderia vir socorrer Espanha para construir uma estrutura financeira e proteger o seu império colonial? O império não podia ser administrado a partir de Espanha, mas por alguns nobres ociosos mais interessados no prestígio do que no trabalho. Deste ponto de vista, tornámo-nos todos protestantes. Nós temos reconhecido, em todo o mundo, a primazia do económico e do financeiro. Isto não implica que não existam outros elementos de contradição ou de tensão no mundo actual, como o religioso ou o espiritual. Os índios mexicanos, por exemplo, têm um tesouro de crenças espirituais e místicas, um sentimento muito profundo da santidade do mundo e das coisas, uma atitude praticamente panteísta em relação ao mundo. Mas este tipo de coisas não existe somente no mundo índio, no mundo analfabeto e no mundo de tradição oral, em países como o México. Quero dizer que este tipo de coisas – e isto parece-me fascinante – existe no mundo moderno, no fenómeno do sentimento religioso, do estado de espírito religioso sem fé religiosa. Gostaria de explicar pegando no exemplo de dois realizadores. O primeiro, Luís Buñuel, procedente da cultura católica, e o outro, Ingmar Bergman, da cultura protestante. Os dois homens afirmaram que não tinham religião. Buñuel dizia constantemente: «Graças a Deus, sou ateu». Ingmar Bergman vivia numa tensão profunda com a sua própria forma de luteranismo, de protestantismo. Mas todos sabem mostrar-nos concretamente este combate que pode dilacerar o homem moderno ou porque Deus está ausente ou porque se procura Deus. É um combate que se encontra em muitos dos grandes romancistas, por exemplo em François Mauriac, George Bernanos ou em Graham Greene. Isto também se pode verificar em algumas personalidades que sacrificaram a sua vida, estou a pensar em Simone Weil, a filósofa francesa judaico-católica, e em Edith Stein, a filósofo católica alemã, também ela judia. Edith Stein tornou-se freira e, no entanto, morreu em Auschwitz. Elas provam que a humanidade tem uma dimensão espiritual, uma inquietude espiritual que não se supera facilmente. O espírito secular deve responder de maneira eficaz à exigência de espiritualidade que a humanidade sente no século XXI. Este espírito está a reaparecer. No meio de todos os temores do século XX fulgura a chama clara e brilhante das suas vidas. Mulheres como Edith Stein ou Simone Weil sacrificaram-se pela espiritualidade. Não nos podemos recusar a confrontarmo-nos com este problema que nos faz mergulhar na confusão. Não podemos contentar-nos em aceitar a explicação material do mundo ou aquela que nos dá a ciência da natureza.

Como é o que senhor vive a evolução da religião neste início do século XXI – não somente a do cristianismo, mas também a do islão, do budismo, do hinduísmo e do xintoísmo no Japão ou na América do Norte. Saúda-a ou considera esta evolução um perigo?

Devemos respeitar uma religião quando ela nos respeita. O espírito religioso deve integrar um elemento de tolerância. Uma fé religiosa profunda não tenta impor-se pela força às outras, mas respeita-se a ela própria tendo respeito pelas outras, aquelas que têm a sua própria fé, as suas próprias convicções, a sua própria espiritualidade. Estas deverão ser as fronteiras do religioso no século XXI.

Pode dizer-se que a cultura da América Latina está matizada de metafísica e espiritualidade? Quando constatamos que, desde a escolástica até ao século XIX, à excepção do positivismo, no século XX temos um pensamento intuitivo e não uma tradição parecida à do mundo anglo--saxónico de William James, John Dewey, Herbert Spencer ou George Herbert Mead, e não um pragmatismo ou um social-darwinismo deste tipo, pode dizer-se que a filosofia e a história das ideias latino-americanas têm uma orientação metafísica?

Não, não estou de todo convencido. O pai fundador da filosofia latino--americana, ou pelo menos da tradição ocidental da filosofia latino--americana, foi São Tomás de Aquino, um homem que, talvez pela primeira vez no cristianismo, reconheceu a realidade do Estado e da sociedade. Ele atribuía uma grande importância às missões educativas da sociedade e do Estado. Existe ainda, portanto, um aspecto secular da escolástica. Apesar de tudo, nós também somos herdeiros de Roma e da ideia do direito escrito, todo esse aparelho legislativo que marcou a cultura do Império Romano. No século XIX, quisemos quebrar as correntes da escolástica e virámo-nos, consequentemente para o positivismo e para Comte. Mas este estava identificado com uma visão do mundo muito limitada ou mesmo autoritária. Os intelectuais mexicanos do início do século XX, Alfonso Reyes, António Caso e José Vasconcelos, viram, portanto, em Bergson e na ideia do *impulso vital* uma possibilidade de nos libertar das nossas cadeias. Um deles teve um papel muito importante na visão ecuménica do mundo: Vasconcelos, o nosso primeiro ministro da Educação, tinha no seu ministério o famoso pórtico onde se podia ver os representantes das quatro principais religiões do mundo, Confúcio, Buda, Cristo, etc. Mas esta reacção desencadeou uma contra-reacção que a filosofia de John Dewey introduziu no sistema educativo mexicano. E uma outra veio juntar-se-lhe: a instalação no México de filósofos espanhóis que tinham fugido para escapar à guerra, a Franco e à ditadura fascista. Estou a falar de José Gaos, Eduardo Nicol e de José Maria Gallegos Rocaful. Eram os discípulos de Ortega y Gasset cuja proposta principal era abrir ao Ocidente a filosofia e a cultura espanholas e enviar para a Alemanha o maior número possível de filósofos espanhóis. Chegam, assim, ao México, claramente, as teorias de Heidegger através de José Gaos; as de Nicolai Hartmann, Edmund Husserl e Max Scheler pelo representante de Eduardo Nicol e a renovação marxista de um marxismo humanista através de Manuel Pedroso. No início dos anos 40, aparecem muitos tratados novos na filosofia mexicana, transformando o seu aspecto geral. A seguir, a descoberta de Wittgenstein como o maior filósofo do século XX teve um papel central para a nova geração. Compreendeu-se que o único método que permitia pensar com precisão e sem construir ilusões sobre o si-mesmo era necessariamente o estudo do *Tractatus logico-philosophicus* e as ideias de Ludwig Wittgenstein. Hoje, juntou-se-lhes muitas outras coisas, o positivismo lógico, Alfred Jules Ayer e outros filósofos contemporâneos.

Deveríamos mencionar aqui a associação educativa Ateneo de la Juventud («Ateneu da Juventude»), um movimento fundado por Alfonso Reyes e que teve um grande papel no México. Tratava-se de uma reacção à filosofia positivista: que se tinha imposto na época da fundação dos Estados democráticos no início do século XIX em toda a América Latina, e deve-se também vê-lo na sua relação com a corrente poética do «Modernismo». Foi uma declaração de independência estética da América hispanófona. Os filósofos José Vasconcelos, que era um discípulo de Ortega y Gasset, e António Caso trouxeram-lhe o seu apoio. Podemos falar de uma superioridade sobre o pensamento mais utilitarista da América do Norte?

Não, o Ateneo de la Juventud foi um movimento de resistência contra Comte e contra o positivismo, e que a ditadura de Porfírio Díaz tinha-a adoptado como a sua filosofia oficial. Dizia-se: «É verdade, somos uma ditadura, mas agimos em nome do progresso». Foi contra isso que se insurgiu o Ateneo, tratava-se de dar prioridade à intuição e à sensibilidade. Tratava-se justamente de um aspecto do espírito mexicano ou latino-americano. Tenho a mesma opinião sobre o essencial do pensamento utilitarista ou positivista na América anglófona – sim, teve um papel muito importante, mas também havia artistas de toda uma outra sensibilidade. Veja, por exemplo, um pintor como Jackson Pollock, questiono-me o que tem a ver com o positivismo utilitarista e qualquer lógica que o seja. O mesmo também para um escritor como William Faulkner ou para um poeta como e. e. cummings. Cada vez que se fala de uma tendência ideológica central, descobre-se instantaneamente que os artistas que merecem interesse são aqueles que resistem a essa tendência e se insurgem contra ela.

Regressemos à questão da espiritualidade: a cosmologia andina, por exemplo, não representará uma outra visão da natureza, do sobrenatural e da morte em relação às tradições ocidentais? Pode introduzir-se a tecnologia ocidental sem que a cultura indígena, e com ela a identidade dos povos, não seja destruída?

As culturas índias da América têm certamente uma importância extraordinária, mas são culturas minoritárias. Devemo-nos esforçar por proteger os seus valores, de os estudar e torná-los nossos. Elas exprimem uma compreensão da solidariedade, da morte, da proximidade com a natureza e do divino que falta provavelmente às sociedades urbanas da América Latina. A minha pátria é hoje uma sociedade maioritariamente citadina, não é uma sociedade agrária e não é mais, certamente, uma sociedade índia. É a razão pela qual eu tento sempre compreender os valores do outro, sabendo ao mesmo tempo que a orientação principal do desenvolvimento da minha própria sociedade não se distingue fundamentalmente das evoluções que se constatam por todo o mundo. Na América Latina, duzentos milhões de pessoas, cerca de metade da população, têm um rendimento que não é superior a noventa dólares por mês. É aqui que reside a tragédia. Gentes que não têm um tecto, que não têm protecção sanitária, não têm escolas. É nisto que consiste o nosso atraso, ele não é filosófico, técnico ou cultural, trata-se de um atraso económico e social.

Alguns antropólogos e escritores – como Octavio Paz em *O Labirinto da Solidão* – afirmam que a cultura tradicional da América Latina está

orientada para a existência, menos centrada na acção como o pragmatismo norte-americano. O senhor concorda com esta tese?
Em termos gerais, sim. Creio que todos os esforços da América Latina tendem muito mais para a contemplação do que para a acção. Esta não é certamente uma sociedade muito *faustiana*. Ela é talvez mais mefistofélica, num sentido mais profundo, porque preferimos brincar com o diabo.

Espanha transmitiu aos povos americanos todo o leque da tradição mediterrânica desde o século XV. Porque a Espanha não é somente cristã, ela é também árabe e judaica, ela é grega, cartaginesa e romana, ela foi influenciada pelos Godos e mesmo pelos Egípcios. Que consequências é que isso terá tido na América Latina?
A influência mediterrânica que se exerce sobre nós através de Espanha e de Portugal é muito fértil. Essa herança múltipla constitui uma oportunidade extraordinária. Durante muito tempo, não sabíamos que Espanha representava mais do que Espanha. Que Espanha tinha sido antes dela a Roma e Grécia e que fora constituída por outro lado por elementos judaicos e islâmicos. Esta consciência só se impôs de uma maneira progressiva. Nós já reconhecemos há muito tempo que a filosofia grega é uma parte da nossa herança. O direito romano foi um elemento essencial na constituição da política latino-americana. Mas as tradições judaica e islâmica eram mais difíceis de compreender. Foi Jorge Luís Borges que fez compreender aos latino-americanos a tradição judaica e a tradição islâmica. Através das suas narrativas sobre Averróis, Almutasim ou sobre a heroína judia Emma Zunz, uma personagem que ele inventou. Foi graças a ele que nós descobrimos que possuíamos esse imenso tesouro. Temos a possibilidade de recuperar os grandes nomes da tradição judaica e da tradição islâmica que Espanha, para sua vergonha e desgraça eterna, baniu nos séculos XVI e XVII.

No mundo hispânico, o estoicismo foi a reacção da Antiguidade ao fim da tragédia e à perda da divindade. O homem, liberto da herança trágica da fé e da submissão aos humores de um deus, tornou-se na medida de todas as coisas. Descobriu, no entanto, que a sua liberdade estava

indissociavelmente ligada à sua solidão. Que efeitos é que isso teve na cultura latino-americana?

Para a América Latina e para Espanha, o grande filósofo romano é Séneca. Séneca é o pensador estóico para quem o homem não é somente a medida de todas as coisas; ele explica também que a via mental do homem é onde se encontra um refúgio face às catástrofes, face à desgraça que o mundo pode trazer, face ao mundo hostil. Tem-se sempre a sua própria pessoa, o ser humano, para servir de fortaleza. Esta filosofia do estoicismo foi estudada detalhadamente em Espanha e na América Latina. Quando se quer dizer, em Espanha, que é um filósofo, está a querer dizer-se que é um Séneca. E, de facto, esta filosofia sucedeu ao mundo da tragédia e à perda do mundo trágico, que constitui também, em si, uma tragédia. O desaparecimento dos valores do mundo da tragédia, tais como os Gregos o concebiam, é uma perda monstruosa. Do meu ponto de vista, a tragédia não é uma desgraça. Veja o mito de Prometeu. O problema trágico é o seguinte: Prometeu teria sido mais livre se não se tivesse incomodado com a libertação da humanidade e, em vez disso, tivesse simplesmente aceitado o seu destino? Ou ele é livre, mesmo acorrentado, porque traz a liberdade aos outros? O sentido da tragédia grega é que as duas vias têm razão numa certa medida. Antígona tem razão porque defende os valores da família, mas Creonte também tem razão porque defende os valores do Estado e da sociedade. Têm os dois razão e é isto que provoca o conflito trágico. Pode acabar numa catástrofe, mas pode-se dar um número infinito de formas à catarse que ocorre na representação do espectáculo trágico. Era o que representava a tragédia na Grécia, isto e não uma desgraça imutável. Foi isto que perdemos. No lugar da tragédia, tivemos o melodrama. A diferença entra a tragédia e o melodrama é que na tragédia as duas partes têm razão enquanto no melodrama só uma das partes tem razão. Há um bom e um mau. O pressuposto de Hollywood é o melodrama. Num *western*, alguém olha a rua lá em baixo: o homem de chapéu branco é o bom, o de chapéu negro é o mau. Ao meio-dia, eles resolvem o diferendo a tiros de revólver, e se tudo vai bem, é John Wayne, o homem do chapéu branco, que matará o outro. Mas a tensão trágica perde-se completamente. No século XX, sentimos profundamente a perda da tragédia, porque em vez da tragédia, e por causa da exclusão da tragédia, tivemos o crime, o Holocausto, o Gulag, as ditaduras repressivas, a arrogância dos valores humanos. É o fruto desta atitude maniqueísta: eu sou a quintessência do Bem, tu és o Mal, e eu vou destruir-te.

No século XVI, a América hispânica era a utopia da Europa, como diziam Jorge Luís Borges, Pablo Neruda e Ernesto Sábato. No século XIX aconteceu o mesmo fenómeno, sob auspícios inversos, porque era a Europa que se tornava a utopia da América Latina. Dizia-se mesmo que Guatemala City era a Paris da América Latina...

Quando nos separámos de Espanha e se desencadearam as revoluções pela independência, nos anos 1820 e 1821, decidimos recusar o passado espanhol. Os Espanhóis tinham-nos oprimido e não queríamos nada a ter com eles. Os índios e os negros encarnavam a barbárie e o atraso. Onde se poderia, então, encontrar o progresso? Era nos Estados Unidos e na Europa que era necessário ir procurar. Era muito mais aceitável quando vinha da Europa porque estava mais longe. Os Americanos do Norte eram os nossos vizinhos directos e as suas intenções revelaram-se muito opacas. A partir de 1823, formularam a «doutrina Monroe», o direito que os Estados Unidos tinham de intervir na América Latina. A Europa não hispânica, por outro lado, devia ser o centro do progresso, da democracia, mas também da filosofia, do estilo e da moda. Nós tínhamos simplesmente encontrado um outro modelo que substituiu o precedente. O grande drama da América Latina foi o de ter copiado esses modelos num processo de imitação alógica, para tomar a expressão do sociólogo francês Gabriel Tarde. Poder-se-á pensar em telhados de mansarda, inclinados, nos Trópicos, numa tempestade de neve em Mérina, Manágua ou em Caracas? O romancista nicaraguense Sérgio Ramírez conta que todas as senhoras de Manágua queriam usar os seus visons quando iam à ópera, em Dezembro, um mês de calor insuportável, porque as senhoras da Europa usavam os seus visons quando iam à ópera em Dezembro. É um exemplo típico dessa imitação alógica que impediu, durante quase um século, de nos colocarmos à prova e de verificar a nossa verdadeira origem. A grande confusão da revolução mexicana, de 1910 a 1920, forçou o México a colocar-se a si mesmo à prova e a interrogar-se acerca do que ele era realmente. Os zapatistas e os villistas mostraram-nos a verdadeira face do México. Os artistas, pintores, filósofos, romancistas, poetas e compositores redescobriram que tínhamos um passado índio e um passado espanhol e que podíamos criar uma arte autêntica se reconhecêssemos as nossas raízes. Presentemente, em toda a América Latina tornou-se uma realidade. Toda a história da cultura latino-americana no século XX é uma autoproclamação permanente. O romance latino-americano do século XIX aparece como uma simples imitação dos grandes modelos franceses, nomeadamente de Balzac e de Zola. Com uma excepção. Machado de Assis, um grande autor brasileiro, descobre que se encontra numa outra tradição, a de Cervantes e de Laurence Sterne. Foi necessário esperar, no entanto, pelo século XX para que o cubano Alejo Carpentier dissesse que temos uma tradição negra e para que o guatemalteco Miguel Angel Astúrias dissesse que temos uma tradição índia. Na Argentina, Borges diz, além disso, que temos também uma tradição islâmica e uma tradição judaica. Com todos estes elementos, pudemos criar uma identidade latino-americana autêntica.

O *D. Quixote* de Cervantes exerceu sobre si uma influência extraordinariamente profunda.

D. Quixote é uma criação imortal do espírito humano, como todas as grandes figuras literárias: Fausto na literatura alemã, Hamlet na literatura inglesa. Ele é mais autêntico do que a maioria de nós, prossegue o seu caminho através de todas as épocas, leva uma existência manifesta tão real como a de todos os homens e a de todas as mulheres nunca viveram. D. Quixote é um grande paradoxo porque é procedente da Espanha da Inquisição e da Contra-Reforma. Cervantes estava mais ou menos informado de tudo o que se passava, porque muito das suas *Novelas Exemplares* foi censurado pela Inquisição, de tal modo que teve necessidade de transformar alguns episódios finais. Em «*O Ciumento da Estremadura*», por exemplo, uma das suas *Novelas Exemplares*, os amantes, no fim, reencontram-se na cama. O cardeal de Toledo

declarou a este respeito: «É inadmissível, é necessário alterar isto».
É a razão pela qual, numa segunda versão, eles estavam certamente
deitados, mas não se tornavam amantes. Quando D. Quixote diz a
Sancho Pança: «Nós batemos na Igreja, Sancho», ele sabia do que
estava a falar. Cervantes viu-se forçado a contar a sua história através
de meios simbólicos, personificando as duas faces do espírito humano:
D. Quixote era a face idealista, espiritual, e Sancho Pança a face terrestre, que queria saber o que ia comer nesse dia ou onde ia dormir.
Ao proceder assim, Cervantes introduz um elemento inabitual de
incerteza num mundo dogmático. Porque em D. Quixote tudo é incerto. A partir da primeira linha, «Num certo lugar da Mancha, de
cujo nome não me quero lembrar» há uma indeterminação do lugar.
Onde é que nós estamos? Onde é que é a Mancha? O que é a Mancha?
A seguir, há a indeterminação dos nomes. Quem é D. Quixote? Será
verdadeiramente um pequeno fidalgote de província sem importância que tem o nome de Alonso Quijano ou Alonso não-sei-quê, ou
ele responde a uma das alcunhas que lhe foi posta pelos seus inimigos? Quem é a Dulcineia? Será verdadeiramente Aldonza Lorenzo,
uma pobre rapariga filha de um camponês? Qual é o nome do cavalo
de D. Quixote? Rocinante, ou seja *«rocin ante»*, «que foi um cavalo
de sela» – e que já não é... Em todo o romance, os nomes que designam
os personagens parecem suspeitos. Mesmo o autor permanece indeter-
minado. Quem é o autor de *D. Quixote*? O próprio Cervantes não tem
a certeza. Diz que se trata de um tal Cervantes que teria participado na
batalha de Lepanto, que é um tal Saavedra que teria feito isto ou aquilo.
A menos que não tenha sido Avellaneda que tivesse redigido a sequência apócrifa de *D. Quixote*? A menos que não tenha sido Borges que
escreveu *Pierre Ménard, autor de Quixote*? Tudo, neste romance, aparece à luz da incerteza, e isto num mundo de certeza absoluta e do dogma.
A grande mensagem que Cervantes transmite à sua época e a todos os
tempos é que o romance se torna o meio da dúvida, da remissão em
questão, da incerteza num mundo dogmático.

**A ideia do individualismo na cosmologia e na vida política e o estoi-
cismo romano criaram um personagem único no seu género, o fidalgo.**

Que papel é que ele teve na cultura espanhola e latino-americana, como já o tinha questionado Miguel Astúrias?

Temo que seja um papel bastante negativo. Encontra-se, por exemplo, nesta categoria o «Caballero del Verde Gabán», o cavaleiro do Verde Gabão, o personagem mais nobre no romance de Cervantes, um fidalgo típico. Mas a maioria das vezes, os fidalgos eram nobres castelhanos que detestavam toda a espécie de trabalho, não mexiam um dedo e não produziam nada. Em 1536, Carlos V felicitou um deles porque fora o primeiro fidalgo de Espanha a obter um título universitário. Eles não frequentavam nenhuma escola, não se ocupavam de nada, viviam das suas propriedades, das suas terras, eram aristocratas. Tratavam da sua aparência. Como dizia Oswald Spengler em *O Declínio do Ocidente*, a Espanha criou a maior parte das modas das vestes, dos costumes da mesa, as formas de cortesia e do cerimonial que estão em vigor até à época de Bismarck. A maneira de se vestir, de comer e de receber as visitas: tudo isto foi introduzido pelo fidalgo espanhol, pela aristocracia de Espanha.

No fundo, a Espanha do século XVI era o que são hoje os Estados Unidos. Era uma potência mundial, a potência imperial do século XVI. E de uma maneira geral, ela impôs o seu modo de vida. É por esta razão que o fidalgo tem um valor emblemático que eu encontro encarnado na representação que El Greco dá desse nobre, o fidalgo que tem a mão sobre o seu peito. Esse quadro magnífico é a quintessência do fidalgo. Pondo de lado qualquer idealização, o fidalgo era contudo um personagem inactivo e indiferente, cuja imagem passou para a América Latina. Era o proprietário da «Casa Grande», como a descreve Gilberto Freyre no seu estudo *Senhores e Escravos*. A figura patriarcal que ocupa o centro das nossas sociedades desde a época colonial, o proprietário de terras, o patriarca que reina sobre os outros, um homem que domina uma sociedade extremamente injusta e a explora ou com crueldade ou com indiferença. Quanto menos fidalgos tivermos melhor será para nós.

O sincretismo, que liga a fé cristã e a cultura arcaica foi uma das bases da cultura latino-americana. Alexander von Humboldt disse que havia

uma afinidade entre a cruz cristã e os símbolos arcaicos da espiritualidade e da transcendência nos Incas, nos Astecas e nos Olmecas durante o período da Reconquista no século xv.

O mundo índio do México tinha uma forte estrutura teocrática, um mundo divino e um sentido da realidade que se sustentava na intervenção dos deuses, uma visão panteísta do mundo, ou seja, um sentimento muito marcado da santidade de todas as coisas. Quando a Igreja Católica chegou ao México, reconheceu isto e mandou destruir a maior parte dos grandes templos e esculturas. Considerou-os ídolos pagãos e destruiu-os e a sua destruição foi uma grande perda para a arte. Muito pouca coisa sobreviveu.

Resta saber como a religião cristã foi introduzida no Novo Mundo, como é que ela foi aceite pelos povos índios vencidos. Há aí um fenómeno extraordinário que explica o sucesso do sincretismo: os povos índios precisavam de um pai e de uma mãe. A conquista foi um corte brutal, os povos aperceberam-se de repente que tinham perdido a sua religião e o seu Estado. Os soldados espanhóis juntaram-se imediatamente com as mães índias, fazendo nascer ao mesmo tempo um sentimento de mistura racial e a impressão de estarem órfãos. Onde se obtém um pai, onde se obtém uma mãe? Como é que se pode conceber o facto de ser o filho de Cortés e da sua companheira indiana, Malinche. Era necessário para isso tornarem-se filhos de Deus e da Virgem. Portanto, a aparição da Virgem e de Deus, Jesus Cristo, é o motivo da perenidade do cristianismo num país como o México. No México, vê-se sempre o Cristo como um ser crucificado ou morto, em sangue, coberto de chagas. É o Deus que se sacrifica por nós. Nós somos salvos porque Deus morreu por mim. Imagine o que significa uma coisa parecida na concepção dos índios que acreditavam até então que era necessário que se sacrificassem pelos deuses. Nesse tempo, levavam-se os índios às pirâmides e arrancava-se-lhes o coração para que os deuses pudessem viver. E eis que na cruz, no Monte das Oliveiras, é Deus que sacrifica o seu próprio sangue pelos homens. É o fim do deus guerreiro Huitzilpochtli. O triunfo de Jesus Cristo. Por outro lado, precisava-se de uma mãe. Seria a prostituta chamada Marina, a amante do conquistador Cortés? Não, ela é a mãe de Deus, a Virgem de Guadalupe, a que aparece em Dezembro e estende um ramo de rosas a Juan Diego, o mais miserável dos carregadores índios. Ela criou o mito da mãe pura de todos os Mexicanos, da Santa Virgem de Guadalupe. Assim nasceu o sincretismo: o pai e a mãe são substituídos por Jesus Cristo e pela mãe Virgem de Deus, e nas formas de expressão barroca do cristianismo e nas igrejas cristãs tolera-se que representações dos ídolos figurem atrás dos altares. E nas sumptuosas casas de Deus, às quais artistas índios do México deram forma, os deuses do passado tiveram também o seu lugar nos altares. Pode-se constatar claramente em Oaxaca, Puebla e Tonantzintla; para onde se orienta o olhar, vê-se bem que os antigos deuses se escondem atrás dos altares. O barroco da América Latina foi a reacção à conquista e à colonização. Tem muito maior significação que o barroco europeu, que representa a reacção do catolicismo ao protestantismo. Em resposta à ausência de ornamentos das igrejas protestantes, de onde as imagens eram banidas e substituídas pela música, o barroco do Sul – do Sul da Alemanha e da Áustria até ao Sul, ao Mediterrâneo – utiliza o barroco como uma profissão de fé do catolicismo contra o protestantismo. Na América Latina, o barroco tornou-se modo de expressão da sociedade índia submissa que pode continuar a exprimir-se através do cristianismo e fá-lo através das formas do barroco, nas igrejas barrocas. Torna-se também o refúgio e o húmus de uma nova cultura mestiça, uma cultura cujas origens são misturas. Juana Inés de la Cruz, a maior poetisa mexicana de todos os tempos, era uma jovem mestiça. José Kondori, o maior arquitecto peruano da época colonial, era um mestiço cujo sangue era essencialmente índio e que provinha da planície do Chaco. Aleijadinho, o maior escultor e arquitecto brasileiro era um mulato com antepassados africanos e portugueses. Existe, portanto, indiscutivelmente um mundo mestiço que se exprime no coração da cultura colonial latino-americana, um universo de onde todos viemos.

Recordo-me de uma longa conversa com o grande historiador Germán Arciniegas, de Bogotá. Há alguns anos, ele escreveu um livro muito interessante que procurava demonstrar que a América Latina não tem sido

somente a utopia da Europa, mas que esta e o mundo ocidental tiraram um benefício extraordinário da influência que exerceram na América Latina. Geralmente, contudo, encontra-se apresentações insatisfatórias que se limitam a descrever o que a Europa trouxe à América Latina. Arciniegas, pelo contrário, queria exprimir a importância da América Latina para a Europa, retornando à *Utopia* de Thomas More, a Tommaso Campanella e a Jonathan Swift, ou evocando Jules Supervielle, Lautréamont e outros numerosos exemplos.

Também podemos citar o chocolate e as batatas. Na Rússia, as batatas eram interditas porque a Bíblia não as mencionava. Eram, portanto, coisas necessariamente diabólicas. Ao fim de contas, a Rússia acabou por admitir as batatas, e com ela a vodka, que é produzida a partir deste tubérculo. Considerou-se o chocolate uma bebida diabólica até ao momento em que o consumo de chocolate em chávena se tornou um hábito, depois de almoço, na corte de Luís XIV. A seguir, entrou na moda. Ou ainda o tomate. São palavras astecas, chocolate e tomate. O que eu quero dizer é que a América tem dado muito à Europa. Quando se comparar o que a Europa recebeu da América e o que a América recebeu da Europa, eu pergunto quem é que foi mais favorecido.

O senhor falou das interacções entre a filosofia da Renascença e a descoberta da América e do facto de que a Europa não descobriu a América: ela «inventou-a» para se dar a si própria a possibilidade de exprimir o seu novo sentimento existencial e histórico. A extensão do território para as utopias sela a ruptura definitiva com a Idade Média. Pensa-se mais tarde em G. Vico.

Sim, creio que o grande optimismo e as esperanças de filósofos como Marsílio Ficino, na Renascença, foram rapidamente falsificados e destruídos pelas realidades políticas e económicas; a Europa tinha, portanto, uma forte necessidade uma utopia exterior a si própria. Por sorte, havia a América que a Europa talvez tenha inventado como um remédio indispensável à perda da sua própria utopia, enquanto ela própria se destruía nos campos de batalha – nomeadamente nos da Guerra dos Trinta Anos.

Averróis e Maimónidas eram também filósofos interculturais entre a Espanha e o Islão: não poderiam servir-nos de paradigmas para melhor se compreender a diferença entre culturas e estabelecer um verdadeiro diálogo intercultural?

Espanha, o país de onde vem o essencial da minha cultura, teve na Idade Média a possibilidade de se tornar um Estado multicultural. É o que prova o facto de o árabe Averróis e o judeu Maimónidas ali terem vivido e trabalhado, mas também a idade de ouro que a corte do rei de Castela, Afonso X, conheceu no século XIII. Para escrever a primeira história de Espanha, a primeira gramática espanhola, o primeiro código jurídico espanhol, teve de se recorrer aos sábios judeus e árabes. Gostaria de lembrar o túmulo do rei Fernando III, futuro santo, em Sevilha. Este rei combativo afrontou os Mouros, mas o seu túmulo tem, como ele tinha pedido, inscrições em quatro línguas: em espanhol, latim, hebraico e árabe. Foi esta interacção de todas as culturas que criou a grande potência que foi Espanha, a cultura de Espanha na Idade Média e durante a primeira Renascença. Foi aniquilada pela ideia de pureza de raça e de unidade nacional, imposta pelo «real casal católico» constituído por Fernando II de Aragão e Isabel I de Castela. Eles impediram que a ideia de diversidade cultural chegasse à América; mas também desperdiçaram a possibilidade de estabelecer uma democracia. Porque o absolutismo real asfixiou, ao mesmo tempo que a diversidade cultural, os germes de uma democracia espanhola que havia nas aldeias e nos concelhos municipais de Espanha. Quando em 1521 – no mesmo ano em que o México era tomado pelas tropas de Cortés – Carlos V esmagou, na batalha de Villalar, as *Comunidades*, o movimento das cidades castelhanas, eliminou, por muito tempo, a possibilidade de uma democracia em Espanha e na América espanhola.

Apesar de todos os esforços, não foi fácil transpor para a realidade latino-americana as Luzes europeias e as revoluções francesa e americana com os *Federalist Papers* de Jefferson, com Hamilton e Benjamin Franklin. A América Latina nunca teve uma identidade entre as constituições

jurídicas e a realidade empírica e política das constituições? Que papel teve o carácter «retórico» das constituições democráticas até hoje?

A era das Luzes foi profundamente eurocentrista. Para filósofos como Locke ou Hume não havia realidade fora daquela que era a da Europa branca ou mesmo fora das classes médias da Europa branca. Como disse Locke, a natureza humana é europeia, e fora da Europa apenas existem crianças, loucos e selvagens. Os selvagens éramos nós. Ou ainda como diz Montaigne com ironia: «Como é que se pode ser Persa?». Não, não se pode ser Persa, Mexicano ou Nigeriano e ser ao mesmo tempo um ser humano. Por isso, era necessário ser Europeu. Este preconceito eurocentrista das Luzes negava, assim, em certa medida, a nossa própria realidade; apesar de tudo, sancionámos e sentimo-nos como a melhor possibilidade de afirmar a nossa independência. No fim de contas, a independência torna-se, assim, uma imitação dos modelos estrangeiros. Ela apareceu como uma farsa em que brincámos aos europeus sem sermos europeus. É a razão pela qual o século XIX tem qualquer coisa de artificial e foi por isso que o século XX reagiu com uma cultura muito mais autêntica.

Em todas as suas obras, o senhor interroga-se sobre a identidade das culturas latino-americanas, mas também sobre as suas identidades. Na sua pesquisa da «latinidade» chegou a alguma resposta?

As identidades latino-americanas têm bases sólidas. Penso que não há qualquer dúvida sobre este ponto. Um Brasileiro ou uma Brasileira sabem quem ele é ou quem ela é, assim como os Mexicanos, os Argentinos ou os Chilenos. Nós sabemos que pertencemos a uma sociedade multicultural, a nações multiculturais, nós conhecemos os diferentes elementos da nossa identidade. O nosso actual desafio é a alteridade. Quanto a isso, nós somos verdadeiramente universais, porque se trata de um desafio do século XXI: como tratar alguém que não é como eu. A maneira como se deve proteger o outro, aquele que pertence a uma outra raça ou a uma outra religião, como é que se pode tolerar, ou mesmo, se identificar com ele. É a razão pela qual não se tem o direito de se deixar cair na armadilha da xenofobia e das purificações étnicas. Creio que neste confronto a América Latina tem um papel de primeiro plano. Devemos presentemente integrar na nossa identidade todas as formas de alteridade – política, racial e sexual.

O que é que o fascina nas culturas da América Central, clássicas e mesmo arcaicas, nas culturas da «Mesoamérica», nos Maias, Olmecas, Astecas e Toltecas?

O que mais me fascina é o mito mexicano dos cinco sóis. A ideia de que a era da humanidade foi ritmada por cinco sóis diferentes e que cada um deles acabou numa catástrofe. Toda a catástrofe dá lugar a um novo mundo que deve também acabar com uma catástrofe. Este ciclo de nascimentos e renascimentos foi dominado por dois deuses que combatem um contra o outro. O primeiro foi Huitzilopochtli, o mágico colibri, o deus da guerra, da força, as virtudes masculinas; o outro foi Quetzalcoalt, a serpente emplumada, o deus benevolente, o da cultura, o protector das artes. Os Astecas que dominavam o México no tempo da conquista espanhola foram recebidos como intrusos. Tinham chegado pouco tempo antes às colinas do México. Vinham do norte. Os Toltecas, muito mais cultos, e que estavam à frente deles, consideravam-nos como bárbaros. Foi também o caso dos Maias, que tinham desenvolvido uma civilização avançada na planície do Iucatão. Quando os Astecas chegaram fizeram algumas coisas inabituais. Queimaram todos os documentos da cultura tolteca que os tinha precedido. Havia neles qualquer coisa de análogo à decisão tomada no romance de Orwell: proibir toda a reflexão que não correspondesse à posição oficial do Estado. Queimava-se tudo o que tinha pertencido aos Toltecas, o que era crítico em relação aos Astecas. Funda-se um novo Estado que se conforma às regras da guerra, às do deus violento que era Huitzilopochtli mas que, de um ponto de vista espiritual, se considerava o descendente do benevolente deus Quetzalcoalt. No momento da conquista, os Espanhóis encontraram, portanto, uma sociedade presa de uma profunda contradição entre o ser e o parecer, entre o deus da guerra e o deus da paz.

A cultura norte-americana tem uma inclinação pelo futuro, desde os *pilgrim fathers* do século XVII – do puritanismo calvinista clássico na

Nova Inglaterra até à conquista do espaço no século XX. A cultura latino-
-americana tradicional, pelo contrário, sublinha a importância de «existir», aprende que se deve compreender o passado através do presente e
reconquistar a dignidade perdida desde há muitos séculos. Ela tem uma
visão profética do passado.

Sim, penso que o México traz o seu passado sobre si como uma carga e
uma bênção. Os Estados Unidos esquecem por vezes que têm um passado. Eu chamo a este país *United States of Amnesia*, «Estados Unidos
da Amnésia», por causa da sua propensão para esquecer o passado.
Dir-se-ia que o mundo começou há apenas cinco minutos. Lembro-
-me da época em que tinha conferências sobre as raízes culturais da
América Latina na Universidade de Harvard. Falava do mundo índio,
da filosofia grega, do direito romano, da escolástica medieval. Isto deixou os meus alunos numa verdadeira estupefacção: «Por que é que o
senhor vai tão longe no passado? Quem é Tomás de Aquino? Por que
é que ele é assim tão importante?». Respondi-lhes com outra questão:
«Na vossa opinião, os Estados Unidos começaram quando?». Todos
eles responderam em coro: «Em 1776, com a revolução e a Declaração da Independência». É uma história muito curta. Nós temos
uma história que vai muito mais longe e que é composta por numerosos elementos. Quando se compreende de onde se vem, isso dá-
-nos uma ideia clara do lugar para onde se quer ir. Quando se vive
somente no tempo presente, pode-se cometer muitos erros, pode-se
perder as referências e considerar-se a si mesmo como o centro do
mundo, o que aconteceu provavelmente nos Estados Unidos: «Eu
sou o centro do mundo. O resto do mundo não existe ou, então,
está-me subordinado, ou ainda é de segunda ordem em relação a
mim». Um Mexicano nunca poderá reflectir em termos similares.
A história ensinou-nos que devemos pensar em categorias relativas
a propósito de nós próprios e dos outros.

**Durante a Conquista espanhola no século XV, menos de seiscentos
soldados europeus fizeram frente a um império teocrático. Contudo,
são os «outros índios» que tiveram a vitória sobre os seus soberanos astecas. Como explica o desmoronamento deste tipo das grandes**

culturas pré-coloniais, mesmo que os conquistadores fossem pouco numerosos?

Do meu ponto de vista, o desaparecimento da sociedade asteca está menos ligada à conquista do que ao medo. Um terror que tomaria conta de nós se nos apercebêssemos, de repente, de naves no céu e Marcianos a saírem delas para nos dominar. É sem dúvida o sentimento que tiveram os Astecas no momento em que viram, de um momento para o outro, surgir diante das costas do México aquelas gigantescas caixas navegantes no mar, que eles nunca tinham visto antes, carregadas de homens que nunca tinham visto, de armas que nunca tinham visto e de cavalos. Creio que a sua surpresa foi infinita. Os Astecas ficaram paralisados pela surpresa.

Poder-se-á acrescentar uma outra razão que se explica pelo mito. Porque é um acaso incrível: no mesmo dia em que a profecia previa que o benevolente deus, Quetzalcoalt, retornaria e se ergueria por cima do seu povo, Cortés desembarca em Vera Cruz. Tinha exactamente o aspecto como se descrevia Quetzalcoalt no mito. Era branco e barbudo. Os fundamentos da sociedade vacilaram. A seguir, quando os Espanhóis mostraram que o seu comportamento nada tinha de divino já era tarde. Cortés era um estratega brilhante. Podemos considerá-lo um precursor do *Príncipe* de Maquiavel. Comportava-se como um príncipe da Renascença. Sabia precisamente como devia fazer as alianças com o inimigo dos seus inimigos. É por esta razão que pouco mais de quinhentos soldados espanhóis foram suficientes para vencer o império asteca: porque Cortés conseguiu atrair os guerreiros de Cempoala, de Tlaxcala e de todos os outros reinos que os Astecas tinham submetido e que sofriam as brutalidades e as pilhagens dos cobradores e dos seus exércitos, mas também os recrutamentos forçados. Cortés juntou-os a todos e foi por essa razão que ele foi capaz de vencer o poderoso reino dos Astecas.

Cristóvão Colombo pensava ter descoberto o paraíso terrestre e o nobre selvagem. Lembre-se de Bartolomé de las Casas e da sua tradição fundamental para a ideia da dignidade do homem durante o período de colonização, mas também para séculos vindouros até às Luzes na

Europa e às declarações democráticas durante a revolução americana do século XVIII.

Quando Colombo descobriu o nobre selvagem, prendeu-o. Mas foi precisamente isto que permitiu que qualquer coisa de extraordinário nascesse da conquista do Novo Mundo: quero falar do direito internacional e do conceito de direitos do homem. Espanha foi a única potência colonial a ter promulgado as leis para proteger os povos vencidos, os índios. Saber se respeitaram ou não essas leis é uma outra questão. Mas a situação dos índios, tal como a descreve Frei Bartolomé de las Casas, deu início à grande escola do direito internacional espanhol. Pensadores como Francisco de Vitoria e Francisco Suárez proclamaram imediatamente a intangibilidade do nosso próximo, a ideia de que não existe guerra justa e que o povo subjugado tem direitos inalienáveis – por outras palavras: os direitos do homem. É uma das consequências mais positivas desta tragédia que foi a conquista da América pela Europa.

Em 1975, o senhor publicou a grande obra *Terra Nostra*, que reconstitui a história do mundo hispânico entre um período que vai do nascimento de Cristo até ao primeiro dia do terceiro milénio. O seu livro trata também de Espanha sob o reinado dos Habsburgos, à relação com a antiga potência colonial, mas também das contradições da Renascença espanhola. Que lugar é que este livro tem no conjunto da sua obra?

É um somatório, uma apresentação geral de muitos dos problemas com os quais me confrontei. É um desses livros em que se absorve muito mais informação do que aquela que se dá seguidamente ao público. Quando escrevi *Terra Nostra*, empreendi, com efeito, uma exploração de mim mesmo, afim de descobrir todas as minhas raízes intelectuais e culturais, porque o romance trata de todos estes aspectos. É uma cosmogonia. De uma certa maneira, é a minha própria cosmogonia do Antigo e do Novo Mundo.

A história é um elemento essencial nos seus ensaios; tenta estabelecer uma relação entre a história e o mito. O senhor quer escrever a história das vossas culturas, unindo-a aos mitos, sem se contentar em reunir

factos. Divide a evolução da América Latina num período utópico, num período épico e num período mítico.

Apenas retomei o que se passou realmente nas culturas mediterrânicas que nasceram todas elas de mitos. Há inicialmente o mito fundamental e este mito está ligado ao lugar de origem, ao país onde se vive. Quando se parte em viagem, quando Ulisses deixa o seu domicílio, entra imediatamente no mundo épico. O épico é em certa medida o mito em movimento, mas no fim do caminho épico há a tragédia, o regresso a casa e ao confronto com o evento trágico. É esse o grande ciclo da Antiguidade. O mundo ocidental destruiu o seu centro porque ele abandonou a tragédia e substituiu-a pela utopia. Nós dirigimo-nos para o futuro e no futuro teremos obrigatoriamente uma sociedade feliz.

O conceito de tempo aparece muitas vezes na sua obra. Como é que se pode conciliar a percepção tradicional do tempo na cultura latino-americana – que tem uma inclinação para o passado profético que remonta aos Incas e aos Astecas – e a tecnologia moderna?

Não há contradição entre a sensação de tempo que pode ter uma cultura e as exigências técnicas. As exigências técnicas não têm nacionalidade, não têm uma ética em si, não têm outra significação nem outros fins do que aqueles que se lhes dá. Penso que é a razão pela qual se se refere inteiramente a elas. Quando se pergunta a uma empresa alemã ou japonesa como é que ela se dá com os trabalhadores mexicanos nas fábricas mexicanas, ela responde: «Magnífico, são trabalhadores notáveis, aprendem muito depressa». Deste ponto de vista, não há problema. Uma outra visão impõe-se quando se trata de processos internos que não têm nada a ver com a maneira como se conduz uma máquina ou como se utiliza determinada técnica. Foi sempre assim. Não creio que a evolução da técnica tenha alguma vez impedido a evolução da arte, do pensamento e da literatura, mesmo quando elas tomam a máquina ou a técnica como sujeito ou como objecto da sua realidade. Foi o que fizeram os futuristas italianos com a velocidade, e isto vale para a crítica à máquina à qual se entrega Chaplin em *Os Tempos Modernos*. Creio que existe no mundo uma energia intelectual. Apesar de todos os seus terrores ou justamente por causa deles, o século XX é também o século de Anne Frank e não somente o de Adolf Hitler. Isto mostra que existe no mundo uma realidade intelectual. Quem tem o papel que desempenha esta tecnologia? Isto diz respeito à tecnologia, à política e a tudo o resto. Isto depende da atenção da qual podemos fazer prova. Com que atenção zelamos pelo outro, as situações e os seres? Isto é válido tanto para a realidade que nos envolve como para a realidade que nós representamos, aquela a que aspiramos ou aquela que recordamos, Se perdemos essa atenção particular perdemos a nossa personalidade humana. Nesse caso, a tecnologia pode dominar-nos ou, então, podemos perder a nossa cultura. Se estivermos atentos, a relação entre cultura científica e cultura humanista não coloca nenhum problema.

O senhor acredita no conceito de progresso, particularmente num progresso linear da história humana, se nos fundarmos na evolução que temos conhecido nos tempos modernos? Será que poderemos mesmo falar de uma evolução do progresso «moral» na história se considerarmos os genocídios do século XX, o estalinismo, o nazismo, a China de Mao Tsé-Tung? Será que o século XX foi verdadeiramente mais humano do que os séculos XVII ou XVIII. Como é que se pode medir?

Penso que o tempo se desenvolve no espírito humano. Não existe tempo objectivo senão sob o sol e a lua. Mas, geralmente, o tempo é o que nós concebemos quando pensamos nele e o que nós acreditamos a esse respeito. No século de Einstein e de Heisenberg, particularmente, torna-se muito difícil ter um outro conceito que não seja um conceito relativo do tempo, que depende do que se é, onde está no espaço, em que momento se diz ou se faz alguma coisa, que depende do tempo que precede, do tempo que se deseja para si mesmo – é a partir de todos estes elementos que se constitui o tempo real. Obviamente, existe uma progressão linear do tempo. O que é interessante, no entanto, é que as artes do século XX, no seu conjunto, se revoltaram contra o tempo considerado como uma simples sucessão. É uma revolta que se bate por um outro tempo, uma tentativa de retornar ao tempo das origens, Ou, então, é um tempo circular, um tempo em espiral, ou, ainda, um tempo que se desenrola paralelamente ao tempo que progride; e, depois, há o eterno retorno. O facto de que haja tantas concepções possíveis do tempo caracteriza a grande arte dos cubistas, de James Joyce, de William Faulkner, de Eisenstein e de outros realizadores de cinema geniais que têm misturado os níveis temporais e têm criado, graças à montagem cinematográfica, todo um outro conceito de tempo. Pode-se, assim, compreender que o tempo é o que se faz dele, que não se pode falar de determinado tempo linear como do único conceito temporal possível.

A linearidade não será ela unicamente um paradigma temporal ocidental desde Erasmo, Newton e Leibniz? Portanto, pode-se aplicar também facilmente às culturas da América Latina, que têm uma noção de tempo mais circular?

Em todas as culturas existem concepções diferentes de tempo. Sem isso, por exemplo, não encontraria explicação para os romances de William Faulkner. William Faulkner emerge na sociedade mais centrada no futuro e a mais lógica do mundo, os Estados Unidos da América. E, no entanto, exprime o sentimento de um tempo que se desenrola em espirais barrocas, que efectua permanentemente todos os movimentos circulares possíveis. Quem poderia afirmar que tudo aquilo não faz parte da cultura dos Estados Unidos? Poder-se-ia dizer o mesmo de quase todas as culturas: não há regras sem excepções, e as excepções são sempre muito mais interessantes...

O senhor estudou muito a filosofia de G. Vico. O que é que havia nele assim tão fascinante?

Creio que é o verdadeiro adversário filosófico das Luzes. Quando os Iluministas só viam a Europa – este eurocentrismo, esta Europa que Herder celebrava como o centro de todas as coisas – Vico soube distinguir a diversidade das culturas e também compreendeu que não foi Deus mas o homem que criou as culturas, que a linguagem, a palavra, é a base da cultura. Foi tudo isto que me fascinou francamente na obra de Vico – devo dizer que o descobri através de James Joyce. Porque

Ulisses sustenta-se na filosofia de Vico. Joyce não pára de o sublinhar. Em *Ulisses*, encontramos constantemente alusões e jogos de palavras que se referem a Vico e Joyce qualifica mesmo a sua obra romanesca como *vicociclograma*. Vico dá-nos, assim, a possibilidade de sermos os que moldam a sua própria história, de substituir a Providência pela acção humana e de deduzir da palavra e da linguagem a origem da actividade humana.

Para Gabriel García Márquez, a América é a sua própria utopia. García Márquez gostaria libertar o tempo destacando um momento.

Creio que García Márquez chega a atingir a qualidade poética admirável de um instante libertado do tempo. O que é, depois de tudo, um poema, um grande livro, uma grande quadro, um grande filme, senão um momento em que se liberta da pura sucessão temporal, da tirania do tempo? Temos Greta Garbo ou Marlene Dietrich para sempre. Estão connosco para sempre, são sempre jovens e bonitas por causa desse instante destacado do tempo no qual se inscreve a arte fotográfica e a arte cinematográfica. Pode-se também obter nas outras artes. Creio que é o que aspirava García Márquez em *Cem Anos de Solidão*.

Será um erro pensar que os países da periferia têm hoje um tesouro de sensibilidade, de criatividade e de formas de expressão simbólicas bem mais importantes que o mundo industrializado com a «algebrização» da vida quotidiana, a abstracção crescente da tecnocracia? Isto envolve a música, o cinema, a arte poética, a alegria de viver...

É possível que tenha razão e talvez tenha sido sempre assim. Ou talvez não? Como sabe, estamos aqui, em Londres, num país que se chama de bom grado *Merry Old England*, a feliz velha Inglaterra. Hoje, os Ingleses não têm nada de particularmente feliz. Eles são muito calmos até ao momento de irem ver um jogo de futebol e, a seguir, tornam-se loucos furiosos. Mas não creio que isto seja a velha Inglaterra feliz de que fala a canção. O que eu quero dizer é que as sociedades se transformam. Venho de um país que dispõe de grandes capacidades criativas. Mas onde se destacam grandes diferenças de sensibilidade.

Eu venho da costa, de Veracruz – para minha felicidade, porque creio que as pessoas de Veracruz, e de uma maneira geral as pessoas da costa das Caraíbas latino-americanas, têm uma alegria natural, um sentido da amizade, um talento para a dança, que respeitam e veneram o corpo. Tudo isto falta às pessoas das montanhas, que são os descendentes das culturas índias, muito cerimoniosas. Esta diversidade monstruosa pode-se encontrar num único país. Os Estados Unidos, que se descreve muitas vezes como um país uniforme, têm uma cultura índia, uma cultura afro-americana e uma cultura hispano-americana. A Califórnia distingue-se consideravelmente da Nova Inglaterra. E o centro dos Estados Unidos distingue-se tanto de um como de outro. Existe uma quantidade de realidades sociais, culturais e étnicas que fazem dos Estados Unidos uma sociedade multicultural da qual eles próprios não fazem rigorosamente a mínima ideia. Consideram-se uma sociedade exclusivamente branca, anglo-saxónica e protestante. Mas há ainda muitas outras possibilidades insuspeitas. São mais evidentes em certos países do que noutros. Quando elas não estão expostas é porque irão manifestar-se no século XXI. Vamos viver num universo multicultural.

No seu livro *O Espelho Enterrado*, o senhor escreve sobre uma determinada época de Espanha em que viviam os grandes filósofos da tradição judaica e árabe. Estes períodos-charneira, estes períodos de transição, não se revelaram sempre férteis na história do homem? Já Séneca, na época romana, vinha de Espanha; era um homem da «fronteira cultural e intercultural» onde há talvez mais sensibilidade e criatividade que nas culturas fechadas. Pense hoje na literatura, no prémio Nobel V. S. Naipaul, por exemplo.

Creio que já não existem fronteiras materiais. As últimas fronteiras desapareceram provavelmente no século XX. Uma vez que se chegou à lua, já não pode haver muitas fronteiras na Terra. Ou, então, como dizia um escritor francês: «Já não há exteriores». O exterior desapareceu. Os Estados Unidos são o exemplo típico de um país que se desloca para o Oeste ao mesmo tempo que a sua fronteira, e quando chega ao Pacífico, à Califórnia, o continente termina. O que é que fizeram, então? Inventaram Hollywood para substituir a fronteira. Quando já não se tem fronteira cria-se uma fronteira de arte, uma fronteira cultural, uma fronteira interior ou, então, infelizmente, cria-se também fronteiras exteriores que se tem por objectivo conquistar, o que é em grande parte o caso dos Estados Unidos neste momento, em que não tiveram a capacidade de chegar a novas fronteiras no continente norte-americano. Tiveram necessidade de partir para Cuba e para Porto Rico e, finalmente, para o Vietname, onde sofreram uma catástrofe. Trata-se, então, para empregar um eufemismo, de uma tese de duas faces.

O que pensa o senhor da repetida tese segundo a qual existe um «choque de civilizações» desde a queda da fronteira ideológica e do antigo bloco Este-Oeste?

Rejeito-a energicamente. Há duas teorias com as quais não estou de acordo. A primeira diz respeito ao «choque de civilizações», a outra ao «fim da história». Enquanto escritor, não posso certamente estar de acordo com a ideia do fim da história, porque eu sei que a história não parará enquanto nós tivermos qualquer coisa a dizer. O fim da história não significa a vitória de um determinado modelo de desenvolvimento capitalista com a ajuda da democracia. No decurso de anos futuros, haverá muitas formas diferentes de ideias e de evoluções políticas. Existe na China um outro modelo, autoritário, que despreza os direitos do homem e as regras do comportamento democrático. Para o capitalismo, para a sua essência, os seus princípios fundamentais e a sua lógica, poderá finalmente ser mais vantajoso dispor de um regime como o de Pequim do que o de Londres ou de Paris. É qualquer coisa que pode acontecer. Há muitas possibilidades e elas não se deixam limitar. O «combate de culturas» é uma ideia que requer uma definição mais precisa. Todos nós somos o resultado de misturas raciais, nenhum de nós é fruto de um choque de civilizações, somos fruto de um processo de fusão, de um encontro entre culturas. Uma cultura que se isola por si é uma cultura que morre.

Nesse caso, a imagem do mundo que José Vasconcelos apresenta no seu *Ulisses Crioulo* deve ter aos seus olhos uma significação essencial.

Sim, penso que a ideia da «raça cósmica» e a visão de Vasconcelos[5] não era totalmente injustificada.

Com a perda do sagrado e desta ordem cosmológica que, na linhagem clássica do cristianismo, atribuía um lugar fixo ao ser humano – de Tomás de Aquino a Teresa D'Ávila – a mitologia clássica tocou manifestamente no seu termo. Roland Barthes falou da mitologia da cultura quotidiana na nossa época. Pode imaginar uma nova mitologia no nosso século, o XXI?

Não podemos viver sem figuras míticas, é o que demonstra a cultura popular do século XX. É justamente Roland Barthes que fala de Greta Garbo como uma dessas figuras; existe, além desta, James Dean, Marilyn Monroe e outros deuses e deusas modernas que povoaram o panteão da mitologia moderna. Mas existe um outro panteão crítico ilustrado pelo acontecimento literário mais extraordinário do século XX, ocorrido numa manhã conturbada, em Praga, quando Gregor Samsa acorda e descobre que se transformou num verme. Trata-se da figura antimitológica do ser humano, o personagem apolíneo que acorda e que se encontra de repente transformado numa barata. É o propósito mais profundo da humanidade no século XX. Esta história grandiosa é obra de um autor que considero o escritor indispensável do século XX. O escritor do século XX é Kafka seguido por Beckett. Negam a possibilidade do ser humano. Acabamos como bichos-de--conta, somos esmagados, não temos outra existência senão aquela. É o que diz Beckett muito, muito claramente. No fundo, nada existe. Como, a partir disto, se deve remodelar uma personalidade humana? Creio que, de um ponto de vista literário, não se pode pensar em personagens de romance motivados pela psicologia, como o fez Tolstoi ou outros grandes escritores do século XIX. É necessário criar uma individualidade humana, uma personalidade humana a que eu chamo «figura». Hölderlin falou da possibilidade de figuras que produzam

---

5   No seu ensaio *A Raça Cósmica* (1925), Vasconcelos defendia a ideia que o futuro pertence à «raça cósmica», uma mistura de todas as raças conhecidas até então.

pouco a pouco uma nova imagem do ser humano. No meu romance *Terra Nostra*, deixei-me largamente guiar pela ideia que as figuras nascem pouco a pouco de acontecimentos culturais, humanos e internos, e desenham assim uma nova imagem da humanidade. Três homens jovens são encontrados numa praia espanhola onde naufragaram. Cada um tem uma cruz nas costas. Ninguém sabe quem eles são ou de onde vêm. Imediatamente, atribui-se-lhes um outro destino, tomam outras fisionomias. O que eu quero dizer com isto é que nos encontramos num processo de redefinição de personalidades. Muitas visões antigas, por exemplo a concepção realista ou psicanalítica, estão hoje ultrapassadas por qualquer coisa a que nós não podemos ainda dar um nome. A personalidade do futuro, as mitologias do futuro, são qualquer coisa que nós devemos ainda descobrir e designar. Se as conhecêssemos antes isso não teria qualquer valor. Devemos esperar e descobrir pacientemente o que faz que um homem dependa dos constrangimentos do tempo, da sociedade ou de si mesmo. Em todas as artes, mas também na vida quotidiana, descobrimos constantemente concordâncias, relações, inícios, episódios finais, recordações esquecidas, nostalgias até aqui inconscientes. Encontramo-nos permanentemente num processo de evolução. É a razão pela qual não acredito no fim da história ou no fim da personalidade. Acredito, pelo contrário que nos encontramos num processo em que não temos nem identidade nem quaisquer valores.

«Dêem-nos tempo: também já tiveram o vosso»

Nadine Gordimer

«A única coisa que um escritor pode fazer, enquanto escritor, é, obstinadamente, escrever a verdade *tal qual a vê*». É esse o fio condutor da obra de Nadine Gordimer, uma escritora sul-africana (nascida em 1923 de pai judeu e mãe inglesa) que conta, hoje, mais de uma dúzia de romances e mais de uma centena de contos e narrativas: *Un monde d'étrangers, Occasion for Loving* (1963), *Le Conservateur, Histoire de mon fils, Raconter des histoires, Pillage*. Se bem que se tenha afirmado um dia como «apolítica por natureza», nunca deixou de se confrontar com a realidade do seu país natal, a África do Sul: o *apartheid*, face ao qual assumiu a responsabilidade do escritor face à liberdade e à humanidade. Membro do ANC, o Congresso Nacional Africano, tomou posição contra a segregação racial ao publicar inúmeros artigos, ensaios e discursos. Obteve o prémio Nobel da Literatura em 1991. Tem editado em Portugal obras como *A História do Meu Filho* (Presença), *A Gente de July* (Teorema), *O Conservador* (Asa), *O Fim dos Anos Burgueses* (Difel), *Um Capricho da Natureza* (D. Quixote), entre outros.

Nadine Gordimer, o que sentiu quando Nelson Mandela foi libertado, depois de vinte e oito anos de prisão, e pôde retomar uma actividade política?

Naturalmente, fiquei feliz por ver esse grande símbolo da liberdade sair da prisão. Mas, do meu ponto de vista, o regime do *apartheid* já tinha terminado alguns meses antes, em Outubro de 1989. Tantas coisas aconteceram ao longo dos últimos meses desse ano: o muro de Berlim desmoronou-se e, aqui, foram os muros do *apartheid* que se abateram. Aconteceu aquela manifestação de massas num estádio de futebol no exterior do Soweto, quando Walter Zuzulu, o guru de Mandela na prisão, foi libertado – ao mesmo tempo que outros sete negros, se bem me lembro. Eles foram os primeiros; tinham-se oposto à obrigação de não exercer qualquer actividade política, e tinham conseguido pela luta uma libertação sem condições. No decorrer dessa manifestação, não houve cães-
-polícia, nem armas, nem gases lacrimogéneos, apenas as bandeiras do Congresso Nacional Africano (ANC) e dos sindicatos. Foi um momento de euforia, um instante maravilhoso, o início do tempo da liberdade.

Ao longo de todos os anos que o precederam, deu provas de um verdadeiro estoicismo face ao sistema do *apartheid*, de certa maneira foi a voz da consciência que condenava a política dominante.

Eu era uma voz entre tantas outras. Por todo o lado encontrei casos inacreditáveis, perturbadores, homens e mulheres com a vida destruída, que apodreciam na prisão, cujos irmãos, irmãs, esposas esperavam no exílio, vivendo um calvário inconcebível. Alguns entre eles eram conhecidos. Os outros, centenas de milhares de pessoas, ficaram anónimos. Tudo aquilo era uma vergonha, um verdadeiro apelo para que tudo mudasse.

Os *Afrikaners* consideravam-se, de certa maneira, «o povo eleito», os seus fundamentalistas pregavam a «pureza da raça branca». Como era recebido esse domínio dos brancos na vida quotidiana?

Eu nasci na África do Sul, frequentei uma escola reservada aos brancos. Aos sábados à tarde, ia ao cinema em salas onde apenas entravam brancos. Como todas as raparigas da classe média, tinha aulas de dança onde apenas rapazes e raparigas brancos eram admitidos. E, depois – e foi o que mais me tocou, porque a partir do meu sexto ano, comecei a ler muito – frequentava a biblioteca local, onde só os brancos podiam levantar livros. Portanto, tínhamos a sensação de ter qualquer coisa de particular por causa da cor da nossa pele – e a impressão que Deus assim tinha decidido. Quando somos crianças não nos questionamos sobre esse género de situações, já que respeitamos absolutamente os valores dos nossos pais e dos nossos professores. Mas quando nos tornamos adolescentes, mesmo possuindo apenas um mínimo de inteligência e de curiosidade, queremos saber. Por que razão posso levantar livros a que aquele menino negro não tem acesso? Será que ele não tem também vontade de o ler?

Considera-se membro da comunidade judaica da África do Sul? Como uma estrangeira numa ilha, bem longe de casa? Como membro de uma minoria no seio da minoria branca?

Não, antes de mais via-me como uma Sul-Africana branca. Mas isso era devido sobretudo ao meu meio familiar. Os meus pais não me educaram no espírito do judaísmo – não tinham o mínimo interesse pelas actividades da comunidade judaica – e mandaram-me para uma escola religiosa. Mais tarde, na minha juventude, muitos dos meus congéneres frequentaram as colónias sionistas, mas não foi esse meu caso. Se bem que estivesse perfeitamente consciente das minhas origens judaicas, e isso não me colocasse nenhum problema, teria julgado igualmente normal ter nascido negra. Não deveríamos nem fazer gala da nossa origem nem negá-la. Somos, muito simplesmente, humanos.

Em que medida estão os Asiáticos, e muito particularmente os Indianos, integrados na sociedade sul-africana? Na sua obra, analisa também esses «enclaves» indianos.

Aí abordamos um outro aspecto, um elemento extraordinário na surpreendente história do nosso país. Pensemos exclusivamente no que viveram os Indianos em toda a África. No Quénia, por exemplo, depois da independência, foram perseguidos e expulsos porque, tanto quanto é do meu conhecimento, nenhum deles aceitava abandonar a cidadania britânica e adoptar a nacionalidade queniana que lhes queriam impor; mas nunca se reuniram no seio de um movimento de libertação. Na África do Sul, a situação era diferente. Graças à longa presença e ao trabalho do Mahatma Gandhi, na constituição do Congresso indiano e no facto de os Indianos se terem empenhado a favor do Congresso Nacional Africano, desempenharam um papel muito importante na luta de libertação. Isso valeu a prisão a muitos deles. Hoje, alguns dos ministros do nosso governo são indianos, e retomamos a esperança ao verificar que um país pode verdadeiramente sair do racismo. Dão-nos o exemplo de estrangeiros a viver em África e que conquistaram o direito de ser Sul-Africanos.

Afirma que a União Soviética apoiou durante décadas o Partido Comunista da África do Sul e o Congresso Nacional Africano na sua luta de libertação – financeiramente e através da formação militar – enquanto os Estados Unidos e os países europeus, ao mesmo tempo que condenavam o

racismo, encorajavam mais ou menos os governos brancos do *apartheid*. Como reagiu a essa atitude ambígua do Ocidente?

Falei o mais alto que pude, em todo o lado e a toda a hora, inclusive no estrangeiro. O Ocidente deu provas de uma duplicidade inconcebível. Calcula-se hoje que colaborou com os governos do *apartheid* de um modo muito mais intenso do que sabíamos na altura – até aos últimos meses e mesmo até aos últimos dias antes das eleições livres.

Considera a superação do colonialismo um dos grandes progressos do século XX. Mas será que está de facto eliminado, não terá simplesmente trocado de máscara? Pense, por exemplo, na tecnologia dos *media* ocidentais, na MTV, CNN, Fox TV, que transmitem em todo o mundo, na mundialização nos domínios económicos e políticos.

O colonialismo económico sempre existiu, e certamente está longe de desaparecer. Parece-me, apesar de tudo, extremamente significativo que algumas das antigas colónias tenham conseguido munir-se de uma constituição democrática. Temos agora as nossas próprias leis, somos responsáveis pelo nosso destino, para o melhor e para o pior. Alguns destes países não o conseguem de todo porque sofrem com os problemas que lhes foram legados pelo antigo colonialismo e que o novo colonialismo, aquele que refere, continua a crescer: é o caso, por exemplo, na Índia e no Paquistão, mas também em Israel e na Palestina. A herança conflitual na Europa pesa sobre os nossos ombros, mas isso apenas assinala uma nova fase no combate pela independência.

O que reserva o futuro à África, nos domínios político, social e económico, quando se consideram as confrontações etno-religiosas no Ruanda, no Sudão e na Etiópia, as ditaduras dominadas pela corrupção, as economias nacionais em bancarrota?

As democracias que a Europa gerou desenvolveram-se, algumas delas, durante vários séculos e, ainda hoje, estão longe de ser perfeitas. Apenas nos encontramos nessa via há alguns anos e, portanto, ficamos sempre enervados ao ouvir Americanos e Europeus dizer-nos: «Por que é que ainda não fizeram nada naquele domínio, por que é que não modificaram nada neste?». Dêem-nos tempo: também já tiveram o vosso.

Evidentemente, as transformações não se fazem de um dia para o ouro. O seu trabalho de escritora parece literalmente forjado pela ideia de que a história é um processo progressivo que, por vezes, assume um contorno abrupto e imprevisível. Mas não terá o colonialismo roubado a sua própria história aos homens e mulheres de África?

Foi o que ele fez. Afigura-se-me como uma espécie de cimento que cobre tudo o que é orgânico. No combate colonial tratava-se precisamente de furar esse cimento e de pôr a nu os estratos mais profundos. Mas é preciso não esquecer que vêm de tempos remotos e que as formas de expressão que os caracterizam são totalmente diferentes. No que diz respeito à literatura, como sabe, não existia tradição escrita, mas sim uma forte tradição oral que ainda perdurará sempre e que devemos despertar para uma nova existência. Sobre este ponto tenho provavelmente um conceito um pouco romântico, mas poderei imaginar ver na televisão ou na rádio apresentadores negros cuja voz e gestos mostrassem o homem original em toda a sua diversidade. Obviamente, dito isto, nada ainda foi dito sobre a evolução da literatura africana. Esta, por sua vez, depende da colocação de uma barreira suplementar ao analfabetismo. Quando se escreve um livro, neste país, faz-se parte dos privilegiados, uma vez que metade da população não sabe ler nem escrever. E na outra metade, encontramos muitos que não conseguem ler mais do que um título de jornal ou um pequeno poema em que a compreensão e o prazer que traz a palavra escrita ficam, assim, interditos. Isto, a meu ver, constitui um crime contra a humanidade.

Sente-se nas suas obras até que ponto aprecia a integridade da moderna literatura africana, inicialmente vocacionada para a luta da libertação nacional, e que, depois, na era pós-colonial, se opôs aos negros corruptos que detinham o poder. Entre esses autores, encontramos Chinua Achebe, Wole Soyinka e muitos outros, que infelizmente não são muito conhecidos no Ocidente. Uma responsabilidade intelectual assumida

no coração das perturbações políticas e sociais: é sem dúvida desta maneira que descreve a sua atitude.

Exactamente. Eles desmascaram o jogo erróneo e perigoso do regime ao mergulharem na sua sociedade e revelando, pelo menos, algumas partes da verdade. Alguns deles sobreviveram no exílio, outros são obrigados ao silêncio. É inquietante e triste. Na África do Sul perdemos uma quantidade de muito bons escritores. E os bons escritores não caem do céu.

Em antropologia, fala-se da necessidade da identidade cultural ou da necessidade de identidades culturais. Parece-lhe possível que esta necessidade possa ser um dia atenuada na África do Sul?

É uma questão muito delicada. Penso que devemos adaptar-nos à pluralidade das identidades culturais. Por estranho que pareça, isso coloca imensos problemas aos Afrikaners. Os Indianos, os Italianos, os Gregos, os judeus – cada um destes grupos étnicos mantém os seus próprios cultos e ritos. Só os brancos da África do Sul entram em pânico, porque perderam a sua posição dominante. Consideram que uma cultura homogénea é a expressão do seu poder, ora esta já não existe. Teve o seu tempo e nada a fará regressar. Mas mesmo com a nova constituição e com o governo, nós não somos um povo. Que nos tenhamos todos encontrado foi um verdadeiro milagre, mas acontece frequentemente que não resista à realidade. O velho racismo reaparece por toda a parte, seja nas escolas ou nas oficinas. O milagre, esse tem de ser obtido pelo trabalho, dia após dia.

Foi um acto arbitrário e ilegal, instalar a população negra no que foi designado por *homelands*, onde a descriminação racial prosseguiu da mesma maneira que nas *towships*, e ter excluído antecipadamente qualquer república zulu livre. Qual é a situação hoje?

As pessoas que viviam nesse género de lugares não tinham sequer direito a ter um domicílio pessoal. Eram cidades dormitórios e ainda hoje existem. Há alguns anos, atravessei o México, onde ocorreu a revolução de 1912. Constatei com tristeza que as cidades construídas ilegalmente à volta da Cidade do México continuam a existir, tornando-se bairros de miséria onde gerações inteiras passam a sua existência. Questiono-me, com inquietação, se um dia conseguiremos dominar este problema, e de que maneira. Mas até lá, não nos deveremos esquecer que não se trata do fruto da nova liberdade e que remonta a um período anterior ao *apartheid*.

Afirmou que o romance de Upton Siclair, *The Jungle*, sobre os trabalhadores dos matadouros, em Chicago, a tinha impressionado vivamente, nomeadamente porque lhe lembrou os mineiros negros de Springs, aqueles que conheceu na sua infância.

Sim, esse livro marcou-me profundamente. Porque na minha família e no meu círculo de amigos ninguém fazia parte de um sindicato. Nem sequer sabia o que era um sindicato, desconhecia que os trabalhadores tivessem direitos fossem eles quais fossem. Nunca me ocorreu que se pudesse considerar uma classe operária organizada como fonte de resistência e insurreição.

Como descreveria a relação entre ficção e realidade na sua obra?

Existe toda a espécie de realidades possíveis; encontramos acontecimentos de ontem, acontecimentos de hoje, os que dizem respeito à sua vida ou à minha, coisas que acontecem no mundo e que chamam a nossa atenção. Mas existe, paralelamente, uma realidade representada, que é composta de muitas realidades diferentes. A minha prosa faz, sem dúvida, parte desta última categoria, com excepção do meu primeiro romance que, como a maior parte dos primeiros romances, está estritamente ligado à minha própria biografia; vingamo-nos da mãe, do pai ou de outras pessoas. Nos romances e narrativas que escrevi posteriormente surge toda a espécie de personagens que não têm rigorosamente a ver com a minha vida, às quais não atribuo nem idade nem sexo, nem cor de pele específica. Dei-me sempre o direito, mesmo durante o tempo da separação racial, de escrever sobre personagens negras como se fizessem parte de mim própria. Os meus amigos escritores negros diziam-me: «Sabes sobre nós algo que ainda não conhecemos, e nós sabemos sobre ti coisas que tu ainda não conheces». É através do mundo interior que nos aproximamos do mundo exterior.

Isso significa que não se situa na tradição do realismo que caracteriza a literatura europeia do século XIX mas também, em certa medida, a literatura africana recente.

Começaria por lhe perguntar o que é que entende por «realismo». Este termo aplica-se bem ao jornalismo, cujas possibilidades são limitadas, mas para um escritor não existe nada mais irrealista do que o realismo. O trabalho do escritor permite-lhe ir muito mais além daquilo que mesmo o melhor dos jornalistas pode produzir. O realismo não passa, assim, de um modo de emergência da realidade percebida pelo autor. A literatura actual, dita pós-moderna, tende a fragmentar cada vez mais esta realidade, mas isso equivale mais ou menos a cortar a cauda de um lagarto: continua vivo, e o romance, também ele, continua a existir através dos seus fragmentos. Ao mesmo tempo, constato com satisfação que o romance reencontra pouco a pouco uma qualidade filosófica que lhe faltava desde o minimalismo de um Albert Camus. E, depois, abre espaço às digressões que não são apenas inserções do autor mas também – pense na obra do prémio Nobel José Saramago – pontos de vista de um leitor que toma, ele próprio, a palavra. Consequentemente, o romance torna-se a partir daí uma forma aberta, acessível a todos os tipos de conteúdos, um convite, sempre para lá do realismo.

Referiu-se um dia a Czeslaw Milosz, o grande escritor lituano–polaco, que perguntava: «Para que serve a poesia se ela não salva nem os homens, nem os povos?». O escritor tem, assim, a missão de se confrontar directamente com a sua época e com os medos a ela ligados e de actuar sobre ela através da palavra.

Essa questão ocupa os autores desde sempre. Alguns formularam-na de outro modo: para que serve a poesia se ela não tem outro objectivo senão ser útil ao homem? E o que associamos exactamente ao termo «utilidade»? Escrever um poema no sentido de continuar a sua viagem de descoberta, para estudar mais de perto os diferentes aspectos de um segredo, trazer aqui e ali um pouco mais de luz, não é também uma contribuição ao ser humano? Milosz escreveu esta frase sob a ameaça do nacional-socialismo, num momento em que considerava o comprometimento político como justificação última da sua arte.

De qualquer modo, no seu ponto de vista, *Os Versículos Satânicos* de Salman Rushdie tiveram sobre a sociedade pós-colonial uma influência análoga que foi exercida por *O Tambor* de Günter Grass sobre a sociedade alemã do pós-guerra.

Com a sua energia poética alimentada pela imaginação, *Os Versículos Satânicos* desmascaram não só o fanatismo religioso, mas também o colonialismo e o seu esplendor falacioso. Mostram como o homem pode ser oprimido, preso e reduzido ao silêncio pela autoridade – e isso em qualquer parte do mundo.

Sublinha o carácter diverso e contudo homogéneo da cultura africana, distingue-o da racionalidade unidimensional de obediência norte- -americana e europeia. Tendo em conta o avanço tecnológico e industrial, acredita que este continente poderá no futuro vir a preservar as suas tradições, a sua vitalidade intelectual, a sua sensibilidade criativa e a imagem que faz dele próprio?

Não, não acredito. Mas penso e espero que aqui nasçam correntes que irão enriquecer outras culturas, outras línguas. Vou dar-lhe um exemplo. Antes mesmo do fim do *apartheid*, a nossa vida teatral conheceu uma profunda mutação. Até aí, apenas nos eram oferecidas as comédias musicais da Broadway, as comédias do West End londrino e algumas peças de autores sul-africanos brancos, como é óbvio. Em seguida, alguns homens e mulheres do teatro associaram-se com negros, aos quais mal se recorria até aí para servirem de cenário em palco, e entregaram-lhes a responsabilidade da produção artística. Assim nasceu um teatro negro, não racista, totalmente comparável ao La Mama Theater de Nova Iorque. Hoje, possuímos um grande número de dramaturgos negros que desenvolvem um trabalho intenso sobre a história e a actualidade do nosso país. Isto significa que vão beber à sua tradição oral, em que a sensibilidade desempenha um papel mais importante, para transformar o teatro europeu «importado» e dar-lhe novos conteúdos.

Poder-se-á afirmar, portanto, que existe uma aprendizagem possível da tolerância política?

Deveremos manter-nos em perpétuo esforço. Em nós, humanos, nada está fixado para a eternidade, nada está verdadeiramente concluído. Se algo de bom existe nas nossas múltiplas relações, devemos vigiá-lo cuidadosamente, diariamente, pô-lo à prova em nós próprios, nos outros, no seio do governo que elegermos. Não poderemos afirmar que vivemos numa democracia perfeita ou que somos absolutamente justos. É necessário questionarmo-nos sobre tudo isso, bem como sobre as relações naturais dos seres humanos.

O patriotismo ainda fará sentido, fará algum no futuro, quando nos damos conta da velocidade em que se pode transformar em nacionalismo? A história e o tempo presente dão-nos exemplos suficientemente aterradores.

O patriotismo desperta-me uma profunda desconfiança. Em certas fases, pode certamente ajudar a atingir um fim político. Foi o caso na nossa luta contra o *apartheid*, ou na resistência de outros Estados africanos contra os europeus todo-poderosos, que se julgam os donos do mundo. Mas uma vez conquistada a libertada deixa de ser necessário erguer as bandeiras. Manifestamente, as pessoas têm necessidade de cerimónias, de ídolos e de *slogans* que lhes dão apoio. A perda da religião não acompanha somente o extremismo cada vez mais poderoso nas questões ligadas à fé, mostra também um vazio interior ao qual se tenta escapar, desenvolvendo um orgulho nacional exagerado.

Constatamos que o Ocidente apenas mudou de métodos, hoje, no sentido de prosseguir com a sua política expansionista. A mundialização económica, que assenta numa tecnologia mundial de comunicação e de *media*, não virá, manifestamente, impedir uma pluralidade de culturas?

Se podermos garantir que essa tecnologia irá permitir às diferentes vias de cultura exprimirem-se, só poderemos aprová-la. Mas em todo o sítio por onde andei, quer noutras partes de África, na Europa de Leste, na Índia, ela é dominada pelo menor denominador comum, ou seja, pela cultura americana.

Entende isso como uma ameaça?
Sim, e é também o caso de muitas outras pessoas que se preocupam com as culturas primitivas. Este assunto coloca um problema grave; dá--se às pessoas aquilo que elas parecem querer; e afinal, vêem na televisão uma série americana que reflecte os valores de um determinado tipo de sociedade. Como os países pobres não têm possibilidade de produzir programas autónomos, temos a sensação de que as estações americanas satisfazem as necessidades das pessoas no mundo inteiro. Nem sequer tentamos averiguar quais as suas verdadeiras necessidades e de as deixar desabrochar. São os responsáveis da cultura no seio dos governos e dos medias que deveriam solucionar este problema.

Consequentemente, será necessário desejar ao próximo século que vá buscar às diversas modernidades dotadas de direitos iguais a fonte das suas visões e tradições culturais, das suas normas e da sua noção de progresso.
Esta heterogeneidade é uma condição essencial da liberdade humana. Quando ela está ausente, é o reino do desequilíbrio, do terror, do racismo. O *apartheid* era absurdo, não temos a mínima dúvida; não poderemos ter dois pontos de vista sobre essa questão. Mas, uma vez que foi totalmente abolido, constatamos que as questões fundamentais da existência, sobretudo as questões éticas, têm múltiplas facetas.

«A história natural não conhece progresso»
Stephen Jay Gould

Na história da humanidade, verificaram-se até hoje três grandes vexames: Copérnico, da mesma maneira que o fez com a Terra, também afastou o homem do centro do universo; Darwin fez começar a história genealógica do ser humano algures no reino animal; Freud compreendeu, com a descoberta do inconsciente, que o homem não era soberano de si mesmo. O zoólogo e geólogo Stephen Jay Gould (nascido em Nova Iorque em 1941, faleceu em 2002) reserva-nos um outro vexame: o homem, diz ele, não é nem a coroação da criação nem o apogeu da evolução. O erro, segundo Gould, remonta à forma de vida mais simples e, ao mesmo tempo, a mais antiga nesta Terra: as bactérias. Formas de vida pluricelulares, como os peixes, os pássaros, os mamíferos e, finalmente, o próprio ser humano, são certamente fenómenos incomparavelmente mais complexos, mas, e este é o seu argumento, o homem só representa um «pequeno ramo insignificante na gigantesca árvore genealógica da evolução». Por outras palavras, as criaturas vivas «superiores» formaram-se apenas na sequência de um acaso.

Stephen Jay Gould foi professor de Geologia em Harvard, conservador do departamento de Paleontologia dos Invertebrados no Museu de Zoologia comparada em Harvard, membro associado do departamento de História das Ciências; em 1996, torna-se professor-pesquisador de Biologia na Universidade de Nova Iorque. Alguns dos seus principais livros estão publicados em português, pela Gradiva: *A Vida é Bela*; *O Sorriso do Flamingo*; *Quando as Galinhas Tiverem Dentes*; *O Polegar do Panda*; e *A Falsa Medida do Homem* (Quasi).

Stephen Jay Gould, o senhor estabelece uma clara distinção entre evolução e progresso – isso significa que ocorre na natureza uma evolução que não é forçosamente uma ascensão.

Existe certamente algumas espécies que, com o tempo, se tornam mais complexas e nos levam, portanto, a falar de progresso. Mas se se considerar a evolução no seu conjunto, é impossível discernir uma tendência desse tipo, porque os primeiros monocelulares que apareceram na Terra, há três mil milhões e meio de anos, eram bactérias – são ainda hoje os organismos mais espalhados. Logo, toda a história da vida é colocada sob a influência dominante das bactérias, que estão presentes em todo o lado e permanentemente. Não contesto de maneira alguma, portanto, que a vida evoluiu desde o início, que ela produziu sempre muitas formas em condições ambientais das mais diversas, mas isto não prova que a diversificação esteja fundada numa dinâmica orientada para um objectivo ou sobre uma pressão que vai no sentido de um determinado progresso. Se esta falsa impressão surge é unicamente porque nós estamos muito habituados a concentrar-nos na nossa própria espécie. Do ponto de vista neurológico, o ser humano é certamente a criatura mais amadurecida, mas ele apenas representa um pequeno ramo na gigantesca árvore genealógica da evolução. Os insectos constituem 80% das criaturas animais vivas. São extremamente resistentes e, provavelmente, mais bem sucedidos do que nós; apesar de tudo, a sua evolução não testemunha nem um nível crescente de inteligência nem nenhum sinal de progresso.

Resumindo: a evolução produz, em suma, mais complexidade, mas não continuidade linear?
Exacto. Se se estabelecesse uma linhagem de criaturas vivas mais complexas na história da evolução, ela começaria com a bactéria, prosseguiria com um monocelular de estrutura mais rica e seguiria, sem dúvida, com uma medusa, um náutilo e um peixe. Mais tarde apareceriam um anfíbio, um dinossauro, um mamífero e, finalmente, num determinado momento, um ser humano. Mas não se trata de uma sequência da evolução: nós não descendemos nem de uma medusa, nem de um dinossauro, mas de uma pequena família de répteis anódinos.

E a teoria da selecção darwiniana também não contém nenhuma espécie de elemento que permita pelo menos supor que existe um progresso permanente?
Não, ela está exclusivamente sustentada no mecanismo de adaptação ao ambiente natural. Todos os organismos produzem um excesso de descendentes que divergem geneticamente uns dos outros. Aqueles que estão, por casualidade, mais bem adaptados às mudanças exteriores, sobrevivem. O que nada diz sobre a existência de um qualquer progresso. Um parasita, por exemplo, que vive no ou dentro do corpo do seu hospedeiro e tomou uma forma muito simples, um minúsculo tecido que se multiplica, está tão bem adaptado ao seu ambiente como a criatura mais complexa neste planeta. Darwin exprimiu-o claramente. Num dos seus blocos de notas escreveu, e era um pouco destinado a ele próprio: nunca se fale de organismos superiores ou inferiores, só há uma adaptação aos lugares. Penso que o conceito de Darwin, o de uma evolução por diversificação, sem progresso, nunca foi verdadeiramente tido em conta pela cultura em geral, porque as pessoas querem absolutamente ver aí um progresso. É o que as consola:

podem assim sentir-se no apogeu de um processo calculável que, desde o início, tinha o ser humano por objectivo. Mas entre os biólogos, até hoje, a opinião doutrinal é que a evolução é apenas uma adaptação local.

No estado actual dos nossos conhecimentos, o cérebro humano transformou-se progressivamente há cerca de cem mil anos. Apesar de tudo, o senhor evita empregar o termo «evolução cultural» a propósito das consequências desta extensão de capacidade, prefere chamar-lhe «transformação cultural».

A expressão «evolução cultural» não me agrada, porque as analogias entre a transformação cultural e a evolução biológica são muito menos significantes do que as diferenças que as separam. Estas pesam muito mais na balança, razão pela qual nos equivocaríamos querendo associar o processo cultural ao processo natural, no sentido em que era entendido por Darwin. Ilustrarei através de dois exemplos. Em primeiro lugar: tudo o que aprendemos ensinamos imediatamente à geração seguinte – transmitimos-lhes estas qualidades e estes conhecimentos que nós mesmos adquirimos. A evolução biológica, pelo contrário, não mostra nenhum princípio deste tipo: os descendentes recebem exclusivamente os genes e estes não são absolutamente afectados pelas experiências instrutivas e pelos actos úteis. Em segundo lugar: a transformação cultural provocada pelo homem resulta da interacção de diferentes tradições – foi desta maneira que a roda, por exemplo, passou de uma cultura a outra. É precisamente isto que não se pode produzir na evolução biológica; logo que uma espécie se destaca, ela conserva para sempre a direcção que tomou. Ela mantém certamente, mesmo depois, relações ecológicas com outras espécies, mas não há fusão genética.

Quando se procura um equivalente biológico à transformação cultural, dever-se-á, então, antes falar de infecção do que de evolução.

O senhor levanta, assim, implicitamente uma objecção importante contra a tese do sociobiólogo Edward O. Wilson que, no seu livro *Consilience*, inventa o termo evolução epigenética e insiste no facto de que as mutações

culturais foram certamente causadas pela transformação do património genético em cada um dos períodos da história humana, mas que também o influenciaram. Consequentemente, a história natural e a história da cultura estariam ligadas uma à outra.

Mas por uma ligação muito frouxa! Não há nenhuma dúvida que a nossa consciência é condicionada pela genética. Sem essa consciência, nós não teríamos nenhuma espécie de ideia do que é a cultura. Por outras palavras: se a evolução genética não nos conduzisse a desenvolver um determinado modo de funcionamento mental, também não haveria história da cultura. Mas ao mesmo tempo considero que a história da cultura não teve o mínimo efeito retroactivo no cérebro humano. Do meu ponto de vista, o nosso cérebro actual tem exactamente a mesma constituição que o dos homens de há muitos milhares de anos, no tempo em que não existia nada que se parecesse à civilização.

A que período faria o senhor remontar o início da cultura? A partir de quando modela o ser humano o ambiente segundo as suas ideias, se bem que seja possível falar de história da cultura e de história do espírito?

As questões deste género têm menos relação com a pesquisa científica do que com as definições. Alguns afirmam que a evolução cultural começa unicamente quando existem provas sem ambiguidade do uso de utensílios. Outros pensam, pelo contrário, que ela é completamente impensável sem a linguagem – mas isto é já muito tarde. O homem fabrica e usa utensílios há mais ou menos dois milhões de anos e é a seguir a isto que ele transforma as suas condições de vida. Quer se veja ou não uma característica da cultura, depende das grelhas de explicação que se emprega.

Em todo o caso, o senhor defende a ideia de que a origem da consciência de si continua obscura e nunca será, sem dúvida, determinada com exactidão.

No plano científico, pode constatar-se que os antepassados do ser humano não dispunham da energia intelectual que nós designaremos pelo termo «consciência». Seguidamente, contudo, o cérebro tornou--se muito maior e viu-se aparecer uma capacidade de auto-reflexão e de abstracção que seguiu a par evolução da linguagem. É certo que este processo se realizou por um motivo preciso, extremamente complicado, compatível com a teoria da selecção. Só que não conhecemos esse motivo. A ciência não tem resposta à questão de saber por que razão tudo aquilo se passou, ou mesmo se não tem, eventualmente, uma significação cósmica. Do meu ponto de vista, este problema e outros da mesma ordem continuam insolúveis.

Quando se vê as representações pictóricas muito precoces que se encontram, por exemplo, em Lascaux ou em Altamira, fica-se impressionado pela força com que os motivos centrais da nossa existência foram transpostos numa linguagem de signos imitável. Não será necessário concordar com Ernst Cassirer, quando considera que este dom de criar símbolos é a característica decisiva do ser humano?

Obviamente, mas este dom não dá nenhuma espécie de informação que permita saber se as considerações que oculta a propósito da vida ou de Deus são exactas ou falsas, porque se trata aqui simplesmente de formas de expressão do espírito humano. Ele está, sem qualquer dúvida, em condições de idealizar e consequentemente de produzir símbolos, mas não significa que a natureza contenha efectivamente este género de arquétipos.

Não obstante somos confrontados com o factor da morte. Contrariamente ao animal, sabemos que vamos morrer. Este conhecimento é suficientemente pesado para manter desperto o interesse que se tem pelas perspectivas metafísicas, e até para as impor, como já dizia George Bataille.

Completamente. Freud, por exemplo, tinha uma argumentação inteiramente análoga. Mesmo se o nosso cérebro aumentou com base em factores relevantes meramente da evolução – e não porque tomámos consciência da nossa morte – esta consciência da mortalidade é, do mesmo modo, a coisa mais dolorosa e a mais perturbadora que jamais vivemos e devemos, portanto, encontrar-lhe uma explicação. Freud pensava – e eu concordo com ele neste ponto – que a religião é, em primeiro lugar, uma tentativa de dominar as consequências desta certeza. Ao ter ideias claras sobre o lado efémero da nossa existência, aproximamo-nos da verdadeira natureza humana.

Mas o senhor também deu a entender, há pouco, que os paradigmas do sagrado eram inerentes à história da cultura, não à da natureza.

A teologia e a transformação cultural têm sentido apenas se se colocar em relação com o estado e os objectivos de uma sociedade. Como a natureza não é uma ordem moral, não vejo que lugar os conceitos teológicos poderiam aí ter.

O que é verdade, no entanto, é que desde tempos imemoriais, o homem, em certa medida, compreendeu a natureza como reflexo de um poder superior que, sozinho, garantia a sua ordem. Nesta medida, a representação do sagrado era um traço característico da sua consciência.

Sim, mas este estado não diz, de facto, se existem realmente entidades imateriais sem substrato material. Podemos estudar os aspectos sociológicos como os aspectos antropológicos da religião e descobrir que todas as culturas se orientam mais ou menos claramente para o conceito do sagrado – isso não prova contudo a existência de Deus. Seria um erro fatal concluir da inclinação do homem para se ater a uma crença a existência ou o carácter inatacável do objecto para o qual se orienta. Não nos esqueçamos: o nosso espírito é um instrumento muito imperfeito. Por exemplo, é difícil para o ser humano confrontar-se de maneira racional com a teoria da verosimilhança; para a maioria teria o mesmo efeito de um livro fechado. O que, contudo, não altera nada ao facto desta teoria oferecer um método apropriado para resolver alguns problemas científicos.

Pode dizer-se que a teoria da evolução de Darwin exclui imediatamente a presença de Deus?

Não. O que se passa, muito simplesmente, é que a teoria da evolução, como a ciência em geral, não toca nas questões ligadas à religião e, consequentemente, não responde a estas. Se uma força poderosa age no universo, ela encontra-se fora do quadro de referência que a ciência engloba e emprega. Baseia-se no empirismo e na evidência;

para tudo o resto, ela não tem explicação. Os crentes não têm de ficar incomodados: eles nunca basearam a sua visão nas estruturas reais da natureza.

Isso significa que a ciência e a religião vivem separadas uma da outra, que não podem entrar num diálogo que contribuiria talvez para fazer passar estímulos uma à outra, que se fecundassem mutuamente e ultrapassem, assim, as fronteiras que eram até agora as suas?

Cada problema essencial tem uma dimensão científica e uma dimensão religiosa ou ética. Elas não se podem fundir uma na outra, da mesma maneira que as suas abordagens e métodos visam domínios diferentes da realidade. Mas as duas dimensões coexistem em pé de igualdade, e nós estamos, assim, em condições de procurar aqui respostas científicas, ali respostas religiosas ou éticas. Eu não contesto de maneira nenhuma que os cientistas devam falar com os teólogos, pelo contrário, eles devem aprender a compreender-se mutuamente.

Hoje encontram-se forçosamente no terreno da biotecnologia. O senhor concorda com esta intervenção?

Tudo depende a quem serve! Como toda a transformação tecnológica em grande escala, a biotecnologia possui um potencial considerável, que pode ser utilizado para fins úteis ou nocivos. Não se deverá, portanto, nem negligenciá-la nem desprezá-la pelo único motivo de ela poder ter efeitos nocivos. Não venho nenhuma objecção que, graças aos métodos que ela desenvolve, se disponha doravante, por exemplo, de um novo tipo de arroz que contenha a vitamina A. É uma evolução importante, e mesmo salutar, do arroz natural, ao qual lhe falta esta vitamina – razão pela qual muitas centenas de milhões de pessoas que fazem dele a sua alimentação base sofram de uma carência de vitamina A. A biotecnologia tornar-se-á mais saudável se se fizer uma aplicação prática na agricultura e na medicina.

Examinando a história da cultura, vê-se bem que desde há muito o homem valorizou as plantas para que elas respondam melhor às suas necessidades. Na sequência destas empresas, e de outras comparáveis,

ele vive num planeta que transformou inteiramente de acordo com a sua vontade.

Quase todos os elementos fundamentais da nossa alimentação – cereais, centeio, cevada, milho, arroz – são produtos de uma selecção artificial: nós cultivámo-los e fizemos com que sofressem uma modificação genética. Além disso, destruímos as florestas, interrompemos ciclos naturais, provocámos a extinção de algumas espécies. A tecnologia criou novas condições ambientais, o que tem consequências sobre a evolução e coincide precisamente, assim, com o darwinismo – porque os organismos se adaptam às mudanças do seu ambiente e os que sobrevivem são aqueles que se adaptam melhor.

Sem mesmo se questionar se Darwin pôde efectivamente conciliar as perturbações técnicas destes últimos cento e cinquenta anos com a sua teoria, a biotecnologia não fez rebentar os limites do que é eticamente defensável? Não introduziu uma nova fase na evolução do ser humano e de outras criaturas vivas? Por outras palavras: a tecnologia provoca uma revolução na biologia?

Em certas circunstâncias, sim, quando transformamos muito fortemente o nosso programa genético e o dos organismos. Desta maneira, a mutação cultural teria bem um efeito retroactivo na evolução. Caso contrário, transformaremos apenas de um ponto de vista biológico.

Numerosos indicadores levam a pensar que as tecnologias cada vez mais refinadas – não somente no domínio da biologia, mas também no sector das comunicações – acelerarão também, no futuro, a mutação cultural.

Sim, isso vai dar-nos um poder imenso. O processo de evolução avança muito mais lentamente para poder também influenciar uma mutação cultural rápida deste tipo: no fim de contas, o cérebro e o corpo do ser humano continuaram totalmente idênticos ao longo dos últimos 50 000 anos. As transformações biológicas substanciais puderam ser apenas efectuadas por manipulações genéticas – e serão talvez também, com o tempo, graças à Internet ou ao ciberespaço. Mas nesse caso, já o disse, tratar-se-ia de um efeito secundário de um progresso técnico em que nós aceleramos o ritmo.

As fronteiras biológicas estarão fixadas à evolução da espécie humana? E se sim, de que ordem serão elas?

Existem manifestamente fronteiras sem interesse; por exemplo, não mediremos quatro metros de altura e nunca poderemos sobreviver sem dormir e sem comer. Mas ao mesmo tempo, penso que somos suficientemente flexíveis para continuar a formar comportamentos eticamente desejáveis. Parece-me realmente sensato comprometer-nos nesta direcção. Não creio que sejamos por natureza incapazes de aprender a não fazer a guerra e a não nos destruir a nós mesmos. Podemos melhorar-nos...

O homem, com a sua capacidade de compreensão, está programado como tal para a evolução? Pode dizer-se que o nascimento da consciência na Terra ou no cosmos foi conduzido desde o início?

É necessário fazer uma distinção, se, de um lado, pender a previsibilidade da existência humana e, do outro, a da vida consciente. Podemos estar mais ou menos certos que uma tal criatura, com dois olhos, cinco dedos e todas as nossas qualidades específicas, é única, porque cada espécie na Terra foi o resultado de uma centena de milhares de acontecimentos da evolução, geralmente fortuitos e onde cada um teria podido tomar um outro caminho. Seria, portanto, desnecessário procurar criaturas de ficção científica com dois olhos e cinco dedos. Por outro lado, não podemos dizer se existem no espaço outras formas de vida com consciência. Sabemos unicamente que a consciência se desenvolveu uma vez, aqui. Mas pouco importa o grau de complexidade que atinge um género, uma espécie ou uma família: nada garante que ele ou ela não desapareça um dia da face do globo. Na história da vida, encontra-se constantemente períodos caracterizados por extinções em massa. Os dinossauros, por exemplo, pareciam relativamente bem apetrechados até ao momento que um grande meteorito caiu na Terra. O estado de equilíbrio total não pode nunca ser durável, medido à escala temporal da evolução.

É, portanto, possível que a evolução siga o seu caminho sem o ser humano, como se questionava já o antropólogo Clifford Geertz?

Oh, sim, ela saiu-se muito bem sem nós durante três mil milhões e meio de anos! Nós só aparecemos há apenas uma fracção de minuto geológico. Dito isto, creio que o homem é suficientemente inteligente e possui, apesar de todas as suas fraquezas, muita sensibilidade moral para sobreviver, talvez mesmo durante longo tempo. Não sou um pessimista, mais um optimista trágico – preocupo-me ao constatar que na maior parte do tempo nós começamos um pouco tarde.

«Por que é que certos países são desenvolvidos e outros não?

Samuel Huntington

Samuel Huntington (nasceu em 1927 em Minneapolis, no Minnesota [faleceu em 2008]) é um dos politólogos mais conhecidos no mundo. Professor de Ciências Políticas na Universidade de Harvard, dirige o John M. Olin Institute of Strategic Studies. Huntington ficou conhecido nos anos 60 com a publicação de *Political Order in Changing Societies*. Foi igualmente co-autor do relatório «A Governabilidade das Democracias», publicado pela Comissão Trilateral em 1976. Foi nomeado conselheiro da Casa Branca na presidência de Jimmy Carter.

Huntington é o fundador de *Foreign Policy*. Tornou-se mundialmente célebre em 1993 ao prever num artigo de *Foreign Affairs* o confronto entre a civilização ocidental e as outras civilizações. Este artigo tornou-se num livro em 1996. O 11 de Setembro precipitou a sua visão geopolítica para a ribalta dos acontecimentos, assim como a sua tese segundo a qual os principais actores políticos do século XXI serão as civilizações. Durante os anos anteriores, Samuel Huntington trabalhou muito na questão fundamental das influências culturais no desenvolvimento económico e político no mundo (*CultureMatters,* com Lawrence Harrison). É autor de numerosos livros, entre os quais os mais conhecidos são *O Choque de Civilizações, Quem Somos Nós?* e *Identidade Nacional e Choque de Culturas.* Na sua última obra, analisa os fundamentos da identidade e mais particularmente a identidade americana, confrontada com uma nova vaga de emigração.

Professor Huntington, o senhor trouxe para o debate público a noção de cultura e o seu impacto na política estrangeira, na economia e na ordem mundial. Como é que começou a reflectir sobre esta perspectiva antropológica mundial?

Interessei-me pela cultura nos anos 80, quando estudei os problemas do desenvolvimento económico e político do Terceiro Mundo. Por que é que certos países são desenvolvidos e outros não? Estudei as estatísticas económicas da Coreia do Sul e do Gana em 1960. Nessa altura, elas eram absolutamente idênticas. Tinham a mesma repartição do seu produto interno bruto entre o sector primário, o sector fabril e o dos serviços. Dispunham mais ou menos o mesmo PNB por habitante e a mesma distribuição das suas exportações. Recebiam montantes de ajuda económica comparáveis, mas vinte e cinco anos mais tarde a Coreia do Sul tornou-se uma das principais potências industriais e uma das primeiras economias mundiais, com grupos multinacionais, um exportador de equipamentos pesados, de aparelhos electrónicos e de toda uma série de produtos manufacturados sofisticados. Pelo contrário, o Gana continuou mais ou menos na mesma. Como explicar esta diferença? Sem qualquer dúvida, as explicações são numerosas, mas a mim parece-me que a cultura teve aí uma grande participação. Os Sul-Coreanos valorizam o trabalho, a disciplina, a organização, a aprendizagem, a educação, a economia e a poupança, factores largamente responsáveis pelo sucesso económico sul-coreano. Pelo contrário, o povo ganês defende valores sensivelmente diferentes e não mudou. Então, comecei a fazer uma reflexão sobre o papel que a cultura tem na formação das sociedades humanas e na sua evolução. Seguidamente, no fim dos anos 80, a Guerra Fria tinha chegado ao fim e debrucei-me sobre os fenómenos que tinham emergido nesse período, e fui confrontado com o papel que as filiações, as similitudes e as diferenças culturais cada vez mais marcadas tiveram na estruturação das políticas do pós-Guerra Fria.

O *Choque de Civilizações*, o seu ensaio traduzido no mundo inteiro, sustenta-se numa tese central segundo a qual os conflitos futuros na política mundial – depois das guerras ideológicas entre os blocos de Leste e do Ocidente – oporão dois grupos procedentes de civilizações, ou de culturas, diferentes. Mas parece-lhe que isso possa acontecer nas fronteiras religiosas e étnicas a que o senhor atribui uma importância crescente?

Com efeito. Eu gostaria, no entanto, de sublinhar que a etnia pode coincidir com uma civilização, mas também ir a par de grupos procedentes de civilizações diferentes. Por civilização designo regiões culturais muito vastas, como o Ocidente, o mundo islâmico, a civilização chinesa ou ortodoxa, a América Latina e outras entidades dessa dimensão. Evidentemente, alguns conflitos tiveram lugar no interior dessas entidades, mas o factor importante daqui para a frente parece-me residir nos conflitos entre grupos pertencentes a civilizações diferentes. Esses conflitos têm o potencial de se intensificar, para guerras maiores, bem superior ao dos conflitos internos nas civilizações.

Trata-se do seu modelo político para o pós-Guerra Fria?

Sim, e é um modelo que expus pela primeira vez no meu artigo da revista *Foreign Affairs* em 1993, antes da publicação do próprio livro em 1996. Este modelo parece-me não ter perdido em nada o seu valor para explicar os problemas mundiais, e pode-se localizar todo o tipo de fenómenos que se enquadram neste esquema. Quero, contudo, sublinhar que nenhum modelo poderia explicar tudo. Este género de esquema de análise apenas funciona na medida em que explica melhor do que qualquer outro as linhas de força. No fim da Guerra Fria, muitos autores propuseram, no entanto, diversas grelhas de leitura. O meu amigo e antigo aluno, Francis Ford Fukuyama, propôs o seu famoso modelo do «fim da história». Outros autores defenderam que o mundo seria doravante dividido entre ricos e pobres ou que naufragaria simplesmente no caos. Todas estas leituras têm alguns aspectos de verdade, mas a minha presta mais atenção aos aspectos da década que passou que todas as outras. Indubitavelmente, as esperanças optimistas de um mundo em que os países se uniriam para cooperar verdadeiramente não são de todo realizáveis.

Conhecemos outros exemplos na história, a Mesopotâmia, a China antiga e a Índia há milhares de anos. Mas pela primeira vez na história humana moderna a política mundial tornou-se ao mesmo tempo multipolar e multicultural. A ocidentalização é um fenómeno distinto da modernização?

De facto, tenho esta distinção como extremamente importante. Após quatro séculos, todas as sociedades se inscrevem numa tradição. Os processos de modernização, a saber, a expansão do controlo humano da natureza e o desenvolvimento das máquinas e do maquinismo, enquanto fonte de criação de riqueza, ultrapassam a agricultura: e nada disto começou ainda.

Seguidamente, esta fase de modernização começou realmente na Grã-Bretanha, depois propagou-se a outros países ocidentais ao longo de todo o século XIX, para chegar, a seguir, a alguns países não ocidentais ao longo do século XX, entre os quais o Japão, em primeiro lugar, naturalmente. Assim, o mundo é dividido entre países modernos e países tradicionais. Esta separação tem mais ou menos coincidido com a cisão entre países ocidentais e não ocidentais. Presentemente, vemos os países não-ocidentais a modernizar-se à sua volta e esta dupla diferença entre sociedades tornou-se uma diferença única. Teremos, portanto, no século XXI uma situação em que a maior parte das sociedades do planeta serão modernizadas sem ser, no entanto, ocidentalizadas. Ora, à medida que as sociedades se modernizam, elas atingem um limiar em que defendem cada vez mais os seus valores indígenas, a sua religião e o seu modo de vida. Consequentemente, ao modernizarem-se, estes países não avançam ao mesmo ritmo.

O senhor evocou aqui a influência da Ásia e do Islão, não só em termos económicos, como também demográficos e militares, como já o tinham feito John Fairbank e Joseph Needham.

Entre as civilizações importantes do planeta, o Ocidente permanece manifestamente o conjunto dominante e continuará a sê-lo praticamente durante todo o século. Mas eu colocaria a China e o Islão como as suas duas civilizações concorrentes. Não penso que elas suplantarão o Ocidente, mas irão desafiá-lo.

O senhor considera a fractura entre ricos e pobres como secundária. Contudo, o Banco Mundial indica claramente que o fosso se alarga em muitas regiões do mundo. Os acordos mundiais de comércio suscitam uma oposição cada vez mais forte. Pode-se, portanto, afirmar, como o senhor fez, que o fosso entre ricos e pobres está a ponto de desaparecer do campo político?

Não vai certamente desaparecer. Mas é necessário distinguir o fosso entre ricos e pobres do fosso entre ricos e pobres em alguns países. Com efeito, em alguns países em particular, como nos Estados Unidos, o fosso cava-se entre os ricos, os que participam na economia mundial e enriquecem, e aqueles que, por uma razão ou por outra, não participam nessa economia mundial e cujos rendimentos praticamente não evoluem. Esse fosso encontra-se noutras sociedades ocidentais, na Europa e noutros lugares. É particularmente pronunciado nos Estados Unidos, devido aos desvios de rendimento, que foram sempre substanciais.

Por outro lado, o fosso entre países ricos e pobres depende do país considerado. Nos últimos anos, muitos países enriqueceram. Há trinta ou quarenta anos, os países asiáticos eram extremamente pobres, Singapura é presentemente um dos quatro ou cinco países mais ricos do mundo. Taiwan e a Coreia do Sul figuram entre os vinte países mais ricos do planeta. Se África durante o mesmo tempo progrediu pouco, isso deve-se sobretudo à fragilidade dos Estados, às guerras tribais e a alguns outros factores.

Como explica a recrudescência das religiões, islão, hinduísmo, budismo, protestantismo, na passagem do milénio? Os «fundamentalismos» – os nacionalismos seculares e religiosos como o anti modernismo – noção complexa e bem real, não explicam todo o fenómeno.

Recordemos, em primeiro lugar, que este fenómeno se iniciou há cerca de vinte anos numa relação com a mudança social e económica. Se examinar quem são os indivíduos que têm um papel central nesta revitalização do religioso, poderá perceber que eles são similares. São essencialmente pessoas que emigraram para as grandes cidades, deixando as regiões rurais, que seguiram uma escolaridade técnica ou secundária, que estão em plena ascensão social e que se voltam para a religião no sentido de encontrar a sustentação e a direcção de que já falei. Estes movimentos religiosos reforçam justamente os valores que são necessariamente favoráveis ao sucesso social e à industrialização da sociedade. Com efeito, todos estes movimentos representam variantes a partir da ética do protestantismo definida por Max Weber. Todos eles falam de economia, de trabalho, dos valores familiares.

Pode-se falar de Ocidente enquanto tal? Não será o Ocidente composto por uma pluralidade de tradições, católica (com a sua variante latino-americana), calvinista, escolástica, protestante? Pode-se opor um só Ocidente a outras civilizações?

Segundo a minha opinião, falar do Ocidente tem imediatamente um sentido. A maior parte das pessoas refere-se ao Ocidente como se se tratasse naturalmente de uma entidade cultural. Pessoalmente, parece-me justo distinguir a América Latina como civilização distinta. Se se limitar o Ocidente aos países do Atlântico Norte, Europa Ocidental e América do Norte, e alguns mais como a Austrália e a Nova Zelândia, verifica-se que há várias tradições, e historicamente o Ocidente está dividido contra si mesmo. Falou da Reforma, do protestantismo, do catolicismo, da Contra-Reforma, mas todos esses conflitos desapareceram, salvo na Irlanda do Norte. Na Europa, o Ocidente terminou há muito a sua unificação, desde há muitos séculos. Os países europeus entregaram-se a um sem número de guerras, que hoje são impensáveis. Nesse sentido, o Ocidente parece-me ter uma unidade cultural. Certos valores, certas tradições, que pertencem propriamente ao Ocidente.

Mas a tradição ocidental não é necessariamente dominante?
É difícil dizer. Ela exerce evidentemente uma influência, mas não creio que ela vá no sentido de querer suplantar as outras tradições culturais, na China, no Japão, o Sudeste Asiático, na Índia, na Rússia. Após a queda da União Soviética, pensou-se geralmente que a Rússia ia ocidentalizar-se, adoptar a democracia ocidental, a economia de mercado, e nos Estados Unidos muitas pessoas imaginaram que isto se realizaria muito rapidamente e muito naturalmente. E isso não acontece, pelo contrário, assistimos a uma reacção, ela sim muito natural, dos Russos contra as influências ocidentais. Eu creio que eles encontrarão a sua própria via e que instaurarão o seu próprio sistema político, que será talvez parcialmente democrático e parcialmente não democrático. Instaurarão um sistema económico que implicará uma forma de capitalismo, mas um capitalismo estatizado, e muito diferente do tipo de capitalismo que nós conhecemos nos Estados Unidos e do que se pratica na Europa Ocidental.

Esta questão coloca-se hoje na mundialização – para a China, para a Índia e para outros países. Pode haver modernização sem ocidentalização?
Sim, eu acredito nisso. O Japão modernizou-se sem se tornar um país ocidental. Tal como outras sociedades asiáticas. A China vai modernizar-se, já está a modernizar-se, e, no entanto, não se tornará de todo uma nação ocidental em nenhuma das suas componentes culturais.

Há alguns anos, aquando da sua visita à China, o presidente Yeltsin já tinha ameaçado os Estados Unidos por causa das suas armas nucleares, deixando entender que a China e a Rússia – hoje com os seus

satélites na militarização do espaço – poderiam empenhar-se numa acção conjunta contra as potências ocidentais. Nós sabemos, no entanto, que nem um nem outro farão alguma coisa, justamente porque estão extremamente dependentes do sistema político, da economia, da tecnologia ocidental.

De facto, e é evidente, a China e a Rússia dependem do Ocidente numa série de aspectos. Os Estados Unidos têm um forte défice comercial com a China, que atinge anualmente qualquer coisa como 60 mil milhões de dólares. Este défice é uma alavanca essencial para a China e para o seu desenvolvimento, e os Chineses não desejam certamente desperdiçar as suas relações com os Estados Unidos, se isso impedisse o acesso ao mercado americano. Por seu lado, a Rússia é muito dependente da ajuda económica dos países ocidentais, do Fundo Monetário Internacional e de outras instituições do género, que são controladas pelo Ocidente. Consequentemente, há certos limites que se impõem às potências como a China e a Rússia, nos seus antagonismos com o Ocidente.

De qualquer maneira, aquele encontro entre Yeltsin e os dirigentes chineses foi sintomático de um ressentimento crescente no mundo contra as acções empreendidas pelo Ocidente e pelos Estados Unidos, em primeiro lugar. Esse ressentimento exprimiu-se na altura da intervenção na Bósnia e no Kosovo, depois no que dizia respeito às intenções americanas em matéria de sistema de defesa antimísseis e, finalmente, as críticas americanas contra a intervenção russa na Chechénia. Todos estes acontecimentos suscitaram sentimentos anti-americanos profundos entre os dirigentes e o povo russos.

Simultaneamente, o desacordo entre os Estados Unidos e a China sobre o comércio mundial, Taiwan, Tibete, a proliferação de mísseis chineses de longo alcance, os progressos da sua tecnologia nuclear, até a incidentes graves como o do bombardeamento, por engano, da embaixada chinesa em Belgrado, criaram graves tensões nas relações sino-americanas e estimularam uma certo recrudescimento do nacionalismo chinês, similar ao recrudescimento do nacionalismo russo. É natural, portanto, que estas duas potências partilhem um interesse comum, agindo para limitar a influência americana.

Por que é que pensa que o equilíbrio de forças poderia fazer-se em detrimento do Ocidente? Após a queda do bloco soviético, a sua superioridade económica, técnica, militar e cultural não tem vindo a aumentar constantemente?

Claro, mas é essencialmente consequência do desmoronamento da União Soviética, que era a rival mundial do Ocidente. Nós estamos, presentemente, numa situação em que apenas subsiste uma só superpotência, os Estados Unidos.

Não obstante, existem potências a que chamarei relevantes, a União Europeia, a China, a Rússia, o Japão, a Índia e algumas outras, o que leva os politólogos a interrogar-se sobre a natureza do mundo contemporâneo: será ele realmente unipolar, ou não será antes fundamentalmente multipolar? Na minha opinião, é uma combinação dos dois. Nós estamos, portanto, num mundo *unimultipolar*, com uma superpotência e seis ou sete potências relevantes. No plano mundial, toda a acção deverá procurar o apoio da superpotência, mais o de uma combinação de algumas outras potências relevantes. Consequentemente, considero um erro, da parte de alguns responsáveis políticos americanos, ter-se acreditado poder agir unilateralmente para regular certos problemas, porque o passado demonstra que tal é impossível. O tratamento dos problemas mundiais requer a cooperação de várias potências. É verdade que os Estados Unidos, na sua qualidade de superpotência, podem usar o direito de veto sobre a maior parte dos assuntos, o que permite evitar que certos problemas não tomem um caminho desagradável. Por outro lado, se se quer fomentar a evolução daquilo a que chamamos os nossos interesses e que apoiamos, teremos necessidade da cooperação de outros países.

Em qualquer caso, a América continua a ser a nação indispensável. Como já no século XIX com a profecia histórica do «destino manifesto» (*manifest destiny*)?

Não sei exactamente que significado tem aqui a palavra «indispensável». O indispensável, como acabo de dizer, é a participação americana em qualquer finalidade mundial.

E o senhor afirma que as sociedades não ocidentais, como o Japão desde a restauração Meiji de 1868 e a China ou a Índia, podem-se modernizar sem perder a sua identidade cultural?

Claro, e penso que o Japão nos dá um exemplo convincente.

O senhor cita frequentemente *O Declínio do Ocidente*, obra muito discutida e muito discutível de Oswald Spengler. Com quase um século de retrospectiva, a sua visão parece-lhe em parte válida?

Se se considerar a história ocidental com um século de retrospectiva, é indubitável que o Ocidente conheceu um declínio da sua influência. Após a Segunda Guerra Mundial, os países ocidentais governavam directamente quase metade do território e da população do planeta. Hoje, os países ocidentais apenas governam os países ocidentais. Em si mesma é uma mudança fundamental. Certamente, a influência ocidental continua extremamente forte, bem mais do que qualquer outra civilização, mas a superioridade ocidental, no entanto, enfraqueceu.

Aquando da conferência do Tratado de Versalhes, no fim da Primeira Guerra Mundial, Georges Clemenceau, Lloyd George e Woodrow Wilson sentaram-se simplesmente em volta de uma mesa e decidiram que países continuariam a existir e que países deixariam de existir. Traçaram fronteiras num mapa, pegaram nas populações que lhes interessava para as conduzir onde lhes parecia bem, escolheram regiões do mundo que se tornariam colónias suas e assim por diante. Pura e simplesmente, dividiram entre si o mundo. Vê hoje um grupo de tenores políticos ocidentais agir da mesma maneira?

O senhor falou de um fenómeno que baptizou «indigenização», noção que creio fundamental no seu pensamento. Em que é que esta indigenização do mundo é importante?

O termo designa a reacção contra a ocidentalização e esta reacção resulta de processos de modernização social e económica. As pessoas sentem a necessidade de regressar às suas raízes.

Essa necessidade é justificada ou o senhor critica-a?

Creio que é um fenómeno perfeitamente natural e não vejo nada de mal nisso.

Que distinção é que faz entre modernismo e modernidade? O renascimento das religiões não ocidentais não será uma revolta contra as sociedades ocidentais sem ser tanto uma revolta contra a modernidade?

Eu não introduziria a distinção. Os indivíduos empenhados nesses movimentos de revitalização religiosa participam no processo de modernização.

Necessitamos de uma dimensão histórica. Que distinção é que o senhor faz entre a Reforma protestante do século XVI e a importância crescente do Islão hoje?

Creio que se pode traçar alguns paralelos esclarecedores entre estes dois movimentos históricos. A maioria dos movimentos fundamentalistas islâmicos apresenta algumas similitudes com o protestantismo. Os ataques contra o que era entendido como uma ordem estabelecida corrompida, a ordem católica e o papado do século XVI, encontram eco nos ataques do fundamentalismo muçulmano contra o que eles entendem como governos opressores, os de muitas sociedades muçulmanas. Estes movimentos esforçam-se por defender uma certa pureza, o comprometimento religioso, a rectidão do comportamento, igualmente características da Reforma protestante.

Coloquei no meu livro uma descrição da situação que reinava numa cidade ou num burgo de Inglaterra no tempo da Reforma protestante, e uma descrição paralela de Teerão, no momento mais alto da revolução iraniana, no início dos anos 80. A similitude é impressionante, acentuando-se nos dois casos a moralidade, a pureza e a observância de um certo código religioso muito estrito.

O senhor encara a possibilidade de as relações futuras entre culturas e civilizações crescerem em hostilidade. Não pensa que a sobrevivência da espécie nos impõe a necessidade de um diálogo intercultural e inter-religioso?

Eu creio que é essencial promover esse diálogo entre culturas e civilizações, porque penso que não existe alternativa à sua coexistência. A crer numa das críticas feitas frequentemente à tese central do meu livro, tratar-se-ia de uma profecia que se realizaria ela própria porque afirmo a verosimilhança de uma confrontação entre as civilizações nos anos futuros. O simples facto de prever o acontecimento torná-lo-ia mais provável.

Mas nenhuma profecia não tem força autoprodutiva, não mais do que a inversa. Tudo depende da maneira como as pessoas reajam à profecia. Nos anos 50 e 60, muitos especialistas sérios previam uma guerra nuclear entre os Estados Unidos e a União Soviética. Nessa fase da história, no momento da crise dos mísseis e da crise de Berlim, essa guerra parecia uma possibilidade real. Ora, na esteira desta previsão, muitos actores inquietaram-se com essa possibilidade, especialistas e homens de Estado debruçaram-se sobre novas reflexões no sentido de afastar o risco de guerra nuclear. Foi assim que se tomaram algumas iniciativas em matéria de controlo à corrida de armamentos nucleares e convencionais, que se instalou o telefone vermelho entre o Kremlin e o Pentágono e se organizaram encontros regulares entre dirigentes soviéticos e americanos. Eu penso que as reacções que surgiram desde que lancei esta tese do choque de civilizações demonstram que os actores responsáveis se preocupam cada vez mais com esta eventualidade. Desencadeou-se, assim, um movimento de grande amplitude, de que me congratulo, no sentido de encorajar o diálogo entre civilizações. Muitos chefes de governo, o presidente da República Iraniana, o presidente da República da Alemanha Federal, o presidente da República Checa e outros chefes de Estado afirmaram a sua vontade num diálogo entre civilizações. A Assembleia Geral das Nações Unidas adoptou uma resolução, instituindo o ano 2001 como o «Ano para o diálogo entre civilizações». Parece-me de bom augúrio que certos responsáveis tentem levar as pessoas a discutir as suas diferenças e a delimitar os seus pontos de acordo. O diálogo não é forçosamente sinónimo de acordo. É necessário admiti-lo. As pessoas podem debater algumas questões e descobrir que estão fundamentalmente em desacordo, mas o reconhecimento desses desacordos pode ser útil.

Temos por vezes a impressão que é sobretudo o diálogo com o Islão que o senhor julga difícil. Contudo, à história não faltam exemplos de um tal diálogo, na filosofia e na teologia: Maimónidas, as relações entre Espanha e o Islão até ao século XV, Averróis e tantos outros...

Esse diálogo é evidentemente possível e, como o senhor o recorda justamente, ocorreu por várias vezes no passado. Ao longo dos séculos, o Ocidente tem aprendido muito no contacto com a civilização islâmica e alguns elementos da nossa cultura clássica foram-nos transmitidos através do Islão.

Contudo, essa relação entre o Islão e o Ocidente tem sido muitas vezes marcada por muita violência, por muitas guerras, por cruzadas e guerras santas, com uma expansão violenta do Islão seguida da reacção do Ocidente, depois pelo advento do imperialismo ocidental. Sabemos que esta história foi conflitual e tenho a certeza que os Austríacos não vão esquecer que os Turcos cercaram Viena por duas vezes e estiveram quase a apoderar-se dela.

A Guerra do Golfo é uma guerra de culturas?

A Guerra do Golfo de 1990 e 1991 começou a seguir à invasão de um Estado muçulmano por um outro. Nesse aspecto, tratou-se de uma forma de agressão clássica perpetrada por um país. Nas primeiras fases da crise, os Estados Unidos, sob o comando do presidente George Bush, souberam constituir uma coligação associando países procedentes de várias civilizações contra Saddam Hussein. Foi um sucesso diplomático considerável.

Se observarmos, no entanto, a reacção dos países muçulmanos, particularmente dos países árabes, as suas populações não aprovaram a invasão de Saddam Hussein, mas também desaprovaram igualmente a iniciativa dos Estados Unidos e o seu papel dirigente na campanha militar lançada contra o presidente iraquiano. A instalação de um exército de 500 000 homens no território da Arábia Saudita, que é o epicentro do Islão, levantou fortes protestos nesse país e noutros.

Creio, portanto, que este conflito teve como resultado a acentuação de diferenças entre civilizações. Nos anos que se seguiram, cada vez que os Estados Unidos tentaram que outros países aderissem para se lançarem novas acções punitivas contra o Iraque quando este violava as sanções económicas ou proferia ameaças, com excepção do Kuwait nenhum país muçulmano apoiou verdadeiramente os Estados Unidos. Os únicos países que, em duas ocasiões, quiseram participar com forças militares terrestres e navios de guerra ao lado da armada norte-americana no golfo Pérsico foram os nossos muito próximos primos culturais, a Grã-Bretanha, o Canadá, a Nova Zelândia, a Austrália, tudo países anglófonos. A França, por exemplo, recusou-se.

Se nos debruçarmos sobre a história americana, veremos que a cultura dos Estados Unidos tem sido sempre uma cultura da fronteira. O historiador Frederik Jackson Turner e outros reflectiram, já no século XIX, sobre este impacto considerável da fronteira na civilização deste país, no plano económico, tecnológico e político. A história dá-nos outros exemplos deste tipo de cultura, como Espanha sob o Império Romano. Nestas culturas de fronteira, a sensibilidade às questões propriamente culturais – a criatividade tem sido sempre forte, o que é também expressado através de grandes figuras procedentes de zonas fronteiriças. Séneca, por exemplo, era natural de Espanha, na fronteira do Império Romano. Por outro lado: as situações fronteiriças pesarão muito na dimensão negativa de certas culturas?

É uma questão essencial. Estou de acordo com o que sugeriu. Contudo, é necessário igualmente distinguir entre as fronteiras, conforme se trate de fronteiras entre duas sociedades mais ou menos ao mesmo nível de desenvolvimento económico e social, ou se trate, como no caso dos Estados Unidos, de uma sociedade muito avançada confrontada com tribos índias economicamente mais atrasadas.

A Rússia dá-nos outro exemplo central da sociedade fundada na noção de fronteira, com a história da sua expansão para a Sibéria e para a Ásia Central nos séculos XVIII e XIX. Nesse processo, a Rússia levou a cabo uma guerra de quarenta anos no Cáucaso onde subjugou os Chechenos. Como sabemos, esta guerra ainda continua. Se a Rússia pôde estabelecer o seu domínio sobre este povo durante um certo período, os Chechenos aproveitaram sempre as mais pequenas ocasiões de revolta e de resistência face aos Russos.

O senhor afirmou simplesmente que o que possa parecer universalismo para o Ocidente pode muito bem ser entendido como um tipo de imperialismo para o resto do mundo.

É uma evidência. Os Chineses, os Indianos, os Russos e mesmo os Franceses ou os Canadianos evocam continuamente o imperialismo cultural americano. Votam leis a esse respeito.

As culturas são entidades fechadas, não estarão elas sempre sujeitas a um processo de «aculturação»? As entidades culturais não serão antes interculturais? Será que o homem tem verdadeiramente uma identidade e não antes uma pluralidade de identidades como disse o economista Armatya Sen?

Pela minha parte, tenho sublinhado como certas culturas e civilizações interagem e tenho insistido na dinâmica, na evolução e nas mudanças nas civilizações.

Não será uma utopia pacifista? Falamos da pluralidade de culturas, da necessidade do diálogo entre religiões, mas simultaneamente o Irão e o Iraque ameaçam a Europa com as suas armas convencionais ou químicas e nucleares, e o Paquistão com a arma nuclear. Outras potências nucleares, como a China ou a Índia, permanecem incertas. Temos, hoje, um grande número de países no mundo com um potencial nuclear – de Israel até certos países que querem dotar-se de força nuclear, como o Egipto ou a Jordânia. Como é que se pode conciliar esta necessidade de diálogo entre culturas com o que se designa *Realpolitik*?

O senhor diz que alguns países estão fortemente motivados para a aquisição de armas nucleares, motivação ainda maior pela superioridade incontestável dos Estados Unidos em matéria de equipamentos militares convencionais. Os Russos adoptaram uma nova doutrina militar que coloca a tónica no papel central das armas nucleares na sua estratégia e na sua intenção de recorrer às armas de primeiro embate se tiverem de defender os seus interesses vitais. Eles fizeram esta escolha porque puderam apenas levar em conta a superioridade americana em matéria de armamentos convencionais, que lhes foi mostrada claramente na Guerra do Golfo e, depois, na do Kosovo. Os Chineses adoptaram uma posição sensivelmente idêntica.

Mencionou países que, para além dos cinco membros do Conselho de Segurança, adquiriram armas nucleares, a saber, a Índia, o Paquistão, Israel, o Iraque – que trabalha em relação aos dois primeiros –, o Irão, que procura provavelmente aceder à arma, e a Coreia do Norte, que poderia já dispor de capacidade nuclear. Todos estes países sentem-se ameaçados de uma maneira ou de outra por outros países que pertencem a outras civilizações. Por último, seis países dispunham da arma (Ucrânia, Cazaquistão, a actual Bielorrússia, África do Sul) ou tinham programas no sentido de se munirem dela (Brasil e Argentina) antes de abandonarem esses programas. Estes seis países têm em comum o facto de não se sentirem ameaçados por outros países procedentes de outras civilizações.

Ora, o Brasil e a Argentina estavam de igual modo empenhados, à sua medida, num certo tipo de corrida aos armamentos. Mas nestes dois países, a instauração de um sistema político democrático permitiu-lhes juntar as suas forças. Esta junção é também, na minha opinião, o resultado deste novo modelo da política mundial, em que nações culturalmente semelhantes, como o Brasil e a Argentina, cooperam, tornando-se, assim, chefes de fila regionais no quadro dos esforços de integração económica da América do Sul.

O sistema do Mercosur foi fundado há apenas dez anos, mas conheceu um sucesso estrondoso. Depois da União Europeia, é o exemplo de maior êxito de integração económica no mundo. Consequentemente, as trocas comerciais e o fluxo de capitais de investimento entre o Brasil a Argentina são consideravelmente maiores. Em circunstâncias semelhantes, onde não há nenhuma ameaça de outros países procedentes de outras civilizações, essas nações renunciam voluntariamente aos seus programas de armamentos nucleares e desenvolvem um grande esforço para cooperar no domínio económico e noutros sectores.

O sincretismo – uma certa «crioulização» como sinal de paz – entre culturas e países como o Brasil conheceu desde o século XVII, no sentido do antropólogo Gilberto Freyre, poderá ser um modelo da civilização mundial?

Eu não sei se o Brasil pode ser apresentado como um modelo para a civilização mundial. Por outro lado, é verdade que a interacção de indivíduos procedentes de diferentes culturas constitui um modelo.

**Montaigne escreveu: «Um homem distinto, é um homem misturado».
É um sinal de esperança para o futuro?**

Assim o espero.

«Philip, quero ver o mundo inteiro!»
Philip Johnson

Philip Johnson (nascido em 1906 em Cleveland, Ohio, falecido em 2005 na sua famosa Glass House do Connecticut, com a idade de noventa e oito anos) foi uma das figuras maiores da arquitectura moderna. Reconhecido como chefe de fila do movimento modernista, foi igualmente o precursor do pós-modernismo e do desconstrutivismo. O seu talento valeu-lhe em 1979 o prémio Pritzker (considerado o Nobel da arquitectura), de que foi o primeiro laureado, e a medalha de ouro do American Institute of Architects. Após estudos de Filosofia na universidade de Harvard (Cambridge), Philip Cortelyou Johnson volta-se para a arquitectura: por um lado, como crítico e, por outro, como director do departamento de Architecture e Design do Museu of Modern Art (de 1930 a 1936). Durante o seu período no MOMA distingue-se particularmente ao organizar a exposição «The International Style: Architecture since 1922», e que deu a conhecer ao público americano as últimas proezas da arquitectura europeia (Le Corbusier) e os conceitos da Bauhaus.

De 1939 a 1942, Philip Johnson leva a cabo estudos de arquitectura com Walter Gropius e Marcel Breuer, em Harvard, seguidamente abre a sua própria agência. De 1946 e 1954, reintegra o departamento que tinha abandonado no MOMA; em 1947 consagra uma exposição ao seu amigo e mestre Ludwig Mies van der Rohe e presta-lhe homenagem ao construir a sua Glass House («casa de vidro»), cuja arquitectura minimalista, através dos seus volumes, das suas cores e dos seus materiais, se inspira da célebre Farnsworth House (1945-1950) de Mies van der Rohe. Em 1956, associa-se a este para construir o Seagram Building, uma torre de vidro com trinta e oito andares, e em 1967 a Richard Foster, para o museu Kreeger. Com John Burgee, um arquitecto reputado pelas suas construções simultaneamente complexas e de grande envergadura, trabalha nas mais diversas encomendas: o IDS Center de Minneapolis (1972), a Crystal Cathedral na Califórnia (1980)... Em 1984, projectam juntos a sede social da AT & Corporate (mais tarde Sony Building).

Philip Johnson conservou sempre o seu espírito crítico, tentando através das suas experiências arquitecturais dar destaque ao estilo da sua época, fosse com o Kunsthalle de Bielefeld (1968), os arranha-céus Penzoil Place em Houston ou o AT & T Building em Nova Iorque (1978-1982), Puerta de Europa (1991-1995) em Madrid, ou o Turning Point (1996) em Viena. Os edifícios de Johnson são ilustrações das formas arquitecturais da história da arquitectura do século xx. Hoje, virou-se uma página dessa história.

Philip Johnson, antes de iniciar o seu curso em Arquitectura, estudou História e Filosofia em Harvard. Que influência exerceu a filosofia sobre o seu trabalho?

A sua influência foi inversamente proporcional ao que me foi ensinado: na universidade aprendemos coisas de que não necessitamos na vida. A vida é o contrário do mundo académico; prefiro, portanto, o procedimento do solitário. Opus-me sempre às teorias reconhecidas, o que me valeu algumas dificuldades na minha juventude. Era contra as teorias socráticas e as certezas platónicas, sentia-me, pelo contrário, atraído por Nietzsche e Heraclito. Como simpatizante deste, digo: só existe a mutação, não existe o absoluto, o senhor Platão estava enganado. O seu cubo não é mais do que um objecto abstracto sem correspondência no real. Em arte, tudo é verdadeiro e bom. Já nenhum arquitecto se refere ao cubo de Platão, às suas formas ideais. Noutros tempos, há cinquenta anos, ainda acreditava nisso. Mas depois a minha arquitectura transformou-se, eu transformei-me, o mundo transformou-se. A mudança é consideravelmente mais interessante do que a homogeneidade. *Viva a diferença!* Aprovemos a diversidade, o variegado, o pluralismo! No meu último trabalho até ironizo acerca dos corpos platónicos. Vêem-se ali quatro edifícios ligados uns aos outros. Na base de cada um entre eles encontramos um destes corpos platónicos.

Mas eu deformo-o, brinco com ele. Tenho a sorte de me ter tornado muito velho, a idade é a única coisa positiva no mundo, porque quando se é jovem somos pura e simplesmente muito estúpidos. Preocupamo-nos com o envelhecimento, mas quando somos velhos não nos preocupamos com nada. Sou muito mais feliz agora do que em qualquer outro período da minha vida. É a época da minha grande clarividência, da minha maior mestria artística. Não paro de me aperfeiçoar, e os próximos dez anos serão os mais férteis de toda a minha vida. Não construo mais arranha-céus porque ninguém confia a um velho uma missão que irá durar alguns anos, mas estaria perfeitamente em condições de o fazer... A propósito: em Roterdão está a construir-se um grande edifício, que eu desenhei, e a sua silhueta em forma de chama enche-me de alegria...

Quando era jovem, efectuou grandes viagens pela Europa, por exemplo, a Paris e a Chartres, à Toscana e a Roma. Que impressões lhe deixaram esses encontros precoces com a arte europeia, com as catedrais e os espaços sagrados?

Desde a minha infância que me inclinei para a arquitectura – sem saber muito bem o que era, como é natural. Quando em 1919, com a idade de treze anos, visitei a catedral de Chartres com a minha mãe, fiquei de tal maneira esmagado que me desfiz em lágrimas. Esta reacção, por pouco atenuada que tivesse sido, constitui, no fundo, o único critério que permite avaliar a arquitectura. Trazemos sempre em nós o sentimento intenso que pode ser desencadeado por um edifício perfeito. Só fui uma outra vez verdadeiramente arrebatado – foi pelo Parténon, na Acrópole. Lembro-me unicamente de alguns detalhes, as colunas, os capitéis, as empenas, mas são admiráveis.

Em 1929, Alfred Barr, o fundador do Museum of Modern Art de Nova Iorque, nomeou-o director do departamento de Arquitectura e Design – muito antes de vir a ser conhecido como arquitecto.

Sim, só comecei os meus estudos de arquitectura em 1939, dez anos depois da fundação do museu. Alfred Barr era o meu guru e meu amigo. Foi com ele que organizei, em 1932, a primeira exposição americana sobre arquitectura moderna. Esta contribuiu bastante para a arquitectura deste país, sob o signo da *International Style*, que foi concluída e coroada no Seagram Building de Mies van der Rohe.

Nessa altura, escreveu que, para o design, o principal ponto de referência é a função, e que ele se serve de novos princípios de construção e de novos materiais como o betão, o aço e o vidro.

A minha formação universitária começou por se situar sob o signo de Platão, Aristóteles, Descartes e da Idade das Luzes; para mim, o elemento funcional passava, portanto, para o primeiro plano. Hoje vejo as coisas de outra forma: a função é a menos viável das fontes de inspiração para a arquitectura, porque não produz qualquer forma susceptível de comover o ser humano. Apenas alguns grandes arquitectos o conseguem – entre os vivos, só vejo o Frank Gehry. O único edifício que me faz mergulhar num estado de espírito semelhante ao que experimentei outrora em Chartres, é o museu Guggenheim de Gehry em Bilbau. Vou lá todos os anos para refrescar a recordação que guardo daquele jogo de formas que realizou naquele espaço. E fico espantado ao verificar que todas as vezes conseguem subjugar-me.

O historiador da arquitectura Lewis Mumford escreveu, no catálogo dessa exposição que se tornou lendária, um ensaio sobre o aspecto social e político do urbanismo, para responder ao preconceito segundo o qual as peças expostas constituíam um confronto elitista com questões puramente estéticas.

Mumford e eu não éramos amigos. Considerava-o um autor de programas sociais e um pensador brilhante, mas ele não tinha olhos. Quando se é cego, não se tem a percepção da arte. Para mim, pelo contrário, a arte tem uma grande importância, porque me apercebo de tudo por intermédio de impressões ópticas. A intenção social é totalmente louvável, mas isso não tem a mínima relação com a arquitectura – contrariamente à pintura e à escultura. Sem as composições construtivistas de Mondrian, os edifícios modernos, rectangulares, não são absolutamente concebíveis.

Expôs também trabalhos de Walter Gropius e, bem entendido, de Mies van der Rohe, de quem se sentia bastante mais próximo.

Também não gostava muito de Gropius, assim como das suas teorias e do seu modo de construir; esta aversão era recíproca. Ele concebia a arquitectura como um exercício social, nisso assemelhava-se a muitos arquitectos modernos. Van der Rohe era de outra têmpera. Era um grande pensador católico – mas não um católico praticante, e isso aproximava-nos. Para além disso, era um artista, e sabia que a arquitectura é uma arte que não se esgota no funcionalismo. E tinha razão: hoje em dia, saber onde se devem situar as escadas e os elevadores de cada prédio já não interessa a ninguém. Os meus alunos da Universidade de Yale já não desenham, fazem esculturas com as suas casas. E está bem assim: começa-se com as formas que nos fascinam, as que nos parecem adaptadas.

Organizou exposições como «Object 1900» e «Today Machine Art», nas quais se interessou particularmente pelo que se chamava objectos utilitários sem função específica.

Sim, eram muito importantes e continuam a sê-lo. Hoje estão de novo na ordem do dia. Philippe Stark, por exemplo, um homem muito dotado, não se preocupa estritamente com nada, ele concebe simplesmente objectos que são, por vezes, totalmente inúteis, melhor, nem sequer funcionam! Isto irrita particularmente muitos dos designers actuais; Alfred Barr e o Philip Johnson que outrora fui ter-se-iam certamente oposto a isso.

Quando pensa na escola de Bauhaus, o que permanece das suas teorias, do elo que ela se esforçou por estabelecer entre a ciência, a arte e a técnica? Siegfried Giedion falou disso na sua *Mechanization Takes Command* (*A mecanização ao poder*).

A Bauhaus foi a única corrente estilística determinante que nos influenciou nos anos 20, e todos nós aderimos a ela. Infelizmente, os membros por quem tenho mais estima são justamente os mesmos que não se mantiveram fiéis aos seus princípios – particularmente Kandinsky, Klee e outros pintores. Mantiveram a sua identidade artística, não deram a menor atenção aos objectos utilitários. Gropius, por outro lado, um marxista profundamente convicto, concentrou-se totalmente nos aspectos práticos.

Foi necessário esperar pelos anos 60 para que se afastasse do estilo de Mies van der Rohe. Seguidamente, os seus trabalhos tinham algo de neo-clássico. Passou cada vez mais a utilizar materiais como o mármore e o bronze para criar um tipo de arquitectura aristocrática, que fazia lembrar o passado.

Tratou-se certamente de uma reacção ao modernismo e às caixas negras! Todos aqueles arranha-céus, em todas as cidades americanas, queriam assemelhar-se ao Seagram Building, mas não o conseguiam: não passavam de, e continuam a ser, apenas caixas de vidro baratas. Foi a razão pela qual tomei esse caminho extremamente clássico, foi por isso que construi o AT & T Building. Fui seguido por uma série de arquitectos amigos. Tratava-se de um movimento extremamente vivo que parou depois mas que conhece hoje um ressurgimento.

Teve sempre um porte aristocrático. Isso negava todas as concepções populistas em matéria de arquitectura. Foi criticado várias vezes por defender «conceitos não democráticos». Levou essa crítica a sério?

Claro que não! A democracia é o único sistema de governo que deu provas na realidade. Observei com interesse os primeiros passos do nacional-socialismo e do comunismo porque eram inspirados pela ideia da revolução. Sou sempre favorável à revolução, à transformação total, mas isso nada tem a ver com a arquitectura. Este género de críticas não me atinge absolutamente. Tornei-me nacional-socialista – mas por um breve período – e o Oscar Niemeyer tornou-se comunista. E, sem dúvida, ainda hoje o é.

Quando entramos no escritório de Niemeyer, na Avenida Atlântica, no Rio de Janeiro, somos imediatamente surpreendidos com a grande placa em metal que o designa membro honorário do Partido Comunista Francês. Ainda hoje ele se orgulha disso.

Ainda bem que ele se orgulha disso! Eu, em todo o caso, não me orgulho das minhas afinidades com o nacional-socialismo alemão.

Desligou-se dele?

Mas com certeza! Os movimentos políticos só me interessam na medida em que são viáveis, no que trazem de contribuição à arquitectura. Foi o caso durante a monarquia, como com as formas de poder exercidas pelo povo, mas nunca por Hitler nem por Estaline.

Como se explica que o primitivo nacional-socialismo o tenha atraído? Isso derivava das suas opiniões elitistas?

O artista que há em mim sentia-se interpelado. Disse a mim próprio que se um homem nos conduzisse a um mundo novo, passaria a encomendar uma arquitectura significativa e conseguiria alcançar algo melhor do que aquilo a que a democracia nos tinha habituado. Foi por essa razão que me levou a um enamoramento com o comunismo antes de Estaline. Mas, em seguida, o erro tornou-se flagrante: os edifícios de Hitler assemelhavam-se muito ainda com aqueles que tinham sido construídos com Franklin D. Roosevelt. Fiquei profundamente desiludido. E, depois, é necessário não esquecer, neste contexto, que Mussolini acolheu a arte moderna com entusiasmo – mas depois não evoluiu, o que fez perder todas as ilusões àqueles que procuravam uma outra via com ele. O que é terrível é que todas as correntes revolucionárias acabaram em ditaduras, sem dar cumprimento às suas missões orientadoras, como o cristianismo. Seguidamente, deixei de ter o sentimento de ser obrigado a realizar a conquista do mundo e pôr em prática projectos gigantescos. Tornei-me muito mais modesto, ao contrário de Frank Lloyd Wright, que acreditou até ao fim na Utopia e projectou o tristemente célebre arranha-céus com uma milha de altura, que deveria acolher cento e trinta mil habitantes.

Em todo o caso, ao contrário dele, não afirmou ser o maior arquitecto da América.

E continuo a não o ser. Frank Lloyd Wright, pelo contrário, era o maior arquitecto do mundo. Um dia, chamei-lhe o maior arquitecto do século XIX, e foi acometido de um ataque de raiva. Não pretendia, de maneira nenhuma, vexá-lo. Era um homem do século XIX, a sua concepção do mundo correspondia à atmosfera dominante na época, marcada pela social-democracia. Gostava muito dele. Estávamos ligados por uma profunda amizade.

E que relação tinha com o grande arquitecto paisagista Roberto Burle Marx, com as suas modelagens da natureza viva, inspiradas pela filosofia e pela ecologia, no Brasil, no Rio de Janeiro e em Brasília?
Eu considerava-o um espírito livre, um designer e um escultor original. Os seus jardins não são inspirados nem pelo estilo francês nem pelo estilo inglês. Mas nenhuma das instalações que visitei me deu uma verdadeira satisfação sensorial. A minha própria arquitectura paisagista é antes de mais inglesa, se bem que eu não pense muito nesse género de classificações.

O senhor disse um dia que se considerava um arquitecto paisagista.
Há mesmo muita gente que considera que as minhas paisagens são melhores do que as minhas casas; dito isto, os meus dois campos de trabalho são indissociáveis. Aqui, por exemplo, na minha propriedade do Connecticut, deixei de pé os muros Nova Inglaterra de origem, os do século XIX, e sublinhei-os mais ainda, com a finalidade de que constituíssem uma espécie de coluna vertebral das construções e dos campos que estão no meio deles. Desta maneira, utilizei a arquitectura paisagística que tinha sido realizada pelos agricultores.

Certos críticos acusaram-no de não ter um estilo específico e contínuo. Diz-se que é eclético, que se contenta em construir belas casas, dando livre curso às suas fantasias. Por outro lado, censuraram-lhe um certo oportunismo em relação aos construtores porque conseguiu sempre convencer personalidades importantes como Nelson Rockefeller ou Donald Trump da qualidade do seu trabalho. Diz-se que queria chamar a atenção a qualquer preço.
Esse tipo de reacções, que vão da inveja à estupidez e à arrogância, podem-se justificar em relação a um ou outro ponto. Tomaram-me por um actor, um homem de duas caras, defendendo opiniões contraditórias, experimentando todos os estilos possíveis para divertir

o público, um homem que só pôde construir o AT & T Building porque forças conservadoras se imiscuíram nisso. Mas, no fundo, obedeço apenas aos meus humores e dou-lhes corpo, como faz qualquer artista.

Quando constrói edifícios públicos, imóveis para escritórios ou de habitação, vela para que fiquem dispostos à volta de um centro, um lugar interior que una os diferentes aspectos da construção? Penso, neste momento, na sua biblioteca de Boston. Para formular o assunto por excesso: a arquitectura deverá ter um centro intelectual?

Deixo aos filósofos o cuidado de responder a essa questão. Eu não sou um filósofo, sou um artista. Na Biblioteca de Boston, temos efectivamente um ponto central importante – a grande escadaria que assegura a coesão do conjunto. Ela marca também a minha passagem ao classicismo: com ela quis dar testemunho do meu respeito em relação ao edifício original. Esta alternância entre o antigo e o novo é um elemento essencial da arquitectura.

Há alguns anos, o antropólogo francês Marc Augé defendeu uma tese segundo a qual a arquitectura moderna tinha perdido pouco a pouco esses «centros metafísicos» que eram ocupados outrora pela igreja ou pela praça do mercado. Disse que a nossa vida actual se desenvolvia entre os centros comerciais e os supermercados, entre as vias rápidas e os aeroportos, frente ao que designou por «não lugares». O homem perde aí, disse, a sua identidade, o seu próprio centro metafísico. Também lhe parece que há esse perigo?

Não; creio que prolongamos a arquitectura tradicional por outros meios. Os meus sonhos de urbanismo visam intervir cuidadosamente na estrutura actual da cidade e modificá-la em função do que já existe. Considere Nova Iorque, por exemplo – não Manhattan, está totalmente construída, terminada, mas o resto, o interior, vejo aí com agrado edifícios elevados, que se erguem a trinta ou quarenta metros do chão e dão lugar a esplêndidas formas sem prejuízo do traçado original. Os bairros polacos, italianos e judeus não desaparecem, mas sobrepomos-lhes edifícios modernos, digamos em estado de gravidade nula. Isto aproxima-se dos trabalhos de Le Courbusier, mas que importa, tenho muita admiração por ele. Imagino formas de outro tipo, que não são certamente baratas, que custam com certeza menos do que arrasar tudo e construir tudo de novo – o que o papa Júlio II tentou fazer na Via Giulia, mas fracassou porque os Romanos queriam conservar a sua arquitectura medieval. Imagino, por exemplo, uma grande auto-estrada que, à semelhança das linhas de caminho-de-ferro em Nova Iorque, passaria muito acima do solo; e, por baixo, as pessoas continuariam a dedicar-se descontraidamente às suas ocupações habituais. Não temos o direito de mexer no coração das cidades e dos arredores, mas podemos, sem dificuldade, construir no ar.

A Glass House que construiu para si, aqui, em New Canaan, no Connecticut, e na qual nos encontramos hoje, é certamente o centro da sua vida. Tem algumas analogias com os edifícios de Mies van der Rohe.

O que não impedia que Mies a detestasse, e isso por duas razões. Não está suspensa, contrariamente à sua casa, que construiu na mesma altura. Além disso, considerava os meus ângulos execráveis, porque são clássicos, por que os guarneci de pilares e porque coloquei as portas no meio de fachadas de vidro. Apliquei esse princípio de construção em quatro pontos da casa. Mies considerava isso exagerado, demasiado simétrico. Ele preferia ângulos livres; eu, pelo contrário, continuo a gostar deles como eles são.

Manifestamente, teve sempre uma preferência pela arquitectura historizante; é verdade que ela constitui uma possibilidade de integrar elementos formais essenciais do passado nas formas de expressão contemporâneas. Ela recorda ao homem que as suas raízes intelectuais são mais profundas e que a sua existência não se esgota no *status quo*. É também, sem dúvida, uma das razões pelas quais criou edifícios religiosos, a Crystal Cathedral em Gorden Grove, na Califórnia, ou a Roofless Church em New Harmony, no Indiana. Mas em que medida reflecte a arquitectura actual o sentimento do passado que,

desde tempos imemoriais, fazia o ser humano entrar em contacto com as forças sobrenaturais e a ordem cósmica? Não a terá banido definitivamente?

É uma pergunta importante à qual, infelizmente, me é impossível responder. De facto, refiro-me a uma época como a das pinturas rupestres de Altamira ou de Lascaux no sentido de dar testemunho da minha veneração religiosa. Mas a quem devo prestar homenagem aqui e agora? Faltam-me, faltam-nos para tal as condições indispensáveis. Devo, portanto, reflectir sobre com o que se confronta a arte moderna no seu conjunto – ou seja, com a ausência do sagrado. Nesse sentido, Picasso não teve tão pouco êxito como isso com o seu trabalho. Procuro o jovem arquitecto que se tornará no Picasso da arquitectura. Há-de aparecer algum!

Está, assim, convencido de que se podem projectar igrejas sem ter uma ideia global do sagrado.

Precisamente, eu construí-as porque queria experimentar o mesmo sentimento que tinha tido em Chartres noutros tempos, ou hoje no museu Guggenheim em Bilbau.

Uma vez qualificou a Crystal Cathedral como local de «diversão espiritual».

Ah sim? É uma qualificação estranha, mas tive realmente muita sorte com aquela catedral. Os primeiros planos não previam aquilo; mas, depois, quando o proprietário os examinou, disse-me. «Philip, quando rezo, quero ver o mundo inteiro». Ora bem, agora, ele vê o mundo inteiro.

Tem um voto particular no que diz respeito ao século ou mesmo ao próximo milénio?

Não. Por mim, é simplesmente um novo ano que começa; todas as outras especulações me repugnam. Possuo uma casa na Califórnia, em Big Sur, o local mais maravilhoso do mundo. Volto lá continuamente e não farei outra coisa senão olhar.

Alguma espécie de sonho, alguma espécie de mensagem que diga respeito à humanidade ou ao globo no seu todo?

A humanidade como tal não existe para mim. É menos importante do que a arte do nosso tempo, para a qual apenas alguns grandes artistas contribuem. Mas podemos talvez reformar a arquitectura para que ela se torne num melhor húmus para a pintura.

E, do seu ponto de vista, que rumo deverá tomar a arquitectura doravante?

Gostaria de encorajar a jovem geração e as seguintes a reflectir nas formas e a seguir o seu próprio caminho. O que é bom, na arte, é justamente o facto de não ser necessário que nos preocupemos nem com as questões práticas nem com as questões filosóficas. Inspira-se unicamente em pontos de vista estéticos que não podem ser expressos através de palavras. As palavras não fazem avançar. A única coisa que conta é a imaginação do indivíduo.

«Não estou à espera do fim anunciado do sentimento religioso»

Leszek Kolakowski

Leszek Kolakowski (nascido em 1927 na Polónia), filósofo, historiador da filosofia, chamou a atenção do mundo inteiro em 1966 quando foi excluído do Partido Comunista na sequência da sua intervenção a favor dos estudantes polacos dissidentes. Dois anos mais tarde, foi-lhe retirada a autorização de ensinar, o que incitou Kolakowski a abandonar a Polónia. Nos anos 70, o pensador, que sempre trabalhou nas questões ligadas à história dos mitos e à filosofia da religião, ensinou em Oxford e Chicago. Em 1977, recebeu o Prémio da Paz da livraria alemã. Entre as suas obras mais importantes, conta-se o seu estudo em três volumes, *Histoire du marxisme* (Fayard, 1998) e *Horreur métaphysique* (Payot, 1989). No seu caso, trata-se sempre de fazer compreender ao homem que ele deve também, no futuro, para lá dos movimentos de pensamento racional e dos seus resultados, dispor de uma reserva de imagens e de visões míticas, se a existência e a consciência devem permanecer humanas, no estrito sentido do termo.

Deve-se-lhe, também: *Petit philosophie de la vie quotidienne* (Editions du Rocher, 2001) e *La clef céleste ou Récits édifiants de l'histoire sainte réunis pour l'instruction et l'avertissement* (Bayard, 2004).

Leszek Kolakowski, após a sua exclusão do Partido Comunista Polaco e do seu afastamento da cátedra que ocupava na universidade de Varsóvia, em 1968, ensinou essencialmente nas universidades de Berkeley, Yale, Montreal, Chicago e Oxford. Como viveu essa passagem do Leste para o Ocidente que o fez confrontar-se com as correntes empiristas e positivistas da filosofia anglo-saxónica?

Essa mutação não foi assim tão radical: na Polónia, a minha formação universitária tinha incidido, no essencial, sobre o domínio da filosofia analítica. Depois das minhas breves estadas em Berkeley, Yale e Montreal, durante anos andei entre Chicago e Oxford. Em Chicago, além da faculdade de Filosofia, pertenci a uma comissão especial sobre questões ligadas às ciências sociais, que contava entre os seus membros com personalidades tão diferentes como o escritor Saul Bellow, o filósofo Alan Bloom e o sociólogo Edward Shils. Esta comissão, uma instituição única no seu género, tinha por objectivo integrar, ainda mais fortemente, a tradição intelectual europeia no pensamento americano. Em Oxford, li sobretudo textos sobre temas históricos, mas em menor número, porque tinha o privilégio de poder consagrar-me, antes de mais, à pesquisa. Era, sem dúvida, um *fellow*, mas não tinha de me preocupar particularmente com as orientações positivistas e analíticas dominantes no seio do colégio.

A forma americana do pragmatismo, fundada e desenvolvida por Charles Peirce, William James, John Dewey e George Herbert Mead, vai buscar as suas raízes à metodologia das ciências naturais; no fim de contas, conduz a que cada descoberta seja medida pela bitola da sua utilidade, do seu «sucesso» na realidade exterior. As premissas deste tipo exerceram uma influência considerável sobre o conjunto do mundo anglo-saxónico – poder-se-á mesmo dizer que nunca deixaram de exercer. Nunca sucumbiu à sua atracção, durante todos estes anos que passou nos Estados Unidos?

Não. A abordagem pragmática justifica-se na medida em que a sua tendência nacionalista lhe oferece como objectivo uma purificação do conhecimento; mas levada ao extremo, elimina a ideia da verdade. Não posso aceitar esta supressão. Ninguém irá contestar que desde o primeiro terço do século XX a filosofia analítica trouxe uma contribuição importante ao nosso pensamento, mas não tenho motivo para pensar que ela inclui tudo aquilo de que o nosso espírito necessita. Como sabe, na *History of Western Philosophy (História da Filosofia Ocidental)*, de Bertrand Russell, nem sequer se menciona Husserl, como se ele nunca tivesse existido. Para mim ele existe de facto. Nesta corrente de pensamento, deparamos com um grande número de juízos arbitrários pronunciados segundo o princípio: começa-se por formular o veredicto, em seguida, desenvolve-se a investigação, como em *Alice no País das Maravilhas*.

Paremos um pouco no défice cavado tanto pelo utilitarismo de um Bentham, o positivismo de um Augusto Comte e o pragmatismo. Existe uma contradição entre a fé nos critérios sem equívocos que permitem traduzir a realidade em propósitos certamente ligados a um objectivo, mas também sensatos e lógicos, e a fé em valores que constituem a condição dessa realidade ao mesmo tempo que a superam, mas fogem à análise puramente matemática.

Certamente, mas o ponto decisivo é saber se abordamos o problema de um ponto de vista lógico ou de um ponto de vista antropológico. Do ponto de vista da lógica, não existe contradição se se pressupuserem alguns princípios de racionalidade – que não retomarei, contudo, sem outra forma de procedimento. Sob o ponto de vista da antropologia, a coisa apresenta-se de uma maneira totalmente diferente. Sob este ponto de vista, existe manifestamente um fosso entre as duas posições. Segundo a minha opinião, isso deve-se ao facto de a nossa hierarquia de valores ter conhecido uma profunda mutação. A reflexão metafísica e a convicção religiosa não nos deixam nenhum dos bens que consideramos importantes; é unicamente às ciências da natureza e ao progresso tecnológico que devemos ver as viaturas a andar, as televisões funcionarem e a produção alimentar aumentar o seu rendimento. Se, portanto, os nossos valores se transformaram a tal ponto que atribuímos um significado às únicas coisa que podem ser produzidas com o auxílio da ciência, deixa de haver lugar para a metafísica e para a fé, ou mais precisamente: parecem inúteis, supérfluas. A sua ausência provoca contudo um estranho mal-estar cultural, que não podemos curar porque não dispomos da medicina indispensável para o conseguir. Consequentemente, não estou à espera do desaparecimento total, da morte anunciada das questões metafísicas e do sentimento religioso.

Prevê um renascimento da espiritualidade no século XXI, como pensava, por exemplo, Simone Weil? Um movimento em que o homem abordaria o mistério do mundo – e o seu próprio destino no quadro da evolução – com uma maior consciência da sua responsabilidade e um maior respeito? Ou será exactamente o contrário que irá acontecer?

Lamento imenso, mas não sou futurólogo. A futurologia é uma ciência muito académica, incide sobre um objecto que não só não existe como nunca poderá existir, porque o futuro nunca poderá existir enquanto for futuro e não se tornar presente. Prefiro, portanto, não me atribuir o papel de profeta. Pense unicamente nos profetas actuais – por exemplo, nos economistas, pessoas competentes e inteligentes – e às suas previsões, que são muitas vezes boas para deitar no lixo, ao fim de um ano. No que diz respeito ao futuro intelectual da humanidade, podemos imaginar os mais inteligentes prognósticos, mas nada podemos afirmar com certeza – a não ser que observamos por toda a parte tendências contraditórias, que nós próprios estamos dilacerados entre desejos e inclinações opostos, e que nunca sabemos quem sairá «vencedor» no fim de contas. De qualquer maneira, não haverá certamente um triunfo definitivo. É precisamente esse o destino da humanidade: nunca estar satisfeita, nunca ser homogénea, nunca estar certa do futuro. E assim deverá ser. Deus não quer que conheçamos o amanhã, salvo em casos muito raros, quando fala pela boca dos seus profetas. Mas eles também se podem iludir...

Não poderemos, pelo menos, tentar desenhar os contornos de uma visão futura do mundo orientada para o espiritual? Tendo em conta a imensa difusão do profano em todos os domínios da vida, eu próprio tenho as minhas dúvidas neste ponto; mas não poderíamos admitir que esta nova espiritualidade não tem necessidade de instituições, de dogma e de liturgia, do tipo daqueles que caracterizam a Igreja Católica? Que, pelo contrário, unisse os homens no espírito ecuménico original, por respeito ao grande mistério da vida? A fé não poderá ser sublimada até ao ponto em que o encontro com Deus se torne uma experiência praticamente quotidiana? É precisamente disso que trata, por exemplo, a teologia da libertação do filósofo da religião e padre dos pobres, Gustavo Gutiérrez, que tenta atingir uma espiritualidade da cultura quotidiana, associada a uma responsabilidade social.

Sobre esta matéria existe toda uma série de trabalhos, nomeadamente o texto clássico de Rudolf Otto, *O Sagrado*, no qual se faz surgir semelhanças espantosas entre místicos de diferentes culturas – por exemplo Eckhart e Shankara. A mística é uma forma certamente importante mas algo rara, da religiosidade. Os seus adeptos podem perfeitamente viver sem laços dogmáticos e estabelecer um contacto directo com Deus, razão pela qual as instituições religiosas os consideram por vezes com desconfiança. Na Igreja Católica como na Igreja protestante, encontramos numerosos testemunhos. No que me diz respeito, não creio que possamos renunciar a este tipo de instituições: as pessoas não têm só necessidade da oração individual, para além disso têm necessidade de uma vida religiosa comunitária. A religião é um fenómeno social. Enquanto tal, ela é também necessária. Dito isto, evidentemente, não sabemos se as formas institucionais deste tipo no próximo século serão as mesmas de hoje. As pessoas descobrirão, talvez, outras possibilidades de exprimir os seus sentimentos e as suas convicções religiosas; mas, no essencial, com essa finalidade irão ter necessidade de padres que assegurarão a continuidade da vida religiosa. Se a sua fé não está suficientemente consolidada, se têm demasiadas dúvidas, a religiosidade estiola-se pouco a pouco – ou, mais exactamente: a primeira visão religiosa é progressivamente substituída por outra.

A experiência mística nunca desempenhou um papel particular no seu pensamento ou na sua vida pessoal?

Eu não sou um místico. Mas parto do princípio de que a experiência mística, por mais periférica que seja, exerceu um efeito duradouro na história das grandes religiões.

Na sua perspectiva, que papel desempenhou a relação entre o saber e a fé no processo de conhecimento?

Digamos que as categorias do saber são radicalmente diferentes das da fé. A doutrina cristã realizou esta separação imediatamente, fez mesmo dela a sua característica decisiva. Mas a questão de saber como é possível definir precisamente essa diferença tem constituído o ponto de partida para discussões sem fim. Na história do cristianismo, sempre existiu uma corrente extremamente antifilosófica, uma resistência a todo o saber profano, que poderia reclamar a sua legitimidade em algumas cartas de São Paulo. Tertuliano fazia parte dessa corrente, e mais tarde, no século XI, foi representado por aqueles a quem chamaram antidialécticos. Pierre Damien, por exemplo, afirmava que os monges que se consagravam às ciências profanas eram exactamente o mesmo que os maridos que enganavam as suas mulheres legítimas com prostitutas. E sublinhava: o diabo foi o primeiro a ensinar a gramática à humanidade; ao anunciar ao casal humano original «Vós sereis como deuses», ensinou-lhes a palavra «deus» no plural. Depois, ao comerem da árvore do conhecimento e da vida, Adão e Eva precipitaram todo o género humano na desgraça. A Bíblia não se refere à natureza desse fruto e, portanto, aspiramos a ele sem o poder atingir. Ora, esta busca do saber não foi somente recusada pela doutrina ortodoxa, mas também pela doutrina protestante. Em Lutero e Calvino, o conceito de filosofia raramente aparece – e sempre como algo de desprezível. Estavam convencidos que a filosofia era uma empresa funesta que visava compreender as coisas divinas e que corrompia a razão humana. Lutero escreveu que quando se aplica a lógica aristotélica à Santíssima Trindade, inevitavelmente se deixa de acreditar nela. Estranhamente, a atitude irracional, e mesmo obscurantista, do protestantismo, acabou por se transformar no racionalismo das Luzes – um processo deveras singular, mas que possui um significado eminente na história da civilização europeia.

A negação de Deus – com todas as *nuances* do agnosticismo e de ateísmo – não conduz inevitavelmente ao niilismo moral – uma questão que também se colocava a Pierre Klossowski.

Nada nos obriga a pensar que as pessoas não crentes são obrigatoriamente uns canalhas, assim como não podemos supor que entre os crentes o bem domine sobre o mal. Cristãos que vivem sob uma aparência piedosa cometem actos condenáveis, enquanto ateus dão provas de um comportamento exemplar. A questão capital é a seguinte: vivemos na era da secularização, que é um fenómeno contraditório em si. Como apenas exerce o seu domínio há algumas décadas, não sabemos a que se assemelha uma sociedade na qual a religião tradicional seja totalmente esquecida, perdida, enterrada – sem falar no facto de que pode subsistir na forma de resíduos morais ou intelectuais. Mas se tentarmos imaginar uma sociedade desprovida de toda a religião, ela corresponderia em muitos pontos ao modelo geométrico de Thomas Hobbes – dominada pela angústia e pela cupidez, muito provavelmente governada por um tirano. Se a herança religiosa desaparecesse efectivamente, a distinção entre o Bem e o Mal deixaria também de ter validade. Mas não posso prová-lo, precisamente porque as condições empíricas indispensáveis não estão preenchidas.

Refere-se à contradição interna inerente ao processo de secularização. Encontramo-nos hoje face a uma razão muito profana, quase monopolística e que, desde Descartes, transforma o mundo num sistema

racionalista e mecanicista, que se arrisca a transformar todas as criaturas vivas em máquinas. O *mythos* é substituído pelo *logos* num mundo industrial e pós-industrial. Mas será que o *logos* e a *ratio* podem existir sob uma perspectiva humana sem o *mythos*?

> Sim, após as Luzes, a razão é de uma certa maneira a inimiga natural da fé. Procura exercer um monopólio, refuta tudo o que resiste à sua ambição. Quer definir, só ela, no que consiste o verdadeiro saber e estabelece os critérios que são necessários aplicar na ciência actual. Ora, trata-se de definições que ela própria fixou: os princípios do empirismo não são por si só propósitos empíricos, mas normas arbitrárias impostas ao nosso pensamento. Os critérios deste tipo têm uma certa razão de ser, na medida em que o seu valor de uso permite verificar o conhecimento científico. Mas isso não nos isenta de modo algum da questão da última razão. Para mim, a ideia da verdade não é apenas a sobrevivência de uma velha superstição metafísica. O homem não pode desembaraçar-se dela, não a pode trocar pela ideia de eficiência.

Acredita que o conceito de mito – mesmo sendo múltiplo, admitamo-lo – ainda tem significado no mundo actual? Somos ainda influenciados pela mitologia, e, em caso afirmativo, em que se distingue da sua forma arcaica?

> A resposta a esta questão depende do que se entende por «mito». Existem, hoje, certamente também, mitos religiosos e profanos, que se cristalizaram para formar histórias, lendas populares que são verdadeiras, meio verdadeiras ou totalmente inventadas, e que de qualquer modo nunca poderemos verificar verdadeiramente. Penso que elas são importantes e mesmo necessárias para a consciência nacional e para a existência da nação em geral. Aos meus olhos, o mito não tem absolutamente o sentido de uma «falsa história», justamente porque se define pela sua função e não pela sua exactidão histórica. Retomaria as palavras de Karl Jaspers: os mitos não são teorias de que se possam extrair princípios morais ou metafísicos abstractos, mas fenómenos *sui generis*.

E o marxismo, como o interpreta na perspectiva da história do espírito? Consagrou-lhe diversos estudos. Que valor tem hoje, no limiar do terceiro milénio – tanto como concepção filosófica como do ponto de vista da sua aplicabilidade política?

É preciso evidentemente dissociar estes dois aspectos. O marxismo era um fantasma utópico que se baseava, de resto, nalgumas situações sociais bem reais. Embora todas as previsões de Marx sobre a evolução futura da sociedade e da economia se tenham revelado falsas, elas conservam, pelo menos, a fé no facto de que um dia nascerá uma cultura mundial na qual os diferentes interesses humanos se harmonizarão como por milagre. Marx partilhava essa opinião com todos os filósofos utópicos do século XIX, com Saint-Simon, Fourier...

... e com o reformista social americano Robert Owen que, em 1825, fundou no Indiana a comunidade de vida e de *habitat* «New Harmony», ou com os transcendentalistas norte-americanos Emerson e Thoreau, cujo idealismo intuitivo era também um protesto contra o pensamento comercial, contra o simples materialismo, um argumento contra a experimentação utópica comunal...

Sim, e esta demanda nostálgica de uma humanidade unificada é perfeitamente compreensível se recordarmos a vida que levavam os operários na Inglaterra vitoriana. O mito do proletariado, desse Prometeu que viria, não pode de maneira nenhuma ser dissociado do seu fundo histórico. Se nos voltarmos para as experiências realizadas com o totalitarismo no século XX, muitas vezes afirmamos que os movimentos e regimes comunistas nada têm a ver com o marxismo original; mas este tipo de explicação é demasiado simplista. Muito antes da revolução russa, diferentes pensadores, por exemplo Bakounine, anunciaram que colocar em prática a doutrina marxista teria como consequência uma tremenda tirania, que os chefes da classe operária, uma vez chegados ao poder, poriam em prática um despotismo pior ainda daquele que existia. É necessário contudo atenuar um pouco esta crítica, porque Marx não associava de maneira nenhuma comunismo e Gulag. Se bem que exista entre a sua teoria e o socialismo leninista-estalinista um elo que nada deve ao acaso, conhecemos algumas correntes socialistas que não tinham uma orientação totalitária e que desempenharam um grande papel na segunda metade do século XIX; é contudo a elas que devemos o estabelecimento daquilo a que se chamou o Estado-providência. Infelizmente, o conceito de «socialismo» foi recuperado pelos leninistas e estalinistas, e ninguém sabe, hoje, verdadeiramente o que se deve entender por isso. Pensamos imediatamente no Gulag.

Vê – sobretudo depois da derrocada da União Soviética e a abertura dos países do bloco de Leste – indícios anunciando que o diálogo intercultural adquire uma nova forma, mais intensa? Não irá contribuir para ultrapassar todos os conflitos políticos e sociais cujos efeitos devastadores assombraram o século XX?

Esse diálogo pode ser aprofundado aqui e ali, mas não penso que possamos colocar todas as culturas juntas numa espécie de cadinho. As suas particularidades irão subsistir, sem dúvida, também no futuro. A ideia de que as poderíamos pura e simplesmente eliminar é uma ilusão de universitários, que se baseia no facto de os cientistas, a um determinado nível, poderem comunicar uns com os outros apesar das diferenças culturais. Mas essas pessoas constituem apenas um pequeno grupo.

Seremos, portanto, confrontados, por um lado, com uma mundialização no domínio económico, e, por outro, com uma particularização e uma balcanização étnica e religiosa, tal como a verificamos, como um termóstato antropológico, na antiga União Soviética e nos Balcãs, mas também no Ruanda, como na Indonésia, na China e nos países de tradição islâmica.

É um processo cheio de contradições internas e que ninguém podia prever. Porque, no fim de contas, os socialistas, tal como os liberais do século XIX, pensavam, sem dúvida, que a nação, com as suas particularidades étnicas, desapareceria em breve em proveito de uma cultura mundial que iria unir todos os humanos. Isso não aconteceu e, em minha opinião, nunca acontecerá, porque temos muita dificuldade em nos identificar com o conjunto da humanidade. Temos manifestamente necessidade de um nicho cultural no qual reencontremos as nossas próprias tradições e em que nos sintamos em casa. As religiões do mundo bem tentaram unir a humanidade sob uma ideia moral, mas ainda estamos muito longe de atingir esse objectivo.

Consequentemente, não aprova sem reservas a ideia universalista dos direitos do homem válidos para o mundo inteiro – essa «ética mundial» a que o teólogo Hans Küng apela.
A questão é saber que direitos classificamos nesse conceito. Hesito em colocar nessa lista aquilo que designamos por reivindicações sociais. Tomemos como exemplo o direito ao trabalho; é de outra ordem que o direito à vida e à liberdade. Quando alguém está preso e é torturado sem motivo, existem certos órgãos ou certas pessoas a quem é necessário pedir contas. Mas quem é o responsável quando alguém perde o seu trabalho? Se pressupomos que existe um direito ao trabalho, é necessário que uma instituição o defenda e o preserve – e essa instituição só pode ser o Estado. Ora um Estado que tem o poder de fornecer trabalho a todos os cidadãos apresenta traços totalitários. É a razão pela qual a integração de um direito desse tipo nos direitos do homem significaria a aprovação de situações despóticas. Penso que a ideia dos direitos do homem é fundada na ideia da dignidade humana e, consequentemente, apenas se pode aplicar aos indivíduos, não aos grupos nem às classes. O ser humano, como indivíduo, possui uma dignidade, qualquer que seja a sua origem, sexo e idade. É o ponto de partida ao qual não poderemos renunciar quando procuramos formular os direitos universais do homem.

«Interessar-me pela língua é uma maneira de abordar de modo material o espírito...»
Julia Kristeva

Julia Kristeva nasceu em 1941 em Sliven (Bulgária), doutorou-se em Letras, é filósofa, psicanalista e escritora. Julia Kristeva passou a viver em França a partir de 1966. Colabora, nessa altura, na revista *Tel Quel* e faz parte de um grupo de escritores com Michel Foucault, Roland Barthes, Jacques Derrida, Jean-Pierre Faye e Philippe Sollers, com quem se casará. Em 1979, depois de ter seguido os seminários de Jacques Lacan, torna-se psicanalista. A seguir, como teórica da linguagem, estabelece um diálogo entre a semiologia e a análise psicológica. Ensina, nessa altura, Semiótica na State University of New York e na Universidade Paris 7 – Denis Diderot. É membro do Institut Universitaire de France. Dirige também o Centre Roland Barthes, cujas actividades são dirigidas aos doutorandos e aos professores investigadores que interrogam os textos literários numa perspectiva interdisciplinar. Julia Kristeva recebeu em 2004 o prémio Holberg (Noruega) pelos seus «trabalhos inovadores consagrados às problemáticas que se situam no cruzamento da linguagem, da cultura e da literatura. É também Doutor Honoris Causa pela Universidade de Harvard. O seu pensamento coloca-se na esteira do neo-estruturalismo. As suas pesquisas tiveram uma incidência considerável na teoria feminista e um reconhecimento internacional em numerosas disciplinas no seio das ciências humanas e sociais. Julia Kristeva publicou vinte livros, sendo o mais conhecido *La révolution du langage poétique* (Seuil, 1974); publicou nas Éditions Fayard: *Étranger à nous-mêmes* (1991), *Les nouvelles maladies de l'âme* (1993), *La révolte intime*, t I e II (2000), entre outros. Algumas das suas obras estão publicadas em Portugal: *História da Linguagem*, Edições 70 (2007[2]); *Os Samurais*, Difusão Cultural (1991).

Atribui muita importância à revolta, uma revolta constante a que chama dos seus desejos... O que é que se esconde atrás desse desejo?

Esconde-se provavelmente uma inquietude pessoal e a preocupação do recomeço. Penso que a liberdade é um recomeço, não uma transgressão como se diz muitas vezes, uma vez que a ideia de transgressão consistiria em crer que a liberdade está submissa a um certo número de regras, o que a limita consideravelmente. Se concebermos a liberdade como um recomeço, somos levados a encarar a palavra revolta segundo critérios diferentes daqueles, esquemáticos, que nos legaram os movimentos contestatários. Infelizmente, para a maioria de nós, o tema da revolta está ligado à ideia da revolução: Revolução Francesa, as revoluções russas de Fevereiro e de Outubro, a revolta do Maio de 68, que foi entendido essencialmente como um momento ou um movimento político; ora eu defendo que esta noção de revolta é uma crispação da ideia de revolta. Se considerarmos a etimologia do termo, que nos remete para a raiz sânscrita do termo «vel» temos o sentido de revelação, de descobrimento, regresso e recomeço. É também o movimento dos planetas, como se descobre na Renascença, com toda a mecânica celeste. Há, finalmente, a ideia de uma pesquisa do passado no sentido de uma reencarnação: é a revolta proustiana mas igualmente – e com isto espero surpreender-vos – a ideia freudiana!

A anamnese é para Freud uma revolta, porque se trata de reencontrar o passado para mudar o destino. Pensa-se geralmente a psicanálise como uma adaptação, e para muitos, nomeadamente nos Estados Unidos, é uma maneira de se normalizarem. Ora a noção de revolta, tal como Freud a entende, e ele emprega muitas vezes a palavra, consiste em insistir na possibilidade de retornar atrás para renascer. Há justamente uma ideia de renascimento na palavra revolta.

Eu procuro isto sob diversas formas, mais particularmente num plano pessoal, porque me parece que hoje as revoluções políticas estão limitadas: limitadas pela técnica, pela nova ordem mundial, pela necessidade de assegurar o respeito pelos direitos, o que é uma ordem de justiça mais do que de revolta. Não permanece senão no plano das liberdades individuais, no plano da espiritualidade, a noção de revolta permanece essencial se quisermos que permaneça vivo o espaço psíquico. Ora o espaço psíquico é o único «sagrado» que nos resta, e para que ele possa sobreviver à técnica, aos direitos do homem, à justiça, apesar dos benefícios que se escondem por detrás destas noções, para que o espaço psíquico possa sobreviver como capacidade de renascimento permanente, uma reabilitação da noção de revolta enquanto recomeço, interrogação pessoal, é indispensável. Veja bem o que se esconde, para mim, na revolta.

Após Nietzsche («Deus está morto»), a racionalização da tecnocracia – *kratos* na cultura clássica – como «poder», estaremos nós, hoje, ameaçados por um novo niilismo?

Absolutamente! Creio que é necessário entender o niilismo como uma destruição do sentido. Hannah Arendt insistiu muito no facto de que o pensamento se situa nos antípodas do cálculo; os nossos contemporâneos, quando são eficientes, são seres de cálculo, pessoas que geralmente obedecem e no melhor dos casos raciocinam para se adaptar – mas será verdadeiramente o melhor dos casos? Se nós queremos que o pensamento permaneça específico do ser humano, enquanto capacidade de interrogação e de renovação, podemos, com efeito, julgar que esta aptidão está, hoje, ameaçada pelo que eu chamo niilismo. Do niilismo como capacidade de sobrevivência da espécie enquanto espécie, mas sem dimensão interrogativa. Vemo-lo muito concretamente na actualidade, para tomar o exemplo do Kosovo. Há uma população sérvia, kosovar também, que se sentiu humilhada pelo comunismo e que acreditou revoltar-se através de uma reivindicação nacional e nacionalista: é o niilismo! Porquê? Porque a noção de nacionalidade, a noção de identidade, não são interrogadas, mas tomadas por dados definitivos, irredutíveis, absolutos. Logo que haja valor absoluto, há o desaparecimento do sentido, portanto o niilismo. O exemplo que dei é completamente surpreendente, mas isto ameaça igualmente qualquer momento da vida quotidiana, da vida técnica, da vida da universidade, da vida da cidade.

A cultura europeia – da Renascença até hoje, de Picco della Mirandola a Marsílio Ficino – é uma cultura de dúvida e de crítica. Estará ameaçada no seu poder moral e estético?
Talvez o vá surpreender, penso que a cultura europeia é, se não a aquisição suprema, pelo menos uma das aquisições supremas da humanidade, e faz parte do nosso destino de intelectuais de hoje tentar salvaguardá-la enquanto a desenvolvemos. Isto a vários níveis. Por um lado, a cultura europeia é aquela que pôs em evidência o facto de que o ser humano é coextensivo ao pensamento. É coextensivo ao pensamento enquanto capacidade de interrogação, e não de cálculo, de comércio, ou de oração, como noutras civilizações. O pensamento enquanto milagre grego, possibilidade de questionamento. É um ponto essencial. Por outro lado, a cultura europeia pôs em evidência o facto de que o ser humano é coextensivo à experiência amorosa, a aptidão para o amor. Em certa medida, toda a gente é capaz de erotismo! Ainda é necessário refiná-lo como o fez o século XVIII ou a Renascença. A ideia amorosa é uma ideia europeia, tem antecedentes chineses, tem antecedentes indianos, mas desenvolveu-se no fim da Idade Média europeia, através de dois grandes factos aos quais me dediquei num determinado momento do meu percurso, que são a poesia cortês e a mística cisterciense. Entre os trovadores e São Bernardo temos uma eclosão do espaço psíquico como espaço amoroso no qual há lugar para os dois sexos. É extraordinário quando

se pensa nisto! Tudo isto começa evidentemente mais cedo, com o Cântico dos Cânticos inserido na Bíblia no primeiro século da nossa era, embora se pense que date do tempo de Salomão! Há, assim, toda uma veia da cultura europeia que, colocando o amor como essência do ser humano, coloca imediatamente os dois sexos e a possibilidade de um acordo no seio da tensão. Finalmente, um terceiro ponto que gostaria de sublinhar para insistir no que me parece ser precioso na cultura europeia e cuja essência, mesmo ameaçada, continua viva, é a interrogação de identidade. Como sabe, vivemos hoje num mundo onde o homem crê encontrar uma defesa na reivindicação da sua identidade, eu sou X, francês, alemão, judeu, cristão, bósnio ou kosovar, homem ou mulher, e a partir daí fechamo-nos em comunidades específicas. Ora bem, na Europa talvez mais do que noutro lugar, eu diria mesmo unicamente na Europa, chegámos à ideia de que toda a identidade é para interrogar: pode-se dar a volta, desconstruí-la. É nesta espécie de desmantelamento da metafísica que aparecem pessoas como Nietzsche, Heidegger, Hanna Arendt e outros, hoje em dia. Creio que Freud participa do mesmo movimento. É uma ideia particularmente europeia e que se situa nos fundamentos da liberdade moderna pois permite que não nos fechemos em entidades que são forçosamente um estado de guerra com os outros. Proust, que é, como sabe, um homem que eu muito admiro, dizia que Hamlet tinha chegado a um pensamento que resume a nossa civilização, «ser ou não ser»; é, com efeito, a questão fundamental. Proust pensava, e irá apreciar a ironia que há neste aspecto muito específico deste grande satirista, que os Franceses já não estavam para «ser ou não ser», mas «para ser ou não para não ser»: pertencer! Muda-se a ideia de identidade em ideia de pertença, faz-se parte do clã dos Verdurin ou do clã dos Guermantes, ou do clã dos homossexuais, ou do clã dos católicos, dos Franceses, dos judeus, etc. Proust considerava tudo isto absolutamente legítimo e é por essa razão que ele pinta um fresco magnífico destas sociedades de clã, mas ele também considera tudo isto ridículo. E todo o trabalho do intelectual, mas sobretudo do escritor – porque é na língua que tudo isto acaba por brotar –, consiste em desfazer esta identidade, a desfazê-la até na língua, não para a destruir mas para fazê-la cantar, para evidenciar a sublimidade. Esta capacidade de interrogar até ao mais íntimo e até ao mais familiar, até à nossa língua, para fazer esta rosácea, esta frase hiperbólica, esta série de metamorfoses que é *Em Busca do Tempo Perdido*, é também uma aquisição da cultura europeia. Penso que efectivamente o desenvolvimento da economia estaria apenas nos momentos, digamos, positivos da evolução da humanidade que são a aquisição de bens de consumo, capacidade de informação, aptidões para a viagem, etc. Constitui seguramente uma ameaça contra tudo isto, mas também faz parte da nossa vocação e da nossa inquietude de saber que esta capacidade de interrogação está ameaçada, que o que está ameaçado é um tesouro, e de lutar para o salvaguardar.

O que pensa dos movimentos feministas e do seu desenvolvimento na Europa, nos Estados Unidos, em toda a sua complexidade e na sua dimensão histórica?

Penso muito mal, como de todos os movimentos, e ao mesmo tempo, fiz parte deles. A sua questão toca-me muito porque creio, como você, que não acabou, mas não acabou justamente enquanto questão, não enquanto movimento. O movimento feminista veio a seguir a outros movimentos providenciais, sempre nessa ideia de revolução, não no sentido político do termo. Pensou-se que se a nova figura prometeica não era nem o Terceiro Estado, nem a burguesia, seria o proletariado, seria o Terceiro Mundo, e num dado momento acreditou-se encontrá-la nas mulheres, agrupadas todas juntas. Ora, nessa altura, recordo-me, havia uma revista belga que se chamava *Grif, Groupe de recherche sur les femmes*, que eu adorei. Realizámos uma conferência a que chamei «Umas Mulheres»: isto significava que eu compreendia a possibilidade de um movimento, de um grupo de mulheres, na condição de que fosse composto por indivíduos incomensuráveis, e que cada um trouxesse a sua singularidade. É um pouco o sentido do meu último livro *Le génie féminin*, título um pouco provocador evidentemente, mas cujo sentido é o seguinte: fazer o apelo à singularidade de cada um contra o movimento, e se o movimento devesse um dia ter um sentido, sê-lo-ia apenas a partir da singularidade. Hoje, em França, a situação conduzida pelo debate sobre a paridade faz lembrar de novo a necessidade de uma solução pelo grupo. Parece que a grande maioria dos Franceses é favorável à paridade, mas não é o caso de muitos intelectuais. Sou, quanto a mim, radicalmente favorável. Primeiro, por uma razão política: um reconhecimento que seria apenas numérico, que abriria a aceitação de uma maior participação de mulheres, ou seja, da outra metade da humanidade, na gestão e na vida na cidade, seria uma primeira conquista. Que não pudesse ser obtida de maneira espontânea não seria assim tão grave, a lei tem uma vocação simbólic, eu diria pedagógica, e seria bom que a constituição se pronunciasse nesse sentido. Mas eu não me fico por esse argumento, que não é senão um argumento de reparação – foi cometido um erro com as mulheres, elas não participaram na gestão dos negócios, dêem-nos essa possibilidade. Já não seria mau, mas não seria suficiente! Dou um passo à frente e digo: a Constituição é para nós «sagrada», é a fundação da República, ora esta fundação sustenta-se no reconhecimento de uma unicidade. Chamamos a isto o universal. Interroguemos o universal: não é inocente, é uma criação histórica, é a essência da metafísica. O universal é constituído enquanto lugar de unificação das capacidades humanas. A nossa capacidade de pensar, de sentir, de nos ligar aos outros, é percebida, talvez como referência ao símbolo fálico, mas também à lei do Pai, como sendo uma unidade. A humanidade tem vivido longamente com esta ideia da importância do centramento, o monoteísmo assim obriga, e foi qualquer coisa de miraculoso, se é que se pode dizer, que permitiu a disciplina, o controlo de si, a unificação das capacidades, um certo poder do indivíduo sobre si mesmo. Ora, a par destes benefícios, houve igualmente muita censura, e a censura fez-se sobre o corpo: o universo não quer saber para onde vai o corpo, com as suas polifonias, a sua pluralidade, as suas pulsões diversas, a sua perversão. O que, a partir daí, também foi afastado no universal, foi o feminino, o outro sexo, e em geral o estrangeiro. Nós estamos, portanto, a entrar talvez num momento completamente novo do pensamento político, que consiste em não afastar o universal – temos necessidade para associar energias, centralizá-las e dominá-las – mas a completá-lo afirmando que este universal se pode fazer a dois, ou seja, com o outro sexo. As mulheres têm capacidades de controlo, de unicidade, de poder, de centramento, mas de uma outra maneira, a relação com o seu próprio corpo, com a sensorialidade, com a procriação, determinando uma relação diferente com a lei, com o poder, com o interdito. Consequentemente, esta sensibilidade outra, feminina, esta outra relação com os sentidos e com a unidade, vai provavelmente enriquecer a nossa cultura. Para regressar agora à sua pergunta sobre o movimento feminista, se chegarmos a reconhecer, o que não é dito, o lugar das mulheres enquanto tais poderia bem engendrar uma modulação do nosso sentido do sagrado, o que seria quase uma revolução cultural, mas que levaria, sem dúvida, séculos! Resta a solução menos optimista que veria a promoção das mulheres na ordem da gestão dos negócios que não só serviriam como os melhores governantes da ordem mundial mas também, como já se disse muitas vezes a propósito de Madame Thatcher, de Golda Meir, etc., fariam melhor que os homens. É uma possibilidade que não se pode excluir, mas mantenho a aposta de um enriquecimento da paleta humana.

Falou do estrangeiro que há em nós. Será o lado escondido da nossa identidade, o espaço que reduz o nosso refúgio?
O senhor faz alusão a um livro que escrevi há vários anos intitulado *Etrangers à nous-mêmes...* Estava atraída por muitas coisas... Obviamente, debrucei-me sobre o meu próprio destino: por que é que nos tornamos estrangeiros? Há, sem dúvida, constrangimentos económicos, constrangimentos políticos, mas mais profundamente penso que o destino do estrangeiro está fundamentalmente ligado ao matricídio. O estrangeiro é alguém que renuncia à língua materna, que deixa o seu lar e assume uma nova identidade. É uma espécie de renascimento, o que implica que tenha morrido; é, ao mesmo tempo, uma experiência muito perigosa e extremamente exaltante. Alguns podem ver aí um tipo de infelicidade, é a tragédia do estrangeiro. Outros, o povo judeu por exemplo, vêem nesse facto uma eleição. Parece-me que na reflexão que é feita hoje sobre a estraneidade, se restringe essencialmente a causas económicas e a problemas de inserção política,

jurídica... Tudo isto é, certamente, importante, mas tem-se menos em conta, salvo nos meios analíticos de que fiz parte, a mutação da espécie humana que suponha esta recrudescência do destino de estraneidade: porque se houve sempre estrangeiros, o facto é que com o desenvolvimento da técnica, com o desenvolvimento do comércio, com a Internet, com as comunicações, etc., entrámos num novo espaço humano. Este novo espaço significa que somos todos, mais ou menos, e cada vez mais, – e se não somos, iremo-nos tornar – estrangeiros. Isto leva-nos muito longe, porque implica que qualquer coisa da identidade sobre a qual está sustentado o homem está virada do avesso: não teremos senão uma só língua, não teremos senão um só lar, o que era anteriormente o destino da maior parte de nós, e isto pode provocar um grande sofrimento. Tenho muitos pacientes em que vejo a carta psíquica a partir desse destino de estrangeiro. Ora, nem sempre é uma facilidade... Ousa-se raramente dizê-lo, por medo que isso seja apenas interpretado como uma acusação, um processo contra os estrangeiros, uma diabolização. Ora, isso não é de maneira nenhuma a minha intenção, eu procuro simplesmente chamar a atenção para a fragilização do espaço físico a que se expõe o estrangeiro. Devido à ausência de uma língua fundamental, de uma identidade e de um lugar fixo, o risco de uma perda de referências morais. Não tenho uma lei, tenho várias: isto pode ser uma libertação. Mas também um convite à corrupção, à participação mafiosa. Ou ainda: eu não tenho uma língua que traduza as minhas pulsões, todas as minhas línguas são, para mim, línguas estrangeiras, são películas indiferentes, resultado, eu somatizo! A maior parte dos estudantes estrangeiros tratados nos hospitais das cidades universitárias tem problemas psicossomáticos, quando não se trata de depressão, porque a língua adquirida secundariamente é precisamente uma língua segunda, que não é tomada com a vibratilidade e que deixa uma tristeza fundamental insatisfeita. Aí estão, portanto, os elementos negativos do destino de estrangeiro. Os outros, positivos, têm a possibilidade, se ultrapassarem todos os obstáculos, de renascer e de ter, consequentemente, uma grande inventividade, uma grande capacidade criativa. Como sabe, Freud foi uma pessoa que viu os seres humanos como seres em viagem, quando ele se debruçou sobre o destino desses burgueses vienenses do fim do século XIX até aos anos 30 do século seguinte, ele não viu as pequenas infelicidades psicológicas dessas pessoas que tentavam viver melhor. Ele viu o destino do homem religioso: o homem freudiano é o homem da glaciação que descobre que há um sentido, que este sentido pode apelar a Deus e que se pode representá-lo através de fetiches, de totens, de tabus e por aí fora... Freud abriu a antropologia religiosa a partir do que os homens do seu tempo lhe mostraram no divã, mas a visão que ele faz da humanidade é uma visão evolutiva. O homem religioso das cavernas até aos nossos dias vai mudando de proibições, mas permanece fundamentalmente um homem submisso às proibições religiosas e possuindo um sentido do sagrado. Será que com esta recrudescência da estraneidade hoje não chegámos a uma fase crítica da humanidade, será que o próprio sentido do sagrado não estará em vias de ser posto em causa, e se sim, como creio, qual é a solução? O regresso às antigas religiões é uma, mas que abre a porta a todos os conformismos e, eventualmente, a todos os integrismos. Podemos igualmente pensar que devemos fazer uma simples modulação do sagrado, com a inserção de elementos novos, a especificidade feminina, a perversão, as psicoses, ou ainda tudo o que a arte moderna nos traz e que é necessário integrar na concepção desta humanidade evolutiva. Veja como a questão da estraneidade abre horizontes no plano da mentalidade e do sentido do humano...

Há, evidentemente, outros parâmetros que me levaram a esta reflexão, parâmetros mais claramente políticos. A França é um país onde a xenofobia deu lugar à criação de um partido importante à existência tenaz, o partido nacionalista, actualmente Frente Nacional, que parece, hoje em dia, em declínio; isto coloca numerosas questões sobre a recepção do estrangeiro no espaço cultural francês. Adoro a cultura francesa, na qual fui iniciada muito jovem, uma vez que os meus pais tiveram a excelente ideia de me inscrever na escola primária dos dominicanos em Sófia. Contudo, quando cheguei a França, pareceu-me que a cultura francesa, apesar de aberta e universalista, era também extremamente fechada – e há, sem dúvida, muitas razões para isto.

Para além da reflexão metafísica e psicanalítica da qual fiz parte nessa altura, há o sentimento que a cultura francesa não tolera o estrangeiro. Os nossos estudantes têm pena de nunca ser recebidos nas famílias, a relação limita-se ao café, não se os convida, há uma espécie de ostracismo. Tentámos remediar esta situação, a comunidade judaica francesa sabe-o, que viu atribuir aos seus membros o estatuto de cidadãos da Revolução, e continua a sabê-lo, não uma caça anti-semita violenta, mas um tipo de atitude dissimulada de rejeição. Eu senti-o pessoalmente: aceitam-me à direita e à esquerda, mas nunca serei francesa, ainda que, paradoxalmente, no estrangeiro passe a imagem de ser a quintessência do parisianismo! Tudo isto coloca questões à cultura francesa, às suas bases políticas... A história desta obstrução é longa, ela passa pela administração, pelo poder, pelas diferentes instituições, do Colégio de França à Academia Francesa, todas as coisas que consolidam o orgulho nacional na língua e na cultura, mas colocarão igualmente problemas ao futuro sobre a integração dos estrangeiros, sobre a circulação entre Franceses, Ingleses, Alemães etc., no espaço europeu. Foi por esta razão que fui muito sensível a todos os partidos pró-europeus durante a última campanha eleitoral, porque julgo que eles apresentam uma França nova que é necessário absolutamente encorajar, que está longe de ser toda a França, mas que é um posto avançado do espírito francês tal como se pôde ver na ideologia das Luzes por exemplo, e que infelizmente ainda é minoritária.

Os futurólogos, mesmo os grandes – de Herman Kahn e do seu Hudson Institut nos Estados Unidos até à célula de prospectiva da Comissão Europeia de Bruxelas – enganam-se sempre... O que é que se pode dizer, então, do futuro? Quais são os perigos que nos espreitam?

É uma questão que não é necessário colocar nem a um psicanalista nem a um escritor, uma vez que o nosso material é sobretudo a memória e o passado... Mas a partir do que eu conheço, talvez possa fazer um esboço de um certo número de riscos que poderiam ser prejudiciais ao nosso futuro. Por exemplo, sou muito sensível, com outros colegas meus, ao facto de que os pacientes que nós temos hoje não serem os mesmos dos que Freud tinha, e tenho falado, em termos um pouco genéricos, das «novas doenças da alma». Estas novas doenças da alma são devidas ao facto de que os psicanalistas se tornaram mais exigentes, com uma atenção diferente, mais aguçada, mais crítica, mais diversificada, mais subtil, ou será que foram os seres humanos que mudaram? Creio que as duas causas contribuem para esta questão. Em todo o caso, o que nós constatamos vai no sentido de que, talvez, o futuro nos prepare para momentos difíceis, talvez mesmo para uma destruição do espaço psíquico, e eu creio que isto é inquietante! Disse-lhe há pouco que me parece que uma das grandes aquisições do Ocidente é, não o facto de ter construído o espaço psíquico (todos os seres humanos, em todas as latitudes, em diferentes graus, o fizeram), mas de o ter feito um objecto de investigação e de saber. Isto começou com os Gregos que se interessaram pela alma, com Platão, Aristóteles, e mesmo com a medicina; cristalizou-se com Plotino, quando ele falou do nu, depois com os cristãos que retomaram técnicas egípcias e transformaram o face a face do querido Narciso com a sua imagem das mãos juntas em oração, e neste recolhimento aprofundou-se ainda mais o espaço psíquico como interioridade do homem no seu caminho para o além, ou no seu caminho para o inferno, ou na sua eclosão para o paraíso, pouco importa. Mas é um domínio de investigação, de introspecção, que nos permite o melhor e o pior, assim como progressos e abjecções. Ora, temos o sentimento que esse espaço psíquico que Freud pesquisou à sua maneira – que as pessoas se nos revelam através dos seus discursos no divã – é um perigo. Porquê? Os nossos pacientes sofrem conflitos diversos, mas não têm as palavras para o dizer, eles nem sequer têm imagens! Vêem televisão, mas fazem-no para se acalmar, não para pensar, não para encontrar as palavras; se se lhes perguntar o que é que viram, não conseguirão dizê-lo. A imagem torna-se simplesmente um meio de supressão do espaço psíquico, que finalmente tem alguma coisa de bom, porque ela apazigua durante algum tempo, mas só durante algum tempo, porque, a seguir, o conflito retorna. Como é que, então, se resolverá este conflito? Há várias soluções, todas negativas. As doenças psicossomáticas: não tenho representação, não tenho palavras, não tenho imagens, é o meu fígado que é atingido, ou o meu pâncreas, ou a minha garganta, ou a minha cabeça, tenho dores... e no plano fisiológico não se encontra nenhuma deterioração dos órgãos. O que não impede que sejam os órgãos a sofrer no lugar deste espaço intermediário que é o espaço psíquico e que, até aí, era atingido pelo conflito nas relações humanas. Segunda opção: recurso excessivo à droga, ao álcool ou a outras substâncias (e, de resto, há cada vez mais outras substâncias), para esquecer, para não ter de aprofundar o foro íntimo, o espaço psíquico... é um alívio, mas não é uma solução! Terceira fuga: o vandalismo, as passagens ao acto, a integração mais ou menos abrupta num sistema mafioso, em suma, a violência e a corrupção, todo o tipo de actos que são rupturas ou transgressões e que não respeitam nenhuma proibição. Todos estes fenómenos são extremamente inquietantes e quando nós, os psicanalistas, os observamos numa situação de laboratório que é o dispositivo do divã, tentamos encontrar uma maneira de aliviar essa angústia ou essa decrepitude, dando as palavras que faltam, ou dando mesmo as imagens que faltam. Eu conto, num dos meus livros, o exemplo de um paciente que me veio consultar sobre essa impossibilidade que ele tinha de falar sobre os seus conflitos; empregou uma linguagem extremamente esquemática, muito intelectual, e tudo o que era pessoal parecia-lhe de uma grande ingenuidade ou inadequado, até ao momento em que me apercebi que este homem, um engenheiro, fazia quadros, desenhava. Na realidade, não eram desenhos, eram colagens. Logo que mostrei interesse por essa prática, dei-me conta que ele trazia diapositivos do seu trabalho. Ele recortava pedaços do corpo ou da face dos grandes senhores do mundo, homens ou mulheres políticos, estrelas de cinema ou do espectáculo, e ajustava-os à sua maneira: era um acto violento de destruição e de recomposição. Acrescentava também cores que lhe agradavam, geralmente muito violentas, para fazer uma entidade de tudo aquilo. Comecei, então, a falar-lhe da violência que ele manifestava, em termos muito violentos, muito infantis, ele começou por recusar admitir essa violência, entrámos conjuntamente em conflito, até ao momento em que ele encontrou as suas próprias palavras. Assim, o psicanalista faz um trabalho, diria de acompanhamento, que consiste em identificar-se com a dor abominável do outro e a dar-lhe uma linguagem quase como se ensina um bebé a falar.

A partir daqui, o outro vai recusar as palavras que lhe introduzimos para encontrar as suas próprias: é quase um trabalho de renascença e de reconstrução de si. Evidentemente, não se pode fazer isto na vida social, é um trabalho extremamente subtil e longo, donde a importância que atribuo à psicanálise, uma psicanálise adaptada às novas doenças da alma, capaz de detectar novos mal-estares e capaz de permitir às pessoas encontrar a linguagem para comunicar e para, em certa medida, metamorfosear esses mal-estares. A destruição do espaço psíquico é um dos perigos futuros que, evidentemente, coloca em cima da mesa questões de educação, de cultura e de política. Uma das consequências é a dificuldade para ler, escrever, duas aptidões muito dependentes do espaço psíquico. Quando nos falta o conforto mental que consiste em se sentir tranquilo na sua capacidade de pensar – e que depende de um certo equilíbrio na vida familiar – quando para nós é escusado aprender técnicas de leitura e de escrita, dominá-las, chega um momento da vida em que se está desapossado! Talvez o surpreenda, mas eu tenho no divã pessoas que trabalham nos *media*, em editoras, canais de televisão, e que me dizem que já não conseguem ler; começam a ler durante dois minutos uma página e não sabem o que leram, porque o espaço psíquico já não consegue reter, não se está sereno e sólido para assimilar tudo aquilo e restitui-lo. Isto significa igualmente que não há um «outro», não há relação, relação de amor e relação social, para assegurar este espaço psíquico. Foi sempre esta base da cultura, que constitui a escrita e a leitura, e na qual se fundou a nossa civilização, que está em vias de se fender devido a esta dificuldade colocada, ou mesmo desta destruição do espaço psíquico!

Falou da relação entre psicanálise e fé; em que consiste, para si, essa relação?

A fé é um domínio extremamente vasto e eu abordei-o essencialmente a partir de uma dimensão que é a da relação com o outro e a da confiança, é o credo, a fé cristã. «Credo» vem de uma raiz que nos remete para o coração, eu dou-te o meu coração, com a esperança de uma recompensa. Esta dimensão é paralela à dimensão do crédito financeiro, é um investimento. Isto pode parecer blasfemo, mas há na fé uma lógica análoga à de um «eu investi num banco e espero dividendos». O crente realiza um certo número de acções psíquicas no lugar de um sacerdote que é o intermediário de Deus, esperando uma consolação e, eventualmente, a vida eterna; é também uma transacção. Será que isto existe em psicanálise? Sim e, ao mesmo tempo, não! Sim, porque o paciente vem dar-nos os seus traumas, os seus amores frustrados, as suas humilhações, a sua impotência sexual, as suas doenças psicossomáticas, a sua dificuldade para ler e escrever, tudo o que conhecemos para que, numa transferência que não é outra coisa senão um novo amor com o «médico», com este homem ou com esta mulher sagrado(a), suposto saber o que nos está a acontecer, que é o psicanalista, ele possa esperar o quê? Não a vida eterna, nem mesmo uma consolação, mas o sentido do que lhe chegou. Ele espera um sentido, quer saber o que tudo aquilo quer dizer, então dou-lhe o sentido, mostrando-lhe o não-sentido. E é aí também que a resposta analítica é muito diferente da resposta da fé, porque dando um sentido, nós mostramos que este sentido não é capitalizável, ou seja, aquele que dá o sentido, o psicanalista, não o possui, e que não há instância que seria a do sentido absoluto, nem uma instituição, nem um além, nem um deus. O sentido, diz substancialmente o psicanalista, é construtível. Vamos construí-lo agora, entre nós dois, na transferência-contra-transferência que nos liga, em dado momento você vai reencontrar o «fora do tempo», ou seja, vai romper o contrato: eu vou libertá-lo do contrato que nos liga, você vai libertar-me da sua vinda aqui e das suas transferências, e da sua memória, e da sua história. Não nos vamos somente separar, você vai ficar sem amarras, mas isso vai reenviá-lo ao seu inconsciente que está também fora do tempo, porque é o lugar da desligação, o lugar do desejo com a sua selvajaria, com a sua relação com a morte, com a sua brutalidade. Bom, o que é que vai fazer a partir daí? Vai ter, de qualquer maneira, uma reminiscência da nossa relação, o que se poderá parecer um pouco a um acto de fé, mas esta reminiscência irá conduzi-lo não a ser fiel, mas a ser criativo. Vai refazer tudo como puder: é uma dimensão da criatividade, para além da separação, para além do não-sentido e do vazio, que é uma dimensão psicanalítica, que eu creio ser diferente, mas que não é, contudo, estranha a uma certa experiência mística, no sentido em que o misticismo está em dissidência em relação à instituição e mesmo em relação à fé, é aquele que duvida. Creio, no entanto, que nenhuma mística anterior teve, de maneira tão explícita como a psicanálise, uma visão do homem, diria inconciliado ou irreconciliado. O homem de fé é um homem da conciliação: eu creio em Deus e uno-me a Ele, encontrarei uma consolação, não somente na vida eterna, mas na unificação com a instância do sentido e do poder. Bem, o que a psicanálise mostra é que, fundamentalmente, o homem e a mulher, sendo seres de desejo, e sendo o mais forte o desejo da morte, são seres irreconciliados. Somos seres de conflito. A reconciliação é provisória e não é somente o conflito que nos caracteriza, mas ele faz-nos fruir: é Sade, Artaud, Proust, é a dimensão da fruição que está no irreconciliável do aparelho psíquico. Então, evidentemente, é muito pesado trazer isto connosco! Dir-me-á: mas que saída moral há em tudo isto? Porque, com a fé, tinha-se o proibido, tinha-se a lei moral, ela poderia ser restritiva, mas ela, de qualquer maneira, estava lá! Que moral há neste homem irreconciliado que é o da psicanálise? Bem, é uma lei moral da invenção, da criatividade, que nós não estamos preparados para enfrentar e que, sem ser o imoralismo de Nietzsche, remete-nos para a necessidade de inventar uma moral a cada instante.

O seu trabalho linguístico, que parte de exemplos históricos em diferentes culturas, comporta um enorme potencial político, como é que o concebeu?

Interessei-me pela linguística numa óptica materialista, e isto pode surpreender porque não se tem o hábito de entender a língua como uma matéria, mas os escritores compreender-me-ão. Proust dizia que quando escrevia se encontrava perante uma nova matéria, refrescante e rosa, ele chamava à língua uma matéria. Bem, para mim, interessar-me pela língua é uma maneira de abordar de modo material o espírito. Quando comecei os meus estudos de linguística nos anos 1960-1970, havia várias correntes abrindo um acesso material, portanto concreto, à língua, entre as quais, por um lado, a linguística saussuriana que deu lugar ao estruturalismo, com Jakobson e o formalismo russo, e, por outro, a linguística chomskiana, a gramática generativa e a linguística da enunciação com Emile Benveniste que me marcou muito. Estas diferentes correntes disputavam a primazia do saber sobre a língua. O estruturalismo foi florescente nos anos 60, e nomeadamente a linguística estrutural tal como Roman Jakobson a desenvolveu em relação à linguagem poética. A linguística chomskiana de inspiração cartesiana, mas essencialmente interessada pela síntese gramatical, pelo acto sintáxico e pelos desenvolvimentos ao mesmo tempo lógicos e semânticos que isso supunha, tinha igualmente os seus adeptos. E, depois, sentia-me muito particularmente atraída pelo trabalho de Emile Benveniste, que se tornou um grande amigo e que me encorajou muito; infelizmente morreu muito cedo. Fundámos juntos a Associação Internacional de Semiologia nos anos 1968-1969, se a memória não me falha. Ele era um dos raros, talvez o primeiro, finalmente talvez também o único linguista a interessar-se no lugar da linguagem pela descoberta freudiana. Consagrou a este tema um texto memorável («Remarques sur la fonction du langage dans la découvert freudienne»[6]) e fez um comentário sobre o lugar da linguagem no inconsciente que é muito diferente da concepção lacaniana, mas que abre perspectivas nunca antes superadas. Interessou-se muito por aquilo a que ele chamava a linguística da enunciação, ou seja, a criação do sentido na interacção do diálogo: aquele que fala dirige-se a um outro e os pressupostos da resposta do outro influenciam o sentido que eu vou dar à minha palavra. Isto é extremamente importante e deveria ser retomado neste tempo em que os estudos linguísticos não são também ideologicamente valorizados: há ainda muitas coisas a descobrir. Interessei-me, então, pelos estados-limite da linguagem e analisei dois a partir dos anos 60. O primeiro é a aprendizagem da linguagem pelas crianças, ou seja, um período e uma estrutura da língua, em que ela ainda não existe, onde se gera a partir de melodias, de lengalengas; chamei a este estado «semiótica» precedente, o que eu chamo «o simbólico», ou seja, o estado em que se começa a ver os signos que se dirigem aos objectos, que comunicam

---

6   *Observações Sobre a Função da Linguagem na Descoberta Freudiana* (N.T.).

com as pessoas e que se constroem em sintaxe. O segundo estado-
-limite que eu quis pôr em evidência é o da destruição da linguagem
na psicose. Estes dois limites da linguagem permitiram-me, parece-
-me, compreender melhor o lugar da linguagem nas experiências literárias modernas. Porque é evidente que os textos literários, tal como
se apresentam mais particularmente desde o fim do século XIX, de
Mallarmé e Lautréamont até aos surrealistas e Artaud, surgem muitas
vezes como materiais esotéricos que são facilmente incompreensíveis
para um simples mortal. Ora esta incompreensão, este incómodo,
deve-se ao facto – é a minha hipótese – de se se tratar de uma experiência psíquica limite, a experiência da dor, a experiência depressiva,
mas também extática, a par da psicose e talvez do autismo, se se entender por autismo uma exuberância sensorial que tem dificuldade em se
exprimir. Para entrar nestas línguas que constituem mundos muitas
vezes em retirada da comunicação, é necessário poder entrar na carne
da língua: interesso-me, portanto, pela linguística para, na realidade,
realizar pesquisas acerca dos objectos que não são objectos linguísticos propriamente ditos. Donde a semiologia que, como Saussure a
definiu no fim do século XIX, dá-se como objecto de práticas humanas à base da língua mas que não se reduz à língua da comunicação.
Quando pega num poema de Mallarmé ou num texto de Artaud,
é a língua, mas entende-se imediatamente que eles não visam uma
comunicação imediata. O que é que eles visam? Uma «cifração meló-
dica [...] com as nossas fibras», diz Mallarmé, ou seja, uma transla-
ção da vida sensorial muitas vezes inominável num tecido da língua.
Para compreender estes estados da língua foi-me necessário passar
pela linguística, mas também sair. Lembrar-me-ei sempre do meu
primeiro encontro com Chomsky há mais de vinte anos. Estávamos
com Jakobson, disse-lhe que me interessava pelo estilo, e ele disse-me
imediatamente que o estilo não é um objecto linguístico. Infelizmente! A mim, o que me interessava era, passando pela linguística,
encontrar o estilo, ou seja, a expressão de uma experiência subjectiva
no material da língua, no lugar onde a língua se torna carne como
dizem os textos. E por isso foi-me necessário nunca abandonar os
textos literários que, de resto, interrogam a linguística e a obrigam

por vezes a articular-se. É, portanto, um tipo de linguística em acção que me parece cada vez mais necessário desenvolver, assim como em relação com a clínica como na teoria. Assim, quando abordo as experiências psíquicas, questiono-me como decifrar o sentido deste ou daquele discurso difícil, ou mesmo incompreensível, em relação com as experiências estéticas tornadas no meu objecto de predilecção.

Fala da importância do feminino, da experiência sensível, como antídoto à racionalização técnica, à brutalização da vida profissional e privada mas também na economia – um facto que já foi tratado por Denis de Rougemont – e mesmo do papel fundamental das mulheres na sobrevivência do nosso planeta?

 Sim, tentei abordar a questão da contribuição das mulheres na cultura contemporânea após os movimentos feministas, dos quais já falámos, essencialmente sob dois aspectos: a relação das mulheres com o sentido e a relação das mulheres com a sobrevivência da espécie. O sentido, já o dissemos muitas vezes, é o nosso sagrado, é o que caracteriza a espécie humana. A relação com o sentido designado como sagrado pode ter duas vertentes: a vertente sacrificial e a vertente da fecundidade. Encontramos, claramente nas línguas indo-europeias, os dois sentidos da palavra sagrado; mesmo em grego antigo, como Benveniste mostrou, existe esta dupla significação do sagrado no sentido de sacrificado, que remete para os ritos de sacrifício e para o sentido da força, da procriação ou da vitalidade. As mulheres têm, em tudo isto, uma atitude específica. Primeiro, por tudo o que é sacrifício, pensamos que o sentido é o que se perfila quando abolimos o corpo: sacrifica-se uma planta, sacrifica-se um animal para estabelecer uma relação vertical, que é o sentido deste animal ou desta planta, por Deus e, ao mesmo tempo, uma relação horizontal, que é o pacto de irmãos sacrificando-se entre si. Cada palavra tem esse valor: abandona a coisa, retornando a um sentido pode ser, no limite, considerado como divino e estabelece ao mesmo tempo uma comunicação. O que é então sacrificado é o objecto sensível e a sensibilidade, os psicanalistas dirão o impulso, mas igualmente toda a sensorialidade. Quando eu digo mesa, eu não vejo todas as mesas, não as sinto, não as toco, não escuto os seus ruídos, é o sentido da palavra mesa que aparece. Apreende-se, portanto, muito bem a dimensão sacrificial que existe na linguagem. A mulher, como toda a gente, está nesta dimensão sacrificial, mas nesta diferença essencial próxima: na medida em que há uma grande proximidade com a sua mãe, que é do mesmo sexo, e com a qual estabelece inicialmente relações de osmose que não encontra a seguir, uma vez que ela muda de objecto – o homem – produz-se uma mutação que conserva a relação com a mãe no refluxo. Veja que o lugar do sensorial permanece no ser feminino extremamente grave, repelido mas trabalhado, quero dizer, em profundidade. É uma dimensão que as mulheres vão trazer na sua experiência do sagrado e também da cultura: uma valorização do sagrado enquanto ele remete para o corpo sensível, um corpo que Baudelaire descreverá como corpo perfumado, como corpo poroso, e que é o corpo ligado ao paraíso da infância e à osmose com o maternal. A outra dimensão a que quero retornar, que tem a ver com as mulheres, é a da reprodução. Estamos num universo onde todo o tipo de técnicas foram colocadas à disposição dos homens e das mulheres. A nossa geração conquistou a pílula, a maternidade já não é nenhuma maldição, nem um destino, é uma escolha. Mas há também manipulações genéticas, reproduções artificiais, clonagens, etc. Neste contexto, constata-se que muitas das mulheres desejam a maternidade, não somente porque, como Freud disse, é uma maneira de obter o pénis e o poder, mas também porque isso as reaproxima da sua mãe, do seu corpo sensível e da sua criatividade. Não sabemos o que dizer desta necessidade de maternidade nova, digo «nova» porque é escolhida. Não sabemos o que dizer do desejo, no sentido sensorial do termo, a não ser que muitas mulheres têm de dar nascimento a uma vida, acto que supõe a vocação cultural que consiste em transmitir uma civilização, o sentido de uma linguagem, de uma cultura, etc. Todo este trabalho de acompanhamento da maternidade tem uma necessidade na nossa civilização. E é qualquer coisa que vai ter um grande peso nos anos futuros porque, parece-me, não é necessário deixar às religiões fundamentalistas o cuidado de manter a natalidade como prerrogativa dos homens e das mulheres. Por agora, só o papa e alguns religiosos se batem por isso, e a maior parte dos laicos ou subestimam a questão, ou consideram que ela se resolverá por si só. Penso que é uma grande responsabilidade que temos; e o desejo de as mulheres permanecerem as mães da humanidade, amando os homens, é talvez uma das maneiras mais sólidas para resistir à robotização.

Associa a maternidade ao sagrado numa relação a Maria, a Mãe, o que é muito raro!
Eu sou de origem ortodoxa e, por vezes, questionei-me se a minha insistência em Maria não era um tipo de atavismo, porque se sabe a importância que ela tem na Igreja ortodoxa. Eu digo isto para ter algumas atenuantes, mas não passa de uma ironia; penso, de facto, que Maria é uma figura extremamente interessante da qual ainda não fizemos uma arqueologia. Vimos, com Simone de Beauvoir e com todas as feministas, os elementos negativos que comporta em relação com o sacrifício do corpo; é uma virgem, o que quer dizer uma censura na sexualidade feminina no cristianismo através da figura de Maria, o que já foi dito e denunciado, não vou contra isso, e partilho claramente desse ponto de vista. Não obstante, há vários elementos no mito de Maria que estão para além do refluxo, do lado da sublimação e da valorização da vocação cultural da maternidade, que não são levados em conta e que me parece importante repensar. Há, por exemplo, o horror do feminino. A mulher é uma figura que suscita temor, e como prova há os mitos de Medusa e de outras feiticeiras. Será porque o corpo feminino, sem sexo visível, remete para a imagem da castração? É uma hipótese que é necessário levar a sério. Deve-se ao poder da mãe sobre o filho, donde o medo da omnipotência maternal? É uma outra dimensão. Tentei dar conta de todos estes assuntos numa exposição que o Louvre me deu o prazer de me encomendar no ano passado e que eu dediquei ao tema da decapitação. Antes da figura de São João decapitado, a nossa civilização mostra-nos Medusa decapitada e há muitas imagens que nos remetem para essa necessidade que o ser humano tem de se separar de um poder imaginário atribuído à mulher. Ora a virgindade é um fantasma controlado pela cristandade para apaziguar o medo do feminino; isto veio provocar uma desconsideração sobre a sexualidade

feminina, mas também apaziguou igualmente o artista que começou a pintar o rosto da mulher e o corpo da mulher. Chegámos, assim, a uma desinibição da representação do corpo feminino e do corpo em geral. Poder-se-ia desenvolver longamente como a oralidade desculpabilizou o direito do filho sugar o seio da mãe virgem, desculpabiliza-o da sua relação edipiana com o pai e permite a sua representação. Não há arte cristã sem o mito de Maria: é, portanto, uma dimensão extremamente rica, na qual não poderemos entrar em detalhe, mas gostaria de sublinhar esta pista. Há, além disso, o grande problema do sacrifício inelutável na vocação maternal que consiste em se separar do seu filho. Evidentemente, tudo isto pode dar um certo tom de miserabilismo e de masoquismo feminino, toda a gente o sabe e o deplora. Não obstante, esta criança, que é uma parte de mim, vai-se tornar integralmente num sujeito. A criança é um objecto, diz-se, mas não é um objecto erótico, não é um objecto de puro pensamento, é o objecto de sublimação por excelência, e as mães fazem-no miraculosamente, sozinhas, libertam-se do seu narcisismo porque trazem no ventre uma criança. Elas próprias afastam-se do prazer ou do ódio que essa criança significa em relação ao marido, e deste objecto erótico elas fazem um ser autónomo. Estamos no alvor da relação entre alguém e o outro. É um milagre que um indivíduo humano chegue até aqui, e são as mães que o conseguem. O cristianismo tentou pensar nestas coisas. Temos os *Stabat Mater*, é extraordinário! Será que temos, hoje em dia, nós laicos, o sentimento de possuir aí um tesouro, será que temos consonâncias modernas? Nada é menos certo...

Falou-se da perda do sagrado a partir do Iluminismo, Diderot, Descartes, Pascal. Como é que entende hoje esta ausência de metafísica, de transcendência, não somente nas ciências humanas, mas também na política, na vida quotidiana. É o que nos falta?

Não iria mais longe que Hannah Arendt tal como a li e, talvez, como a interpretei. Como sabe, uma das ideias-chave da sua obra é que o totalitarismo, que é ao mesmo tempo estaliniano e nazi, assenta em duas coisas: a destruição do pensamento e a destruição da vida humana.

São dois fenómenos que encontramos de maneira diferente, mas convergente, nas duas fases do totalitarismo. Será a perda da transcendência, a perda do sagrado que permitiu esta dupla destruição? A escola transcendentalista americana diz que é a secularização, a perda de Deus, que conduz ao totalitarismo. E a resposta de Hannah Arendt é muito subtil: por um lado, a secularização é um movimento que surge pelo menos na Idade Média, pode-se, portanto, assimilar os horrores do mundo moderno unicamente à perda de transcendência; por outro lado, foi esta mesma perda de transcendência que abriu os horizontes e engendrou as liberdades; finalmente, aqueles que tentam fazer que regressemos a Deus para combater os horrores do mundo moderno, fazem uma utilização niilista de Deus. Porquê? Porque eles servem-se de Deus como se ele fosse um valor. Nós perdemos valores e encontramos, então, um valor em Deus, ora nada é mais niilista do que considerar o sagrado como um valor. O sagrado, se é autêntico no sentido em que tentei expô-lo através da experiência estética e psicanalítica, é a inquietude humana, é a possibilidade de interrogar o sentido e de fazer um lugar de renascença permanente. Trazer valores divinos, sagrados e estereotipados para as instituições religiosas como antídoto aos impasses modernos é uma diligência niilista que trai o sentido forte do sagrado.

Falou da mundialização, ou globalização como dizem os Ingleses, de uma maneira muito crítica, particularmente no que concerne à ameaça que faz pesar sobre o mundo o neo-liberalismo furioso dos Estados Unidos.

Sou ao mesmo tempo admirativa e circunspecta em relação à cultura americana. Admirativa, porque sou seduzida pela sua hospitalidade, a sua abertura ao estrangeiro, pela sua curiosidade, no sentido que dá acesso à educação a cada indivíduo. Tudo isto é indiscutível e há elementos da globalização que vão nesse sentido: abertura das fronteiras, cosmopolitismo, mais informação que nos permite comunicar com toda a gente. Trata-se de um conhecimento que não é necessário diabolizar, digo-o tanto mais fortemente quando há, claramente em França, tendências a que chamamos soberanistas que consistem em inclinar-se perante conhecimentos que se crêem sagrados, procedentes do jacobinismo francês e que me parecem excessivamente regressivos e muitas vezes extremamente nefastos. Por outro lado, devemos estar vigilantes quanto ao que eu chamaria uma militância esquemática que resulta de uma tendência maior da cultura americana para assimilar os elementos da cultura europeia para os traduzir em valores que se trata de opor a outros. Perde-se este sentido que nós temos na Europa do debate, da colocação de questões, do aprofundamento, de inquietude. Torna-se imediatamente um valor mais ou menos compatibilizável pelo computador, há aí qualquer coisa de terrivelmente limitativo que me perturba cada vez mais! E, depois, há também na globalização uma traição da ideia cosmopolita, porque no ideal a globalização deveria ser o cosmopolitismo de Kant, ou seja, a pluralidade das culturas, mas chega-se muitas vezes à destruição desta pluralidade em proveito de uma só cultura, que é evidentemente a cultura americana. Se é este sentido que prevalece, então creio que somos suficientemente numerosos para nos opor e ir ao contrário na direcção de uma ideia que é, também, uma ideia de Arendt e que seria a pluralidade cultural.

Se pensarmos em teólogos como Jean Guitton e Urs von Balthasar na Suíça, ou Jacques Maritain, devemos considerar que a escatologia cristã mudou com a dessacralização do cristianismo?

Sim, sem dúvida… Ela mudou com a dessacralização no sentido em que se coloca em causa a instância absoluta do divino. Se é a tendência que seguem todos os pensamentos da desconstrução, é antes um conhecimento adquirido. Por outro lado, parece-me que essa dessacralização conservou, pelo menos, dois elementos da escatologia cristã que me parecem essenciais e que são os sentidos da singularidade tal como se pode ver em Duns Escoto por exemplo, e a importância do nascimento como começo. Isto pede talvez alguns esclarecimentos… Entre os pontos fortes que reteria da escatologia cristã, tais como partem em busca de uma liberdade moderna, há a tónica colocada no singular: encontramos isso em Duns Escoto que, como sabe, insistia no facto em que não havia valores universais nem lógica nominal, e que o único valor está na realidade concreta de cada homem *sui ecce*. E é esta singularidade que o acto de designação, *sui*, mostra de maneira exemplar. É qualquer coisa que não se desmentiu na tradição cristã, que permanece a nossa herança para além da dessacralização e que constitui o essencial dos direitos do homem. Seguidamente, há a noção fortemente desenvolvida por Santo Agostinho do nascimento como fundamento ontológico da liberdade. Se o nascimento é o que é fundamental na liberdade, ou seja, a possibilidade de começar, como cada ser humano começa a espécie ao vir ao mundo, eu começo a liberdade iniciando um novo acto, levanto-me desta cadeira, ou começo a escrever um romance, ou começo a responder às suas questões, todos estes elementos de começo são reiterações do facto de ter nascido. Esta junção entre o acto de liberdade e o acto de nascer está no fundamento do encarnacionismo cristão. Julgo que esse valor, a que não chamarei valor mas mensagem, ou questionamento do cristianismo, não foi desmentido; afirmou-se pelo contrário, parece-me, através da dessacralização, se o entendermos, não no sentido do ateísmo chão, mas no sentido de um pensamento interrogativo.

Disse que na nossa modernidade perdemos a definição positiva do que qualifica a humanidade. A questão: «o que é a humanidade?» coloca-se de uma maneira cada vez mais premente.

Sim, porque temos uma definição negativa da humanidade. Por exemplo, fala-se de crime contra a humanidade, e de repente damo-nos conta que a humanidade existe, mas ao contrário. Não temos valores positivos a não ser aqueles que eu acabo de indicar e que são a herança do cristianismo laicizado: a singularidade e a liberdade do nascimento – do começo.

Se pensar em Teresa D'Ávila, em Octavio Paz com o seu grande ensaio sobre o amor, ou em Emmanuel Levinas, considera que a experiência amorosa está ligado ao simbólico, ao imaginário e ao real?

Tenho-me interrogado muito sobre a relação amorosa porque – como dissemos no início desta nossa conversa – é um dos dados essenciais do pensamento ocidental, mas também porque Freud tomou o

amor como fundamento da relação analítica. Transferência-contra-
-transferência, isto quer dizer relação amorosa. Então, porque é real, ima-
ginária e simbólica? São termos de Lacan, mas que eu retomo à minha
maneira, porque há o acto simbólico, que é o contrato, o compromisso de
dois amantes, há o imaginário, que é a possibilidade a partir deste pacto
de desenvolver discursos livres que nos remete para as nossas próprias
fantasias e que podemos comunicar àqueles que nos amam, como não
podemos comunicar a outros, sendo, portanto, um espaço de revelação
fantasmática de si ao outro, ao interior da relação amorosa, e há o real que
é o erotismo que se desenvolve, que atinge o seu fim na noite de agressivi-
dade e de violência que os amorosos enfrentam.

**As frentes que se levantaram na luta do positivismo, desde Auguste
Comte até Karl Popper no século XX e Jürgen Habermas hoje, na discussão em torno da ciência e do processo de conhecimento já não têm
um papel na era pós-moderna. Por que são substituídos?**
Não tenho a certeza de seguir essas ideias em relação ao pós-
-modernismo. Creio compreender do que se trata, mas tenho antes o
sentimento que essa ideia consiste a interrogar-se sobre o que nos resta depois da passagem de um certo *avant-gardismo* muito puro, muito
formal... bom, resta-nos apenas reavaliar toda a tradição. Penso numa
frase de Proust que dizia «um autor contemporâneo é completamente
autor, e é apenas um só». Em certa medida, de Homero a Proust, é um
só criador, o que pode parecer muito ambicioso e muito paradoxal, mas
eu creio antes nisto, ou seja, no facto de que a criatividade contemporânea
envolve toda a tradição analisando-a e refazendo-a à sua maneira.
Mas não estamos separados do passado, não cai do céu. Uma contestação radical é uma reavaliação que conhece as suas fontes e se não
fizermos isto, não se faz nada.

**Como explica a origem da linguagem na história da evolução humana?
As especulações filosóficas a este propósito nunca pararam, as crenças
religiosas atribuem a origem, o mundo animal, à potência divina.**
Digo-lhe que a linguística foi fundada a partir do momento em que
se proibiu essa questão. A Sociedade de Linguística de Paris inscreveu

nos seus estatutos que se é linguista quando não se coloca a questão da origem da linguagem, portanto, para mim, essa questão não se coloca mais do que qualquer outra questão sobre a origem. Por outro lado, de um ponto de vista psicanalítico, sou confrontada com a questão de saber por que razão certas crianças acedem à simbolização enquanto outras não chegam a elaborar a linguagem. E, aqui, encontro-me perante dois parâmetros. Há o parâmetro biológico no qual, infelizmente, não se sabe grande coisa, mas pode-se legitimamente supor que existe um certo equipamento adequado que permite ou não a aquisição do simbolismo. E, depois, há uma dimensão, que Melanie Klein, na qual eu trabalho presentemente, foi a primeira a examinar, que consiste em dizer que o homem, contrariamente ao que disse Freud, não é um utilizador de símbolos, mas um criador de símbolos. Como? Ela viu isso a partir da relação da criança com a sua mãe, e essa relação remete para o feminino e para o lugar cultural e civilizacional as mãos que não são simples geradoras, mas transmissoras da cultura. É uma maneira de poder e ao mesmo tempo tranquilizar o outro, dar-lhe confiança, e também separar-se, jogar na gratificação e na dor. Melanie Klein tem insistido muito na parte da dor, da separação ou do vazio, falou da depressão a propósito da génese do símbolo, mas como compreenderá a seguir esta dor e esta depressão devem ser muito moderadas, como o cravo bem afinado, para que isto seja um símbolo e não uma doença. E as mães têm, aqui, um papel extremamente importante; é antes nesta óptica que situarei a pesquisa e não numa mítica origem.

«A ideia de me dissolver no nada não me inquieta»

Claude Lévi-Strauss

Claude Lévi-Strauss (nasceu em Bruxelas em 1908, de pais franceses) é uma das principais figuras interculturais do nosso tempo, um dos antropólogos mais importantes do século XX e a sua influência transcende largamente os limites da sua disciplina. Empreende primeiro estudos de filosofia e passa a agregação. A sua carreira como etnólogo inicia-se em 1934, quando é qualificado de estruturalista e é convidado para ensinar em São Paulo, onde ficará até 1939. Organiza a sua primeira expedição aos índios Nambiquaras do Brasil, expedição que narrará mais tarde em *Tristes Tropiques* (Plon, 1955). A partir de 1939, reside nos Estados Unidos e durante a Segunda Guerra Mundial conhece em Nova Iorque Roman Jakobson, descobrindo, assim, a linguística estrutural. Toma, então, consciência da fecundidade do conceito de *estrutura* aplicada aos factos sociais.

Regressa a França em 1948 e passa a ensinar na École pratique des haures études. Defende a sua tese de doutoramento em Letras, consagrada aos problemas do parentesco: *Les structures élémentaires de la parenté* (Mouton, 1949) marcando o início da noção de «estrutura» em etnologia.

Em 1958, publica *Antropologie structurale*. No mesmo ano é nomeado professor no Collège de France da cadeira de Antropologia Social. Em 1962 aparece *Le totémisme aujourd'hui* e *La pensée sauvage*. Aplica seguidamente o método estrutural ao estudo dos mitos. *Mythologiques* aparecem em quatro volumes nas edições Plon: *Le cru et le cuit* (1964), *du miel aux cendres* (1967), *L'origine des manières de table* (1968) e *L'homme nu* (1971).

Em 1973, Lévi-Strauss é eleito para a Academia Francesa. Publica em 1975 *La voie des masques*. Continua a ensinar no Collège de France até 1982, data em que se jubila. Continua a publicar as suas obras: *Le regard éloigné* (1983), *La potière jalouse* (1985), *De près et de loin* (1988) e *Histoire de Lynx* (1991). Entre outros títulos tem publicados em Portugal *A Oleira Ciumenta*, Edições 70, 1987; *Mito e Significado*, Edições 70, 2007[2]; *Tristes Trópicos*, Edições 70, 2008[2].

Claude Lévi-Strauss, o senhor considera que as culturas ocidentais devem decidir-se a aprender com as culturas qualificadas como «primitivas» e com os seus mitos no seio dos quais o sentido da religiosidade se exprime tanto como a potência original da criatividade humana, como o fizeram notar Lévy-Bruhl, Paul Radin em *The World of the Primitive Man*, e também Michel Leiris.

Creio que são menos as nossas culturas que são chamadas a fazê-lo do que os nossos modos de pensamento filosófico e científico, porque estes evoluíram numa outra direcção. Devemos compreender que o homem enraizado no mito, com os meios que o caracterizam, coloca precisamente as questões que são as nossas, as quais esperamos que as disciplinas científica separadas as resolvam. O trabalho sobre os mitos encorajou-me na convicção de que os modelos intelectuais, as ideias, as opiniões e inclinações, estão claramente caracterizadas por um parentesco em todos os estádios da evolução.

Em *La pensée sauvage*, o senhor explica que não existe uma clivagem essencial entre a visão arcaica e a visão moderna. Consequentemente, nunca mais teremos o direito de pronunciar juízos depreciativos sobre o mundo primitivo.

Eu nunca afirmei que aquilo era melhor do que isto. Mas enquanto ocidental do século xx, considero que a aproximação científica que se impôs no Ocidente é mais «progressista», mesmo se isso não nos liberta da missão que consiste em estudar outras formas da realidade e a integrá-las nas nossas reflexões.

Não se pode, assim, acusá-lo de ter abandonado, na sua antropologia cultural, a concepção de uma história cronológica a favor de um sincronismo projectado no conjunto do nosso espaço?

Verdadeiramente, não. No meu foro íntimo, considero-me um historiador. Considero, contudo, que para compreender o nascimento e o modo de funcionamento de uma ordem no seio da qual se manifestam diferentes realidades, é necessário saber com precisão de que elementos estruturais é composta.

Nunca mais se pode afirmar, portanto, que as culturas «primitivas» são intemporais ou estáticas e que as sociedades de civilização avançada escapam a uma análise antropológica porque estão submissas ao processo histórico, como observou Roger Bastide.

Não, de todo! As culturas que nós qualificamos como «primitivas» – e que, hoje em dia, praticamente desapareceram – situam-se tanto na história, e confrontaram-se com tantas coisas – guerras, epidemias, emigrações – como as sociedades mais tardias. A diferença real deve-se ao facto de que umas têm interesse pela história esforçando-se por disso tirar proveito, enquanto outras lamentam estar na história e imaginam, com todas as suas forças, que podem ultrapassá-la a bem ou a mal. Mas esta tendência pode também dominar nas sociedades de tradição escrita e não é o único elemento a dar-lhe uma volta particular.

Nunca colocou a possibilidade de estudar a mutação das culturas pré-históricas de que fala André Leroi-Gourhan nas suas reflexões? A sua intenção seria a de estabelecer uma relação entre etnologia e o tempo presente, de a fazer entrar num diálogo com as culturas actuais?

Efectuei apenas alguns estudos que se confrontam directamente com as nossas sociedades. O que aconteceu durante a minha passagem pelo Brasil, quando pedi aos meus alunos para fazerem algumas pesquisas de campo na sua própria cidade, São Paulo. Realizámos conjuntamente toda uma série de estudos sobre a morfologia social, de que se devem ainda encontrar alguns vestígios nos arquivos da universidade local. Em França, não efectuei pessoalmente projectos deste tipo, mas fui o instigador e supervisionei esses projectos. O Laboratório de Antropologia Social que fundei e dirigi publicou amplos estudos sobre algumas aldeias da Borgonha.

Os mitos são na sua opinião paradigmas imanentes que permitem explicar o mundo, como já o tinham questionado os antropólogos Clifford Geertz e Mary Douglas?

Eu não empregaria o termo «imanente». É uma grande palavra e seria necessário começar por se entender a sua significação precisa. Mas os mitos representam certamente uma tentativa de explicar alguns aspectos do mundo corpóreo e do mundo social, relacionando sucessivamente algumas dificuldades que encontram os homens e alguns outros níveis da mesma realidade, revelando, assim, que a mesma coisa se desenrola mais ou menos a todos os níveis.

Comparou os mitos das culturas índias da América do Norte e do Sul à lenda europeia do Graal. Como é isso possível? Pode-se pressupor este tipo de estruturas de parentesco entre culturas muito distantes umas das outras no tempo e no espaço?

É uma questão difícil para a qual não se pode dar uma resposta unívoca. Tudo leva a pensar que os precursores do *Homo sapiens*, por exemplo o *Homo sapiens erectus*, dispunham já de uma linguagem, e o *Homo habilis*, ainda mais antigo, tinha pelo menos algumas formas linguísticas. A partir desse período houve provavelmente mitos cujos rudimentos foram preservados durante muito tempo; é, consequentemente, bem possível que exista uma herança paleolítica que se difundiu através de todo o mundo. E mesmo que nos abstenhamos deste tipo de especulações pré-históricas, o homem possui do mesmo modo um cérebro que funciona sempre da mesma maneira em todo o lado, razão pela qual as concordâncias e as relações transversais entre os conteúdos do pensamento pareçam completamente normais.

Qual foi o papel que teve a obra de Richard Wagner na sua pesquisa sobre os mitos?

Não tenho ideias muito claras acerca desse ponto. O que é verdade é que os meus pais tinham uma grande veneração por Wagner e que me familiarizaram, desde a minha primeira infância, com a sua música e com o seu pensamento. Quando trabalhei nos mitos, muito mais tarde, constatei que Wagner, no tratamento da saga dos *Nibelungos* e de *Edda*, seguiu um caminho que se diferenciava radicalmente do meu. O texto poético propõe já um modelo de interpretação determinado, enquanto a música fornece, no seu próprio registo, uma interpretação quase independente, em si concluída. Eu, pelo contrário, quis mostrar que o mito tem uma estrutura estratificada que se pode unicamente apreender se se observar a vários níveis. Apesar de tudo, o método de Wagner, que consiste em permitir a interpretação literária e a interpretação musical, talvez inconscientemente me tenha servido de modelo.

O mito tem ainda uma significação no nosso tempo cronométrico?

Para explicar os fenómenos físicos, químicos, meteorológicos e outros, os cientistas já não se apoiam no património mítico. Mas, em todo o caso, permanece um domínio que possui mais ou menos o mesmo valor que o mito nas sociedades arcaicas, estou a referir-me à história. A maneira como a sentimos e como a comentamos coloca-nos ainda em posição de reconstituir o passado, de compreender o tempo presente e de modelar o futuro.

As ciências naturais não deveriam também ser movidas por uma metafísica, e mesmo, por vezes, por uma fé, não deveriam aproximar-se do seu objecto com uma certa dimensão poética, no sentido de esclarecer verdadeiramente a capacidade do ser humano e de tudo o que está vivo no quadro da evolução?

Nada posso dizer acerca da metafísica e da fé nesse contexto. Mas é certamente necessário que abordemos todos os problemas, sobretudo os das ciências da natureza, e de todas as criaturas vivas, sejam elas da ordem humana, animal ou vegetal, com um sentido estético. A beleza é uma chave que permite compreendê-las.

Albert Einstein, que nunca deixou de reflectir na relação entre ciência e religião, escreveu num ensaio publicado em 1931, intitulado *Como Eu Vejo o Mundo*: «Saber que existe qualquer coisa que nos é impenetrável, conhecer as manifestações da mais profunda razão e da beleza mais deslumbrante, que são acessíveis à nossa razão apenas sob as suas formas mais primitivas: este conhecimento e este sentimento, eis o que constitui a verdadeira religiosidade... O mistério da eternidade da vida, a consciência e o sentimento da admirável construção do mundo existente, a procura sacrificada da compreensão de uma parte, seja ela também minúscula, da razão que se manifesta na natureza: tudo isto é, para mim, suficiente».

Sim, eu conheço esse passo...

A concepção de Einstein não contém um certo código original para as ciências da natureza e do homem?

Sim e não. Eu faria esta reserva: é verdade que tenho mostrado sempre um grande respeito para com as convicções religiosas às quais consagrei a maior parte do meu tempo; mas, na minha opinião, elas designam e concretizam unicamente o que o homem não compreende. Como ele sabe muito pouco, como ele traz consigo, consequentemente, um sentimento de insuficiência, tenta transformar essa realidade negativa numa realidade positiva à qual acaba por dar o nome de «Deus». Um acto deste tipo traz-lhe uma satisfação intelectual e afectiva. Por outro lado, posso compreender muito bem a atitude de Einstein perante a complexidade e a beleza do universo, perante a globalidade das criaturas que estão à nossa volta. Contudo, o que alguns chamam a «sensibilidade do sagrado», sinto-o apenas, no que me toca, perante uma flor em particular, um animal em particular e esse sentimento é muito vago.

Não existe, portanto, nenhuma contradição fundamental, na sua opinião, entre ciência e fé?

Não. A experiência mostra-nos que existem cientistas notáveis e profundamente crentes. Assim sendo, eu não faço parte desse grupo. A ideia de ser adepto de uma fé é-me absolutamente estranha...

E, no entanto, sinto-me muitas vezes melhor na companhia de crentes do que na de racionalistas.

A sério? Como é que concilia isso?

Os crentes têm um sentido do mistério. Eles vêem ali qualquer coisa de positivo e eu qualquer coisa de negativo. Mas a sua atitude cria, ainda assim, uma atmosfera no seio da qual nos podemos encontrar.

Pode-se defender a tese segundo a qual o homem escapa à algebrização de todos os domínios da vida, e segundo a qual toda a iniciativa que só visa reflectir em termos de medidas matemáticas é inumana, como o indicaram os grandes físicos Werner Heisenberg e Carl Friedrich von Weizsäcker, que também é filósofo? Considera, de qualquer maneira, uma ameaça este modo de observação quantificador e profano que domina hoje não somente as ciências, mas também as artes e a vida quotidiana?

Sim, mesmo se for necessário começar por determinar numa base casuística quais são as consequências. De qualquer maneira, as sociedades tradicionais distinguiam-se em particular por uma comunicação autêntica entre as pessoas, no seio de uma comunidade que nunca seria muito grande. Se, pelo contrário, considerarmos as grandes transformações demográficas às quais estiveram expostas as sociedades modernas, sujeitas a um crescimento explosivo, vê-se efectivamente que as suas componentes qualitativas também se transformaram. E isto levou, entre outras coisas, à perda da autenticidade das relações sociais. Elas são, essencialmente, dirigidas por diferentes instâncias intermediárias que, efectivamente, quantificam e numerizam. Estabelecem-se estatísticas, elaboram-se formulários, efectuam-se recenseamentos, etc. Trata-se naturalmente de um inconveniente, de um defeito das nossas sociedades, que indica a inversão do progresso cujos elogios por vezes se cantam tanto.

Essa perda, que acompanha a destruição das culturas arcaicas e originais, não o entristece? Esta perda de identidade humana?

Deixa-me consternado, porque, do meu ponto de vista, a riqueza e o encanto da humanidade consistem justamente na diversidade de fés, costumes, formas de expressão literárias e estéticas que é capaz de produzir e cujo desaparecimento pude testemunhar de muito perto. Consolo-me um pouco, pensando: alguns elementos tradicionais perdurarão. Mas também: se está na natureza do ser humano produzir este tipo de diferenças, extrairá a mesma coisa em si próprio no futuro, mas não serão os que conheci e gostei. Assim sendo, terá perdido pelo menos este estado de uniformidade em que parece considerar-se hoje como a vítima.

Em todo o seu trabalho de cientista e escritor, concentrou-se nas pequenas culturas sem escrita na evolução do homem. Representou-as na sua autenticidade e na sua humanidade. Há já cinquenta anos, em *Tristes Trópicos*, lançou um alerta contra a pressão destruidora da «monocultura» da civilização ocidental. Esta invasão global da técnica, que ainda progrediu desde então, não estará em vias de eliminar totalmente a percepção e a sensibilidade do ser humano?

É um perigo bem real. Mas a sensibilidade encontrará provavelmente outros meios de se exprimir, porque a espécie humana existe desde tempos imemoriais e tem provado sempre que a sensação faz parte dos elementos essenciais da sua natureza. Não há nenhuma razão pela qual ela deveria dirigir-se ao futuro de uma maneira diferente. Simplesmente já não vemos em que domínios a sensibilidade se manifesta hoje em dia e ignoramos sob que forma se apresentará um dia.

Sob a forma de arte, na literatura, na pintura, no cinema. E, no entanto, permita-me que insista: a homogeneização técnica que se constata a todos os níveis da realidade não confluirá numa perda do que se designa comummente como a relação sensível e intelectual entre os seres humanos – assim como nas culturas «periféricas», tanto em Madagáscar como no Brasil ou na Bolívia, por exemplo, ou connosco, suposto centro do mundo?

Certamente, mas se pudéssemos falar dos domínios nos quais esta relação aparece, não trariam mais nada de novo. E se, nesse instante preciso, novos domínios aparecessem, não teríamos, ainda assim, nenhuma ideia. Revelam-se de uma maneira que nós ignoramos ou que nós recusamos, precisamente porque contradiz os nossos hábitos, a nossa educação e a vida que tivemos até aqui.

Haverá no futuro um verdadeiro diálogo intercultural, como um *kairos* da nossa época? Ou será que isso permanece ainda como uma utopia?

Penso que os diálogos interculturais têm sempre existido, porque nenhuma cultura nunca esteve totalmente isolada das outras: elas têm sempre mantido uma comunicação e uma troca. Neste sentido, em certas épocas, esse diálogo tomou uma forma mais intensa do que ao longo da nossa, apesar dos meios de comunicação de que nós dispomos hoje em dia. Desde a Renascença até ao século XVIII, a vida intelectual europeia foi extremamente marcada por todo o tipo de inter-relações entre diferentes países. Tudo isto abriu infelizmente a via a uma pseudofilosofia; o diálogo intercultural tornou-se numa hipocrisia internacional.

O que significa que os meios electrónicos, a internet e o ciberespaço não são feitos para encorajar o diálogo intercultural...

O mundo contemporâneo não sofre de falta, mas de um excesso de comunicação. As possibilidades técnicas que menciona são indiscutivelmente úteis à pesquisa, mas prejudicam o diálogo intercultural.

Dever-se-ia, para o próximo século, criar uma ética universal, que constituiria um tipo de contrapeso a esta mundialização tantas vezes invocada? Ou negar-se-ia assim a pluralidade das culturas nas quais se reflectem as diferentes características do ser humano, tais como a evolução as produziu, como se questionava também o antropólogo Marshall Sahlins?

A sua questão está directamente ligada ao excesso de comunicação que eu mencionei há pouco. Em períodos anteriores, tendo em conta as distâncias geográficas entre culturas, não era assim tão fácil estabelecer uma comunicação, razão pela qual cada uma destas culturas podia desenvolver as suas próprias concepções morais e os seus próprios costumes sem impedir os outros. O homem actual, pelo contrário, é confrontado com um problema: outras culturas estranhas instalam-se na sua pátria e mesmo na sua vizinhança imediata, e ele dificilmente as suporta. Tenta escapar a este mal-estar aspirando a uma ética universal aplicável a todos os seres humanos. Mas ela seria artificial – exactamente ao contrário da ética em certa medida natural de uma cultura modelada através dos séculos ou de milénios e que integra normas concretas. Os direitos do homem, por exemplo, foram definidos com precisão na constituição americana e na constituição francesa. Hoje, descobre-se permanentemente novos direitos e a própria noção de direitos do homem dilui-se ou se torna nula e sem qualquer efeito na medida em que se subordina a certos interesses. A propósito de uma ética universal, estaríamos, sem dúvida, de acordo sobre a fórmula segundo a qual todos os homens têm o direito de ser felizes. Um tal estado seria certamente desejável, mas ao qual, do meu ponto de vista, nunca se chegará.

Mas qual é então o seu ponto de vista sobre a ideia de dignidade humana, que tem um grande valor não somente na tradição filosófica do Ocidente, mas também nas doutrinas asiáticas, no hinduísmo, no budismo, no confucionismo e nas culturas sul-americanas, de que já falou Georges Dumézil?

Para mim, a dignidade do homem tem, por princípio, o facto de ser uma criatura viva. Se, consequentemente, ele tém certos direitos, eles não se distinguem dos de outras criaturas vivas. É nesta perspectiva que devemos considerar os problemas com os quais ele é hoje confrontado. Porque logo que ele se concebe como uma entidade isolada face à restante Criação – eu emprego este termo para ser mais simples – vê-se abrir estes abismos que temos por toda a parte à frente dos nossos olhos e que tocam profundamente o próprio ser humano.

O homem moderno não terá muito a perder se se afastar da ordem natural e cósmica aqui em baixo? O seu mundo tal como é descrito em Agostinho e em Tomás de Aquino poderá existir sem uma ideia de além?

Efectivamente, o homem deve conceber-se a cada instante como parte da ordem cósmica e creio que é esse sentimento que o conduz no caminho da sabedoria. Mas também é necessário ter em conta o facto de que a ordem cósmica se manifesta a vários níveis. Aparece igualmente nos ritmos cíclicos dados pelo sol e pela lua que, entre nós, regem a relação entre o despertar e o sono, e regulam as funções orgânicas. Além disso, o tempo necessário para viajar até à Lua é um aspecto da ordem cósmica. É a razão pela qual não se pode dizer que o homem se distingue totalmente. Desloca-se, pelo contrário, de um nível da ordem cósmica para um outro.

Considera, portanto, a conquista do espaço como um outro passo construtivo na evolução da humanidade?

Sim, parece-me interessante e importante, mesmo que não seja necessário atribuir-lhe um valor excessivo. A viagem para a Lua ou para Marte dá-se num círculo relativamente estreito em volta da Terra e não representa estritamente nada ao lado das distâncias cósmicas que se medem em milhões de anos-luz. O que aparece como um grande acontecimento em relação à nossa história dissolve-se rapidamente na extensão dos espaços siderais.

A existência do ser humano é colocada sob o signo da morte, como disse Philippe Ariès, e de uma interrogação: o que é que o espera depois? As ciências da natureza não dão nenhuma resposta sobre este ponto. Como é que se pode acomodar no nada que o ameaça?

Está a falar com um homem que já ultrapassou os noventa anos e que está muito próximo dessa fronteira. Confesso que a ideia de me dissolver no nada não me deixa à vontade. Mas essa ideia já não me inquieta.

O amor, a metafísica do amor, por exemplo nas obras de Octavio Paz, de Emmanuel Levinas ou de Denis de Rougemont, seriam capazes de dar um sentido à vida?

Não sei. Estou firmemente convencido que a vida não tem nenhum sentido, que nada tenha algum sentido. Se me quer levar para as concepções religiosas, responder-lhe-ei que apenas sinto afinidade com uma única grande religião: o budismo.

O budismo?
Porque não conhece um Deus pessoal e, por outro lado, porque defende ou tolera a ideia de que não há sentido, que a verdade última está na ausência do sentido, no não-sentido. Este tipo de fé, posso aceitar sem dificuldade.

«Há muito mais dignidade no mendigo...»
Federico Mayor

Federico Mayor Zaragoza (nasceu em Barcelona em 1934) foi Director-Geral da Unesco de 1987 a 1999. Desenvolveu no seu mandato o programa «Cultura de Paz na Unesco» e conseguiu que a Assembleia-Geral das Nações Unidas declarasse o ano 2000 «Ano Internacional para a Cultura da Paz». Apoiou a iniciativa que levou, a 10 de Novembro de 1998, à proclamação pela Assembleia-Geral das Nações Unidas os anos 2001-2010 «Decénio Internacional Para a Promoção de Uma cultura de Não-Violência e da Paz em Proveito das Crianças do Mundo». É membro do comité de patrocínio da «Coordenação Internacional Para o Decénio de Uma Cultura de Não-Violência e da Paz». Com um doutoramento em Farmácia, torna-se, em 1963, professor de Bioquímica, primeiro na Universidade de Granada e, depois, na Universidade Autónoma de Madrid. Especialista em metabolismo cerebral e em patologia molecular do recém-nascido, é autor de várias publicações científicas. Durante este período, lança os termos de um plano nacional de prevenção do atraso mental. Antes da sua nomeação para o lugar de Director-Geral da Unesco, Federico Mayor era ministro da Educação e da Ciência em Espanha, assim como deputado no Parlamento Europeu. Publicou paralelamente quatro livros de poesia e vários ensaios. Depois de ter cumprido dois mandatos na Unesco, o professor Mayor criou em Madrid, em 2002, a «Fundação Para Uma Cultura da Paz», da qual é presidente.

Poderá existir na nossa época uma «política interior mundial»? Se essa política é desejável estará em vias de instauração com um mundo multipolar?

Infelizmente, creio que vivemos uma situação exactamente inversa. Depois desse momento maravilhoso que foi a queda da União Soviética, pensamos que chegou o momento de reflexão. Cremos ser possível abrir novas vias económicas, particularmente em relação aos aspectos sociais do desenvolvimento mundial. Infelizmente, essa política interior mundial que evocou foi abandonada ao mercado. Os países que continuaram confinados durante anos ao silêncio e à obscuridade acreditaram que as suas vozes iam ser levadas em conta e que um dia iam existir. Depois de terem saído desse sistema terrível, acreditaram que seriam acolhidos pela democracia mundial. De facto, não foram acolhidos senão pelos homens de negócios, actores desta economia de mercado que tanto elogiaram, que os trataram como homem e mulheres de negócios.
Dez anos mais tarde, não existe nenhuma correcção a este processo de economia de mercado, nem no plano social, nem no plano da democracia. O mesmo acontece em relação aos tigres ou dragões asiáticos, que não eram animais ferozes. Era tudo maquilhagem. Os capitais eram exteriores, os accionistas eram exteriores. Não se tratava de maneira nenhuma de política interior mundial, mas de uma política imposta do exterior por certos países.

É por essa razão que eu creio que se deve evitar falar imediatamente de mundialização. Esta noção é uma armadilha. Alguns actores mundiais quiseram saquear o mundo através do instrumento da economia de mercado. Muitos países estão, com efeito, «mundializados», ou seja, não têm nenhum horizonte, nenhuma esperança de libertação. No alvor do terceiro milénio não se trata de mundialização, mas sim de pobreza.

Por outro lado, um certo número de dirigentes no mundo tenta uma nova partida através do que se chama uma terceira via. Encontram-se entre eles chefes de Estado ou de governo de países tão diversos como o Brasil, com o presidente Cardoso, Inglaterra com Tony Blair. A Itália de Romano Prodi também faz parte, assim como a Alemanha de Schröder. Estes dirigentes partilham uma visão social da economia de mercado. Estive recentemente no Togo e na Nigéria, nomeadamente numa aldeia afectada pela lepra. Pensei que seríamos loucos se gastássemos somas imensas com a pesquisa espacial (e eu sou, no entanto, um cientista). Não ignoro que tiraremos grandes conhecimentos da exploração do espaço, mas nunca mais esquecerei esta pobreza insondável, as pessoas que morrem de malária, de sida, sem dinheiro para comprar medicamentos. Creio que pagaremos rapidamente o preço por todos estes males. Nós queremos entrincheirar-nos na nossa torre de marfim do Norte, e esse preço será elevado.

O historiador Paul Kennedy, da universidade de Yale, escreveu obras esclarecedoras sobre a ascensão e queda das grandes potências. Quais serão as potências no novo milénio?

Do posto de observação que foi o meu na Unesco, percebe-se bem que não existe nenhuma relação entre a potência de expressão e a superpotência, particularmente quando ela se exprime em termos militares e económicos. Não existe relação entre o talento, a criatividade e a potência. As melhores ideias podem nascer em países muito pequenos. É necessário, portanto, repetir às superpotências que não são países assim tão grandes que não possam receber lições e não há países assim tão pequenos que não tenham lições para dar.

Nos países supostamente periféricos, onde se verifica particularmente a necessidade de espiritualidade, a necessidade de viver para além da racionalidade, do *logos* ocidental, a civilização técnica não corre o risco de drenar este reservatório de dignidade, como já se interrogava, por exemplo, Maxime Rodinson?

De facto, o que produz a técnica eclipsa a vida pessoal. Gosto de repetir que nos tornámos espectadores, guiados pelos ecrãs, o da televisão, do computador, da consola de jogos de vídeo, e tornámo-nos receptores passivos, deixámos de ser actores. Ora, é uma faculdade essencial que nos exercitemos a ler um livro: a ser o co-autor num diálogo permanente com o autor verdadeiro. Concordamos ou discordamos de uma ou outra frase, de uma ou outra passagem, formando um pensamento construtivo e criativo. Esta faculdade de medida criadora é um dos traços distintivos próprios dos seres humanos. A técnica esconde esta faculdade.

O ser humano tem necessidade de inovar, de descobrir, de sonhar, de ir para além da realidade. Eu sou cientista, mas também sou crente, no sentido em que não encontro soluções para as questões essenciais, imateriais, espirituais. Mas sou um crente heterodoxo, porque não adiro às cerimónias, aos rituais, às liturgias. E se me coloco questões essenciais para as quais não tenho respostas, tenho, no entanto, valores claros e universais. Estes valores favorecem ao mesmo tempo a nossa infinita diversidade e unicidade de cada ser humano no percurso da sua existência. A cada instante da vida, cada um é único, biologicamente, socialmente e culturalmente. Esta unicidade na diversidade constitui a nossa riqueza uma vez que estes valores universais são o seu cimento. Neste cinquentenário, a Declaração Universal dos Direitos do Homem delineia o horizonte moral da humanidade, e é nesta unidade que está a nossa força.

Questiona-se, desde Giordano Bruno até Sigmund Freud, qual é a fonte do mal na história humana.

A leitura da história demonstra claramente que as forças históricas dominantes sustentam a violência e a guerra. Foi por essa razão que eu aconselhei, no quadro da Unesco, desarmar a história. Começámos por fazê-lo em certos países. Procurámos demonstrar que certos momentos históricos decisivos não foram decididos pelo poder, pela força militar, mas pelo intelecto, pelos pensadores, pelos filósofos. Eu sou catalão e estou, portanto, muito atento a certas definições. Na história, houve povos mercadores, mas o que nós admiramos hoje é a dialéctica, o modo de pensar. A Grécia antiga está ainda connosco porque os Gregos inventaram a democracia, o sistema graças ao qual a voz do povo se torna a voz dominante num país. Em Espanha, após séculos de reis, de batalhas e de poder, constatamos que são os pintores, os escritores e os filósofos que deram forma à história espanhola.

No fim de contas, são, portanto, os homens de espírito que fazem a história. E tenho vontade de dizer hoje às potências: fizeram muito mal nos últimos decénios, cedam, portanto, o lugar àqueles que são capazes de pensar, de tomar medidas fundadas nos valores que distinguem o ser humano.

Nas culturas arcaicas ou tradicionais – no Egipto, na Mesopotâmia, na Grécia, na Babilónia, nos Incas e nos Astecas – a mitologia ocupa um lugar central. No mundo moderno, esta mitologia perdeu-se e, no entanto, a ideia impôs-se, segundo a qual o homem não pode viver sem mitos. Quais são as novas formas de mitologia que se impõem ao homem do século XXI?

Na minha opinião, o mais importante não é o mito. Os valores profundamente humanos são aqueles que permitem a interacção, a inter-relação. Esta tensão humana, esta compaixão encarnam-se, para mim, nos valores essenciais que são a solidariedade, a generosidade, o amor, a igualdade. Estes valores não são equívocos. São valores metafísicos porque eles fazem parte de tudo o que acreditamos. Estas crenças não são demonstráveis. Se quisermos demonstrar, paramos de acreditar, porque se funda num resultado experimental.

O mito refere-se apenas a uma pequena parte da humanidade actual. Na aldeia africana que eu visitei recentemente, os habitantes não têm tempo para se consagrar ao mito como era, sem dúvida, o caso anteriormente. Eles esforçam-se simplesmente por sobreviver. A parte da humanidade que mantém certos mitos é a nossa. Nós alimentamos o mito do desenvolvimento, o mito da ciência. Esta pequena parte da humanidade cómoda, esta camada epidérmica da espécie humana, que toma a vida material por referência, é composta claramente por indivíduos jovens que aderem a essa constelação de mitos materiais sem ser felizes. Para amar, é necessário ter sonhos. Não se pode amar o que não se sonhou primeiro. É necessário amar a luta para que a sua realização seja feliz. Assim, estarão no coração da vossa vida, estão plenamente nesse movimento. Por outro lado, se as coisas vos são dadas devido à vossa comodidade material, elas participam de um mito material do imediatismo. O objecto adquirido desta maneira não tem qualquer valor. O valor do mito é, portanto, o valor do sonho, da luta que se tem para o atingir.

Na aldeia africana de que fala Michel Leiris em *L'Afrique fantôme*, os seres são capazes de sentir. No nosso mundo extremamente racionalizado, a relação com a sensação perdeu-se muito. O nosso mundo ocidental tornou-se num sistema desprovido de sensações. A dignidade humana não revestirá de formas muito diferentes, conforme se está na sociedade hiper-tecnicista ou na sociedade tradicional? Ainda existirá uma ética humana universal?

Em princípio, há bem mais dignidade num mendigo do que naqueles que possuem tantas coisas que nem têm consciência e nem sequer desfrutam do que têm. A palavra soberana é a partilha. Devemos partilhar. Devemos partilhar melhor as coisas devido a essa imensa assimetria que conduz o mundo à tensão, à violência, talvez a uma outra guerra mundial. Uma fórmula resume o meu estado de espírito: «Antes, matavam-nos com armas, agora matam-nos porque nos esqueceram». É necessário compreender que toda essa gente está aí, sem que ninguém saiba que sofre, que vive nestas condições. Se nós o soubéssemos, se nós tivéssemos sido tocados pessoalmente por esta situação em vez de ir à igreja, todos aqueles entre nós que são crentes proclamariam a sua recusa. Recusariam voltar à igreja enquanto não tivessem instaurado uma real partilha. Partilhar não é dar o que se tem a mais. Partilhar é dar a estes seres humanos porque são seres humanos livres e iguais. Partilhar é perceber que a verdade é outra.

Nesta viragem do milénio, somos confrontados com poderosos fundamentalismos religiosos – não somente no Islão, mas também no hinduísmo e mesmo no budismo e nas culturas protestantes da América. Não se tratará de reacções à homogeneização técnica do mundo, que se torna numa perigosa forma de antimodernismo ou mesmo de terrorismo?

É um problema de exclusão. Nós também somos violentos porque aceitamos a pobreza e a pobreza é uma forma de violência. As crianças na rua não são uma forma de violência? Os milhares de sem-abrigo nos países mais ricos do mundo não são uma forma de violência e de exclusão? Devemos ser, portanto, prudentes quando falamos de fundamentalismo. No meu país, existe um extremismo que não se sustenta na religião, mas em sentimentos nacionalistas. Do meu ponto de vista, todo o sentimento que se procura impor ao outro constitui uma forma de fundamentalismo.

O nosso mundo rico conhece também um fundamentalismo do dinheiro. O materialismo do dinheiro não será o fundamentalismo do Ocidente e da América em primeiro lugar?

Tudo o que é imposto ao outro é uma forma de violência. Essa violência física directa pode não ser aparente. Tomemos a situação paradoxal de jovens que se drogam, criando situações verdadeiramente patológicas. São seres dotados de sensações e é necessário tratá-los pelo que são. Estes indivíduos eram normais, mas a dependência da droga ou do álcool torna indispensáveis certos cuidados médicos permanentes. Como é que se lhes dá estes cuidados? Tratando estes seres como indivíduos a quem se lhes dá toda a atenção, a quem se lhes presta todos os cuidados, todo o amor que eles merecem? Nós fazemos exactamente o contrário.

É a razão pela qual não gosto nada que se qualifique os países do Terceiro Mundo como fundamentalistas. Nós temos os nossos próprios fundamentalismos. Também toleramos, no nosso meio, nas nossas cidades ricas e imponentes, a existência de todos os sem-abrigo abandonados nas ruas.

Dissemos à Unesco: se querem a paz, devemos atacar as raízes do conflito. Tomemos a agressão, a violência pela raiz. Quais são essas raízes? A exclusão é a primeira entre elas. Como eliminá-la? Deveremos, sem dúvida, abordar esta questão numa relação estreita com os responsáveis políticos e sociais, no sentido de poder intervir junto de todos esses indivíduos que, a partir dos seus sentimentos religiosos e nacionalistas, se consideram no direito de reagir à violência que lhes é feita com uma violência simétrica.

No quadro das suas competências, a Unesco pode propor a esses indivíduos a educação que eles não receberam em certos períodos da sua existência, na sua infância ou na sua adolescência. Por outras palavras, nunca é tarde para apanhar o comboio da educação no qual não se conseguiu entrar e ter aí um lugar. E devemos ter o mesmo discurso em relação aos excluídos da nossa sociedade, afirmando-lhes que nunca mais viverão nessas condições, que eles reconquistarão a sua dignidade humana.

Samuel Huntington expôs esta célebre tese sobre o choque de civilizações, que ignora a noção do diálogo necessário entre culturas. Atribui em certa medida ao fundamentalismo islâmico o papel que tinha outrora a União Soviética. Após a Guerra Fria, quais são as possibilidades do diálogo entre culturas?

Creio que Huntington quis fazer uma provocação. Não posso acreditar que tivesse feito aquilo a sério. Mas suscitou reacções, denegações, contradições. As críticas criaram uma bola de neve e provavelmente era isso que ele procurava, a rejeição da sua tese. Em todo o caso, prefiro esta interpretação.

Mas não é menos verdade que ele é professor de ciências políticas, próximo de presidentes americanos, conselheiro da Casa Branca. Se ele fosse antropólogo ou filósofo, tê-lo-iam escutado?

Eu estou mais inclinado a imaginar que esses falcões são tão inteligentes como Huntington. A diferença entre aqueles e este é que pode expor uma teoria, escrevê-la ou gravá-la e aceitar as reacções que ela suscita. Por outro lado, esses falcões impõem a sua escolha na política quotidiana e as suas decisões não são somente teóricas. Essa realidade é tão forte que tínhamos, no fim da presidência Clinton, falcões republicanos que tomavam o essencial das decisões.

O fenómeno Huntington é da mesma ordem que o fenómeno Fukuyama, o professor que profetizou o fim da história após a queda do Muro de Berlim. Nessa altura, eu reagi imediatamente, publicando um artigo em que, substancialmente, recusava a considerar que esse acontecimento capital marcasse o fim da história, propondo antes considerá-lo como sinal do fim das guerras, da opressão, da história como poder. A essa história, esperava que sucedesse uma história humana propriamente dita, sustentada na nossa grande faculdade de falar, de pensar e de dialogar.

O que é sinónimo de docilidade. Detesto a docilidade. A docilidade asfixia toda e qualquer possibilidade de se fazer seja o que for de importante. Longe de toda a docilidade, eu propunha, então, perseverar na faculdade do pensamento e no seu fecundo emprego, de fazer ouvir a nossa voz porque disso dependerá o nosso futuro.

Nós somos confrontados em África, na Ásia e na América Latina, com a destruição das tradições das culturas arcaicas. Os séculos precedentes desaparecem no mundo virtual. Esta homogeneização técnica do mundo não será uma ameaça para as identidades culturais e literárias de muitas nações no mundo?

Sob vários aspectos, e nomeadamente através das informações que nos transmitem os *media*, todo o mundo fala uma linguagem uniforme. Contudo, se não estou optimista, tenho esperança, porque temos já uma reacção a esse fenómeno. A Unesco mostrou-o ao salvar o templo de Abu Simbel das águas do lago de retenção da barragem Nasser. Salvámos outros monumentos de pedra. Como sabe, o perfil da Esfinge foi-se corroendo com o tempo. E, no entanto, isso não nos impediu de reconhecer o rei do qual esta esfinge é o retrato. Para os membros da Unesco, tornou-se claro que os monumentos são menos frágeis, menos vulneráveis do que o ser humano. É a razão pela qual a Unesco quer doravante proteger os seres humanos.

A nossa herança é sobretudo imaterial e espiritual. Também é genética, e a Unesco preparou uma Declaração Universal do genoma humano que foi aprovada. Isto parece-me capital, porque a partir daqui nós podemos, por assim dizer, destilar a noção de herança ética. Nessa obra de preservação da herança imaterial, as línguas são os elementos que compõem essa extrema diversidade. Devemos proteger esta riqueza. Por último, contra o perigo da uniformização, nós devemos proteger as culturas. Face a este perigo, importa reflectir e fazer uma escolha: o que é necessário proteger prioritariamente no sentido de salvaguardar esta diversidade? Os dirigentes deste mundo, que pensam poder vender tudo e tudo comprar, devem investir nessa defesa da cultura.

De Alexis de Tocqueville a John Locke, de Jefferson a Hamilton e a Thomas Paine, da Revolução Francesa à constituição Americana, toda a história da concepção ocidental do homem apoiou-se na liberdade individual. Na China confuciana, na cultura hindu ou budista, a concepção da liberdade e do indivíduo é outra. O Ocidente tem alguma coisa a aprender com estas culturas no plano das liberdades?

A liberdade é a porta aberta para todas as outras dimensões espirituais. Se não há liberdade, se o fatalismo a suprime, então considero que se deixa completamente de ser humano. É por isso que vivemos meio na luz, meio na obscuridade. Essa divisão é permanente e é aí que reside a liberdade. O ser humano gosta simultaneamente de crer e não crer, de pensar negro e pensar branco, e é neste jogo de equilíbrios que se decide finalmente sobre si mesmo, sem nenhum preconceito, sem nenhum fatalismo. A liberdade é essencial se ela permitir que se exprima e se comunique os frutos da experiência vivida, do pensamento e da imaginação.

Após vários séculos de secularização, o Iluminismo, o utilitarismo e o pragmatismo, de Bentham a John Dewey, o Ocidente perdeu a noção do sagrado. Essa dimensão do sagrado não reencontrará um novo alcance? O homem poderá viver sem o sagrado?

O excesso de secularização apresenta riscos simétricos àqueles da falta de secularização. Estas evoluções reclamam o livre-arbítrio, a liberdade de concepção e de adesão. No passado, o Estado pretendeu ser sagrado, impondo aos seus cidadãos certos modos de pensamento ou certas crenças. Ora, a escolha de religião ou de crenças é da responsabilidade do indivíduo. É a resposta de cada um aos mistérios e às questões essenciais. Presentemente, vivemos o inverso. Numa certa fase, desencadeou-se uma reacção contra o que era imposto. Esta reacção visava fazer do ser humano uma pessoa inteira, completa, à sua maneira. Na Inquisição, só Deus era completo. Lembremo-nos do diálogo de Galileu com o cardeal Belarmino, que propôs ao cientista que proferisse o discurso graças ao qual poderia ganhar a sua salvação. No seio da Unesco, quando se me recorda que é a regra ou a lei, eu pergunto sempre de que lei se trata. Nós estamos ali para modificar as leis que devem ser modificadas. Nós estamos ali para tornar possível a missão que nos foi confiada: a saber, construir as condições de paz nos espíritos através da educação e da cultura.

Não me parece, portanto, que as tendências hostis ao sagrado constituam uma ameaça. Por outro lado, seria útil que os aspectos litúrgicos sejam simplificados porque se impõem de uma maneira supérflua aos sentimentos. É a fé que se quer transmitir às crianças, uma forma de tensão salutar, não o ritual. É necessário transmitir-lhes os meios de decisão, afastando-se tanto da ausência como do excesso de secularização. A este respeito, a educação vem em primeiro lugar. Se lhes dermos a capacidade de sobreviver, mas também de pensar e de sentir, não há nenhum perigo.

O *kairos* da modernidade não será o encontro das culturas, o diálogo entre culturas e civilizações?

O *kairos* da humanidade tem sido sempre, é e será o amor. Dar amor é o dom dos sentimentos mais profundos do ser humano. Na qualidade de secretário-geral da Unesco, reflecti profundamente no sentido real da cultura e sobre o que é a sua expressão suprema. Esta expressão suprema reside no nosso comportamento quotidiano, porque todos os dias conduzimo-nos em virtude das tradições que nos foram transmitidas, em função dos nossos pensamentos, do que esquecemos, do que nos lembramos, do que inventamos, descobrimos, ouvimos. E o meu comportamento, neste momento, é o resultado de tudo isso. A cultura é comportamento, o mais importante que há no mundo, expressão do sentimento profundo de interacção, de generosidade, de dádiva. A dádiva é, na minha opinião, o acto essencial, porque dar é receber. É nesta grandeza que se baseia a minha concepção de solidariedade. Tudo se sustenta no amor.

Em diferentes partes do mundo, África, América Latina, desde a escolástica católica do século XVI, as tradições culturais são compatíveis com a tecnologia moderna. O darwinismo de um George Herbert Mead ou de um Herbert Spencer, o calvinismo, o empirismo norte-americano são mais compatíveis com essa modernidade do que a herança espiritual transcendental latino-americana. Pelo contrário, o Japão, que tem também um saber muito empírico, com o xintoísmo tradicional, adaptou-se melhor à tecnologia desde a restauração do Meiji de 1868. A compatibilidade das sociedades mais opostas a este modelo organiza-se pagando o preço da sua identidade cultural?

É necessário reflectir de uma maneira retrospectiva. Esta uniformização, este domínio da técnica sobre a tradição teve consequências muito nefastas. Mas a tecnologia tem vantagens. A criatividade tecnológica permitiu atingir uma certa perfeição, e é uma forma de saber. É necessário, portanto, evitar pensar que a tecnologia varre qualquer tradição, qualquer outra faculdade. Recordo-me de uma pessoa extremamente fanática, adepta de uma certa ideologia, que me disse não poder aceitar certas coisas no domínio das artes e certamente não na relação com o outro. Perguntei-lhe, então, o que faria se duas crianças estivessem doentes: consultaria o melhor médico ou o médico mais ideológico? Confessou-me que consultaria o melhor médico. Eu, então, respondi-lhe que seria o mesmo com a tecnologia, com o progresso, com o conhecimento, é sempre necessário escolher o que há de melhor para benefício da humanidade.

Nós possuímos dois pilares: a alta tecnologia e a alta sensibilidade humana. No futuro, esta alta sensibilidade humana será tão essencial como a alta tecnologia. Esta tecnologia, o auge do saber humano, pôde ser criada porque existia uma capacidade de descoberta e de invenção. Eu falo muitas vezes deste diálogo que tive com o professor Krebs, prémio Nobel da Biologia. Estava a trabalhar, já muito tarde, com materiais muito sofisticados que o laboratório de bioquímica de Oxford dispõe. Quando ele entrou e me perguntou o que estava a fazer. Respondi-lhe que estava a aproveitar todos aqueles instrumentos de alta tecnologia para efectuar alguns trabalhos. E ele disse-me «vai ver por dentro». A pesquisa é ver o que os outros não vêem, pensar o que mais ninguém pensou. A própria tecnologia deriva dessa faculdade de ver e de pensar dos seres humanos. É preciso que defendamos esta alta sensibilidade, a produção, artesanal, a criatividade tradicional, que definem a nossa personalidade cultural.

No plano económico, a produção de objectos idênticos, em série, surge com a tecnologia industrial. Por outro lado, os objectos da sensibilidade humana, procedentes da produção artesanal, serão todos diferentes. Estes dois domínios são emblemáticos de dois aspectos da vida.

Poder haver modernidade sem ocidentalização?

Ao longo de grandes períodos da história, a modernidade estava situada na China, na Grécia, na Índia, nos Maias. É uma possibilidade. Se tal não for o caso, a uniformização já lá estará. Seja o que for, espero que encontraremos os meios de contrariar esta modernização que exprime apenas uma cultura, um só modo de expressão cultural.

Existem valores universais, uma ética mundializada? Correremos o risco de um universalismo totalitário?

A Declaração dos Direitos do Homem constitui para os seres humanos um horizonte moral precioso. Todos os preceitos resumem-se ao amor a Deus e ao amor aos outros. Por analogia, podemos afirmar que todos os direitos do homem estão resumidos nesta carta da dignidade humana. Esta dignidade é a essência de todas as coisas, mas ela supõe a liberdade, a justiça, a igualdade e a solidariedade. São os quatros preâmbulos mencionados na constituição da Unesco, a quintessência desta Declaração dos Direitos do Homem.

Quais são as figuras, homens ou mulheres, cuja memória merece ser conservada por tudo o que realizaram no século xx?

No domínio científico, os êxitos são muitos. No domínio filosófico admiro particularmente Miguel de Unamuno e Javier Subiri.

Lembro-me de uma história interessante. Havia na União Soviética um pintor que aparecia sempre ao lado das hierarquias do país. Este criador colocava-se sob o poder destes homens terríveis, e eu opus-me a ele, mesmo se apreciasse as suas obras. Um dia, ele enviou-me um presente, anunciando-me que se considerava a partir de então suficientemente importante para se tornar oficialmente dissidente. De facto, aquele que se declarasse dissidente sem ser importante desaparecia imediatamente.

Madre Teresa foi admirada pela sua generosidade e capacidade de defender a sua religião, apesar do seu pensamento, com o qual podemos não concordar. O que Roosevelt fez depois da Grande Depressão, o emprego que fez da moral colectiva para se dirigir através da rádio, todas as tardes, ao povo americano, propondo-lhes o *New Deal*, foi essencial, porque persuadiu os seus compatriotas da possibilidade de fazer renascer o sonho americano, o sonho que a América projectou a seguir em todo o mundo.

Mikhail Gorbatchev realizou uma transição crucial num país, num império, que se encontrava sustentado no silêncio, no domínio, na opressão. Ele abriu as janelas da liberdade e da democracia, e se esta abertura continua frágil, ela permanece uma das esperanças capitais do início deste milénio.

Só a riqueza económica não torna os indivíduos mais felizes. As estatísticas da ONU e do Banco Mundial provam-no. Falou da «alta sensibilidade humana» e da inteligência intuitiva própria de África e da América Latina. Não será perigoso impor o nosso materialismo ao que nós chamamos o Terceiro ou o Quarto Mundo?

Sem dúvida nenhuma, mas ainda aí, se em vez de se investir em sistemas de armas, investíssemos na ajuda ao seu desenvolvimento, para que se dotassem de uma indústria da construção, toda a ameaça desapareceria. É por esta razão que em 1974, aquando de uma assembleia-geral da ONU, foi decidido que os países ricos dariam 0,7% do seu PIB para a ajuda ao desenvolvimento. À excepção da Suécia e da Noruega, nenhum outro país se mostrou em condições de respeitar esse compromisso. Tomámos as mesmas disposições em matéria de educação, depois, no Rio de Janeiro, aquando da Cimeira da Terra, em matéria de ambiente, sem quaisquer efeitos. Contudo, levar esta educação ao conjunto dos povos do planeta é essencial, porque será também através disto que conseguiremos uma redução da crescente demografia. A única boa novidade a este respeito é que esta queda já teve os seus efeitos parcialmente, pelo único facto da educação, desmentindo as previsões pessimistas dos anos 90. À medida que a educação se for espalhando, as raparigas e as mulheres, os rapazes e os homens aperceber-se-ão de que são os senhores das suas existências e terão, assim, um comportamento adequado. Desde há sete anos, a Índia conseguiu travar o seu crescimento demográfico porque dobrou os seus orçamentos para a educação. Se o mesmo movimento fosse imitado no mundo, muitas ameaças desapareceriam.

Ao longo do século xx, o socialismo exerceu uma influência enorme nos grandes espíritos, como George Orwell, Jean-Paul Sartre, Albert Camus, o pintor muralista mexicano Diego Rivera, o escritor Mikhail Bulgakov e o compositor Dimitri Chostakovitch, ou ainda em Louis Aragon e Arthur Koestler, ou mesmo em Manes Sperber. Ainda hoje, o arquitecto Oscar Niemeyer e Gabriel García Márquez se reclamam dessa ideologia. Como explicar que o socialismo, que foi um malogro económico, pôde inspirar tantos intelectuais?

Eu não posso aceitar uma teoria económica que não declare imediatamente que o ser humano é o centro de todos os nossos esforços. Foi o que sucedeu com o socialismo e foi por essa razão que todos esses grandes espíritos disseram sim a esse projecto de erradicação de todas as disparidades, de instauração de uma melhor divisão, de uma redistribuição da terra que evitasse uma terra sem homens e homens sem terra. Todos estes problemas continuam actuais, e um tal projecto conserva toda a sua força de atracção. Ora, o que é que aconteceu? Este projecto foi levado adiante em certos países, particularmente nos países do antigo bloco soviético. Mas o bloco comunista desmoronou-se porque uma vez instaurada a igualdade, esqueceram a liberdade. Por outro lado, o capitalismo desmorona-se por sua vez porque uma vez instaurada a liberdade, esquecem-se da igualdade.

Por outras palavras, a sensibilidade social, a saber, o desejo de liberdade, exige igualmente equidade, solidariedade e justiça. No Togo, disse-me um dia um dirigente: «Os senhores não podem exigir de nós uma paz durável e uma miséria também ela durável». Ele tinha evidentemente razão.

Falou no nome de Albert Camus. Ele tinha esta fórmula: você pode, mas não ousa. Ousar é fundamental. Ainda muito jovem, fui para Oxford com a minha família. Já era professor em Espanha, mas queria melhorar os meus conhecimentos em bioquímica. À entrada de Oxford, descobri esta máxima, o brasão da instituição: *sapere aude*, «ousa saber». Posteriormente, compreendi que é muito importante saber ousar e saber como se o faz. Se considerarmos que temos algumas concepções, alguns conhecimentos a transmitir, é necessário ousar. E, no entanto, tornámo-nos muito silenciosos. O que é que isto provocou? Quando fui para a União Soviética, no sentido de abrir algumas modestas janelas, levei comigo alguns cientistas para que fossem nomeados doutores Honoris Causa, antes de regressar já eu lhes dizia: que pena este mundo de silêncio onde os indivíduos não se podem exprimir. Hoje, o silêncio não existe. E, no entanto, o que dizem os intelectuais, os académicos, todos eles que deveriam saber e avisar os dirigentes do mundo que o mundo está em perigo? Dentro de um século ou dois, os homens ainda poderão respirar? Tenho-o repetido milhares de vezes, a ética do tempo é fundamental. Se sabemos que um processo é irreversível, que pode atingir um ponto de não regresso, aumenta a nossa responsabilidade em não deixá-lo começar. Amanhã, será muito tarde, as decisões tomam-se hoje. Isto é o que é preciso relembrar primeiramente a toda uma comunidade científica extremamente silenciosa.

«Um homem deitado no pó também pode ser grande»

Yehudi Menuhin

Yehudi Menuhin (nasceu em 1916, em Nova Iorque, de pais judeus russos e morreu em 1999, em Berlim) foi um dos mais célebres violinistas e chefes de orquestra do século XX, mas também um grande humanista e homem de paz. Conheceu C. Chaplin, J. Nehru, I. Gandhi, M. Dietrich, I. Stravinski, foi amigo respeitado de chefes de Estado e de altezas reais em todo o mundo. Menuhin foi aluno de Louis Persinger, Georges Enesco e Adolf Busch. Menino prodígio, destaca-se desde logo pela sua maturidade, pela sua aptidão musical e pela profundidade da sua interpretação, qualidades que serão a marca do seu génio ao longo de toda uma carreira grandiosa: primeiro concerto público com sete anos no Carnegie Hall em Nova Iorque, estreia europeia com onze anos em Paris, aos treze toca Bach, Beethoven e Brahms com a filarmónica de Berlim sob a direcção de Bruno Walter. Após o concerto, Albert Einstein diz-lhe: «Agora, sei que há um Deus nos céus». Menuhin deu ainda cento e dez concertos no ano em que fez oitenta anos. Em 1962, fundou a escola Yehudi Menuhin em Inglaterra. Em 1965, recebeu o título de cavaleiro da Ordem do Império Britânico. Nos anos 70, preside ao conselho Internacional da Música da Unesco. Nos anos 1980, faz algumas gravações de *jazz* com Stéphane Grappeli. Em 1985, adquire a cidadania britânica e o seu título de cavaleiro honorífico torna-se num título de cavaleiro. Em 1993, é nobilitado – *life peer*, título não hereditário – como barão Menuhin of Stoke d'Abernon. Funda também em 1980 a Yehudi Menuhin

Foundation que patrocina jovens músicos de talento em todo o mundo. Esta fundação conta entre os seus laureados nomes tão importantes como Nigel Kennedy e Jorge Chaminé. Este grande humanista tomou sempre partido pelos mais fracos. Durante a Segunda Guerra Mundial deu alguns concertos por todo o mundo, mais tarde deu concertos pela paz no Kosovo. Mas também se comprometeu na defesa dos ciganos e de minorias étnicas em todo o mundo. No fim da sua vida criou um «Parlamento europeu de Culturas».

Yehudi Menuhin, o senhor viveu na época de Nehru, de Nasser, de Roosevelt, de Adenauer e de De Gaulle – mas também do nacional-socialismo e do estalinismo. O patriotismo terá contido sempre em si o perigo do nacionalismo? Esta noção faz algum sentido, na sua opinião?

Sim, porque ela responde naturalmente a uma emoção humana, quando associa a vida do indivíduo à nação de onde procede. Esta noção desenvolveu-se de uma maneira um pouco artificial até porque o Estado soberano é ele próprio uma criação artificial. Foi necessário integrar no interior do monólito estatal minorias, uma oposição e alguns outros elementos que deviam coexistir. Tratou-se, portanto, de criar uma forma de lealdade assente na confiança. É um resultado que só se podia obter por vias simultaneamente naturais e deliberadas. Infelizmente, vimos desenvolver-se formas de obediência em que uma espécie de patriotismo, associada à ideia de nação, se impôs no quadro de uma seita ou de uma religião. É claramente o caso dos círculos religiosos que são desenvolvidos na Califórnia. Estas criações podem ser ao mesmo tempo autênticas e inúteis, falsas e enganosas. Espero que se veja cada vez menos pessoas a sacrificarem a sua própria vida em nome de um Estado soberano, mesmo que ainda sejam muitos a aceitá-lo e a desejá-lo. A esse respeito, a guerra das Malvinas desencadeada pela senhora Tatcher revelou um forte impulso patriótico insuspeitado. Ela pensa que esse patriotismo subsiste. Eu não estou assim tão certo disso, mas tenho a certeza que as jovens gerações estão cheias de um idealismo potencial e os jovens estão bem mais informados do que nós estávamos na sua idade. E se fôssemos capazes de os convencer que vamos protegê-los tentando construir um mundo melhor, melhor para as crianças, menos poluído, mais justo, mais equitativo com o Terceiro Mundo, creio que teríamos um grande apoio da sua parte. Se a União Europeia se pudesse organizar melhor do que tem feito até aqui para evoluir no sentido de uma verdadeira consciência europeia, com uma polícia e um exército europeus, muita gente apoiaria esta evolução. Por agora, estamos ainda num tipo de intervenção estritamente estatal. Não são, certamente, exércitos patrióticos que estão prontos a intervir, mas os remanescentes destes exércitos, ainda em condições de desfilar e para apoiar a rejeição nuclear. Por outro lado, o impulso irresistível para morrer nas trincheiras, como durante a Primeira Guerra Mundial, o patriotismo de uma maneira geral, não o de uma só nação soberana, mas o patriotismo europeu, tal como foi com todos os seus ideais, já não existe. Em suma, estamos num estado intermédio, muito confuso, muito perturbante, caótico e perigoso.

As tendências fundamentalistas que se desenvolvem hoje serão uma forma de antimodernismo e de antiocidentalismo sustentada em algumas tradições?

Parece-me que, como se diz, andávamos à procura disto. Tratámos estas tradições e os países onde elas se exercem como colónias. No momento actual, somos confrontados com duas tendências, orientadas em duas direcções. A primeira, é o federalismo, a mundialização. A mundialização, neste sentido, já existe: temos um mal-estar mundial, uma ciência mundial, uma comunicação mundial. Tudo é mundial. Nesta evolução, os Estados soberanos permanecem o elemento mais retardatário. Estes Estados são as entidades o menos mundial possível e perdem o seu prestígio e a sua moeda porque não têm um pensamento mundial. Mas o ser humano continua a ser um animal, ou antes, como costumo dizer, um animal religioso. Ele tem, por isso, necessidade de desenvolver essa parte do seu ser que está ligada ao seu próprio dialecto, ao seu próprio lugar, à sua própria paisagem, aos seus hábitos, aos seus espaços de vida e aos seus actos.

Perante estas duas tendências, o fundamentalismo é uma reacção contra este sentimento de um mundialismo caótico, incapaz de discernir o benéfico do maléfico. Face a esta perda de identidade, o identitário converte-se a um fundamentalismo primitivo e bruto. Li recentemente que um judeu ortodoxo tinha perguntado se tinha o direito de meter o dedo no nariz ao sábado, e creio que se resolve a questão respondendo-lhe afirmativamente. Não sei se a questão mereceria ser debatida na sinagoga ou se ela deveria permanecer no seio da privacidade. Mas a questão era séria. Com os muçulmanos penso que corresponderia à decisão de cortar ou não a mão do ladrão. São os debates fundamentalistas sem qualquer relação com a nossa época, e que a têm, no entanto, porque eles são capazes de dizimar pessoas aos milhares. Os dirigentes utilizam este fundamentalismo para manipular as multidões que se pode conduzir ou induzir em erro. Ninguém leva em consideração as implicações internacionais desta situação. Eu falei de um poder mundial. Não se trata de regressar ao colonialismo exercido por um só país, mas conseguir impor a ordem e a injustiça através da acção da Europa unida. Devíamos intervir na Argélia, suspender o governo e instaurar um governador geral, seguindo a grande tradição dos governadores gerais franceses, britânicos ou americanos. MacArthur fez isso. Temos necessidade de indivíduos dessa envergadura para dirigir a Argélia, sem olhar a despesas. O dinheiro pode vir do gás e do petróleo que a Argélia continua a exportar. É uma fonte de rendimentos assegurada. Que a Argélia continue a produzir o seu petróleo e que esse dinheiro sirva para manter um regime imposto pela União Europeia. Não há outra saída. E acrescento que esse governador poderia ser muçulmano: há entre eles indivíduos de valor capazes de assumir essa função.

Samuel Huntington, o politólogo americano, publicou um ensaio fundamental, *O Choque das Civilizações*. Este autor considera que após a

dissolução do bloco de Leste, da ex-União Soviética e dos seus satélites, o mundo tornou-se multipolar. Neste mundo, escreve, os países ocidentais vão perder importância face à China e ao Islão. Depois da ameaça do império soviético, pesará no mundo ocidental uma nova ameaça vinda da China e do Islão.

Não creio que isso seja possível. Se o colocarmos do ponto de vista da estrita paridade numérica, essas regiões do mundo contam com mais habitantes e a sua ciência e indústria serão um dia, talvez, mais avançadas. Quanto ao choque de civilizações, há uma coisa que me desagrada nessa teoria, é a sua dimensão combativa. Para se vender um livro será necessário ser agressivo? Do meu ponto de vista, é inútil, o contraste e a diversidade entre civilizações merece uma outra apresentação.

Não há dúvida nenhuma que a América, perante essa fonte de inflamação que Israel constitui, gostaria de se comprometer. Temo que isso faça parte dos seus desejos. Benyamin Netanyahu pensa que é a solução da última oportunidade. Ele faz parte desse número de pessoas que acredita numa vitória possível. Ora, mais nenhuma vitória é possível. E, no entanto eles continuam a acreditar nisso. E querem precipitar uma guerra com o mundo muçulmano. É aí que se dá o choque. Mas este choque não é necessário. Dominariam bem melhor a situação se declarassem que as forças presentes no Golfo só lá estavam para manter a paz. Não seremos os primeiros a disparar, deveriam afirmar, só atiraremos se alguém quiser impedir a paz. Esta atitude valer-nos-ia o apoio do mundo árabe, que bem gostaria de se desembaraçar de Saddam Hussein e dos seus brinquedos perigosos. Isso valer-nos-ia o apoio da Rússia, da China, se não interviéssemos senão com o apoio das Nações Unidas. Isso valeria aos Estados Unidos fortes apoios, contudo, neste momento, é uma nação mal amada em várias regiões do mundo. Ora, se os Estados Unidos tomam a iniciativa ao lado de Israel, provocarão reacções de cólera por parte dos vizinhos do Estado hebraico, e essencialmente por causa dos erros deste último. O ódio nacional é talvez pior que o ódio religioso e racial. Os judeus descobriram-no no passado.

O senhor conhece a célebre expressão atribuída a Malraux: «O século XXI será religioso ou não será». As grandes religiões, cristianismo, islão, hinduísmo, budismo, abordarão este século reforçadas? Este eventual renascimento das religiões constituirá uma ameaça ou um benefício?

O perigo desse renascimento reside no fundamentalismo que diferencia cada uma dessas religiões. Por outro lado, a esperança está do lado do que essas religiões podem destilar. Importa que possam entrar em harmonia com o que nós sabemos do mundo actual. Sejamos claros: é ridículo ainda acreditar que Deus trabalha seis dias e que descansa ao sétimo. Eu defendo que ele continua a trabalhar e que nós fazemos parte do que ele é. Todos nós pertencemos a este universo. Somos habitados por um sentido de infinito e de eternidade. É a marca de todos nós. Vivemos vidas breves, mas elas inscrevem-se numa longa continuidade. Se admitirmos que somos habitados pelo infinito, pela criação, se daí nos chega o desejo de criar e a necessidade que temos de preparar o futuro. Sobre esta base, é talvez possível reconciliar algumas religiões, pelo menos as religiões animistas. O respeito pela árvore, o respeito por todas as essências que a natureza oferece, seria suficiente para exercer um efeito considerável na indústria de pasta de papel.

A noção essencial de compaixão, presente em tradições muito diferentes, poderia unir as religiões. Uma identidade intercultural para reunir milhões de indivíduos pertencentes a diferentes cosmologias.

É igualmente necessário canalizar algumas energias fundamentalmente agressivas do ser humano. Antes de explodir essas energias, tratar-se-ia de as orientar diferentemente, para alguns domínios da expressão, para algumas aventuras, como a aventura espacial, a exploração oceânica ou geológica. Estas energias podem exprimir-se de mil e uma maneiras. Creio que os indivíduos devem ser educados contra a sua inclinação natural, no sentido de poder discernir entre a má e a boa pessoa que está entre eles. Isto não tem nada a ver com o facto de se saber ler ou escrever, não tem nada a ver com o conhecimento ou com a ignorância. Isto tem a ver com o facto de se poder abrir ao mesmo tempo a duas ideias opostas. O fanático, o fundamentalismo, apenas sabe alimentar uma ideia de cada vez. Ele acredita que existe uma só via, a sua, que se trata de cortar uma mão ou de proibir as mulheres cantar, como no Irão. Entre essa gente, muitos serão mais calculistas, mais monstruosos também, e servem-se destes sentimentos para exercer o controlo sobre o povo, enviando as pessoas para a morte, fazendo-as crer que vão directamente para o céu. São os mais nocivos. Os indivíduos bons são aqueles que são capazes de dizer «eis no que acredito», sendo capazes de se mostrar abertos a outras ideias. O mais importante, nesses indivíduos bons, é que os diferencia de seres maléficos, é saber que esta parte maléfica poderia também atingi-los. Por outro lado, os indivíduos maléficos são tão monstruosos que se crêem bons.

Domina hoje por todo o mundo, da China à Rússia, na Europa e na América, um apetite materialista, uma sede de consumo. Como é que se pode preservar uma identidade cultural, religiosa, espiritual dos efeitos desta liberalização económica, nomeadamente nos países da periferia como a Argentina, o Chile e regiões como África ou Ásia?

Constatamos já o preço humano desta evolução. Haverá motins e não somente nos países que refere, mas também na Alemanha, onde o governo não poderá pagar as reformas. A Indonésia é vítima de sublevações por causa do preço dos alimentos, que é imposto pelo Fundo Monetário Internacional. E o preço dos alimentos é apenas uma parte do preço que o país deve pagar para reencontrar a sua sustentação económica. Esta ideia que só uma economia rica poderá sobreviver e possuir o direito de sobreviver terá consequências incalculáveis.

Pela minha parte, preferiria ver largos sectores das nossas economias apoiarem-se mais nos serviços de voluntariado. Gostaria de assistir ao termo de toda a discriminação em relação aos desempregados, a quem se aponta o dedo só porque não têm emprego numa fábrica. Eles têm direito ao mesmo tratamento e merecem ser pagos não em dinheiro, mas recorrendo a outros suportes, semelhantes a um cartão de crédito, que lhes permita ir ao cinema, ao estádio, ir de férias, de ver reconhecido o seu direito ao lazer, enquanto não causarem prejuízo a ninguém e que o trabalho de utilidade pública seja reconhecido como fazendo parte de um contrato moral. Na Europa, doze milhões de pessoas sem emprego poderiam assim preferir uma vida sem dinheiro, ter vontade de sonhar, de dançar, e este direito poderia ser-lhes reconhecido com duas condições: não provocar incómodos ao seu vizinho e contribuir para o bem-estar social.

Fiquei a saber, por exemplo, que era necessário fechar piscinas municipais por falta de dinheiro para as limpar. Com doze milhões de desempregados isto não faz sentido. E se as pessoas tivessem o direito de escolher o sector onde trabalhar, se tivessem o direito de recusar entrar na finança, na construção, no comércio, para escolher áreas de actividade onde não se procura ter lucros, e se esta escolha não os inferiorizasse, nós estaríamos longe de ter doze milhões de desempregados.

Essa concepção da pobreza tem sido sempre essencial. Ao ver os quadros de Velásquez pode dizer-se: «Vejam este mendigo: um homem deitado no pó também pode ser grande». A ideia de grandeza sem riqueza material, na pobreza, é típica de uma certa tradição mediterrânea. Existir para «ser» e não para «ter», como diz Octavio Paz em *O Labirinto da Solidão*, ou ainda Carlos Drumond de Andrade e Jorge Luís Borges. Esta concepção não tem lugar no mundo calvinista. Na América, um homem não pode de maneira nenhuma ser grande no pó. A pobreza e a dignidade são diferentes do que se encontra em Nova Iorque, em Londres, em Paris ou em África, na América Latina ou na Índia.

A diferença é grande. Na Índia, a pobreza numa aldeia que tem o necessário para se alimentar é compatível com a dignidade, com as festividades, com o divertimento, com as crianças que crescem normalmente e com um grande sentido da propriedade. Por outro lado, a pobreza dos bairros de lata em redor das grandes cidades, em Calcutá ou em Bombaim, é degradante porque está dependente do dinheiro. Ali, os pobres não têm terra, nenhuma tradição onde se apoiar, eles estão totalmente dependentes da economia e da riqueza. Em redor do Mediterrâneo, a pobreza não impede a partilha de massas, de azeite, de vinho, de laranjas. Presentemente, tudo isto foi invadido pela má alimentação, quimicamente adulterada.

O materialismo pode ser um perigo. O dinheiro coloca as relações em perigo? E mesmo o sentido da solidariedade humana?

A falta de dinheiro torna os seres cobiçosos, porque pensam que o dinheiro satisfará todos os seus desejos. O dinheiro permite, de facto, resolver algumas dificuldades. Mas no fim de contas, o dinheiro não suprime a infelicidade. Os indivíduos que têm dinheiro, mas que continuam insatisfeitos com tudo, suicidam-se cada vez mais. O dinheiro não pode comprar os verdadeiros valores da vida. Estes valores não se podem adquirir senão através da dádiva e da troca. Gosto de pensar na ideia de uma pessoa que se vê na rua a ocupar-se de um grupo de crianças no âmbito de uma iniciativa pedagógica e de troca de serviços. Mas presentemente considera-se todo o indivíduo com que nos cruzamos na rua como um potencial inimigo capaz de nos roubar. As pessoas são criadas no sofrimento, sofrimento da inveja, da vingança e do ódio. Sinto-me muito feliz de ter podido crescer longe destes sentimentos.

Enquanto músico, artista, onde está para si o sentido da vida?

O sentido da vida está no prazer. O meu prazer consiste em analisar uma obra e imaginar de que maneira gostaria de a entender. O sentido da vida reside na transformação das nossas necessidades mais urgentes em arte, quer se tratasse de uma arte de viver, de uma arte de se alimentar, etc. Por outras palavras, tudo começa pela matéria bruta que se vai refinando pouco a pouco. O sentido está aí. E também de aprender, de compreender, de dar e de ajudar incessantemente. Ou então o sentido último e absoluto da vida escapar-se-nos-á. Nunca saberemos exactamente o que se passa após a morte. Sabemos unicamente que se nascemos, morremos. A vida eterna impediria qualquer futuro.

É a morte que dá sentido e intensidade à vida, como pensa o filósofo René Girard?

Certamente, de facto. Mas creio que o problema dos seres vivos presentemente é que eles não pensam assim. Eles estão, neste ponto, privados de tudo o que não esperam e procuram apenas uma gratificação instantânea. Quando falo de prazer, significa também que nos contentemos com o que temos. Se vivemos num ambiente são, se as árvores à nossa volta estão de boa saúde, se o ar que respiramos é puro, se os alimentos que comemos são bons, se as ruas são bonitas, então devíamos ficar contentes.

Para si, que está ligado ao sagrado da arte, da música, mas também à sabedoria do homem, quais são as forças impulsionadoras da história, as forças da evolução humana?

Elas reduzem-se, presentemente, às forças económicas que andam, infelizmente, a par e passo com o controlo, a autoridade, o domínio, a força militar e uma forma de sabedoria convencional que considera que o capitalismo, a democracia, a liberdade e o prazer fazem parte do mesmo saco de valores. Se se está em condições de obter uma delas, as outras virão por acréscimo. O que é evidentemente falso.

Devemos alargar e amplificar a nossa explicação do que constitui realmente o nosso ser e a nossa existência. Por exemplo, recuso-me a pensar que todo o nosso bem-estar e toda a nossa margem de manobra dependam de uma taxa de crescimento de dois ou três por cento. Se este número cai abaixo de zero, isso significa automaticamente que nos tornaremos bárbaros prontos a matar-nos uns aos outros? Na realidade, o nosso comportamento depende de uma só coisa: poder acordar de manhã com um pouco de esperança. Esta esperança deve emanar ao mesmo tempo da sociedade e de interior de si mesmo. Temos necessidade de terminar cada dia com o sentimento de ter feito um pequeno progresso. Ora, isto depende do indivíduo e do seu meio. Sem que este progresso e esta esperança imponham ao outro viver numa situação tremenda.

O conceito de darwinismo social, as ideias de Spencer e de Fiske, de sobrevivência dos mais aptos, procedentes do século XIX, e que tiveram um papel importante na civilização anglo-saxónica e americana, terão ainda sentido? Serão perigosas?

No mundo de Darwin, o mais apto era capaz de sobreviver num determinado ambiente, adaptando-se a ele. Hoje, o ambiente determinado é artificial e, portanto, o mais apto é também o mais astuto.

Na América ou noutro lugar, o mais apto é igualmente o mais desonesto e o mais corrompido. No plano genético é difícil demonstrar que a sua progenitura herdará esses dons maravilhosos. Pelo contrário, esta progenitura será talvez culta e muito diferente se a ocasião se proporcionar. O passado está cheio de evoluções desta ordem. A aristocracia dá o exemplo. Os cavaleiros de armadura defendiam damas imaginárias, e havia um certo comportamento. Estas pessoas estavam pronta a sacrificar-se em nome da elegância e da beleza. Mas hoje, os únicos exemplos que se nos apresentam são os de traficantes de armas e de droga!

O homem não pode viver nem sobreviver sem um sentido e uma ordem cosmológica e tradições históricas – desde *A Divina Comédia* de Dante. O que significa para si a tradição?

Gosto da tradição, se ela sobreviver sem prejudicar ninguém e se souber evoluir. Neste sentido, sou um tradicionalista ligado à monarquia constitucional. Ela tem o lugar do olho do ciclone, e ninguém a quer lapidar. É maravilhoso ser um indivíduo contra o qual não se pode dizer nada de mal. É o início da cortesia, e é apolítica. A monarquia constitucional significa que a mais alta figura do país não é susceptível de ser derrubada, como um presidente. Nesse sentido, a situação colocada ao presidente Clinton foi ridícula. A política exterior dos Estados Unidos terá sido influenciada pelo comportamento pessoal deste homem? Creio que não. Trata-se de duas esferas diferentes, que não é necessário confundir. Contudo, se um homem tem o poder de desencadear uma guerra, ele deve ser submetido a certos controlos.

O senhor esteve bastante empenhado no movimento da paz com os seus concertos em todo o mundo durante o período 1939-1945. Pode defender-se a ideia de uma guerra justa?

Existem, de facto, exemplos de guerras justas. Ocupar um país através de forças largamente superiores pode ser muito importante. A Segunda Guerra Mundial poderia ter sido uma dessas guerras. A guerra contra a Alemanha, a guerra entre a Alemanha e a Rússia teriam sido justificadas se elas tivessem visado a protecção dos Ciganos, dos Judeus, dos

Eslavos, a defesa da justiça contra os *gangsters*. Se tivessem sido estes os princípios defendidos neste conflito mundial, teriam podido permitir desencadear uma guerra exactamente. Mas, então, esta guerra justa teria tido lugar dez anos mais cedo, e se assim fosse o mundo teria evitado uma guerra mundial. Na realidade, a América foi empurrada para a guerra pelo Japão e pela Rússia porque foi invadida. Os únicos países que se levantaram contra a Alemanha, devido ao seu tratado com a Polónia, foram a França e a Inglaterra. A Inglaterra defendeu o mundo sozinha sem ter nenhuma garantia de sucesso. No fim de contas, esta guerra, infelizmente, não pode ser associada senão a um nulo instinto humano válido.

O desembarque americano na Normandia não entra também nessa categoria?
Foi uma operação justa em termos bélicos, mas não quanto à sua intenção. A intenção não era proteger as minorias ou os seres humanos no sentido lato.

De século em século, a história humana tem-se feito numa dialéctica entre a política do ideal e a *Realpolitik*, entre Erasmo e Maquiavel. Onde é que se situa o equilíbrio?
Até um período relativamente recente, parece-me, a resposta a essa questão terá sido considerada evidente. A política que conduziu à guerra e ao genocídio tem sido sempre julgada como aceitável, mesmo no seio das nações civilizadas do passado, na Grécia e em Roma. Contudo, o ódio para com uma cultura, a destruição de cidades, de homens, nunca conseguiu conduzir à sua aniquilação. Seja como for, uma cultura deixa sempre os seus vestígios.
Na época actual, a política do ideal de que falou deveria ser uma política que tomasse boas orientações, que protegesse, que permitisse à humanidade fazer face aos desafios mundiais que são cada vez mais esmagadores. A todos os níveis, esta política deveria integrar os contributos dos indivíduos, não somente os seus interesses pessoais, não somente o seu boletim de voto, não somente à escala regional ou nacional, mas numa sucessão de círculos concêntricos

cada vez mais largos, seja a maior religião (na falta de um termo mais definido) ou a mais pequena, iniciando-se tudo com a criança recém-nascida. A acção política deveria supostamente defender primeiro uma sociedade particular, depois recolher vastos apoios à medida da extensão do sufrágio universal. Ora, para além dos círculos da acção política, existem outros. Infelizmente, os políticos, que são os representantes das sociedades particulares, não têm consciência destes círculos alargados.

Hoje, o planeta está fortemente ameaçado ecologicamente – com o clima, a energia, a água, o espaço, os oceanos. Poderá existir uma política ecológica realista?

Mesmo na ausência de representações culturais suficientes, temos partidos verdes que defendem um sentimento popular que os políticos nunca apoiaram de sua própria iniciativa, a não ser que seja traduzido em eleitores. O facto de que um amplo sector da população apoie esses partidos verdes significa que esses partidos exercem agora e já uma influência na política.

Por outro lado, no puro plano económico, penso que se poderá ir mais longe. Julgo que o governo, na medida que ele está nas mãos de grupos de interesses, vai contra a vontade da maioria. Nos Estados Unidos, as sondagens Gallup[7] revelam que a população partilha uma concepção bem mais elevada do bem-estar ecológico e das obrigações que isso supõe e esta concepção vai para além da defesa das florestas e dos seus proprietários.

Em suma, não vivemos numa democracia representativa, mas num sistema representativo de classe e mercado.

Segundo Maquiavel, em política, poderá ser-se muitas vezes forçado a actos imorais. Qual é a sua opinião?

Isso não é unicamente verdade em política. «Não roubarás» é um dos dez mandamentos. Ora, fiquei muito contente ao ler recentemente

---

7   A Gallup Poll é uma empresa de pesquisa de opinião dos Estados Unidos, fundada em 1930 pelo estatístico George Gallup (N.T.).

que uma mãe francesa tinha sido inocentada depois de ter roubado alimentos num supermercado porque os juízes descobriram uma lei do século XVIII que autorizava o roubo de alimentos em caso de extrema necessidade. Por outras palavras, até que ponto se deve considerar essas determinações como absolutas? Os proprietários têm o valor absoluto. Os que não possuem nada têm um pouco menos. Assim como para «Não matarás». Quando é que se justifica matar o outro? Por vezes, pode ser de facto justo matar.

O senhor tem sido sempre um grande humanista na sua vida como artista, mas também na vida pública e política. Conheceu as ditaduras. Quais são as raízes do mal na história, no sentido de Thomas Hobbe ou de Sören Kierkegaard, do mal que tanto o tem preocupado sempre?

O verdadeiro mal é a consequência dos preconceitos mais brutais e mais cruéis e da sua autojustificação. Exerce-se o mal para estabelecer o seu poder, o seu conforto, a sua segurança e para utilizar a capacidade do homem a seguir o mal. Já o tenho repetido muitas vezes, o homem bom tem a consciência de poder cometer o mal. É um aspecto essencial. Pelo contrário, o homem mau é cego a tudo isto e só comete o mal para seguir em frente e sobreviver. No mundo da competição desportiva, pode-se demonstrar que os vencedores foram os melhores e os perdedores admitem geralmente a sua derrota com elegância. Mas na competição pela sobrevivência, é uma questão de vida ou de morte, e quando mal há comida para dez pessoas, uma delas quererá apropriar-se dos alimentos e os restantes nove não serão capazes de o defender.

Da *Odisseia* de Homero à *Epopeia de Gilgamesh* ou a Vasco da Gama, o homem interrogou-se sempre sobre o seu destino. A história da humanidade terá um sentido, teleologicamente falando?

Parece-me, a esse respeito, que a evolução humana seguiu algumas direcções. É caso no campo do conhecimento e da compreensão do humano, da psicologia, da geologia e da própria história. O conhecimento consiste em ligar elementos aparentemente sem conexão e a observar de que maneira se influenciam mutuamente. Dispomos, portanto, de um corpo de conhecimento em contínuo crescimento que nos inclui a nós próprios e a tudo que tocamos, tudo que pensamos e imaginamos.

Dirigimo-nos, portanto, para um crescimento de conhecimentos. Em termos físicos, um ciclo de vida pode desenvolver-se se todos os elementos se alimentam uns dos outros. Lembrar-me-ei sempre dos primeiros dias, das primeiras horas que vivi na Índia quando lá cheguei em 1953. Indira veio buscar-nos de carro ao aeroporto. Nas ruas, as viaturas não eram numerosas: via-se por todo o lado vacas, que andavam com dignidade, plenas de segurança por terem o estatuto de vacas sagradas e que doavam os seus excrementos e o seu leite, e víamos mulheres magníficas levando consigo panos repletos desses excrementos de vaca sagrada. Esta substância era primordial porque era a primeira matéria que se produzia e que se trocava pelo que se precisava. Ela continha tudo, sendo ao mesmo tempo adubo, calor, material de construção. E as árvores estavam cheias de macacos e de pássaros que vinham debicar os insectos nos dorsos das vacas. Também havia homens. E percebia-se que tudo aquilo fazia parte de um ciclo completo. Se se velasse para que não se quebrasse este ciclo, as árvores serviam de abrigo aos macacos e aos pássaros, que viviam graças aos insectos das vacas, e os humanos viviam graças ao leite e aos excrementos. Altivos, elegantes, vestidos magnificamente, andavam com uma postura admirável, bem mais admirável do que aquela de alguém que desce a 5.ª Avenida.

Este círculo podia ser estendido quase até ao infinito. Por outro lado, quebrando-se o círculo, e foi o que aconteceu, decidiu-se enviar os macacos para a Europa para os transformar em animais de laboratório, os carros invadiram as ruas e desalojaram as vacas, o leite e os seus excrementos; desde então perderam o seu valor sagrado.

T. S. Eliot já tinha falado desta questão. A tecnologia, qualquer que seja a sua forma, será uma força da evolução? Será uma força benéfica ou maléfica?

Ela pode, como toda a força, ser boa ou má. O primeiro impacto da tecnologia é forçosamente uma perturbação, porque rompe com os ciclos naturais, após os quais devemos reconstituir ciclos artificiais. É necessário ter em conta as deficiências que devemos compensar. As deficiências da leitura e da escrita são a perda da memória e da intuição, que alguns indivíduos chegam a substituir. Mas na realidade o computador provocará uma perda da capacidade de abstracção. Todo o progresso comporta deficiências. Se soubermos reconhecer e compensar imediatamente estas deficiências, ensinando às nossas crianças a sensibilidade pelo outro, a intuição, a memória, então compensaremos o que a leitura e a escrita lhes terão feito perder. Para que isto aconteça será conveniente que aprendam todos os dias poemas e canções.

O *logos* – a racionalidade técnica – não pode ser vivido sem o mito na modernidade. Não podemos viver sem mitologia. Na sociedade actual, as mitologias revestiram-se de novas formas. Para além das mitologias da vida quotidiana tão caras a Roland Barthes, quais serão as mitologias do século XXI?

É uma questão de grandeza. Com efeito, nós temos necessidade de mitologias, porque nos explicam o que nós não sabemos. A pessoa, por muito pouco educada que seja, deve pelo menos ter uma certeza sobre a maneira como o mundo foi criado, sobre o tempo que levou a fazer e sobre o autor desta criação. Foi por esta razão que criámos mitologias. Como não podemos sustentar este conhecimento sem nenhuma prova material, a única prova tem de ser mítica. Essa prova é por vezes muito bela, plena de imaginação e levou à criação de quadros e de composições musicais magníficos. É esta a nossa mitologia, um substituto do real, o substituto que nos permite evitar que nos flagelemos mutuamente até à morte.

A mitologia actual coloca em cena certos heróis. Primeiro há os heróis e as canções populares, o *jazz*. Seguidamente, os heróis de diferentes domínios, o desporto, os que ganharam muito dinheiro, os que enganaram muita gente. Hoje, há também uma mitologia da força bruta, que é muito nefasta. É a mitologia daqueles que, à sua passagem, vão destruindo todos os tipos de inibição. A destruição da inibição tornou--se uma mitologia em si. Refere-se aos que chegam a superar todas as formas de compaixão, de restrição, e fazem-no de uma maneira impiedosa. Estes indivíduos ganharam uma tremenda estatura de heróis. Basta ver que tipo de brinquedos é que as crianças querem que lhes compremos e que nomes é que dão às miniaturas dos seus carrinhos.

Há uma palavra alemã, *das Numinose* [o numinoso], empregue por Mircea Eliade e Rudolf Otto e que designa o que as sociedades tradicionais têm por natural, por essencial no sentido da vida. Hoje, qual é a sua concepção deste *Numinose*?

Creio que ainda existem sentimentos autênticos suficientes pelos verdadeiros valores e para que possam à mesma reflectir este *Numinose*. Pela minha parte, traduzirei *Numinose* por tudo aquilo que é intocável.

O intocável será a força escondida da história latente, a força do existente invisível como diz um poeta como W. H. Auden?

Existe ainda uma noção desta ordem. Persuade-se cada vez mais as mulheres a não aleitarem, à imagem da virgem e do Menino. Presentemente, uma lésbica pode educar o filho de uma outra. Nós quebrámos todas estas regras naturais e criámos situações novas, sem precedentes, que colocam à prova a nossa capacidade de sentir e de agir. Perdemos a noção do como e do porquê, estamos perdidos: é uma mãe com o seu filho, é um filho procriado artificialmente, já não o saberemos. Ora, podemos apenas ter a certeza do que vivemos, sentimos, conhecemos.

Falou da Índia. Há outras regiões do mundo, em África, na Ásia, na América Latina, onde subsiste uma via tradicional fortemente marcada por experiências metafísicas e espirituais, uma via da sensibilidade, da criatividade com autenticidade, de imaginação, de cultura quotidiana, uma estética das artes mas também uma estética da rua. Perante a industrialização e a modernidade, estes tesouros perder-se-ão ou continuarão a existir em alguns lugares?

A Índia continua a ser um desses lugares, mas a erosão é constante. Em primeiro lugar, a Índia é um país industrialmente muito avançado. A British Airways implantou ali o seu centro de tratamento informático porque os Indianos são muito inteligentes e mais baratos do que os engenheiros ingleses. Os Indianos tiveram sempre um povo de pensamento. O senhor conhece a história maravilhosa de Homi Baba, o grande cientista indiano. À sua chegada aos Estados Unidos, os jornalistas do *Time* perguntaram-lhe como é que ele explicava que um país tão atrasado como a Índia tinha conseguido dar ao mundo um cientista da sua estatura, que não se contenta em ser um cientista, mas que sabe tudo da nossa arte e da nossa música, que se sensibilizou com Bayreuth, que sabe tudo da música indiana, que é, em suma, um homem íntegro à maneira da Idade Média ou da Renascença. Ao que ele respondeu: «Bom, como sabem, na Índia, temos longos verões muito quentes e passamos muito tempo à sombra de grandes árvores a reflectir». Foi esta a sua resposta. Quis dizer-lhes, assim, que a Índia não tinha inventado o automóvel, o avião ou os frigoríficos, mas que entretanto pensava.

Nestes países, esta faculdade de pensar, e particularmente de «sentir» com empatia e uma inteligência intuitiva, não estará em vias de desaparecer?

Temo que sim.

Portanto, onde a imaginação e a sensibilidade subsistem, sabe-se que estão a ceder à tecnologia, à modernidade dos países industrializados, com a digitalização e a cronometração do tempo, a estandardização da vida quotidiana e a procura da pura rentabilidade?

Tivemos a loucura de traçar essas fronteiras rectilíneas para fins coloniais, porque os diplomatas gostam de fumar o seu charuto, e estou convencido que organizar África lhes permitiu fumar centenas de charutos. Essas linhas direitas não correspondem nem a fronteiras naturais, nem a fronteiras tribais, não correspondem a nada. Depois de os terem privado da sua identidade, quisemos converter esses povos à democracia. Naturalmente, foi um malogro, e estes povos encontram-se agora numa situação terrível de guerra quase permanente, onde alguns indivíduos mais astutos chegam a confiscar todo o dinheiro que nós temos enviado para esses países.

Após a queda do império soviético, esta propagação da potência do capitalismo pode funcionar de um estrito ponto de vista económico. No entanto, onde é que está o outro lado da moeda? As sociedades tradicionais, na Ásia, no Islão, na América Latina, não terão elas outra escolha senão perder a sua identidade?

O sistema capitalista foi colocado bruscamente num pedestal. Este sistema tornou-se incomparável, permitindo a um número crescente de indivíduos, ou mesmo toda a humanidade, acariciar a esperança de aceder à riqueza material e de se libertar de qualquer preocupação. Confundiu-se com tudo o que a América representa, a democracia, a liberdade, etc. Contudo, este sistema terá uma vida muito breve. Usa-se e consome-se a si próprio muito depressa. A ilusão desta perfeição convertida em capitalismo e democracia revela toda a sua fraqueza nos inúmeros lugares onde emerge uma nova consciência social. O Partido Comunista Italiano já não exibe a foice e o martelo, no entanto, não perderam a noção dos constrangimentos sociais. E iremos ver se um choque de uma natureza inédita não vai aparecer entre as exigências da economia e as dos seres humanos.

Aquando de uma entrevista com Edward Teller, o inventor da bomba de hidrogénio, tentei reflectir sobre a relação entre ciências naturais e as humanidades. Este elo que falta, é o *kairos* da modernidade. Até Leibniz e Espinosa, os matemáticos continuavam ligados à filosofia. No século XIX, nas grandes universidades, o doutoramento de Física ainda se preparava na faculdade de filosofia. Hoje é diferente. Teller, na linhagem de Francis Bacon, pensa que tudo o que está ao alcance do homem no campo das ciências naturais, o homem deve realizar sem qualquer constrangimento.

Terá ele pensado nas precauções que se impõem no uso de certas invenções, como justamente a bomba?

Ele pensa que, na sua evolução, o homem saberá sempre encontrar o equilíbrio. Segundo ele, o exemplo da «iniciativa de defesa estratégica» (IDS), conhecido também como «guerra das estrelas», do presidente Reagan encontrou a sua justificação, uma vez que precipitou a queda

do império soviético. Segundo ele, é aí que se situa o problema moral. Consequentemente, a dimensão ética das ciências naturais pouco lhe interessa. Como vê esta dimensão moral das ciências naturais?

O ser humano é capaz de fazer o bem e o mal. Existe, com efeito, uma moralidade natural. Infelizmente, temos tendência a classificá-la por rubricas: tolerância, liberdade, etc. São palavras que não se podem ensinar às crianças. Ensinar a moralidade enquanto tal, de uma maneira seca e artificial, parece-me impossível. Por outro lado, podemos colocá-los em situações em que se mostrarão normalmente tolerantes uns em relação aos outros, se souberem tirar as lições dessas situações. É a partir da escola que os indivíduos devem compreender que dependem uns dos outros. Pode-se, portanto, formar uma moralidade natural em cada indivíduo se ele compreender que nenhum ser pode viver sem a ajuda de milhares de outros que trabalham nas cozinhas, nos laboratórios, nos aviões, etc. É o que chamarei uma moralidade viva.

Temos igualmente necessidade de aprender o que são o estrangeiro e o diferente. É uma fonte de enriquecimento. Numa certa medida, no plano biológico, os homens e as mulheres são diferentes, e essa diferença é fundamental. Seguidamente, existem diferenças entre culturas, que são árvores vivas. Mas criámos barreiras. As fontes da moralidade estão em nós, tanto como as fontes do mal. As fontes da moralidade estão no trabalho que todos nós tentamos fazer e na confiança que ensaiamos junto dos outros. Viver sem confiança é uma coisa terrível. Viver unicamente no ódio a tudo deve ser não menos terrível. Portanto, não percebo a moralidade como um mandamento emitido das alturas.

A moralidade não deve, portanto, impor-se através de um conhecimento transcendental, seja ela procedente do além ou de uma outra fonte? Deve crescer a partir de uma humanidade empírica?

Sim, mas devemos criar as condições propícias a esse crescimento, como se faz com as plantas de uma serra. É necessário uma boa temperatura, níveis de humidade adequados a cada planta. Isto não se obtém mecanicamente. É por isso que penso que não podemos aceitar a atitude de alguns países.

Isso definiria a guerra justa de que falámos anteriormente?

Sim, mas essa guerra deveria ser efectuada com base numa autoridade e num poder incontestáveis. Esta intervenção não pode ser feita a partir da América ou da Europa, ela deve proceder do mundo no seu conjunto.

A moralidade nasce do respeito pelas grandes obras, por grandes seres humanos do passado, e pela consciência de que dependemos dessas presenças nas nossas próprias vidas, na nossa arte e no nosso saber, na confiança no outro. Esta é a base dessa moralidade prática que eu defendo e que se inscreve no tronco de uma grande tradição filosófica.

«Sim, a poesia pode salvar o homem»

Czeslaw Milosz

Antes de receber o Prémio Nobel da Literatura, em 1980, o poeta, romancista e ensaísta Czeslaw Milosz não era conhecido, mesmo na Polónia, o seu país natal, como nos meios literários. Nascido em 1911 em Szetejnie, na Lituânia, fez os seus estudos escolares e universitários em Vilnius. Publicou o seu primeiro livro de poesia com vinte e dois anos. Antes de ter ganho uma bolsa para ir estudar para Paris, Milosz trabalhou para a rádio polaca em Vilnius e em Varsóvia, e participou activamente, durante a guerra, em operações clandestinas contra os ocupantes nazis. Entre 1945 e 1951, foi adido cultural em Nova Iorque, Washington e Paris. Escreveu no exílio algumas das suas principais obras, assim como o livro de ensaios *La pensée captive* (Gallimard, 1953), no qual explica a sua ruptura com o regime estalinista na Polónia. Mais tarde, Milosz partiu para os Estados Unidos onde vai ensinar literatura eslava na Universidade de Berkeley. Do seu ponto de vista, não se contentou em criticar a situação na Polónia: criticou também o Ocidente e a sua crise de civilização. Milosz morreu em Cracóvia a 14 de Agosto de 2004.

Alguns dos seus livros publicados em português: *A Tomada do Poder*, Publicações D. Quixote; *Alguns Gostam de Poesia*, Cavalo de Ferro.

Czeslaw Milosz, o senhor nasceu na Lituânia, passou a sua juventude em Vilnius, uma cidade que, sublinhou um dia, «mudou de mão treze vezes» e que frequentemente focou como uma lupa os perigos horríveis da história da Europa de Leste. O desafio desses confrontos militares era claramente a identidade cultural e linguística. Na sua infância, Vilnius era uma cidade polaca e judia, era mesmo um centro do judaísmo. Neste contexto, que importância atribui ao facto de ser um poeta que escreve em polaco, mas cujas raízes estão profundamente arraigadas na língua lituana?

Por um lado, é paradoxal; por outro, havia duas línguas na Lituânia – como por exemplo na Irlanda, onde o gaélico coexiste com o inglês. Mas enquanto o gaélico foi soçobrando pouco a pouco no esquecimento, o lituano conheceu um renascimento no fim do século XIX e início do século XX e, depois, tornou-se a língua oficial da Lituânia independente. Os meus pais e os meus antepassados vêm da Lituânia. Isso não impediu os meus ascendentes de falar polaco desde o início do século XVI.

A Lituânia da sua juventude desapareceu, assim como a Rússia czarista da sua infância. Que sentimentos é que tudo isto lhe inspira?

Parece-me que é uma questão de distância. Em toda a obra literária, a distância tem um grande papel. Podemos obtê-la de diferentes maneiras. Por exemplo, deixando passar o tempo – como em Marcel Proust – ou, então, porque os países são divididos em novas fronteiras ou, ainda, porque desaparecem na corrente da história; mas também pelo seu próprio exílio. Para mim, a Lituânia tinha exactamente essa função: podia reflectir, escrever a seu respeito como se se tratasse de um país quase mítico que apenas existia na minha lembrança.

Então, a história não estava somente presente, para si, através da arquitectura de Vilnius, mas também na forma de uma paisagem extremamente fértil, sulcada por rios, nas florestas de carvalhos da Lituânia, onde os seus antepassados pagãos mantinham os mitos do Sol, do crepúsculo e da Lua?

Pertenço a um meio cultural que foi influenciado pelo Ocidente e isso reflecte-se singularmente na arquitectura. A arte gótica estendeu-se por todo o Báltico e deixou as suas marcas, nomeadamente em Riga. Vilnius, por outro lado, foi mais marcada pelo barroco vindo de Itália, e a igreja Pedro-e-Paulo é disso um testemunho exemplar. As cabeças dos personagens representados sob a abóbada figuram em belíssimos selos que coleccionei na minha juventude. São impressões profundas que me estimulam a procurar formas barrocas até mesmo nas nuvens por cima de Vilnius. Para quem é do campo, fui baptizado numa pequena igreja de madeira no coração da Lituânia, uma igreja cercada por carvalhos. Eles talvez estivessem ainda impregnados pelo espírito pagão, porque a Lituânia foi o último país da Europa a ter sido cristianizado. Em todo o caso, tenho ainda até hoje uma relação muito profunda com a mitologia das árvores.

Nessa época, ou seja, no fim do século XIV, a tradição cristã tomou o lugar de uma religião natural fundada em representações mágicas; contudo, esta religião nunca foi eliminada, ainda que se apagasse o fogo eterno dos seus sacerdotes e se abatessem as árvores sagradas.

Certamente, o pensamento pagão sobreviveu de um lado e do outro; entrou, ao mesmo tempo, nos ritos do catolicismo romano. Creio que esta mistura de elementos arcaicos e litúrgicos exerceu uma grande influência, na minha infância, na minha vida emocional.

A língua da Igreja e da literatura era o latim. O lituano e o polaco apresentam uma série de analogias com o latim, provando, assim, a relação profunda entre as línguas indo-europeias. Portanto, Roma constitui em certa medida a fronteira exterior e o centro interno da sua escrita.

Sim, tenho consciência plena que a minha poesia resulta da poesia polaca tradicional que era, originalmente, bilingue. Tanto mais que os poetas escreviam em polaco e em latim – a métrica do polaco assenta nos cantos religiosos do latim medieval. As interacções com Itália são também, consequentemente, indiscutíveis a nível linguístico. Durante séculos, o latim foi pura e simplesmente considerado a língua da Europa, os sábios utilizaram-no até ao fim do século XVIII. Não nos esqueçamos que Lineu, que tão profundamente deixou a sua marca na nomenclatura científica, utilizava ainda o latim, assim como Swedenborg.

O senhor é visivelmente atraído por Swedenborg, pela sua filosofia mística da natureza e pelas suas experiências visionárias.

Ele fascinou-me. Até hoje, ainda ninguém conseguiu explicar o fenómeno Swedenborg. Obviamente que há alguns que o consideram um esquizofrénico, mas isso não quer dizer absolutamente nada. Ele nunca teve sintomas de esquizofrenia, tal como a concebemos hoje em dia. A sua visão do além continua a ser um mistério.

Um outro autor desta época também o cativou, estou a falar do poeta inglês William Blake. Penso que o parentesco intelectual que o senhor sentiu foi sustentado na recusa de um racionalismo levado ao grau de um absoluto e de toda a ideologia doutrinária.

As experiências intelectuais com Blake têm sido muito estimulantes para mim desde há muito tempo. Como sabe, ele foi descoberto muito tarde, mesmo em Inglaterra e na América. Quando dava aulas em Berkeley, muitos estudantes da geração de 68 liam poemas de Blake com entusiasmo. Interessava-me, tanto a mim como a muitos outros escritores, pela sua orientação mística. Mas não era unicamente um místico, porque, por fim, efectuou um trabalho intenso sobre os acontecimentos da sua época – a Revolução Francesa ocupava um lugar muito importante nos seus estudos. Para além disso, criticava as facções reducionistas e racionalistas na ciência que caracterizaram o século XVIII.

Parece, portanto, lógico que com o seu sentido das questões metafísicas fundamentais tenha descoberto na *Flauta Mágica* de Mozart a interacção harmoniosa da intuição e da razão, do sagrado e do profano, e que a considerou como a condição indispensável de uma procura de verdade global.

Existe provavelmente na história da música como na do espírito um ponto determinado no qual podemos restabelecer a ruptura dessa unidade. As minhas reflexões sobre a *Flauta Mágica* foram inspiradas pelo escritor polaco Adam Mickiewicz. Ainda jovem, tinha visto a ópera e pertencia a uma loja que queria salvar o mundo, como fazem os franco-maçons na obra de Mozart. O seu misticismo era paralelo ao procedimento puramente racionalista, que encontrou posteriormente o seu apogeu no romantismo. Eram ainda levados pela ideia que as duas correntes não se excluem forçosamente, mas que se pode, pelo contrário, reuni-los num estádio superior.

O processo de secularização desde o Iluminismo não progrediu assim tanto, poderíamos já falar de uma violação do sagrado?

Na minha opinião, passa-se qualquer coisa muito mais grave: o sagrado é denunciado como uma ilusão, está a ser recusado, está a ser dispersado. Pela força das coisas, estiola-se pouco a pouco.

Encontra-se constantemente na sua obra alusões mais ou menos claras ao facto de que a perda da herança cristã constitui o problema central do século XX.

Esse tema preocupa-me constantemente. Mas contrariamente à maior parte dos cristãos e teólogos cristãos, considero que estamos todos no mesmo barco, crentes e não crentes, que as dificuldades perante as quais nos encontramos são de natureza objectiva, ou seja, não dependem do facto que nós defendamos ou não certas convicções religiosas.

O que leva a dizer: uma vez que a ciência e a tecnologia uniformizam cada vez mais as nossas vidas, repelem, graças à sua omnipotência, os objectivos mais específicos da religião?

De uma certa maneira, sim. A oposição de teorias científicas e religiosas é, em todo o caso, instrutiva. Não há qualquer dúvida de que a teoria da evolução de Darwin foi considerada um grande risco para a religião e que esta consequentemente a combateu. É a razão pela qual fui surpreendido, recentemente, por algumas propostas do papa que pareciam sugerir uma confirmação daquela teoria. O que me interessa, não é tanto saber se ela é verdadeira ou falsa, em que medida pôde influenciar o pensamento das pessoas nos séculos XIX e XX. A verdade é que a mutação intelectual que daí resulta mina o imaginário religioso. Além disso, não devemos esquecer que as teorias científicas constituem uma ameaça séria quando são vulgarizadas e comprimidas em pequenos ensaios militantes. Permita-me também acrescentar que muitos marxistas eram darwinistas escondidos na medida em que pensavam que seria a classe mais forte que sobreviveria. E como o proletariado era a classe mais apta a sobreviver, a burguesia só podia ficar por baixo.

O respeito pelo sagrado, o pensamento metafísico, a criatividade: tudo isto não testemunhará a especificidade do ser humano no quadro da evolução humana, especificidade que lhe permitiu definir-se e libertar-se da pura casualidade da biologia? Estou a pensar nos escritos de André Leroi-Gourhan sobre as religiões na pré-história ou nos de Ernest Cassirer sobre o homem como animal simbólico.

O facto de o homem possuir uma consciência tem exercido em mim, desde sempre, uma atracção considerável. Por contraste com a própria natureza e com algumas concepções deterministas sobre os seus processos, a consciência engendra uma espécie de pacote no qual visualizamos os desenvolvimentos históricos e a posição que adaptamos face a eles. Fazemo-lo através da religião, da arte e da literatura. É no âmbito desta esfera que nós pensamos, agimos e sentimos. Isto pode aproximar-se de algumas concepções do filósofo francês Teilhard de Chardin – por quem não tenho, no entanto, admiração, porque considero que ele criava ilusões. Concebeu da mesma maneira a esfera da consciência que define o ser humano.

Poderia explicar o que o incomoda em Teilhard de Chardin?
O seu optimismo, a sua fé na ideia de que graças a esses progressos internos, o homem estará em vias de um reencontro com Cristo, no ponto ómega. Mas o que dizer então dos inúmeros sofrimentos dos homens? O sistema de Teilhard de Chardin não nos oferece um lugar para isso. O Livro de Job suscita já a nossa indignação a vários títulos, porque no fim de contas Job recebe duas vezes mais camelos, carneiros e vacas do que tinha inicialmente e é gratificado com novas crianças – e as crianças que morreram anteriormente? Trata-se aqui do prémio que é necessário pagar na vida e é contra isto que nos insurgimos. É por esta razão que a confiança ingénua de Teilhard de Chardin tem qualquer coisa de inumano.

Diria que o facto de trabalhar em biologia marcou a sua visão do mundo e o seu trabalho como escritor?
Sim. Por exemplo, organizei quando tinha catorze anos, no liceu, debates sobre Darwin e a teoria da evolução. Seguidamente, a biologia teve um papel para mim na medida em que ela representava a superfície de projecção na qual se orientavam os meus contra-argumentos. Li até à exaustão Schopenhauer, que inspirou tanto os artistas que foi denunciado pelos filósofos. As suas ideias estão indissociavelmente ligadas às descobertas da biologia. Na medida em que ele colocava o génio artístico, dotado de imaginação excepcional, bem acima das potências causais da natureza e atribuía um grande valor à compaixão pelo conjunto da Criação, ele criou condições ideais para contradizer as leis puramente biológicas. É por esta razão que eu o prefiro a todos os outros pensadores. Ele foi o filósofo da libertação do círculo vicioso dos desejos, do sofrimento e da ordem imutável do mundo – libertação permitida pela arte e pelo sublime; é, além disso, o primeiro espírito ocidental a qualificar-se como budista. Os problemas que ele isolou continuam actuais.

Apesar da propagação do profano pela tecnocracia mundial, existirá ainda a esperança de ver os cientistas regressar um dia à ideia de considerar a realidade como qualquer coisa de mágico, o que tinham feito os alquimistas, os artistas e os poetas dos tempos antigos, de Miguel Ângelo a William Blake?

Trata-se efectivamente de uma questão importante. Se tratarmos a física moderna e olharmos o mundo na perspectiva mecânica quântica, constatamos que este universo não pode ser transposto nas nossas concepções gerais actuais. É precisamente o ponto crucial: determinar se será possível estabelecer uma ponte entre as teorias que a ciência actual apresenta e as formas de expressão da cultura e da arte. Nós ainda vivemos muito com as imagens procedentes do século XIX, extraídas da teoria da evolução e da fé no progresso, enquanto a física entrou desde há muito tempo no século XXI.

Albert Einstein trabalhou muito nos seus últimos anos na sociologia da religião. Sem falar da possibilidade de integrar os paradigmas da nova física na nossa compreensão, como é que transformaram o nosso pensamento e a que nível poderão elevá-lo no futuro?

Até ao início do século XX, a hipótese de Newton, o espaço absoluto e o tempo absoluto, era considerada como quase intangível. A teoria da relatividade de Einstein vai contradizê-la na medida em que ela desemboca na ideia de que o espaço e o tempo têm um começo – o que confirmaram os estudos sobre o *big bang*. De maneira paradoxal – porque no fundo do seu coração Newton era um homem religioso – o mundo de Newton é parecido a uma prisão, na medida em que a visão mecânica que aqui predomina nega no fim de contas a fé, a imaginação e a arte. Não foi por acaso que William Blake empregou, a propósito de Newton, Locke e Francis Bacon, a expressão «trindade diabólica». Einstein libertou-nos de tudo isso. Se existe uma origem definitiva, os místicos têm também razão, porque situam a eternidade para além do contínuo espaço-tempo. Quero, portanto, dizer – de acordo, de resto, com o meu primo Óscar Milosz, em que os tratados filosóficos me trouxeram impulsos decisivos – que a descoberta revolucionária feita por Einstein transformou fundamentalmente o pensamento religioso e continuará a transformá-lo ao longo do século XXI.

Quando pediu que se abandonasse as tendências anacrónicas do século XIX, penso no seu amigo Leszek Kolakowski, que concordaria certamente consigo.

Tenho tanta estima por Leszek Kolakowski como pelos seus escritos sobre questões filosóficas e religiosas. Ao tomar uma grande distância com o positivismo do século XIX, ele tenta penetrar num território ainda relativamente desconhecido em que a ciência e a religião se encontram – ainda que ele se encontre numa situação muito estranha, oscilando entre a fé e a ausência de fé. Não é um pensador místico, será mais um pensador lúcido. E é precisamente essa lucidez que, por vezes, o desespera um pouco.

A sua crítica sem ambiguidades à ideologia comunista forçou-o a emigrar no início dos anos 50. Essa crítica não estava, sem dúvida, ligada unicamente à sua interpretação purista da doutrina comunista, mas também ao seu sentimento religioso. Esses dois impulsos não convergirão na figura luminosa de Dostoievski, sobre quem deu aulas em Berkeley?

Exactamente, a minha recusa do comunismo doutrinário era condicionada pela religião, nomeadamente pela minha educação católica romana. Mesmo as minhas tendências heréticas, que me fizeram adoptar um tipo de ponto de vista maniqueísta, tiveram o seu papel: a sensação profunda de uma natureza dualista, tão dominada pelo mal como pelo bem, e de um Deus também dualista. Comparado a tais reflexões metafísicas, o comunismo tal como se praticava parecia-me extremamente vazio. Obviamente, não direi que o marxismo – ou mais precisamente o hegelianismo na sua versão marxista – não tenha constituído uma tentação aos meus olhos. O meu livro *La pensée captive* descreve justamente a história dessa tentação à qual eu próprio estive exposto e à qual resisti. Atribui mais reconhecimento do que era possível ao marxismo – e talvez tenha tomado Dostoievski como ponto de referência, ele que aprovava o ateísmo tanto quanto lhe era possível, mas para o rejeitar a seguir.

É a razão pela qual Dostoievski foi para si um ponto de referência tanto quanto um tema de confrontação: encarnava esse messianismo russo, cuja cidade santa, Moscovo, foi outrora denominada a «Terceira Roma».

O messianismo parece ser uma doença do povo eslavo. Em que situação paradoxal me encontrava, eu, Polaco e católico, quando dei aulas sobre Dostoievski que detestava os Polacos e os católicos... Mas o messianismo russo que trazia em si mesmo tinha também o seu durante o messianismo polaco. Nos dois casos, o movimento era animado por pensadores heréticos segundo os quais não é Cristo, mas a Nação que promete a saúde eterna. Se pude abordar Dostoievski foi porque me opus tanto ao messianismo russo como ao polaco: é uma outra variante, que não é desprovida de atractivos.

De um lado o malogro do comunismo, do outro o declínio da religião – que valor atribui à poesia neste sistema de referência histórica tão sombrio?

Um valor elevado. Chegámos a um momento decisivo em que a poesia explora o que se chama as «coisas últimas», o que é, no entanto, difícil. Manifestamente, muitas pessoas vêem nela um sucedâneo da teologia; e é possível que, tendo em conta as suas qualidades, sirva de fonte de inspiração aos teólogos do século XXI. Creio, ao mesmo tempo, que a poesia traz, num certo sentido, a salvação, porque não tem nada a ver com abstracções muitas vezes perigosas, mas com coisas tangíveis. A concentração numa imagem simples – por exemplo de água numa vasilha – preserva-nos da distracção e da teoria irrealista. Sim, a poesia pode salvar o homem.

Tem definido sempre a sua poesia como uma procura apaixonada do real, uma ideia que encontramos também no filósofo italiano Norberto Bobbio.

Pode compreender-se nos dois sentidos. De um lado, o único real verdadeiro é Deus porque, segundo Tomás de Aquino, Deus é o ser puro e, portanto, a busca do real equivale à busca do ser puro. Além disso, esforço-me constantemente por captar a realidade objectiva. Isso significa que recuso a ingerência da subjectividade na poesia, que leva o poema a um alinhamento puramente arbitrário de palavras.

Esta meditação sobre o que é objectivamente dado faz lembrar o poeta grego Constantin Kavafis, que ancorou os seus versos no mundo helenístico – desde a época de Homero até ao império bizantino, passando pela dinastia dos Selêucidas.

Kavafis, influenciado pelo simbolismo francês e também, sem dúvida, por autores ingleses como Robert Browning, era um poeta moderno que abriu uma nova dimensão: a história do mundo helenístico de que se apropriou. Isto levou-o a escrever um género de poesia objectivo – e não, justamente, uma poesia das impressões, dos estados de espírito, como o fizeram muitas vezes os seus colegas europeus. Era completamente surpreendente. Além disso, percebi na sua poesia algumas notas proféticas. No seu poema intitulado *En attendant les barbares*, ele antecipa os terríveis acontecimentos históricos do século xx.

A nossa entrevista está a chegar ao fim. Pensa que o ser humano actual, decaído da ordem cósmica, alienado de si mesmo, pode sentir ainda alguma coisa como uma segurança que o tornará feliz, como o faria o paraíso?

A ideia do paraíso pareceu-me sempre muito sedutora. Escrevi um poema, talvez um dos melhores que escrevi em Varsóvia durante a guerra; tenta, em rimas ingénuas, restabelecer o mundo tal como devia ser – por oposição ao mundo tal como é. Chama-se de resto *Le monde* e descreve – sob a ocupação nazi – o paraíso redescoberto, o da infância. Lado a lado com a experiência desesperante, existe sempre a nostalgia luminosa do paraíso.

Sonha retornar à Lituânia?

Já satisfiz esse sonho após cinquenta anos. Estive na cidade onde nasci, onde se encontra hoje a fundação Czeslaw Milosz. Há pessoas que não querem regressar aos lugares da sua infância e da sua juventude, porque temem que as suas primeiras recordações possam ser eliminadas. Não é o meu caso. Viajo pela Lituânia e as imagens do passado continuam coladas ao meu espírito, ainda que desiludido com tudo o que vejo.

«O combate pela terra é mais importante do que qualquer problema arquitectural»

Oscar Niemeyer

O arquitecto Oscar Niemeyer nasceu em 1907 no Rio de Janeiro. A sua *arquitectura lírica* deu a palavra aos edifícios. Niemeyer fez os seus estudos na Escola Nacional de Belas-Artes. Iniciou a sua carreira em 1934 no atelier de arquitectura de Lúcio Costa onde colabora na construção do Ministério da Educação e da Saúde, no Rio de Janeiro. Mais tarde, com Le Corbusier, que era o seu mestre espiritual, participa no concurso da sede da Organização das Nações Unidas em Nova Iorque (1947). A partir de 1951, constrói os pavilhões de exposição do parque de Ibirapuera em São Paulo; em 1955, chama a atenção internacional na Interbau de Berlim, que convidara arquitectos famosos a construir todo um bairro. Em 1956, o presidente do Brasil Juscelino Kubitschek encomenda-lhe a realização dos edifícios públicos da nova capital federal, Brasília. Niemeyer torna-se mundialmente conhecido com o palácio da Alvorada, residência do chefe do Estado, com o palácio dos Três Poderes, com o congresso Nacional, o palácio do Planalto, o Supremo Tribunal, as sedes dos diferentes ministérios, o Teatro Nacional, o aeroporto e sobretudo com a catedral, imagem e símbolo da nova capital do Brasil. A amplitude e a monumentalidade deste conjunto excepcional, a sua elegância plástica, constituem «um choque arquitectural que fez entrar o Brasil na modernidade».

Durante a ditadura militar no Brasil, Niemeyer exila-se em França onde desenhou a sede do Partido Comunista Francês, praça do Colonel-Fabien em

Paris (1965-1980), a sede do jornal *L'Humanité* em Saint-Dennis (1989) ou ainda «La Bourse du Travail» em Bobigny, a Maison de la Culture de Havre (1976-1978). Em Itália, concebeu a sede da editora Mondadori em Milão, o edifício da FATA em Turim; na Argélia, a Universidade de Constantine. Na Bienal de Veneza, em 1996, o pavilhão do Brasil foi-lhe consagrado.

Oscar Niemeyer, como é que define a arquitectura? Em que medida assenta ela em formas preexistentes, o que é que faz uma criação original?

Em primeiro lugar, a arquitectura reflecte a técnica actual e, consequentemente, é necessário tirar partido disso. O betão armado, nomeadamente, permite soluções muito mais subtis do que os materiais de construção utilizados até aqui. No essencial, a arquitectura – pelo menos no que me concerne – é idêntica à invenção, razão pela qual a simples reflexão sobre as conquistas anteriores feitas neste domínio não é de maneira nenhuma suficiente. Se for a Brasília, verá edifícios que lhe agradarão ou desagradarão, mas não poderá dizer que há qualquer coisa de similar no passado. A arquitectura é justamente isso. Eu faço o meu caminho, desenho o que me agrada. Apareceram imensos livros sobre o meu trabalho; não é que me assombre o que escrevem – só que não quero deixar-me influenciar, eu quero criar a minha arquitectura livremente, seguindo os meus próprios impulsos com toda a simplicidade. Esta atitude dá-me tranquilidade. Preserva--me de criticar colegas que, por sua parte, devem fazer o que lhes proporciona uma satisfação estética e que, também eles, são obrigados a encontrar um estilo pessoal.

O que acabou de dizer faz lembrar uma das teses fundamentais de Le Corbusier: «A arquitectura é uma invenção».

Sim, Le Corbusier exerceu em mim alguma influência. A leitura da sua obra, as discussões que tive com ele, a frase que citou e que ele pronunciou um dia à minha frente, tudo isso me ocupou. Mas no meu primeiro projecto, procedi de maneira diferente dele. Eu preferia uma arquitectura que, por assim dizer, fosse mais leve, mais variada, mais em harmonia com o betão armado. Apesar deste tipo de diferenças, discutimos e reexaminámos tudo seguidamente e concordámos em dizer que a arquitectura tem necessidade da ideia criativa.

Mas manifestamente não estiveram de acordo quando ele colocou em questão a concepção do edifício das Nações Unidas, em Nova Iorque.

Le Corbusier pediu-me ajuda porque o seu projecto era objecto de acesas discussões. Durante uma semana, estive a seu lado, até que o director da comissão de planificação me chamou e disse: «Oiça, eu não vos chamei, a si e aos outros arquitectos, para que desenvolvessem as ideias de Le Corbusier». Devia, portanto, fazer os meus próprios projectos, enquanto Le Corbusier pensava que só iria semear a confusão. Como ele, articulei aquele complexo gigantesco em duas partes: um grande edifício para a Assembleia Geral, que coloquei à beira do East River, onde se encontra efectivamente hoje, e um edifício de menores dimensões que coloquei na margem do terreno. Entre os dois, tinha colocado um adro, porque me parecia importante para a composição do conjunto, e dei-lhe forma. A minha proposta foi saudada e aceite por unanimidade – o que Le Corbusier sentiu como uma profunda humilhação. Pediu-me, então, que colocasse o edifício mais pequeno no meio do terreno; o que faria desaparecer o adro, o que muito lamentei. Fiquei constrangido. Ele era o mestre, eu o jovem arquitecto, tive, portanto, de aceitar. No fim, foi o seu projecto que se levou para a frente e em alguns pontos correspondia ao meu.

Se a arquitectura é uma invenção, ela precisa de intuição. É a razão pela qual o senhor disse um dia que o seu trabalho nascia como num sonho – tinha a sensação de que a ideia está sempre presente antes de tudo.

No caso do museu de Niterói, por exemplo, que se eleva num rochedo junto ao mar, utilizei um pilar central. O edifício onde está assente é redondo e tem uma galeria em vidro de onde os visitantes podem contemplar a paisagem enquanto fazem a visita. Projectei, para esta situação, uma rampa de perfil por onde se chega ao museu. Isto significa que a solução foi o produto directo da interacção entre a natureza e a arquitectura. Quando se tratou da mesquita de Argel, eu estava quase a dormir quando imaginei como devia ser. Levantei-me, desenhei a mesquita com os seus pilares e pensei que seria necessário que fosse em mármore. Uma vez mais, a resposta que procurava escondia-se num pequeno detalhe. Para o teatro de Niterói, imaginei um pilar que se levantasse dois metros acima do solo e que suportaria a plateia de tal maneira que os espectadores tinham uma melhor visão do palco. Por vezes, é o aspecto funcional que predomina; e, por vezes, é a intuição que tem um papel decisivo.

Quando, no início dos anos 40 – ou seja, bem antes de Brasília – construiu, no âmbito da sua primeira grande chefia, alguns edifícios em Pampulha, o senhor bateu-se por impor a técnica moderna, mas, por outro lado, referiu Baudelaire: o inesperado, o bizarro, o surpreendente é, disse-o, a verdadeira característica do belo.

Quando se é arquitecto é necessário ler. Um bom romance tem mais importância para mim do que um tratado de arquitectura. A arquitectura eu discuto comigo mesmo quando faço esboços. Os livros que não têm nada a ver com a arquitectura são precisamente aqueles que, por vezes, contêm preciosas informações. Quem negará que uma obra de arte se distingue pela sua beleza? Tomemos esta fórmula de Heidegger: «A razão é inimiga da imaginação» – não esconde precisamente o impulso que me guia no meu trabalho?

Na medida em que a arquitectura confere uma expressão à visão artística do mundo, ela busca a beleza, sem se reter nos dogmas dominantes ou nos tabus que colocam limites ao dom da invenção.

Sim, a arquitectura pode ser uma arte, mas para isso deve desdobrar-se em total liberdade. A liberdade, de uma maneira geral, é o ponto de partida de tudo o que se empreende na vida. Desse ponto de vista, uma personalidade dotada para a arte pode ser fortemente afectado pelo ensino. Uma criança de dez anos é susceptível de pintar imagens fantásticas, mas logo que a submergem em materiais, logo que lhe inculcam os clássicos, deixa-se facilmente tomar pela rotina. Le Corbusier, por exemplo, nunca frequentou uma academia. Ele veio ao mundo para desenhar edifícios e foi assim que ele inventou a sua arquitectura. Acumulou outras experiências práticas no atelier de arquitectura de Auguste Perret. Aprender tem necessariamente um sentido – supondo que a aprendizagem seja bem «gerida».

Existem na sua opinião duas formas de arquitectura: a primeira é sóbria, útil, quotidiana; a segunda é requintada, imaginativa e mesmo monumental.
Em qualquer dos casos, a utilidade e a rentabilidade são o seu primeiro plano: aquela arquitectura é mais fácil de desenhar e de construir. Num edifício público, por outro lado, o arquitecto tem por missão suplementar patrocinar a evolução da técnica. Quando construí fora do Brasil, não queria apenas apresentar a minha arquitectura, mas também chamar a atenção para o trabalho de ponta efectuado pelos engenheiros no meu país. Possuímos o saber técnico necessário para levar a cabo obras arquitectónicas audaciosas e não é o estrangeiro que nos vai dar lições.

O senhor já tinha mencionado, nesse contexto, o betão armado. Do seu ponto de vista, ele abre uma nova dimensão à criatividade, razão pela qual o considera e o trata como uma pedra artificial. Será uma prova do facto que se pode ao mesmo tempo dominar a técnica e seguir os princípios estéticos?
Quando se tem suficiente espaço, a solução natural do betão armado é a linha curva. Ela tem a força necessária para forçar o espaço. Então, já não é necessário esforçar-se uma arquitectura rectilínea que é mais adaptada ao metal. Eu procuro simplesmente a melhor forma possível em cada caso. Logo que a estrutura de um edifício se torna clara aos meus olhos, a sua arquitectura passa a existir.

O betão e a poesia não são, portanto, inconciliáveis?
Não, de maneira nenhuma. O betão pode suscitar profundos movimentos da alma. É escultural e dobra-se à nossa vontade. É o material ideal para uma arquitectura original e de formas múltiplas.

As curvas livres e leves que o senhor desenha são manifestamente tiradas da própria natureza – como se as extraísse dos montes em volta do Rio de Janeiro, das ondas do mar, do corpo da mulher.
O Brasil está cercado por montanhas, elas oprimem. Mas o grande milagre é a mulher.

A sua paixão pelo espectáculo da natureza e pela condição humana em geral é o que torna a sua arquitectura tão viva, tão pouco conformista, tão inesgotável?
A arquitectura não é uma coisa à parte; ela associa-se com tudo. Quando a praticamos, é necessário ser aberto, aprender, tirar partido. Cada desenho testemunha o que se viveu, o que se apreciou, o que se compreendeu.

Enquanto arquitecto pôde levar a efeito um grande número das suas visões, mas também ganhar a vida. Então, fica-se um pouco surpreendido ou ouvi-lo dizer que não atribui uma importância particular ao seu trabalho.
Passei mais de sessenta anos em frente do estirador a desenhar e consagrei-me, com grande entusiasmo, ao meu maior passatempo. Mas há uma coisa mais importante do que a arquitectura: a vida, a relação com os seres humanos, o nosso combate a favor de um mundo melhor. É necessário reconhecer que a existência humana não é protegida. Passamos o tempo a dizer que temos uma grande inteligência e que conhecemos uma grande evolução, que vamos conquistando pouco a pouco o espaço e que um dia entraremos em contacto com os nossos irmãos de planetas distantes, que a ciência tudo pode explicar – mas a questão fundamental é a seguinte: por que é que estamos aqui? Verifica-se, então, que a vida é muito medíocre, que o homem nasce e morre, que a natureza é injusta. Em tais condições, trata-se de

se adaptar, de estender a mão a uns e a outros e avançar em comum, de sentir como devemos agir e de ajudar os outros.

O senhor coloca o seu compromisso social e político acima da sua profissão e da fama que ela lhe deu?

Sim, penso que sim. É uma obrigação moral pensar naqueles que vegetam na obscuridade e que não têm um tecto nem dinheiro. Existe um remédio contra as feridas que o egoísmo provoca: ser útil com alegria, dar com prazer, compreender, apoiar.

Construiu certamente belas casas, mas não simples imóveis para habitação, nem bairros para os pobres. Por que razão renuncia construir um domicílio arquitecturalmente sedutor para aqueles cujo destino tem no coração?

Porque os nossos irmãos se sentem melhor nos *slums*[8] que em bairros planificados que não oferecem nenhuma espécie de conforto e são muitas vezes ainda mais sinistros. Tudo isso é tremendo. Mas, pelo menos, essas zonas marginais têm uma certa poesia, na medida em que aqueles que as habitam vivem num ambiente que lhes é familiar e que eles podem dominar à vista. Nós sabemos que a pobreza quando agarra nunca mais se deixa repelir. Em qualquer momento, os pobres serão a maioria, de tal maneira que se torna necessário uma volta decisiva para melhorar a situação.

Por agora, não se sente praticamente nada. O que é que a arquitectura pode fazer para amenizar este tipo de anomalias? Como é que vê, deste ponto de vista, o trabalho dos seus colegas brasileiros?

Certos edifícios, aqui, caracterizam-se pela audácia, pela liberdade plástica que eu aprecio, mas a imagem de conjunto é muito deprimente. A nossa arquitectura apenas serve as classes dominantes, ela não se interessa absolutamente pelos pobres. Perante isto, o arquitecto isolado não tem nenhum poder. O que é verdade, do mesmo modo, é que é necessário reagir quando as condições não param de piorar,

8   Bairros miseráveis, degradados ou de lata (N.T.).

quando a vida perde a dignidade e a esperança se dissipa. Então, só resta a revolução. Encontramo-nos num momento extremamente precário da história do Brasil, nenhuma época foi pior do que esta. O capitalismo está em crise, aqui como noutros lugares. Torna-se cada vez mais violento, não é? A planície da Amazónia corre um grande perigo, ouvimos nos Estados Unidos vozes que afirmam que se trata de um território internacional e isso convoca-nos à resistência. O patriotismo ganha um novo sentido depois de ter sido quase proscrito durante algum tempo, porque acreditámos num mundo sem fronteiras, mas não deu em nada. A pressão imperialista regressou: o Brasil, toda a América Latina vê-se humilhada, explorada e recolonizada. Infelizmente, os nossos governos têm tendência a ceder às exigências dos Estados Unidos e a vender o país. Mas se os Americanos ousam avançar até à Amazónia, militares e civis marcharão juntos para a defender e para defender quem quer que conheça um pouco a vida brasileira. O combate pela terra é mais importante que qualquer problema arquitectural.

Durante toda a sua vida foi um adepto de um comunismo humanista, não ideológico. Não é, então, um acaso que tenha construído em Paris a sede do Partido Comunista Francês e que tenha uma fervorosa simpatia por Fidel Castro, que pediu para se encontrar consigo durante uma visita de Estado ao Brasil. Ele encarna, na sua opinião, a identidade cultural da América Latina? Continua a apoiar o comunismo, mesmo após a queda da União Soviética?

Encontrei no seio do Partido comunista as melhores pessoas, as pessoas mais sérias, aqueles que estavam mais dispostos a empenhar-se a favor de uma maior justiça. A miséria do mundo é demasiado grande para que possamos sacrificar os ideais da humanidade e da solidariedade. Mesmo se caíram no descrédito após a queda da União Soviética, são estes ideais que acabarão por triunfar. Pensa que haverá algum sentido em fazer avançar a mundialização enquanto inúmeras crianças morrem de fome em África? Quanto a Cuba, é um exemplo claro para a América Latina. Fidel Castro reuniu à sua volta alguns companheiros para derrotar o ditador Batista e levar para a frente o seu programa social-revolucionário. Este heroísmo encheu o povo cubano de orgulho, não se deixou intimidar pela política agressiva do bloqueio lançado pelos Americanos. Suportou mesmo a miséria com um certo tipo de indiferença, no sentido de prosseguir o combate. Hoje, nenhum Estado ousa meter-se com Cuba ou imiscuir-se nos seus assuntos internos. Eis o que eu chamo a vitória da coragem!

Sublinhou um dia que Brasília, onde concebeu todos os edifícios públicos importantes, não podia ser uma cidade do futuro porque a sociedade pertencia ainda ao passado. Mas a sua arquitectura quase pomposa não terá sido pensada sob o signo das representações demasiado idealistas que se revelaram ser ilusões, quando se vê os abismos sociais que se cavaram à sua volta?

Como é bom dizer qualquer coisa e pensar a mesma coisa dez anos mais tarde, não é? Infelizmente, os indivíduos corruptos chegaram ao poder e eles não têm nenhum interesse que haja modificações fundamentais que teriam instaurado um Brasil mais justo. Razão pela qual é muito urgente que, mais do que nunca, se eleja homens políticos íntegros. Com Brasília, quis dar ao meu país uma identidade visível e que também fosse vista do exterior. Esse projecto ainda me ocupa hoje porque estamos justamente em vias de terminar o eixo monumental. Seguir-se-ão o museu, a biblioteca... Brasília é uma cidade que surgiu do nada no espaço de quatro anos e só estará acabada ao fim de quarenta anos. Isto mostra o que é capaz de fazer o entusiasmo, a vontade, a resolução, e algum optimismo do povo brasileiro. Em parte nenhuma se edificou uma cidade em quatro anos. Tudo começou com a construção de edifícios, ruas, praças, com alimentação eléctrica e as canalizações. O nosso objectivo era – e continua a ser – criar um lugar onde as pessoas gostem de viver.

Quando o Brasil estava sob o regime militar, o senhor veio para Paris, onde residiu e trabalhou, instalando-se em Montparnasse, de 1967 a 1972. Que recordações guarda desse tempo?

Encontrei pessoas muito diferentes – André Malraux, por exemplo, que me ajudou muito. Um homem extremamente inteligente, impressionante, aberto a tudo, progressista, empenhado, uma figura carismática que unia as correntes intelectuais da época e as interpretava duma maneira inimitável. Quando visitou o palácio de Alvorada, em Brasília, disse-me: «Ah, são os mais belos pilares que vi». Estive igualmente em contacto com Sartre. Era extraordinariamente inteligente, mas também pessimista, firmemente convencido que a existência humana está condenada ao malogro. Mas o seu pessimismo tinha qualquer coisa de construtivo – não somente porque ele desfrutava da vida e divertia-se, mesmo em tempos de guerra: ele também fazia tudo para ajudar as pessoas. Uma vez, explicou-me que gostava de ter dinheiro nos bolsos para dar esmolas. Apesar da sua visão desiludida, conservava a sua paixão e eu admirava-o justamente por isso. Por outro lado, conheci Raymond Aron, que quis que eu entrasse com ele no Collège de France, mas não tinha vontade nenhuma de ter conversas intelectuais com professores. E uma vez Georges Pompidou convidou-me para ir almoçar ao Eliseu; quando começámos a falar da sede do PCF, que eu tinha desenhado, ele disse, sorrindo: «É a única coisa boa que fez». Surpreendente, não é? E ele era, no entanto, gaullista. É necessário respeitar as pessoas tal como elas são. Cada uma tem as suas qualidades. Quando se tem esta atitude passa-se pela vida mais ligeiramente e mais tranquilamente.

Na filosofia existencialista de Sartre, a religião é, *a priori*, a grande ausente. Aparentemente, a religião não deixou nenhum traço no seu pensamento nem nos seus sentimentos.

Não, não acredito em nada.

O senhor disse um dia que gostaria ser católico para poder acreditar no além.

A natureza é precisamente isto: nascer, crescer, morrer. Esta lei é transversal a toda a matéria, até ao mais pequeno calhau. Se tudo evolui permanentemente – como nos ensina a ciência – não há nenhuma razão para nos agarrarmos a fantasmas religiosos. Mas na minha profissão de arquitecto ponho-me no lugar dos crentes. A catedral que construi recentemente é particularmente translúcida, de tal maneira que as pessoas que se encontram ali podem levantar os olhos e entrever o céu. O que agradou muito ao representante do papa que esteve no Brasil, porque esse lugar dá uma ideia do espaço infinito onde Deus os espera. Mas eu sei, apesar de tudo, que a catedral é um produto da imaginação.

Mesmo que recuse a religião, a sensação original ou o conhecimento essencial daqueles que a praticam são-lhe, sem dúvida, familiares: a ideia de que há fronteiras que são fixadas à nossa existência e à nossa actividade – sobretudo nas ciências e na tecnologia?

O homem tem o direito de acreditar que tudo é possível, que não há limites para a sua inteligência, que pode procurar sempre respostas às suas questões. Obviamente, há coisas complexas – o problema da vida, da morte, que nós nunca poderemos resolver. E, depois, o facto de o cosmos estar em expansão, que novas estrelas aparecem e desaparecerão um dia num buraco negro, um nascimento e um desaparecimento permanentes, e nós estamos no meio de tudo isso... Sim, é bom erguer os olhos para o céu e compreender até que ponto somos minúsculos e insignificantes. Desta maneira, vê-se num dia de maior lucidez a nossa própria existência na terra.

Como é que qualifica a situação intelectual, cósmica e política do ser humano neste início do terceiro milénio? Para onde vai?

Parece-me que houve uma pausa em todo o mundo. A insatisfação domina, e a dúvida no futuro. O dinheiro governa tudo, não é? Não se pode verdadeiramente dizer que a transição para a época seguinte seja feita com orgulho. Por agora, aflige-me pensar o que se seguirá.

E quando regressar hoje à sua abundante criação, não tem a sensação de que pelo menos o senhor se realizou?

Não sei muito bem o que isso quer dizer. Cada um faz o seu trabalho, bem ou mal. Todo esse ruído que se faz a propósito das homenagens e dos prémios parece-me absurdo e grotesco. Tive a minha oportunidade, ultrapassei algumas coisas, talvez tenha podido aproveitar mais possibilidades que outros. Não há aí nada de extraordinário.

Pressupondo que ainda tenha um desejo, de que se trataria?
(Niemeyer aponta para um desenho: mostra um homem à beira do abismo que se prepara para saltar para a morte).
Sabe o que eu penso? Veja o desenho que pendurei na parede. Um minuto! Não o perca de vista, concentre-se nele. Compreende, agora?

«Gosto do deserto e sou um homem da periferia».

Amos Oz

Amos Oz (nasceu em 1939 em Jerusalém) é incontestavelmente o escritor israelita mais conhecido no mundo: a sua obra está traduzida em trinta e cinco línguas e recebeu numerosas distinções e prémios literários. Nascido no seio de uma família de origem russa e polaca, Amos Oz muda o seu apelido em 1954 de Klausner para Oz, termo hebraico que significa «força, coragem». Estudou Filosofia e Literatura na Universidade Hebraica de Jerusalém e ensinou na Universidade de Oxford e na Universidade do Colorado. Começa a publicar a sua obra após a Guerra dos Seis Dias. Em 1977 é o co--fundador do movimento «Paz Agora», colectivo internacional que milita a favor de uma solução negociada para o conflito israelo-árabe. Signatário dos acordos de Genebra, intervém regularmente na imprensa internacional. Em 2006 publica o seu romance *Soudain dans la forêt profonde* (Gallimard). Amos Oz foi nomeado oficial de Arts et Lettres, foi-lhe concedido o prémio Femina em 1988 para o melhor livro estrangeiro com *A Caixa Negra* e o prémio Frankfurt da Paz, em 1992. Vive em Arad, a norte do deserto de Neguev e ensina Literatura na Universidade Ben-Gurion. Algumas das suas obras estão traduzidas em português: *Contra o Fanatismo; O Meu Michael; O Mesmo Mar; Uma História de Amor e Trevas,* todos pela Asa. *A Caixa Negra* (D. Quixote).

Os seus livros dão uma descrição ao mesmo tempo complexa e pertinente da sociedade israelita, dos homens e mulheres que compõem essa sociedade. E, no entanto, estes livros, *best-sellers* traduzidos em trinta e dois países, nunca dão a impressão de serem romances propriamente israelitas. Poder-se-á pensar que uma das razões do seu sucesso é devido à cultura e aos problemas existenciais da humanidade que seriam susceptíveis de ser compreendidos noutros países?

Não creio que os meus livros se publiquem noutros países para explicar Israel ao resto do mundo. Do meu ponto de vista, o que tem a ver com a obra aqui é a magia da literatura. Quanto mais é de carácter local, quanto mais regional, mais poderá aceder ao universal. É aí que reside a sua magia. Quando a obra visa ser internacional, não chega a lado nenhum. Os meus livros são muito israelitas, da mesma maneira que os de Tchekhov são muito russos, os de Faulkner muito americanos do Mississipi e os de García Márquez muito colombianos.

Permita-me que lhe formule a questão de outra maneira: diria que todos os problemas de todos os seres humanos, homens e mulheres, em todo o mundo, em todos os povos, são os mesmos em todo o lado?

É uma questão maravilhosa porque, a um certo nível, todos os nossos segredos são idênticos. A um nível mais profundo, eles diferem, mas se descermos ainda mais profundamente, eles tornam-se de novo mais similares. De qualquer maneira, nós temos uma massa de segredos, camada a camada; se lemos todos os livros vindos de outros países, de outras culturas e de outras épocas, é para descobrir em que exacta medida as pessoas são parecidas connosco e em que é que são completamente diferentes de nós. É por isso que nós lemos.

Escolheu viver no Sul de Israel. Sabemos que o Neguev, o Sul do país, foi o grande sonho de futuro de David Ben-Gurion e também sabemos que o seu sonho não se chegou verdadeiramente a concretizar porque a maior parte dos Israelitas prefere o centro à periferia. Assim, as pessoas pobres vivem no Sul e o universo cultural de Israel concentra-se no centro do país. Pensa que o processo de paz, doravante consubstanciado pelos acontecimentos apesar dos seus sobressaltos, conduz a uma transformação desta realidade? Pensa que o Sul de Israel e outras regiões periféricas do país possam conhecer uma mutação e que todo o país possa vir a ter um novo mapa geopolítico?

Pessoalmente vivo no deserto por várias razões. Em primeiro lugar, gosto de viver no deserto assim como gosto de viver na periferia. Sou um homem da periferia. Não sou um homem do centro e a periferia convém-me mais. Se se estabelecer a paz, será que milhares de Israelitas virão estabelecer-se na periferia do território? Não sei. Isso depende de numerosos factores, não de factores idealistas, mas talvez da qualidade de vida, do preço dos terrenos e das casas e de outros elementos desta ordem que me escapam. Suponho que o sonho inicial dos pais fundadores e das mães fundadoras de Israel nunca será completamente satisfeito. É da própria natureza dos sonhos continuar sempre no domínio do maravilhoso, em estado de promessas, de permanecer intactos enquanto forem sonhos. Logo que se realize, todo o sonho, por definição, suscita uma certa decepção. É verdadeiro na escrita de um romance, é verdadeiro com uma fantasia sexual, com um jardim que se planta ou num país que se constrói. Israel é um sonho tornado realidade e é por essa razão que tem muitas decepções.

Gosta do deserto. Porquê?
O deserto ajudou-me a recolocar tudo nas suas justas proporções. De há muito anos até agora, ganhei o hábito de começar o meu dia por um pequeno passeio pelo deserto, de manhã, muito cedo. Observo as colinas e os vales que continuam na mesma desde há quinze mil anos. A seguir, regresso a casa, bebo um café, ligo a rádio e oiço os políticos repetir «nunca», «para sempre», «para a eternidade», e sei que aquelas pedras, lá fora, só se podem rir, porque a eternidade do deserto é diferente da eternidade dos políticos. O deserto é, para mim, a grande fonte de uma humildade salutar.

Vive em Israel e, nestes últimos anos, teve-se uma grande tendência a deixar caminho aberto, no judaísmo, a novas vagas, a dotá-lo de novas organizações, de novas ideologias. Um forte movimento de oposição nasceu no próprio seio do judaísmo, que quer impedir a emigração para o Novo Mundo. Pensa que esta tendência possa vir a ter sucesso? Na sua opinião, qual vai ser o futuro do judaísmo num futuro próximo?
Se espera que eu me transforme em profeta e que lhe fale do futuro, confesso-lhe que isso será, para mim, muito difícil, sobretudo neste país, onde a concorrência, no ofício de profeta, é dura. O judaísmo tem tido sempre um jogo muito aberto de interpretações, de reinterpretações, de contra-interpretações e de interpretações revisitadas. Existe na tradição judaica um gene da anarquia. Não é por acaso que os judeus nunca tenham tido um papa, que nunca tenham sido capazes de eleger um. Se passar pela cabeça de alguém a ideia de proclamar: «Sou o papa dos judeus», toda a gente virá dar-lhe palmadinhas nas costas, dizendo-lhe: «Olá, papa, tu não me conheces, eu não te conheço, mas o meu avô e o teu tio fizeram negócios juntos em Minsk ou em Casablanca, então escuta-me e deixa-me que te conte, em cinco minutos, o que Deus quer de nós realmente». Está na natureza do judaísmo. Evidentemente, veremos emergir novas interpretações, novas tendências, mas isso sempre aconteceu. Está na essência judaica.

Mas a diferença, no momento actual, assegura a existência do Estado de Israel e a interdependência que se manifestou entre o judaísmo e os problemas políticos do país. Não é um elemento novo, este Estado velho de cinquenta anos, para o judaísmo e para Israel?

Não, penso que a situação é muito simples. O Estado deve ficar de fora de tudo isso. O Estado deve deixar o judaísmo existir em paz. O judaísmo prosperará, evoluirá, desenvolver-se-á e, talvez, transformar-se-á, mas o Estado não deve nem ajudá-lo nem perturbá-lo. O Estado não tem de se intrometer, não tem de ir estimular ou mudar o judaísmo. O Estado tem certas empresas a efectuar, o Estado é uma empresa. Deve organizar os transportes, os hospitais e os esgotos, não o judaísmo.

Certamente, mas por agora não é o caso. De facto, as realidades do judaísmo e as do Estado são apenas uma.

Nos países europeus civilizados, a separação da Igreja do Estado ou do Estado e da Sinagoga tem centenas de anos, pagando, como se sabe, por isso um preço com banhos de sangue. Não nos esqueçamos que a França se tornou França à força da guilhotina, que a Inglaterra separou a sua Igreja do Estado ao fim de duzentos anos de guerra civil. Em Israel, nós não queremos uma guerra civil. Mas isso precisará de tempo. A questão do Estado e da Sinagoga, da religião e do Estado, continua não resolvida e permanecerá provavelmente uma fonte de tensão sem solução durante ainda um século ou mais, mas eu prefiro esta lentidão a um banho de sangue, a uma guerra civil sangrenta que poderia resolver a questão em seis meses. Eu não quero a guerra civil e não quero resolver os problemas em seis meses.

O *kibutz* foi o seu primeiro lar e hoje muita gente se interroga: por que é que os *kibutz* morreram? Considera que eles estão mortos?

O *kibutz* está actualmente num estado lastimável, o *kibutz* está mal. Penso que esta ideia, ou este conceito, tem ainda um grande futuro, porque em suma, como formulou o poeta John Donne há alguns anos, nenhum homem é uma ilha, a que eu juntarei isto: todo o homem, toda a mulher é uma península. Num mundo darwiniano levado ao extremo em que se trabalha no duro como nunca, apenas para ganhar mais dinheiro do que realmente não precisam, para comprar objectos que nem sequer desejam e impressionar pessoas de quem não gostam verdadeiramente, penso que a ideia de uma comunidade igualitária tem ainda um grande futuro, em Israel como noutros lugares. Será o *kibutz* como os dançarinos de Hora, não sei, mas o *kibutz* nunca pertenceu ao domínio do folclore. Talvez o *kibutz* do futuro se sustente e se apoie na alta tecnologia e não no tratamento de vacas. Mas seja ele o que for, esta ideia de uma comunidade igualitária conserva ainda um grande futuro, até mesmo pelo presente infeliz que é o nosso.

Mas essa ideia de igualdade, que deveria agir como um factor incitante, não impediu o malogro do *kibutz*. Se observarmos o que se passa hoje, apercebemo-nos que a maior parte dos membros do *kibutz* se vai embora, sobretudo os jovens. Além disso, os *kibutz* dispõem agora de capitais, e a sua visão da sociedade israelita, com a sua preocupação de sucesso, não testemunhará o impossível sucesso de tal utopia?

Estamos a viver numa época de apetites ferozes. A minha leitura da natureza humana leva-me a pensar que um dia muitas pessoas recusarão continuar a jogar este jogo. Recusarão esta competição darwiniana entre jovens quadros. É então que deverão examinar o que encalhou no *kibutz*. O *kibutz* encalhou a partir do momento em que se procurou transformar a natureza humana no espaço de uma só geração. Foi muito ambicioso, foi num sentido idealista. O *kibutz* do futuro deverá ter mais sentido de humor, ter mais paciência com as fraquezas e as falhas da natureza humana. Se souber mostrar-se mais tolerante, mais paciente e mais divertido, o *kibutz* terá êxito.

Entre os numerosos escolhos do *kibutz*, um dos principais devia-se, sem dúvida, à tentativa de modificar a ideia e a realidade da família. Pensa que esta vontade de mudar a concepção de família tenha alguma relação com as dificuldades que o *kibutz* encontrou?

A família! Num certo sentido, considero-me um pouco um especialista em matéria de famílias, porque o tema principal de tudo o que escrevi desde há quarenta anos, de quase todos os meus romances, de quase todas as minhas histórias, tem uma palavra: «família». Penso que a família é a mais bizarra, a mais misteriosa, a mais paradoxal de todas as instituições da história e, ao mesmo tempo, a mais poderosa. Durante milhares de anos predisse-se o seu desmoronamento. Platão quis acabar com a família. Jesus quis acabar com a família. Todas as revoluções começam por uma tentativa de afastar a família. E, no entanto, vemos que a família existe em Teerão e na Coreia do Norte, em Greenwich Village e na Europa, nos Esquimós e nos Africanos. Esta instituição é misteriosa. O *kibutz* deve, portanto, reconsiderar a sua tentativa de substituir o núcleo familiar. A ideia de estendê-la sob a forma de uma família alargada não é má, desde que se evite querer substituir o núcleo familiar pelo *kibutz*. Em suma, a família é uma instituição difícil, mas muito tenaz.

A família ocupará um lugar central no decurso do novo milénio?
Pede-me, agora, que me lance em profecias não sobre os próximos dez anos, mas sobre o milénio! Mesmo Jesus mostrou uma certa prudência em matéria de proclamações milenaristas. Vou responder-lhe baseando-me no que tenho à frente dos olhos: a família, o casal, os pais existirão –, bem ou mal, existirão. Com efeito, esta explosão da família em todo o mundo de que fala não teve lugar no mundo inteiro. Esta explosão tocou uma quarta parta do noroeste do mundo. Por outro lado, na Índia e na China, na Namíbia e na Lapónia, a família permanece muito forte. Pode ser que o seja menos em certas regiões da Europa Ocidental e da América do Norte. Mas esta zona do mundo não é o mundo e mesmo assim, se a família sangra, continua a viver. Repito-o, é uma instituição muito forte e geralmente nós não acreditamos nisso.

Acredita que a noção de democracia corre o risco de se deixar cada vez mais aprisionar em países onde toda a concepção de democracia está, por agora, ausente?
Posso partilhar consigo as minhas esperanças, mas não que consiga prever o que vai acontecer. Espero que a democracia conheça uma mudança radical, porque do meu ponto de vista a democracia

darwiniana, a democracia segundo Ronald Reagan ou Margaret Tatcher, não tem nenhum futuro. No fim de contas, esta forma de democracia andará à volta de uma hipocrisia, uma hipocrisia em que grupos económicos muito ricos e muito fortes decidirão quem governará e em que sistema de governo. Além disso, o próprio governo verá a sua importância diminuir, porque estes grupos económicos superpotentes possuirão mais poder que qualquer outro governo eleito. Portanto, ou há uma mudança fundamental, e à escala mundial, intervindo na nossa concepção de riqueza e da condição dos pobres, ou a democracia se esvaziará do seu sentido. As pessoas continuarão a votar, farão certamente escolhas entre dois, três ou cinco candidatos, mas todos esses candidatos trabalharão por conta dos mesmos grandes grupos económicos. Não haverá grandes diferenças entre uns e outros. Ou a nossa concepção económica da sociedade tem uma mudança profunda súbita, ou a democracia tornar-se-á um cenário, uma fachada desprovida de significado.

Por outras palavras, pensa que uma tal transformação no plano económico ganha mais importância do que toda e qualquer mudança da própria democracia?

Não, penso que se não houver nenhuma modificação na forma como se intervém no modo de distribuição de riqueza, a democracia será privada de todo o sentido. Todas as funções democráticas ficarão talvez em ordem de marcha, mas serão privadas de qualquer sentido porque as decisões já não serão tomadas pelos governos ou pelos parlamentos, mas pelas grandes fortunas, pelas forças do dinheiro.

Acredita que o judaísmo seja uma ideologia com carácter democrático?

Nenhuma religião vive uma relação feliz com a democracia. Nenhuma fé pode coexistir com o pluralismo e a tolerância. Existe aí sempre uma fonte de tensão. Penso que o judaísmo é, em princípio, uma religião mais fácil do que o cristianismo e o islão, porque o judaísmo tem uma longa tradição de discussão. Já ninguém é ingénuo, toda a gente sabe sempre mais do que o vizinho. Os judeus têm igualmente uma longa tradição de discussão com Deus, de contestação e de desafio a Deus. A este respeito, os rabinos nunca têm falta de audácia. Já o provaram desafiando Deus, discutindo com Deus e até por vezes levando-o perante um tribunal supremo para lhe lembrar que ele devia também respeitar a justiça. É bom que ele seja o legislador, o fazedor de leis, mas não tem o direito de fazer com elas o que quer. É fundamentalmente uma ideia parademocrática. Eu diria, portanto, que o judaísmo é mais compatível ou talvez menos incompatível com a democracia do que algumas outras confissões. A relação entre o judaísmo e a democracia é uma relação possível: não será fácil, mas é possível.

Os problemas ecológicos não estão no centro do tabuleiro do xadrez político e dos problemas políticos israelitas. E nem sequer é certo que, no seu país, a ecologia se inscreva num quadro político. Como explica que em Israel a ecologia não ocupe uma posição central no debate político, ao contrário do que se passa nos outros países ocidentais?

Durante um século, Israel foi ao mesmo tempo um projecto e uma urgência, que consistia em construir um campo de refugiados para os judeus privados de território próprio. Quando se constrói um tal campo de refugiados no meio da urgência, não se vai pensar nos pássaros nas árvores. Presentemente, esta situação está em vias de mudar. Israel está a caminho da estabilização. Muitos judeus têm um tecto. É tempo de pensar no ar, na água, nos rios e nos campos. O momento chegou.

Em 1999, visitei-o em sua casa e o senhor escrevia à máquina e não no computador. Como escreve com caneta, o que pensa da revolução informática e da revolução da Internet? Na sua opinião, este movimento desaparecerá como apareceu ou dará realmente lugar a uma revolução?

Pessoalmente, escrevo com caneta, à mão, porque é mais sensual. O contacto entre o papel e a caneta, entre a tinta e os dedos é mais sensual. A máquina não é sensual. E a questão é que gosto da sensualidade, na escrita como noutras coisas. É verdade que a Internet representa numa certa medida um mundo e uma realidade virtuais, e sem dúvida muito úteis, não rejeito isso, mas não se imporá como um substituto do contacto humano. Não gostaria de viver num mundo onde fazer amor se tornasse numa operação a distância. Penso que a perda de contacto directo, da sensualidade da vida, do face a face, do frente a frente, seria uma pesada perda. E, contudo, reconheço que num plano prático todos estes modos de comunicação são muito úteis, desde que a sua proximidade não os transforme em substitutos da vida real. Para citar aquela famosa graça a propósito dos humanos do futuro: «Quem, em vez de ter uma vida sexual, iria meter um vibrador na máquina para obter um café?». A vida sexual é melhor.

Para si, o hebraico é uma língua nova e ao mesmo tempo muito antiga? Como é que entende a sua língua? A palavra reveste-se de uma grande importância para si?

Perguntar-me se a língua é importante para mim é a mesma coisa que perguntar a um violinista: «O violino tem realmente importância para si?». O hebraico é o meu único instrumento. Não posso ser objectivo a esse respeito. É o amor e a paixão da minha vida. É uma língua maravilhosa, estranha e muito singular, porque esteve morta durante dezassete séculos antes de regressar à vida na qualidade de língua falada desde há menos de cem anos. De facto, nunca esteve morta, estava adormecida, era uma bela adormecida. E foi apenas há um século que ela recebeu o beijo que a acordou. O hebraico moderno parece-se ao inglês da época isabelina, é uma língua vulcânica, uma explosão de mutações: tem expressões, palavras e ditos noutras línguas, à imagem do inglês no tempo de Shakespeare, que desfrutou o facto de se ter deitado com meia dúzia de outras línguas. Penso que isso é maravilhoso.

Em hebraico, algumas palavras têm para os religiosos um sentido que não é o mesmo para os laicos. Este duplo sentido tem uma grande importância para si?

Muitas das palavras hebraicas, mas não todas, têm uma significação antiga, teológica, ou mesmo mística e, ao mesmo tempo, um sentido secular, quotidiano. É um terreno de jogo maravilhoso, por vezes difícil, porque chego a ter vontade de tocar a minha própria música de câmara numa imensa catedral, muito antiga e completamente vazia. Devo preocupar-me com a acústica, porque se não estou atento posso inserir uma palavra portadora de potentes ecos, quando não quero justamente qualquer eco, ou então, ainda, querer provocar esse eco de um modo irónico, paródico, para criar profundidade, suscitar temor e tremor. A língua hebraica é, portanto, um estranho auditório, sobretudo quando se toca aqui música contemporânea, mas se o escritor tem consciência das possibilidades e dos perigos de uma tal língua, pode chegar a produzir efeitos surpreendentes.

Há em Israel muitos Israelitas, mas também Palestinianos. Eu sei que recusa toda e qualquer profecia, mas se levantar um canto do véu do futuro, em que condições vê a progressão da paz?

A paz aproxima-se, a paz está a caminho. Não posso dar-lhe nenhum calendário e afirmar que ela se estabelecerá dentro de seis meses ou três anos, mas ela está a caminho. Não porque os Israelitas tenham subitamente descoberto que agiram muito mal e que digam aos Palestinianos: «O país também é vosso, venham e amem-nos» ou vice-versa, porque os Palestinianos se metam de joelhos e nos digam: «Pouco importa o país, desde que nos dêem o vosso amor». Como a maior parte dos conflitos, este resolver-se-á pela fadiga e pelo esgotamento dos dois lados. A fadiga é um síndroma, mas pode ser uma bênção. Cada uma das partes pensa ainda ter totalmente razão, mas vai ser necessário viver, adaptando-se a uma meia justiça e renunciando ao desejo de uma justiça total. Toda a gente conhece a solução e essa solução reside na existência dos dois Estados. Os Israelitas e os Palestinianos não constituem um país único, eles constituem dois países. Eles não são uma nação, eles são duas nações. Eles não podem iniciar, por agora, uma lua de mel, têm necessidade previamente de concluir um divórcio equitativo e de proceder a uma separação de bens e é isto que vai acontecer. Não posso dizer-lhe exactamente qual será o traçado das fronteiras, quanto tempo irá exigir ou a quantidade de sangue inocente que será necessário ainda correr antes de chegar a esse ponto. Mas toda a gente sabe que no fim de contas nós teremos duas casas geminadas. Uma casa com dois apartamentos, para duas famílias.

Quando se está em Israel e se fala em liberdade muitos Israelitas respondem «segurança». Em Israel, estas palavras formam um conjunto. Como é que vê esta liberdade?

Israel terá liberdade quando os seus cidadãos, todos sem excepção, sejam israelitas porque desejam ser israelitas e não porque são forçados a isso. Israel terá segurança quando o problema dos refugiados palestinianos de 1948 for resolvido. Não pode ser resolvido no quadro de Israel, certamente não no que toca ao maior número, mas deve ser resolvido e não necessariamente porque Israel assumirá toda a responsabilidade. Esta responsabilidade é partilhada, mas pouco importa, enquanto centenas de milhares de Palestinianos estiverem nos campos de refugiados, nenhuma segurança será possível. Se eu fosse o primeiro-ministro de Israel, colocaria uma condição, uma exigência israelita. Ou se adopta uma solução de conjunto, de alojamentos, de empregos, um Estado para os refugiados palestinianos ou Israel não assinará nenhum tratado de paz.

Se bem compreendi, considera que o povo palestiniano deve ter um país?

A Palestina. O país será dividido entre Israel e Palestina e os refugiados palestinianos deverão ser reinstalados no território da Palestina porque não podem estar no território de Israel. Se eles se implantarem em Israel, Israel deixará de ser Israel. Eles deverão instalar-se na futura Palestina, na margem ocidental e em Gaza.

Há um assunto que me interessa, o humor. Na sua literatura, nos seus livros, há muito humor. Trata-se de humor judeu, um humor universal ou simplesmente o seu?

Espero que seja o meu, mas também espero que não haja contradição entre o humor judeu e o humor universal. Espero que esta dicotomia seja falsa, porque para mim o humor é um curandeiro e um redentor. Toda a minha vida estudei o fanatismo. Sou um grande especialista na matéria e se me prometer considerar o que vou dizer com humor, dir-lhe-ei mesmo que penso ter inventado o princípio do remédio, do tratamento contra o fanatismo. E este tratamento é o sentido de humor. Se pudesse meter o sentido de humor em cápsulas e fazer engolir as minhas cápsulas de humor a populações inteiras, para assim imunizá-las contra o fanatismo, estaria em posição de me candidatar ao Prémio Nobel, não da literatura, mas da medicina. Mas confesso que a minha ideia de fazer engolir essas cápsulas de humor a toda a gente tem também em si qualquer coisa de fanático. O fanatismo é muito contagioso, não se pode fazer desaparecer nada senão combatendo-o. Se acreditasse no Messias, se esperasse um redentor, diria que o Messias chegaria a rir-se e a contar histórias engraçadas. Ensinar-nos-á a rir. O humor é o relativismo. O humor é a faculdade de ver uma dada situação não somente tal como aparece aos nossos olhos, mas também como o outro a vê. O si-mesmo e o outro são esposa e marido, Israelitas e Palestinianos, ricos e pobres. O sentido de humor é a faculdade de ver as duas faces da mesma moeda. É por essa razão que eu creio na qualidade essencialmente redentora do sentido de humor. E, ainda por cima, o humor é engraçado e isto é uma coisa extraordinária.

O que espera deste milénio que agora começa?

Tenho uma esperança muito simples. Espero que as pessoas possam parar de se matar umas às outras, espero que parem de morrer para finalmente se entregarem à vida. Considero que esta história, toda esta história, este milénio que se escoou, e o milénio precedente e o que o precedeu foram de banhos de sangue. O facto de as pessoas continuarem a matar-se umas às outras e a morrer por algumas razões essenciais constitui a maldição da humanidade. Se esta crueldade e esta violência puderem ser reduzidas, creio que já será suficiente. Se este desejo se realizar, gostaria de viver todo este milénio só para poder ter a ocasião de conversar consigo no limiar do próximo milénio.

Qual é o futuro da literatura? Pensa que as pessoas irão ler cada vez menos por causa da televisão, da internet, dos computadores? E se a leitura continuar mal o que será da escrita?

Desde o século XVIII, e sobretudo graça às mulheres, que não tinham autorização para sair e que ficavam em casa a ler os livros, romances, histórias e poesia tem-se vivido uma longa lua de mel de duzentos anos. Nunca até hoje as pessoas leram como neste período da história. Creio que daqui para a frente a situação vai pouco a pouco retornar ao normal e os livros serão a actividade de algumas pessoas que não podem verdadeiramente passar sem eles. É uma minoria e o livro será a actividade dessa minoria. Isto entristece-me, mas sou realista. Penso que a maioria das pessoas existirá sem livros. Em vez disso, têm ecrãs, todo tipo de ecrãs. Mas subsistirá uma minoria, na qual me encontro, que não renunciará ao prazer sexual de um livro que posso sentir, que posso apalpar, dobrar, no qual se pode colocar a sua marca, no qual eu coloco os dedos e que posso levar para a cama. É um prazer muito particular, muito sensual, ao qual alguns nunca renunciarão.

«Os melhores são os mais humildes»

Raimon Panikkar

Raimon Panikkar, um dos maiores filósofos da religião, nasceu em 1918 em Barcelona, filho de uma católica espanhola e de um indiano hindu. Diplomado em Ciências da Natureza, em Filosofia e Teologia, ensinou nas melhores universidades do mundo, de Harvard e da universidade da Califórnia até à de Roma e de Varanasi, na Índia. As suas publicações, que lhe trouxeram notoriedade internacional, mas também a sua actividade como sacerdote e hinduísta, fizeram com que fosse um dos pensadores mais originais no domínio do encontro entre culturas e religiões. É um teórico e um partidário do diálogo intercultural e inter-religioso, um dos maiores críticos da civilização do nosso tempo.

Tornou-se também «intermediário» entre o mundo ocidental e a sabedoria do Oriente; Raimon Panikkar é autor de mais de quarenta livros traduzidos em diferentes línguas. Hoje, encontra-se retirado nas montanhas da Catalunha, tem sobre o mundo contemporâneo um olhar sustentado pela meditação e silêncio. Entre as suas obras mais importantes encontram-se *entre Dieu et le cosmos. Une vision non dualiste de la réalité* (1997); *Une cristophanie pour notre temps* (2001) ; *Initiation aux Veda* (2003) e *La plénitude de l'homme* (2007). Em português encontram-se editados alguns títulos de Panikkar como *A Trindade* (Editorial Notícias); *Intuição Cosmoteandrica. A Religião do Terceiro Milénio* (Editorial Notícias) e *O Diálogo Indispensável – Paz Entre as Religiões* (Zéfiro).

O império britânico deixou uma marca decisiva no século XIX. Poder-se-á dizer que o século XX foi um século americano, se se pensar nas guerras mundiais e na Guerra Fria, na vitória da economia neoliberal após o desmoronamento da União Soviética?

Eu tenderia a responder afirmativamente, mas gostaria de matizar esta afirmação e talvez mesmo dizer que se trata somente de uma aparência. Considero que a visão de um Estado mundial evidencia um certo idealismo e colonialismo. Ainda hoje, uma só cultura domina o mundo, a cultura ocidental. O império britânico, para retomar o mesmo exemplo, prosperou na Índia e após o colapso do império colonial teve mais sucesso que antes. Os Indianos adoptaram dos Britânicos todas as suas instituições sociais: o parlamento, a língua, a democracia, as eleições, o sistema jurídico. Mas o que é mais importante, o factor económico ou o factor intelectual, o domínio do mercado ou o do espírito humano?

De um ponto de vista económico e político, se considerarmos a política exterior das diferentes instituições oficiais, a América exerce obviamente uma grande influência. Se eu olhar para a situação do mundo de um outro ângulo, numa perspectiva intercultural, não posso aplicar os critérios que justifiquem uma resposta positiva à questão.

Hoje, no mundo, fala-se inglês, o mundo inteiro é uma cadeia de hotéis na qual se fala inglês. Se dois terços do mundo aceitam os critérios fixados pelo mundo industrializado, então somos lacaios e a única coisa que nos resta é dizer: «Este século é americano, o que se chama a nova ordem do mundo não é senão uma *pax americana*». Se o aceitarmos, o mundo perderá uma dimensão intelectual.

Há alguns anos, o historiador americano Paul Kennedy teve um grande sucesso com o seu livro *Ascensão e Queda das Grande Potências*. Como em muitos livros deste género, fui surpreendido pelo facto de que apenas se trata de economia e não de factores antropológicos.

Trata-se de uma visão abstracta da história do mundo – mesmo se, neste caso, a história do PNB e da economia seja legítima. É uma obra inteligente e importante. Só que a história do mundo não é apenas o curso das ideias, é o destino do ser humano. Uma economia ligada somente aos mercados, aos números e aos objectos não é uma economia humana. Quando se trata da história da humanidade não podemos abstrair-nos do ser humano.

A tecnologia não terá sido um dos motores essenciais da evolução humana, nomeadamente pela gigantesca dinâmica que desenvolveu no século XX a partir da revolução industrial dos séculos XVIII e XIX?

Não podemos contestar hoje que a tecnologia se tornou uma das maiores potências – e acrescentaria: a mais aterradora do mundo. A mentalidade tecnológica impregna todos os domínios da vida. A tecnocracia – a força, *kratos*, que, originalmente, fez despertar o interesse pela técnica e pela construção de máquinas – permitiu o emprego da tecnologia. É um estado de espírito e um modo de pensamento. A tecnocracia é, no entanto, uma novidade na história do mundo. É nisso que reside a sua grandeza e tragédia, porque o futuro do ser humano está em jogo. Tenho sempre dito – e estou pronto a defender esta ideia – que a tecnocracia é incompatível com a democracia. A tecnocracia é o poder da tecnologia. A sua prática é antidemocrática: o *power*, o veto, as elites e, a seguir, a sociedade e a polícia secreta. É o poder que decide se temos ou não energia nuclear. A energia nuclear, a fusão e a cisão do átomo, o que é que isto significa? Não faço a mínima ideia. Era necessário pelo menos ter tido sete anos de estudos em Física Nuclear para dar a esta questão uma resposta digna de um homem responsável. Não sabemos de que se trata, perdemos a nossa sensibilidade. Para mim, a fissão do átomo é um malogro cósmico, oponho-me a isso. O espírito tecnocrático quer ser Deus, quer conquistar o céu e atingir a torre de Babel. No fim de contas, a pressão da tecnocracia tem uma acção negativa na dignidade do homem e na história da humanidade.

Isto significa que em relação ao início da revolução industrial em Inglaterra, e mais tarde em França, na Holanda e na Alemanha – e estou a falar em termos globais – o século xx não fez progressos?

A ideia de progresso não me convence. Supõe um conceito linear do tempo e não tem fundamento científico. A extrapolação de um conceito de tempo elaborado no seio do sistema solar é uma conclusão errónea fora deste sistema. Assim, o tempo das ciências da natureza não é um tempo real, é apenas na realidade uma matriz e um código que permite fazer contas. De que se trata? De um mundo morto, astrofísico, do qual não sabemos mesmo a que ponto é real ou, então, da vida humana, da nossa experiência?

Quando digo que não acredito no progresso, na ideologia do progresso, isso não quer dizer que não haja grandes movimentos, de dinâmica, de grandes momentos, de horas brilhantes da humanidade. Só que não acredito numa coisa monótona, linear, que se desenvolve sempre no mesmo plano.

Consequentemente, a tecnologia, nas suas muitas variantes, não tem feito progredir a humanidade, antes pelo contrário? A tecnologia não nos trouxe mais liberdade?

Essa liberdade presumida não é una. Trata-se da pretensa liberdade que me permite escolher num supermercado entre dez marcas diferentes? A liberdade não é uma liberdade de escolha entre determinadas ofertas – isso implicaria que se teria tanto mais liberdade quanto a abundância da oferta. O consumo não é uma liberdade.

Buda disse: «Quanto mais desejas menos livre és». A liberdade aumenta com o reconhecimento da necessidade, para se exprimir em termos completamente paradoxais. Serei muito mais livre quanto menos seja determinado pelo exterior. Creio que, *grosso modo*, a tecnocracia tem muitas vezes provocado uma desumanização. Ela inscreve-se no reino da quantidade.

O mundo conhece uma informatização e uma abstracção crescentes da vida e uma perda da identidade humana.

Sim. E este fenómeno tem raízes antigas no mundo ocidental, a começar por Sócrates. Qual a invenção genial de Sócrates? O conceito. O mundo conceptual torna-se no mundo real. Podemos manipular o mundo dos conceitos e fazer matemática – crê-se que o mundo real obedece ao mundo da matemática. Ora isso não é verdade. Hoje, uma parte dos especialistas das ciências da natureza começa a considerar com hesitação e esperança o facto de que a realidade talvez não siga, no fim de contas, as estruturas conceptuais do nosso cérebro.

Se se remontar o curso da civilização humana a seis milhões de anos (mesmo se a datação é ainda contestada), se se pensar o que é realmente o ser humano, podemos talvez dizer que, no fim de contas, é mais do que uma cadeia puramente empírica e biológica de elos que se sucedem na linha da evolução. O que é que lhe traz este excesso? Não será na realidade uma ideia da transcendência, da metafísica e do sagrado em geral que é, de facto, o ser humano?

Disso não há nenhuma dúvida. No caso contrário, a ideia que um homem entre seis mil milhões de outros é único e que a sua existência pode trazer qualquer coisa, é uma ideia grotesca. Por outro lado, o homem não sentiria que era um homem. Se ele é um simples elo de uma cadeia, torna-se numa megamáquina; terá talvez uma inteligência artificial, mas mais dignidade humana. Se não acreditamos que o homem é um microcosmo, mas também um *microthéos* – e microcosmo não significa pequeno mundo, são seis mil milhões de pequenos mundos; não, o microcosmo é o mundo inteiro em pequeno, de tal maneira que o destino de toda a humanidade se desenvolve num indivíduo – se não acreditarmos nisto é porque perdemos completamente a dignidade humana.

O que é que faz com que o homem seja mais do que um simples *homo economicus*?

A sua consciência de si, na qual ele descobre a sua consciência moral. Em muitas línguas latinas, é a mesma palavra que designa as duas – *consciencia*. Esta consciência de ter uma consciência moral é o que constitui a dignidade humana; é por esta razão que sou único e porque sou único, não sou comparável – apenas se pode comprar domínios parciais idênticos. É a razão pela qual escapo a toda a classificação. O homem é um mistério que vem da Trindade: Deus é homem e o homem é divino. O homem é material e a matéria é intelectual. É necessário distinguir o divino, o humano, o material, mas não separá-los – é a última diligência a realizar contra a fragmentação da realidade. A Trindade não é um atributo religioso, mas uma qualidade fundamental do ser humano.

Se observarmos o século que acaba de terminar, se observarmos a história, poderá existir unicamente um objectivo na interpretação do ser humano?

Do ponto de vista puramente objectivo é impossível; do ponto de vista puramente subjectivo é falso. Na cisão entre objecto e sujeito, que se produz logo que a epistemologia se separa da ontologia – intervém um elemento filosófico, ou um idealismo à Fichte ou um objectivismo puro correspondente às ciências da natureza. O dilema está totalmente deslocado, porque nenhuma relação dualista se instaura entre objecto e sujeito. É uma missão filosófica magnífica e difícil deste novo século. A estrutura do mundo não é dialéctica, há uma outra estratificação que aquela.

Isso quer dizer que a tentativa de compreender ou mesmo de deduzir, voltando-nos para a história, as leis ou as regras que permitiriam tirar conclusões para o futuro, não será adequada no sentido de uma história universal?

Encontro-me, assim, na situação que não aceito: as leis sociológicas de uma trajectória no fim de contas acidental. Se pratico uma abstracção do mundo em que os homens já não são homens, mas unicamente uma multidão de animais que andam sobre dois pés, em que se pode medir e satisfazer as necessidades, e se são aos meus olhos critérios da história humana, então, posso provavelmente formular algumas leis. Ainda que existam mutações em biologia, e em geologia catástrofes e tremores de terra, temos vivido na história humana numerosas experiências que não podíamos imaginar e que, apesar disso, ocorreram. Se creio na liberdade humana, devo também reconhecer os casos isolados como casos determinantes – sem isso, Gandhi nunca teria existido.

O que anima a história? A lei histórica, o indivíduo ou o *thought and action*[9] – uma interacção entre as ideias, a história do espírito e a história real, as forças simbólicas no sentido em que entendia Ernst Cassirer, as estruturas de valor que se acumulam na história das ideias, no sentido de Isaiah Berlin, agindo ao mesmo tempo que a história empírica da economia e do social? Os indivíduos da história – o senhor mencionou Gandhi – serão uma força animada ou animante?

Nem uma nem outra. O que define o espírito do tempo? É o indivíduo ou, então, é, pelo contrário, o espírito do tempo que dá a sua capacidade ao indivíduo? Também não, sem dúvida. A vida é a vida porque ela se desloca do interior, sem isso não seria vida mas um movimento automático de leis físicas. Não acredito nos sistemas porque dão da vida uma representação *a priori*. Por que é que sou contra Copérnico? Porque nos fez crer que o mundo, o universo, seria um animal morto, nem sequer um animal, de resto, uma massa de corpo que, sem vida, se move a partir do exterior. Quem os anima? Quem anima a história? Um indivíduo? Ou, então, será animada do exterior? Já o disse: nem uma nem outra. A vida anima o indivíduo.

Mas a vida não é uma propriedade privada. Não gosto desta palavra, mas a vida é divina. Existe na realidade uma dimensão à qual nos devemos unir e perante a qual somos ao mesmo tempo actores e espectadores. O destino do mundo, da história do mundo, não pode ser deduzido

9   Pensamento e acção (N.T.).

nem pelas ciências da natureza, nem pela dialéctica, nem pela lógica. Sem isso, ficaremos cativos de uma concepção puramente mecanista do mundo. É verdadeiramente necessário que nos debrucemos sobre esta situação fundamental, a civilização ocidental não pode decidir sozinha. As outras culturas, não ocidentais, também já não encontram soluções sozinhas. É a razão pela qual o diálogo e a colaboração são uma urgência se queremos continuar a viver.

Samuel Huntington escreveu em *O Choque das Civilizações* que o mundo no fim do século XX era, sem dúvida, mais moderno, mas menos ocidental. Pergunta: poderá existir uma modernidade sem ocidentalização?

Para mim, a modernidade, em toda a ambiguidade da palavra, é uma invenção do espírito ocidental. Na Índia, este termo coloca um problema permanente desde os anos 50. Alguns pensam que modernização significa ocidentalização. Outros dizem que a modernidade ou os tempos modernos não estão essencialmente ligados ao espírito ocidental, uma vez que as ciências da natureza são universais, que a tecnologia não conhece a discriminação e que, consequentemente, essa ordem torna-se uma ordem mundial. Eu contesto isto formalmente. A tecnologia não é universal e, sobretudo, não é neutra, ela deve ser adaptada à cultura. A procura de modernidade é endógena no Ocidente e exógena em quase todas as outras culturas. O conceito de modernidade continua a ser um conceito colonialista que apenas apresenta uma só modernidade como modelo ao progresso de outras culturas. Ao longo dos séculos passados, esta modernidade era sustentada por um exército; hoje, ela apoia-se na tecnologia. Ser moderno é adaptar-se aos tempos. A que tempo? A modernidade está essencialmente ligada ao espírito ocidental, à ideia de matéria, de espaço, à ideia de um tempo linear.

Do tempo cronológico, no sentido dos grandes físicos como Niels Bohr e Erwin Schrödinger.

O tempo, o espaço e a matéria são, sob esta forma, grandes e geniais invenções de uma única cultura – a cultura ocidental. Mas não temos o direito de fazer descer as outras culturas ao grau de simples folclore.

A ideia de evolução permite-nos crer que nos encontramos na ponta desta evolução e que, por esta razão, todas as outras culturas não estão ainda evoluídas. É mais ou menos incontestável que a civilização ocidental se considera hoje a conquistadora do mundo. Se modernização significa ocidentalização, a democratização e todos os valores originais do Ocidente não têm o direito de universalizar esses valores. É necessário encontrar equivalentes correspondentes nas outras culturas. Oponho-me sobretudo aos sistemas monolíticos, monistas, totalitários, que querem um só modelo, um só universo conceptual, uma só religião, uma só ideologia, uma só modernidade para todo o mundo.

No fundo, podemos dizer que o universalismo do Ocidente, que se planetarizou no século XX, seja pela tecnocracia ou pelas guerras, constitui uma nova forma de imperialismo?

Eu diria uma nova forma de colonialismo, «imperialismo» tem uma conotação moral. O colonialismo consiste em acreditar que com uma dada cultura se está em condições de apreender e compreender todo um mundo e que há apenas, consequentemente, um só paradigma: um deus, uma civilização, um povo, um império, um banco mundial, uma democracia mundial, assim como síndromas diferentes para um mito único, o mito ocidental ou o mito colonial. Isto não é natural, isto não corresponde à condição humana. É-nos necessário o reconhecimento do pluralismo e pluralismo significa, *de jure*, o reconhecimento da diversidade das culturas humanas e das religiões, a tolerância e o respeito mútuo.

As religiões mundiais estão hoje em desenvolvimento e ganham dimensão política. Mas nenhuma concepção religiosa pode reivindicar a totalidade do ser humano – nem o islão, nem o cristianismo, nem o budismo, nem o confucionismo, etc. O *kairos* do nosso tempo aponta precisamente para o encontro das religiões e das culturas, para uma interculturalidade.

E é, penso eu, o que leva Samuel Huntington a dizer que o combate entre civilizações será um choque religioso, porque ele descobriu que as religiões encarnam a alma de todas as culturas. O que ele talvez negligenciou foi o facto de a alma da sua cultura ser também uma religião que pretende a universalidade.

Podemos mesmo falar de uma compatibilidade ou de uma incompatibilidade entre a cultura e as tradições religiosas, os valores de um lado, a tecnologia moderna do outro. Há algumas tradições culturais de orientação mais pragmática, empírica, orientadas para a lógica objectiva, como o calvinismo da América do Norte; elas podem também tomar outras formas de pragmatismo, como no Japão com o xintoísmo. São, consequentemente, mais compatíveis com a tecnologia moderna do que as culturas enraizadas numa metafísica acentuada e na tradição espiritual da escolástica católica desde o século XVI, como a América Latina.

Do meu ponto de vista, é compatível durante um certo tempo. A termo, é uma esquizofrenia insuportável pela qual iremos pagar um preço. Mas a paciência da história é muito maior do que a paciência dos homens. O Japão é uma vítima dessa esquizofrenia, ela exprime-se na crise económica actual do Japão, que é sobretudo uma crise cultural da concepção que o povo tem de si mesmo.

O Prémio Nobel da Literatura Kenzaburo Oe diz que no Japão o desmoronamento do progresso e da fé no crescimento produziu um tal vazio semântico que os Japoneses começam a duvidar.

Estou intimamente convencido disso. A homogeneização técnica fez com que o homem perdesse a sua identidade cultural, religiosa e, no fim de contas, humana.

Poder-se-á ter um equilíbrio entre o modelo económico e político da liberalização dos mercados mundiais e a conservação de uma autenticidade, da especificidade de uma identidade cultural e religiosa de cada uma das culturas?

Vou reagir a essa questão a dois níveis diferentes. O primeiro nível é a atitude eurocêntrica e tecnocêntrica. Vejo o mundo diferentemente. Para mim, a imagem do mundo é tomada numa perspectiva muito estreita, eurocêntrica, económica e política, no espírito de uma política de conquista e de preservação do poder e penso que esta visão não corresponde ao mundo verdadeiro. Se perdermos a medida humana, os pré-socráticos já o tinham compreendido, perdemos a humanidade e apenas falamos de coisas abstractas. Por «mundo», não entendo o conceito abstracto de mundo, mas um mundo humano com as pessoas que vivem, sofrem, lutam e morrem. Para mim, é isto o verdadeiro mundo e não o mundo dos jornais, o da televisão e o da política. O mundo é um organismo vivo, não uma organização. Ora, a sua questão refere-se mais a uma organização. Um organismo vivo é regulado por outras leis que as de uma organização, porque tem uma vida, uma alma, um mito, ideais, amor; toda a humanidade é um organismo vivo. Quanto menos um organismo vivo tiver leis e planos, mais vive de maneira sã e feliz. Ora, nós queremos espartilhá-lo, fechá-lo numa jaula conceptual de natureza política, filosófica, económica. Assim sendo, gostaria de dar uma resposta directa a esta questão sobre a qual tenho criticado o seu conteúdo. Não existe acordo, compatibilidade entre a tecnocracia e a cultura. Metemo-nos por um mau caminho. A direcção por onde o mundo actual se comprometeu é uma má direcção que nos leva à catástrofe.

Os movimentos fundamentalistas que apareceram em diferentes países de tradição islâmica, e que representam certamente também um tipo de antimodernismo, constituem uma ameaça para o mundo ocidental. Os conselheiros de segurança americanos falam da necessária primazia da política americana em matéria de segurança e de política estrangeira, que constituiria, em todo o mundo, a condição indispensável de um certo grau de segurança para o mundo.

Permite-me que reaja a isso de maneira viva e talvez um pouco exagerada? Eu próprio tenho constatado como essa atitude pôde ter uma certa plausibilidade para uma boa parte da população alemã. Quando um *Führer*, um «guia» político, domina o mundo e quer impor uma ordem à Europa, a segurança estará assegurada para todo o mundo? O síndroma é aqui o mesmo, ainda que as duas situações não sejam comparáveis. Numa, temos um caso patológico de crime político; a outra é muito mais subtil, mais inteligente, mais «democrática», mais missionária.

Como o conjunto da política estrangeira americana desde o século XVII e desde a doutrina de Monroe de 1823.

Devo confessar que não tinha compreendido verdadeiramente a Bíblia antes de ter visitado e viajado pela América. Descobri o que significa hoje ter consciência de ser um povo eleito, a convicção de ter de exercer uma missão divina, de ser responsável pela paz e pelo bem estar de todo o mundo.

O famoso «destino manifesto» (*manifest destiny*) do século XIX que foi extremamente importante para o imaginário e consciência americana – quase tanto como o *Moby Dick* de Melville ou Walt Whitman na literatura...

A convicção política que funda esta obsessão de segurança tem raízes na filosofia moderna. As suas origens encontram-se em Descartes, no positivismo e no pragmatismo. «Não tenho confiança». Em ninguém. O principal é estar «certo». Foi para sair desta angústia que Descartes procura a certeza. Para poder viver, para poder filosofar, ele acredita precisar da certeza: «Devo estar certo». Daí esta obsessão política da segurança. É um modo de pensamento que não dá confiança ao homem. Não podemos ter confiança quando não se tem confiança em qualquer coisa de sobre-humano. Podemos chamar a isto Deus, *karma* ou destino. A certeza representa mais certeza, mais dinheiro, mais exército, mais de todas as quantidades. É patológico. Não quero dizer, como Freud, que toda a cultura seja um síndroma patológico, mas a cultura actual representa uma injustiça institucional. O meu julgamento recai sobre o sistema político americano, não na população.

Quando se fala da dignidade humana, sublinhamos naturalmente a questão dos direitos humanos. Estes direitos, tal como estão formulados na Declaração das Nações Unidas, em 1948, são inteiramente regidos pelo espírito ocidental. Compreendemos que pouco a pouco outras tradições culturais – islâmica, confucionista, xintoísta, russa ortodoxa – têm também outras tradições de direitos humanos. A questão central é o reconhecimento da pluralidade das culturas e, também, da

pluralidade das representações dos direitos e dos deveres do ser humano. Por outro lado, encontramos o conceito de ética mundial formulado pelo teólogo Hans Küng, ou seja, a ideia que temos cada vez mais necessidade de uma ética mundial democrática, no sentido ocidental, de uma universalização dos direitos do homem. O senhor é partidário da ética mundial ou de uma relatividade de valores e do pluralismo de culturas?

Relatividade não significa relativismo. A relatividade é a concepção que nos permite tomar consciência, de facto, que uma qualquer actividade humana tem uma realidade ou que tenha também um sentido no seio de uma rede de relações: estas relações, que formam o contexto, são o que dá forma ao texto. Os direitos do homem não são universais e nós não os podemos universalizar tal como eles foram formulados em 1948. Sob esta forma, relevam um modo de pensamento individualista protestante. Mas isso não quer dizer que os direitos do homem, tal como estão formulados nas Nações Unidas, não tenham valor, nem que as outras culturas não devam ser levadas em conta. Os direitos do homem constituem a formulação ocidental, limitada, plena de influência política, de um núcleo que tem uma validade, uma dignidade e um sentido, e incluindo outras culturas. A minha teoria dos equivalentes é uma analogia do terceiro grau. Devemos encontrar para as outras culturas os elementos equivalentes que intervêm noutros sistemas. É a razão pela qual sou, em teoria, contrário à universalização dos direitos do homem que Küng propõe; mas na prática sou a favor. Porque temos necessidade de um ponto de transcendência, de uma ordem humana determinada, devemo-nos apoiar, sob uma forma pragmática, sustentados em leis jurídicas e em valores universais. É aqui que residem a polivalência e a ambivalência.

Depois do domínio americano do fim do século XX, num mundo multipolar que é hoje o nosso, temos a partir de agora outros e diferentes grandes actores – penso na China, na Índia, nos Estados Islâmicos, no Japão, na Rússia, nos grandes Estados da América Latina. Como é que se pode estruturar o poder tendo em conta certos interesses ligados à segurança global do mundo?

O poder? Responder-lhe-ei com uma outra questão: que poder, hoje, é responsável pelo facto de as pessoas não se matarem umas às outras: a polícia, o exército, as instituições? Cerca de mil milhões de pessoas vivem com menos de um dólar por dia. Todos os dias morrem vinte mil crianças de fome. Para que serve um poder mundial, uma polícia, um Conselho de Segurança Internacional, quando se trata de evitar a fome e a guerra? Que poder deve, assim, supervisionar o superpoder para que não se entregue a excessos sem limite? Se nos colocarmos a questão de Hobbes, apenas poderemos dizer uma coisa: *homo homini lupus est*. Então, não há esperança, e nenhum homem, nenhuma superpotência, nenhum equilíbrio entre as três potências que são o Japão, os Estados Unidos e a Europa nos salvará. É um problema humano e metafísico profundo. No século VI a. C., Platão, que, obviamente, não era um cristão, dizia *homo homini deus est* – o homem é uma criatura divina para qualquer outro ser humano. É a razão pela qual o problema é tecnicamente insolúvel. Eu não me comprometo somente em relação a objectivos ligados ao poder político. Esta civilização e esta maneira de pensar são ao mesmo tempo infantis e perigosos. No Ocidente, somos subdesenvolvidos: onde está a arte de viver?

Quando se fala da arte de viver das culturas tradicionais de antanho, questiona-se onde se pode encontrar ainda, neste novo século, um tal reservatório de sensibilidade e imaginação. Pensemos no empobrecimento, no arrefecimento e na comercialização que a arte e a literatura sofreram no decurso da tecnocratização de todos os domínios da vida na Europa e na América. No mundo industrializado, o da força, não deveríamos aprender a arte de viver ao lado das culturas tradicionais e arcaicas do Terceiro Mundo, da sua metafísica e da sua espiritualidade vivida?

Eu partilho inteiramente do seu cepticismo para com a capacidade das culturas modernas do mundo industrializado pela constatação da sensibilidade humana.

O senhor não tem a impressão que em literatura, na música, no cinema, tem-se cada vez mais a tendência a afastar do universo intelectual do século XX o elemento ligado à tragédia, no sentido

criativo, no sentido grego do termo em Ésquilo ou em Sófocles, por exemplo?

Se quisermos compreender a tragédia grega, enquanto modelo, é necessário incluir todo o universo de divindades helénicas. A tragédia sem o mundo superior dos deuses, sem a transcendência, conduz ao desespero – e é nisso que está a atracção pela publicidade. Por que é que a publicidade nos atrai tanto? Porque na sociedade tecnocrática moderna perdemos de vista o mundo do divino. Não queremos a nenhum preço o sofrimento, a dor e o fracasso. E quando o trágico efectivamente intervém somos forçados a respeitar o *keep smiling, keep young*. A publicidade sustenta-se neste fenómeno e isto vale-lhe um certo sucesso. Mas a tragédia, no sentido clássico, faz parte da natureza humana. Isso quer dizer que a natureza humana é um paradoxo que não se pode apreender racionalmente. É precisamente o que me leva a afirmar que a maior epidemia do mundo moderno é a superficialidade. Isso conduz-nos, infelizmente, ao nível dos animais e pior ainda, porque as nossas reacções espontâneas não estão tão desenvolvidas como nos instintos dos animais. Num momento, esta consciência ganha uma outra dimensão – não se tem, hoje, formas adaptadas. Devemos recorrer às velhas palavras e abusou-se tanto dessas palavras, cometeram-se, por vezes, tais contra-sensos a propósito delas que hoje já não se ousa praticamente utilizá-las.

O grande economista americano John Kenneth Galbrath sublinhou que se a segunda metade do século XX foi pacífica, o mundo conheceu desde 1945 mais mortos nas guerras locais, em África, na Ásia, na América Latina, que na Segunda Guerra Mundial no seu conjunto.

Morrem em média cerca de três mil pessoas por dia na guerra. Há alguns anos propus um tema de trabalho para a Unesco: a passagem da cultura da guerra à cultura da paz. Vivemos, desde há seis mil anos, numa cultura de guerra. Esta mutação é talvez a charneira da nossa situação na história do mundo. Trata-se de uma grande responsabilidade dos intelectuais e dos detentores do poder – do poder político, económico e religioso. Estamos num momento decisivo. A transformação de que todos precisamos hoje é uma metamorfose. Trata-se, no fim de contas, de um problema espiritual. Ou desenvolvo a minha «terceira visão», para falar como os lamas tibetanos, e não somente eles, essa «terceira visão» que me torna visível a terceira dimensão do mundo, deste mundo real, da política, mas também da outra dimensão invisível, ou perdemos toda a esperança, e, então, será a guerra de todos contra todos. E, assim, iremos na direcção da catástrofe; e a tecnocracia torna esta possibilidade diabólica realista, enquanto antes era totalmente inconcebível. Aqui, o diálogo intercultural e inter-religioso ganha uma significação especial: a religião como dimensão política, como caminho para a paz.

Onde se situa a relação entre as diferentes religiões do mundo?
Na fecundação e no enriquecimento recíprocos. E nomeadamente no pensamento da *compaixão*, ou melhor, na *caruna* – palavra sânscrita da tradição budista que se encontra em quase todas as tradições. A compaixão é sofrer com os outros. Isto significa superar a minha individualidade, e se assim não acontecer não aprovo a compaixão. É o primeiro passo.

Há sempre uma dialéctica entre a política real e a política ideal. Onde se encontram as fronteiras das suas possibilidades?
As fronteiras estão ligadas à possibilidade de resolver o dilema. Se a política real deve ser qualquer coisa que se opõe aos ideais, porque a realidade, como diz Maquiavel, não é moral, não é uma política real. E a política real que se obstina em permanecer num mundo artificial também não é uma política real. Vivemos sob este falso dilema: ou um ou outro. Política real contra política ideal. Um dia, perguntou-se a Gandhi: «Como é possível que um guru, um santo, faça política?». E Gandhi respondeu: «Não, não sou um santo que faz política. Sou um homem político que quer ser santo, que tenta entender a santidade». Era esta a sua força.

Posso concluir que o indivíduo pode exercer uma influência real no decurso da história? Quando nos voltamos para o milénio que acaba de

findar, terá a história um sentido? Isto é questionado desde Heródoto e Tucídides. Jacob Burckhardt e Arnold Toynbee interrogam-se por sua vez sobre uma história universal da humanidade.

A história tem um sentido. Posso encontrar um sentido mais ou menos artificial na história e ficar satisfeito. A história não se dirige antecipadamente para um objectivo definido. Pessoalmente, não creio nisso. O sentido não é obrigatoriamente o *telos* aristotélico ou a escatologia cristã. A essência do tempo é o ritmo, não é a orientação para o *telos*. Só que eu penso que chegaremos antes ao fim da história do mundo. Vivemos num tempo apocalíptico porque a experiência do tempo, da consciência social, do pensamento do futuro – o *telos* – estão em crise. O pensamento arcaico depende, assim, do passado, *in nihilo tempore*. Nem o passado nem o futuro têm já atracção. Todos os pensamentos messiânicos e paradisíacos fracassaram: o paraíso de Marx, o paraíso do capitalismo, o paraíso da América. O paraíso não está nem no futuro nem no passado. O que só se verá pela «terceira visão» é o futuro, o milénio vindouro.

O senhor é filósofo e teólogo. A vida humana terá algum sentido?

Não é a vida pessoal, individual, é a vida humana que tem sentido. Cada um, em si, é uma fracção. Cada um é inconcebível sem o outro e o indivíduo é também uma abstracção. A realidade do homem, se falar em termos gregos, é a de ser uma pessoa. E uma pessoa não é um indivíduo. Uma pessoa é uma rede de relações assumidas por mim, por ele, por ela: a realidade não é que cada um exista por si. Nós somos os autores da história, damos um sentido à história. Cada um joga o jogo nesta dança trinitária que percorre todo o presente. Se a vida não tivesse sentido, ainda que o sentido seja aqui um símbolo, então todos os nossos discursos sobre a dignidade humana, a personalidade humana, a sacralidade do indivíduo seriam discursos vazios. A vida humana tem um sentido. É o que eu penso. Quando se descobre que a vida é um presente, que se é convidado por um certo tempo para o banquete da vida, compreende-se que as coisas mais elementares da existência são as mais fundamentais. Mas é uma descoberta pessoal.

Quando se debruça sobre o passado, neste início do século XXI, quais são, para si, as principais personagens, filósofos, cientistas, místicos, etc., que marcaram o século XX?

Na minha vida, encontrei muitos pensadores importantes que admirei e que me impressionaram. Tudo depende do que se está em condições de aprender. O mundo não é dirigido nem por homens políticos, nem pelos pensadores e não são eles que asseguram a sua coesão. Pode-se talvez aprender mais com uma flor do que com um pensador. De um poema cantado uma só vez que se ouve e sobre o qual podemos pensar: é uma revelação. Tenderia a dizer que os heróis anónimos são os mais grandiosos. Eles não estão nos livros de história, não se levam tanto a sério, mas estão profundamente enraizados: tocam nas raízes da condição humana. Em resumo, os melhores são os mais humildes, os desconhecidos. E é a razão pela qual podem viver com uma alegria tão declarada. Não têm necessidade do pódio sobre o qual se encontra o peso do sofrimento do mundo; e, no entanto, têm-no consigo naturalmente.

«O homem não poderá nunca permanecer na indiferença»

Cardeal Paul Poupard

Testemunha privilegiada da acção de três papas: João XXIII, Paulo VI e João Paulo II, o cardeal Paul Poupard (nascido em 1930 numa família de viticultores angevinos), antigo ministro da Cultura de João Paulo II, tem a grande reputação de ser um homem de grande erudição. Alguns dos seus escritos estão traduzidos em diferentes línguas. No seio da Igreja Católica, representa uma vontade de abertura e de diálogo entre religiões. É muito considerado pela profundidade dos seus conhecimentos em matéria de educação, das relações entre cultura e fé, assim como sobre as relações entre Igreja e Estado. Ordenado padre em 1954, foi nomeado bispo auxiliar de Paris e bispo titular de Usula em 1979. Foi presidente do Conselho Pontifício para o diálogo com os não crentes em 1979, tendo-lhe sido confiadas as funções de presidente do Conselho Pontifício para a Cultura em 1988. Estes dois lugares foram fundidos em 1993. Ocupa ainda estas funções. Depois da eleição de Bento XVI, o cardeal Poupard foi nomeado, por um ano, presidente do Conselho Pontifício para o diálogo inter-religioso. É autor de várias obras, como *Les Religions*. Dirigiu o monumental *Dictionnaire des religions*. A sua obra *O Cristianismo no Limiar do III Milénio* está publicada na editorial Livros do Brasil.

«O homem não poderá nunca permanecer na indiferença»

Cardeal Paul Poupard

Vivemos, parece, numa época marcada por uma indiferença crescente face aos valores morais e religiosos tradicionais e o homem parece incapacitado de encarar a verdade. O que pensa disto?

O que descreve é um fenómeno preocupante, ainda que o homem seja assim não poderá nunca permanecer na indiferença. Há, sem dúvida, uma progressiva indiferença pelos valores milenares, porque se tem dado uma atenção crescente aos valores efémeros. As possibilidades de atenção sendo limitadas, surge o que Paul Ricoeur definiu como atrofia dos fins com a hipertrofia dos meios. Estamos num comboio lançado a grande velocidade no meio do campo em que o maquinista perdeu o controlo. «Não sei para onde vamos, mas vamos certamente», dizia um homem político. Há uma certa ironia nisto, mas também, penso, qualquer coisa de trágico.

Falta-nos, hoje, essa metafísica dos cultos que evoca a obra trágica de Jacques Maritain ou de Gabriel Marcel...

Quando eu era um jovem reitor em Paris, jantei em casa de Gabriel Marcel, no Boulevard de Saint-Germain, e lembro-me ainda dessa conversa que se prolongou até muito tarde. Nesse velho homem, autor do maravilhoso *Homo viator: prolégomènes à une métaphysique de l'espérance*, havia uma dúvida, ou antes uma angústia perante o que lhe parecia uma perda do ser. O poeta Pierre Emmanuel dizia-me também, pouco antes da sua morte, algo parecido: «Como se tivéssemos uma amnésia do ser...».

Juntam-se milhões de jovens durante as visitas do papa. Isso não testemunhará uma verdadeira necessidade de espiritualidade?
Participei nessas Jornadas Mundiais da Juventude para as quais me pediram que fizesse o que se chama a Grande Catequese. Fui, assim, conduzido à igreja de Saint-Roch. Os organizadores, um pouco receosos, tinham redobrado a vigilância: «Não virá ninguém». Quando cheguei, os rapazes e as raparigas estavam sentados no chão e já os seus rostos e as suas atitudes mostravam uma expectativa, como dizia Simone Weil, uma expectativa da verdade. O texto do Evangelho que me foi proposto era um pouco como a face sul dos Himalaias, o encontro de Jesus e do jovem rico que pergunta o que deveria fazer para ter vida eterna. Jesus disse-lhe: «Vem, segue-me!», mas o jovem, que era rico, partiu triste. Esta parábola é também um símbolo da cultura do nosso tempo. Muitos jovens possuem um sem número de bens que eu não tinha com a idade deles, mas talvez fosse mais feliz do que eles com a bola azul que a minha mãe me dera no Natal – foi durante a guerra. Tive essa pequena bola azul durante meses e penso que gostava muito dela porque era o amor da minha mãe. Talvez o nosso mundo de hoje seja órfão desse ponto de vista... Reencontramos o caminho de beatitudes do Evangelho – «felizes os pobres porque deles será o reino dos céus». Porque o pobre sabe que é pobre, sabe que não pode controlar o curso dos tempos que faz com que as estações se alternem, que os cursos dos rios se dirijam para o mar e que o Sol faz com que a bruma se eleve para que desça sobre a terra e a fecunde. Sem estabelecer antagonismos sistemáticos, quando falo com pessoas que têm muitas privações, o que acontece frequentemente, vejo que têm talvez mais de ser que outros que têm mais de ter.

Na América Latina, milhões de pessoas participaram nesse grande movimento que é a teologia da libertação. Como é que se pode compreender

retrospectivamente personagens como Gustavo Gutiérrez no Peru, ou Hélder Câmara e Leonardo Boffi no Brasil, que foram os principais actores?

Visitei a América Latina do seu extremo sul ao seu extremo norte, passando pelo imenso Brasil, que é por si só um continente. Senti-me muito tocado, no momento da emergência do que se chama a teologia da libertação, ao ver que tinha nascido num terreno profundamente cristão, ao mesmo tempo que era um grito de angústia. O grito de homens e teólogos que partilhavam os sofrimentos do seu povo de uma maneira por vezes excessiva, ao ponto de a hierarquia católica, aqui mesmo, em Roma, ter ficado muito preocupada. Mas a alguns anos de distância, o Vaticano retornou a uma primeira condenação por causa de um documento relembrando o papel libertador de Jesus. Durante a Ocupação, enquanto Jean Anouilh escrevia *Antígona*, a última da suas «peças negras», verdadeiro grito da consciência rebelde, um padre da missão de França publicava uma nova tradução do Evangelho na língua do povo que intitulava *O Libertador*. Assim, o que por vezes a miopia crê descobrir como uma novidade, é de facto a reactivação de um elemento da tradição. Na dinâmica das parábolas evangélicas, compreendemos que Jesus não veio libertar o povo de Israel dos detestáveis Romanos que ocupavam o seu território, mas que o convidou a libertar-se do mal e do pecado que existia no coração do homem. E é este pecado que está na origem das injustiças. Todo o caminho faz-se, assim, também nesta teologia da libertação e, agora, creio que cada um compreende de forma pacífica o que se queria dizer. No último mês, estive em Pueblo de Los Angeles e na manhã do primeiro dia fui celebrar missa em Nossa Senhora de Guadalupe. Testemunhei o fervor do povo ao qual esta virgem, que aparecera com o aspecto indígena, dera uma identidade que é ao mesmo tempo cultural e espiritual, e o sentido de uma grande dignidade. O que me toca quando vou ao Brasil é esta riqueza de humanidade. Um dia, reparei, na praia de Copacabana, numa forma branca. Disseram-me que era um *inchat*, que é ao mesmo tempo a Virgem Maria e a deusa do mar. Isto quer dizer que estes povos, humilhados, abraçaram, digamos, a fé cristã sem nunca serem profundamente catequizados.

A sabedoria milenar nem sempre encontrou o meio de fazer uma triagem e ela foi, em certa medida, forçada a unir numa só imagem realidades totalmente diferentes. O cristão que eu sou refugia-se, por assim dizer, nesta parábola de Jesus em São João que é maravilhosa: «O coração de Deus é muito maior do que o nosso próprio coração». E penso sempre nisto quando participo nestas liturgias populares. Creio que todas as culturas têm um sentimento extremamente forte da vida que se exprimiu de diversas maneiras, entre as quais se encontra as figuras da terra-mãe, do sol e da luz. E, depois, houve, os desvios trágicos destes deuses sedentos de sangue, que pediam o das crianças para fundar a cidade. E penso que, perante estas práticas anti-humanistas, o cristianismo foi libertador. Esta é uma das minhas profundas convicções, sabendo que em todas as culturas, como no coração dos homens, há o que faz a sua humanidade e, depois, há vertentes de inumanidade. Mas não é a especificidade das culturas antigas; poderemos dizer de todas as culturas.

Pensa que, com a ciência, o homem abandonou o mundo da experiência interior da religião, da transcendência?
Consagrei alguns anos da minha curta experiência a esse diálogo entre a fé e a ciência, tal como foi colocado a partir de Galileu. E o Santo Padre pediu-me, a 350 anos de distância, que tentasse clarificar este dossier obscuro e doloroso. O último livro que publiquei a este respeito intitulava-se justamente *Galileu Galilei, 350 Anos de História*. Creio que conseguimos compreender melhor como, à época, os homens de ciência como Galileu se aperceberam do erro da cosmologia milenar de Ptolomeu, ainda que tendo a incapacidade de apresentar a prova científica. E homens de fé, como o cardeal Belarmino, do qual descobri nessa altura um escrito curto mas muito inspirado, dizia que se a nova hipótese fosse cientificamente provada, reconheceria mais facilmente que estávamos enganados na nossa maneira de ler as Escrituras, do que ridicularizarmo-nos ao crer verdadeiro alguma coisa que era falso. Para mim, um tal discurso é a pedra de toque deste diálogo entre fé e ciência. Reencontramo-nos na verdade. Ninguém pode viver indefinidamente na dúvida, nem os indivíduos, nem as

nações, nem as culturas, nem as civilizações. A humanidade existe para colocar questões. E desde os filósofos pré-socráticos, as nossas surpresas perante o espectáculo do mundo são também feitas para responder às três questões que o pintor Gauguin imortalizou com as suas mulheres taitianas: Quem somos? De onde viemos? Para onde vamos? Então, quando falamos de ciência, o mínimo que posso dizer é que existem *ciências* e não *ciência*. Temos físicos, as ciências exactas, as ciências humanas, mas também as epistemologias no meio dessas ciências... E as ciências, para dizê-lo numa palavra, ensinam-nos sempre mais sobre o como e deixam-nos sempre ignorante sobre o porquê. O espírito do homem nunca ficará tranquilo enquanto não passar do como ao porquê. Num colóquio que organizei, pedi a um dos cientistas participantes que comentasse esta frase de Einstein que, para mim, é tão bela e tão profunda: «A inteligência que não descobre o mistério é como o olho que não viu a luz». Einstein também diz: «O que há de mais incompreensível, não é assim, é que o universo seja compreensível». E isto leva-nos muito longe...

O que diria da ordem e da beleza que se encontra tanto no cosmos como no interior do mundo material? Um cientista poderá reconhecer a existência de uma inteligência situado a um nível superior, para além da própria existência do universo, como se questiona o físico Freeman Dyson e já antes dele Albert Einstein?

Reuni com a Academia pontifical de ciências, uma plêiade de eruditos e homens de cultura, para reflectir na inter-relação – e não na antinomia – entre a ciência e a cultura. E tenho a profunda convicção, herdada dos antigos Gregos, que o homem é um microcosmo no macrocosmo. E é isto que faz com que o homem não se sinta estranho numa natureza hostil, mas como o revela o primeiro capítulo do *Génesis*, que é constituído pelo Deus criador por ser o administrador de todas estas maravilhas. E teríamos de resto, de que meditar, nesse contexto, sobre as derivações modernas. O homem esqueceu que era apenas um administrador e não um detentor e senhor da natureza, segundo a célebre fórmula, não é verdade? Encontramos aí todos os problemas de respeito devido à natureza. Mas no ordenamento do mundo que passo a passo o homem descobre, é próprio da ciência poder perscrutar ao mesmo tempo o infinitamente grande e o infinitamente pequeno e estabelecer entre os dois relações, passagens vertiginosas... Graças à física quântica e à física do átomo, a ciência pode ver como o que ao nosso olhar superficial parece uma estrutura imóvel é, com efeito, animado de um movimento permanente. E será tudo isto fruto do acaso e da necessidade?! É simplesmente uma confissão de ignorância indigna de um homem civilizado.

O homem tem frequentemente associado o fim do milénio a uma imagem de Apocalipse. Se considerarmos a evolução do homem em milhões de anos, poderemos dizer que este início do século XXI é um *turning point*?

Como sabe, fiquei extremamente surpreendido quando, num *campus* de Chicago, assisti à projecção do filme *Apocalipse Now*. E pensei: mas o que é que fizemos para que os próprios Americanos tenham esquecido que «apocalipse» não é sinónimo de «catástrofe»? É uma palavra traduzida do grego, da visão de São João, o visionário de Patmos, que designa a nova terra anunciada no fim dos tempos, não como uma catástrofe, não como uma calamidade, mas como uma promessa. São os novos céus e a nova terra na qual não haverá mais tormentos, nem prantos, nem gritos, nem lágrimas. É, portanto, o contrário da parábola do tempo que vai da génese ao apocalipse e que vai do paraíso perdido ao paraíso reencontrado. Mas o imaginário do homem é assim, de tal maneira que caiu do poético no prosaico, se é que podemos dar esta imagem. E se uma cozinheira me ouvir, ela pensará na comparação da omeleta, você sabe: se se cortar as duas pontas, a omeleta desfaz-se: esquece-se a origem e o fim. Penso que se torna necessário reler os três primeiros capítulos do *Génesis* e os três últimos do *Apocalipse*...

Não estaremos hoje perante o desaparecimento de toda a solidariedade humana e das filosofias que a suportam, numa sede de consumo irresponsável?

Sim, isso vem a propósito do que dissemos há pouco acerca da atrofia dos fins e da hipertrofia dos meios. Há, penso, um tipo de bulimia compensadora. Mas enfim, pessoalmente retorno sempre ao primeiro capítulo do *Génesis* onde Deus se congratula pela sua criação. «E Deus viu que era bom». Assim como quando criou o homem e a mulher. Apesar de todas as misérias, apesar do mal, estive sempre convencido que há no coração de cada homem e de cada mulher, de cada cultura e de cada civilização, um grão que nos cabe a nós de fazer frutificar. Quando encontro artistas, como aconteceu recentemente, digo-lhes: «É necessário regressar às grandes filosofias transcendentais dos nossos antecessores». Ou seja *unum et bonum* e *verum et pulchrum*. O bem, o belo, o verdadeiro, o um coincidente. E o mal vem da perda. A nossa cultura deve reencontrar esta coerência fundamental. «Tudo o que sobe, converge», dizia Teilhard de Chardin. Ele tinha razão. E nós devemos, incessantemente, procurar com que retomem a sua consciência, pois todos os homens que se opõem entre si pertencem à mesma família humana, com Deus como Pai, e são, assim, irmãos. E creio que é um grande caminho de humanidade que se abre a todos nós no novo milénio.

O homem poderá viver sem mitos, como se interrogava Paul Ricoeur?
Desse ponto de vista, penso que é necessário uma maior vinculação a Platão, mais do que a Heidegger. Platão dizia que há mais filosofia no *mythos* do que no *logos*. Há sempre muito mais no mito do que na palavra que o exprime. E para o cristão é fascinante pensar que *et verb logos sarx egenesen* – o verbo fez-se carne. O próprio verbo exprimiu-se através da parábola para transmitir a sua mensagem divina. É minha convicção, e quando vejo a crise que as grandes religiões atravessam penso que vem um pouco do que a sua expressão racionalizou. Elas perderam o sentido dos símbolos. Em Paris, aquando desse encontro de um milhão de jovens do qual falou há pouco, vi em Longchamp como esses símbolos tão simples da água a cair na fonte, da luz e do óleo, não necessitam de grandes explicações para serem compreendidos. Devemos regressar a essa concepção, estando atentos ao facto de que a nossa cultura transformou este mito portador de verdade em qualquer coisa não será verdadeira. Ainda que os mitos de que falo não sejam qualquer coisa de mítico, no sentido falso,

mas têm, pelo contrário, o sentido de plenitude de uma verdade, que o *logos*, o verbo, não consegue conter em si.

Não existirá uma relação estreita entre o cepticismo de um David Hume, o utilitarismo de um Bentham nos séculos passados e o crescente materialismo mecanista do mundo moderno?

Os termos podem variar: pragmatismo, cepticismo, materialismo, poderemos aumentar esta lista de *ismos*, de resto, no que me toca, sou muito refractário a este aprisionamento do parentesco através dos *ismos*. Concordo com Shakespeare em que há mais filosofia fora dos livros de filosofia pelos quais tenho, no entanto, muito respeito e, muitas vezes, amizade. Mas devemos retornar sempre à quotidianidade da existência, para aí apreender a sua dimensão de eternidade. Falei recentemente com o cineasta Theo Angelopoulos, depois de ter assistido com ele à projecção de *L' éternité et un jour*. Há nesse filme uma percepção muito forte de eternidade como estando já presente no tempo. E é toda a essência da mensagem cristã. A dignidade da acção vem do facto de o homem encarnar a sua liberdade responsável nesses actos e da qual é, portanto, garante. Um grande dever da educação incumbe-nos hoje para que se tenda a restabelecer a relação entre o sujeito, para o dizer em termos gramaticais, o verbo e o seu complemento, directo ou indirecto. Temos ajudado os jovens que praticam antes a gramática do *zapping*, detesto esta palavra, e mais ainda a coisa. Eles não têm consciência, só procuram o que lhes agrada. Encontram-se diante de uma imagem, mas ignoram que ela se situa numa sequência. E talvez seja esse o drama da nossa cultura: o instante faz esquecer a dimensão do tempo, que vem da eternidade, e que vai na direcção da eternidade. Sou tocado, no que a mim me diz respeito, ao ver que a frequência de actos de presença na igreja decresce enquanto a das peregrinações se intensifica. A peregrinação consiste em deixar o imediato e fazer face às grandes questões da vida. É o caso do grande jubileu que se aproxima e que possui, penso eu, uma função maiêutica muito importante. A peregrinação é um tempo vigoroso que permite redescobrir, para retomar o título de uma outra peça negra de Anouilh, o «viajante sem bagagens». O homem moderno é um pouco o viajante cheio de coisas e desprovido de bagagens. Tirar este impedimento quotidiano permite descobrir a necessidade da bagagem essencial. É esta a minha convicção.

A teoria da evolução do homem no sentido de Darwin não estará em contradição com os dogmas eclesiásticos?

Que diz a Igreja? Eu sou antes discípulo de Pascal, distingo as ordens de grandeza, as ordens de pensamento. Há a ordem da matéria, há a ordem do espírito e há a ordem do amor e da caridade. Creio que as crianças mais pequenas compreendem tão bem isto como os adultos, e o viticultor da minha aldeia angevina tão bem como o professor da Sorbonne. A Igreja exprimiu a sua consideração por tudo o que os homens da ciência realizaram nos seus estudos dos fenómenos evolutivos. E creio que o pormenor destes estudos é que há não uma mas *várias* evoluções através do mundo. O senhor sabe tão bem como eu, não se pode falar de evolucionismo: as teorias sucedem-se, as nossas bibliotecas estão cheias, e cada teoria científica, contrariamente ao que se crê, começa sempre por dizer que a precedente não compreendeu nada, ou pelo menos, que não compreendeu o essencial. Então, quando se fala do progresso das ciências, esquece-se, também nesse aspecto, que não é um progresso linear, mas um progresso por saltos, por rejeições e por redescobertas. O que a Igreja propõe dizer é que, sem dúvida alguma, ela toma consciência com uma consideração extremamente forte, cada vez maior, renovada, da importância de todos os estudos científicos sobre as evoluções. A este respeito, a nossa memória estende-se incessantemente para dimensões fantásticas. O tempo torna-se sempre maior. As últimas descobertas africanas reportam a não sei quantos milhões de anos a descoberta do primeiro homem. É qualquer coisa de fascinante. Contudo, ainda que possa estar enganado, *big bang* ou não, chegaremos sempre a uma fracção cada vez mais pequena em relação ao ponto de partida. Mas a ciência nunca nos conduz ao ponto de partida. Devemo-nos situar na sucessão dos tempos e não na origem do tempo.

Como aliar, neste início do milénio, a ordem cósmica ao mundo físico?

Creio que há qualquer coisa de facto interessante no imaginário, porque, não há dúvida, o que é o milénio senão uma convenção aritmética em que podemos discuti-la até ao infinito. Pouco importa. E a um dado momento, este número simbólico chama a atenção. Então, talvez o simbolismo do ano 2000 nos chame a atenção como o ano 1000 ao qual se refere Malraux em *A Condição Humana*. Como no filme de Angelopoulos, esta obra restitui-nos o microcosmo no macrocosmo. E creio que temos muito a fazer para encontrar, na palavra, esta dimensão que faz com que, no fim de contas, a cultura seja também uma humanização da natureza. O milénio? Lemos nas crónicas antigas que por volta do ano 1000 a cristandade se cobriu do manto branco da Igreja. Porque não voltará a ser a mesma coisa no segundo milénio? É também o meu desejo.

Falamos hoje, em busca de uma nova sabedoria, do homem-Deus, ou seja, de uma divinização do ser humano e de uma assimilação do divino no homem. O homem divinizado é Deus feito homem, isto torna possível uma nova forma de humanismo sucedendo à metafísica da Idade Média e dos tempos após o Iluminismo?

Há muitas questões na sua pergunta. Retomarei o que acabei de dizer sobre as diversas ordens de conhecimento. Estou nos antípodas de Auguste Comte, compreende, e das três idades sucessivas da história da humanidade: a teologia, a filosofia e, finalmente, a ciência. Ele enganou-se completamente e no meu *Dictionnaire des religions* dou um grande destaque a Mircea Eliade, cuja convicção era que o homem não é somente *homo faber*, *homo ludens* mas também *homo religiosus*. A religião, se tomar uma das etimologias possíveis, é *religare*, o que religa e não o que se opõe. É, portanto, o que religa o céu e a terra, o que religa o homem a Deus. E eu penso que, se percorrer em espírito todas as culturas e todas as religiões do mundo, verificará que elas só respondem a uma questão, a um só anseio, a um só desejo. Ninguém o exprimiu melhor do que Santo Agostinho na primeira linha das suas *Confissões*: «Criaste-nos para vós, Senhor, e o nosso coração estará inquieto enquanto não repousar em vós».

O homem vem de Deus e a Deus regressará. A Malraux, o agnóstico em busca de transcendência, e tantos outros, quis consagrar um artigo no meu *Dictionnaire des religions*. Malraux escreveu, no prefácio de *L'enfant du rire*, esse livro maravilhoso do nosso amigo comum, Pierre Bockel, esmoler da brigada Alsace-Lorraine fundada por Malraux, seguidamente arcipreste da catedral de Estrasburgo: «Por que razão ir à Lua se é para se suicidar?». É a primeira questão fundamental para o milénio; a segunda, colocada também por Malraux, era: «Como estabelecer uma comunhão sem transcendência?». Creio que há, em todos os homens que nunca frequentaram a universidade nem nunca leram um único livro de filosofia, uma dimensão metafísica. Porque hoje, como há milhares de anos, o homem, a mulher organizam a sua vida em função da ideia que fazem dela. E o que faz a filosofia senão uma certa ideia do homem, da mulher, do amor, do trabalho, do sofrimento, da morte? As grandes questões podem estar obliteradas, mas nunca estarão ausentes. E todas as culturas, como todas as religiões, tentam responder a estas questões fundamentais. Obviamente, eu não sou a Madame Soleil[10], não saberei prever o futuro! O futuro, dizia George Bernanos, não se faz como as vacas que vêem passar os comboios, mas fazêmo-lo. Por outras palavras, o futuro depende também das nossas liberdades responsáveis. E estas podem ir em sentidos muito diferentes. Mas haverá sempre em pano de fundo da acção humana a sua evolução do tempo à eternidade. E, muitas vezes inconsciente, a resposta a esse desejo, que se exprime logo no primeiro capítulo do *Génesis*, onde já o homem, tentado pela mulher, quer escolher a árvore do bem e do mal, é o de tomar o lugar de Deus. Foi Maurice Blondel quem talvez melhor o exprimiu na sua tese sobre a acção em 1893. É o prólogo: «Todo o homem sonha ser Deus, mas Deus sem deus, contra deus ou com deus». Penso que estão aqui definidas todas as culturas e civilizações

---

10 Madame Soleil (1913-1996), astróloga francesa que se tornou famosa por prever o futuro de políticos. Ao responder a uma questão de um jornalista sobre o futuro, o presidente Pompidou disse: «Eu não sou a Madame Soleil», tornando-se, a partir daí, uma expressão popular. (N.T.).

que se sucedem na história da humanidade. E para o crente – é para mim uma convicção de fé – Deus fez-se homem para que o homem se torne Deus. Realiza-se, assim, o sonho de toda a humanidade, porque ele é Deus verdadeiramente filho do Pai eterno, e ele é homem, verdadeiramente filho da Virgem Maria. Se os filósofos e os teólogos não cessam de fazer o que nós chamamos a inteligência desta fé, penso que há muito mais filosofia e teologia nesta simples afirmação do que em todos os livros de teologia e de filosofia.

Como assumir hoje a responsabilidade ética da biogenética, da nanotecnologia, da revolução digital?

Creio que isto equivale a voltar à questão fundamental, que nós já aqui levantámos: o que é o homem? Seria, como escreveu Malraux algures, um «miserável pequeno monte de segredos». Sou discípulo de Pascal, como já o disse, o homem passa infinitamente o homem. Há no homem mais do que o homem. O nosso grande problema hoje é que nós perdemos a unanimidade das convicções. Todas as épocas da História da Humanidade foram conflituosas. Mas havia no passado, no interior de uma determinada área cultural, uma unanimidade profunda, a da cristandade, a do mundo islâmico, a do mundo hindu, a do mundo xintoísta, taoísta, budista. A partir de agora, vivemos a contemporaneidade desta multiplicidade. E passámos da pluralidade ao pluralismo. Ou seja da constatação de um facto de pluralidade a um tipo de ideologia dom pluralismo. Jacques Maritain dizia que nós estávamos, assim, numa situação de angústia da humanidade: diferíamos sobre tudo, éramos antagonistas em tudo, devíamos, então, redescobrir o homem. Lembre-se, era o início da Guerra Fria. Por outras palavras, nesta situação de angústia em que os pontos de vista se opõem, devemos encontrar o que chamo humanismo plenário e ao qual consagro todos estes anos de reflexão do Conselho Pontifical para a Cultura, com o horizonte do ano 2000 um novo humanismo integrador das ciências, da filosofia, da teologia na religião, sem esquecer a dimensão estética da arte... muito importante.

Pensará provavelmente que na arte, Joseph Beuys ou Mark Rothko, por exemplo, não terão uma grande espiritualidade? Mas há também Giacometti ou os filmes neo-realistas, *Mamma Roma* e *Accatone* de Pasolini, *Roma Cidade Aberta* de Roberto Rossellini ou, hoje em dia, os filmes de Manoel de Oliveira e de Angelopoulos, e muitos outros filmes ainda como *As Noites de Cabíria* ou *O Conto do Vigário* de Fellini, ou, então, os filmes de Vittorio de Sica, *Os Ladrões de Bicicletas* ou *Umberto D.*, ou simplesmente o Pablo Neruda dos *Vinte Poemas de Amor*. Não haverá aí uma visão espiritual que se pode aceitar?

Responderei primeiro com uma outra expressão de Malraux, que decididamente muito frequento, que chama à arte «a moeda do absoluto». Creio que tudo é dito nestas palavras: o homem que perdeu o sentido do absoluto tenta encontrá-lo na arte, mas sem chegar a fazê-lo, porque é impossível. Eu vou mais longe a este respeito, porque, para mim, há os caminhos da beleza, da verdade, da unidade – a este propósito, falámos há pouco dos grandes transcendentais. Penso que o caminho da beleza é um dos caminhos privilegiados para a verdade. Uma das minhas descobertas no colóquio que fiz com artistas nova-iorquinos foi que também se pode ter na arte abstracta uma busca do infinito que as formas não esgotam. Este será um grande tema de conversa. Estive na semana passada na Grécia e uma vez mais fui à Acrópole, a Delfos e revisitei os museus. A pitonisa estava muda, mas a mensagem permanecia inscrita no frontão do templo antigo: «Conhece-te a ti mesmo». Fui também recentemente presidir, em Ravena, à bienal de bronzes artísticos dedicada a Dante. Os artistas são capazes de exprimir o infinito e o absoluto com tão pouca matéria... E penso que é porque a arte pode espiritualizar a matéria que é um caminho para a verdade através da beleza. É também um antídoto poderoso à materialização do espírito para a qual tende a nossa civilização. Fui, há alguns anos, de Tóquio a Quioto, na montanha sagrada, e pensei justamente no *fascilens et tremendo* do Sinai: o Deus que ali aparece tem uma relação com a montanha. O homem tem necessidade de reconhecer a parte sagrada que está nele e a parte sagrada que está em toda a vida humana, por muito desprezada que seja, a da criança mais privada, a do velho mais enfermo. Há esse carácter sagrado da pessoa que, para o cristão, funda-se no acto criador de Deus – o homem, todo o homem, toda a mulher, mesmo sem o seu conhecimento, tem em si um reflexo do mistério de Deus e do seu infinito.

O cardeal Schönborn de Viena colocou recentemente a questão no *New York Times* e abriu o debate: estará a fé em condições de dar um sentido à evolução?

Há mais na narrativa da Criação do que em todas as filosofias do mundo. Quando Deus diz: façamos o homem à nossa imagem e semelhança, não o criou a partir de nada. Toma da matéria, não é verdade?, Adão, a argila. Isto quer dizer que a Igreja estabeleceu sempre uma relação entre matéria e espírito. Mas quando Deus criou o homem insuflou-lhe o seu espírito. Creio que a história deste século mostra, particularmente com a tragédia do nazismo e do marxismo-leninismo, com os campos de concentração e com o Gulag, que quando o homem esquece que foi feito à imagem e semelhança de Deus, esquece também que é um sujeito transcendente e digno de respeito e trata os outros homens como objectos. Haverá sempre no homem, repito, mesmo nos mais deserdados e nos mais necessitados, este orgulho de ser homem. Perdoe-me por lhe citar *Os Cantos de Maldoror*, não é uma referência que devesse tomar: «Disseram-me que era o filho do homem e da mulher, acreditei ser muito mais».

Falou das grandes desgraças do século XX, as vítimas do nazismo, do estalinismo... Mas esquece-se, por vezes, que as grandes potências exportaram a guerra para a Coreia, Vietname, Etiópia, Burundi... Por que é que Deus consente tanto mal e tanto sofrimento? Coloca-se a questão da teodiceia.

A teodiceia está compreendida numa problemática... Não há uma resposta satisfatória na ordem da problemática. Pela minha parte, só me é possível responder na ordem do mistério. E é o mistério do Deus que se fez homem, que tomou a condição humana até à cruz, que carregou com ele todo esse sofrimento até à morte e que, assim transfigurou um e outro, o sofrimento e a morte. Maria estava de pé junto da cruz, como tantas mulheres hoje estão junto da cruz, que não têm resposta para a questão e que vivem o mistério no amor. Não há nenhuma outra dimensão.

Isso quererá dizer que a metafísica do amor estará em condições de encontrar uma solução para a questão do sentido da vida, como escreveu Octavio Paz?

Amor é a primeira palavra em São João. Estou sempre a pensar: Deus é o amor, Deus é o ser, Deus... Podemos ter desde os pré-socráticos tantas definições filosóficas, mas se Deus não é o amor, pode aparecer como vingador, justiceiro, tudo o que quisermos acreditar. Se é o amor, então isso muda tudo. Creio que nós estamos aí, no seio do mistério dos seres, porque todo o ser humano é sempre o fruto de dois amores, o do homem e o da mulher. Este acto procriador é primeiramente o amor do Criador, que fez dos homens seres capazes de viver no amor. E é talvez esta tomada de consciência que nos livrará da infelicidade do nosso tempo: ninguém pode viver sem amor. O drama do nosso tempo é, como se diz vulgarmente, que as pessoas querem fazer amor sem fazer filhos, temos, então, filhos que são desprovidos de amor e aos quais se dá todo o tipo de coisas, para os compensar. Mas nunca se poderá compensar a falta de amor. E é essa, para mim, a primeira e a última palavra – amor.

O cientista crente existe?

Era, como sabe, Paul Valéry, no fim dos seus *Cadernos*. Num livro que publiquei há alguns anos, *Nous croyons en Jesus-Christ*, pedi o testemunho de alguns cientistas meus amigos, como Paul Germain, que é, de resto, o secretário vitalício da Academia das Ciências. Creio que é necessário sair dessa falsa oposição entre ciência e fé. A ciência e a fé são de uma outra ordem; segundo alguém seja crente ou não crente, a ciência pode ser um obstáculo ou, pelo contrário, uma ajuda. E é aí que sou tocado pela polivalência. Já não nos podemos refugiar num aforismo decisivo. Também se diz: «Pouca ciência afasta-nos de Deus, muita aproxima-nos». E isto é muitas vezes verdade, não direi sempre. De facto, o que é decisivo na vida não é ser um escritor, um filósofo, um homem de Estado, um especialista de física quântica, é ser um homem. E quando os cosmonautas regressam, reencontram a mulher em casa e as alegrias e os problemas de todos os homens. É a condição humana.

Falou do amor das crianças hoje em dia... Como é que se pode resolver esta dialéctica entre as estatísticas, a pobreza, a fome, e que em certas regiões do globo, em África, na Ásia e na América Latina digam: «Não é necessário ter crianças» e a Igreja Católica que diz: «Já não é necessário evitar ter crianças»?

A primeira rectificação que farei é que, contrariamente ao que se pode dizer, a Igreja não é natalista, a Igreja não diz: «É necessário ter crianças a qualquer preço». A segunda, a Igreja diz: «Não é necessário ter uma atitude egoísta do tipo o bolo é limitado, portanto limitemos o número dos convidados. Ultrapassemos o egoísmo e partilhemos mais as partes do bolo». Terceira, a Igreja também diz: «Não se esqueçam da criatividade». E há tantas possibilidades que os nossos pais ignoram e que nós conhecemos hoje em dia. Falou das estatísticas, não direi que todas elas sejam enganadoras, mas para mim, que ainda não atingi a idade de Matusalém, observo que as estatísticas, por mais oficiais que sejam, a começar pelas das Nações Unidas, são sempre revistas em baixa, Ou seja, que a bomba demográfica, que se previa quando eu ainda era estudante, não rebentou. Há outras bombas, por outro lado, que rebentaram. Como sabe, sou antes de mais um historiador de formação: há uma adaptação crescente do crescimento demográfico. Quando vou ao Quebeque, o reitor que me recebe diz: «O meu pai tinha quinze irmãos e irmãs, eu próprio tenho dez, e alguns dos meus alunos não têm nenhum». Bom. Isto quer dizer que há de facto uma regulação de nascimentos que se faz, depois de uma fase de desequilíbrio, no que antes chamávamos o Terceiro Mundo e que hoje chamamos por pudor o mundo em vias de desenvolvimento.

Quando os meus amigos parisienses me perguntam o que mais me toca quando venho de Banguecoque ou de Bangalore ou de

Marraquexe ou de Salvador da Baía, respondo-lhe que em todos estes lugares encontrei muitas crianças com olhos maravilhosos e que na rua de Médicis, no Jardim do Luxemburgo, vejo senhoras que passeiam o seu cão. Bom... Então, penso que o futuro do mundo está mais nas crianças que vi do que nos cães que se passeiam. Ainda que não tenha nada contra os cães. Quero dizer muito simplesmente que é difícil a um mundo que já não faz crianças para preservar o amor. Há uma relação intrínseca entre o amor e as crianças. E uma civilização esgota-se, esteriliza-se quando o homem e a mulher se esterilizam nas suas relações conjugais. Quando o Papa me pediu para apresentar à imprensa internacional a encíclica *Populorum progressius* sobre o desenvolvimento dos povos – era a minha primeira conferência de imprensa, em 1967 – apelava à paternidade responsável. Não mudei de opinião desde aí. E penso que a humanidade é capaz, pelo exercício da liberdade responsável, uma vez que somos capazes de dominar tantas coisas no cosmos, de dominar também a demografia.

Que papel pode ter no futuro o Estado católico em países como Cuba, China, Israel ou em países islâmicos, em matéria de política de paz?
Se me permitir, poderia socorrer-me de uma comparação culinária: a Igreja é um pouco como a cereja sobre o bolo, se quiser. Não é a Igreja que faz a política. Mas ela pode dar à política este suplemento espiritual sem o qual a política se enterra. Eis a minha primeira observação. A minha segunda observação já se encontra no meu primeiro livro sobre o Vaticano, publicado em 1967, e é interessante que muita gente a cite sem saber de onde vem: a Igreja não faz política, se o fizesse é porque defendia o seu corpo. Eu quereria, no entanto, distinguir, pelo menos em francês, *a* política *do* político. A Igreja não faz política no sentido em que não faz *política*. Mas os que fazem política têm muitas vezes relações conflituosas com a Igreja, porque a maneira como ela se exprime sobre *a política* incomoda a sua maneira de fazer *política*. Não sei se me fiz compreender. Pio XI ousou dizer um dia que a caridade é a maior das virtudes e que a política é o campo mais vasto da caridade.

Partilha a concepção de Maquiavel que quer que em política se seja, por vezes, obrigado a agir amoralmente?

De maneira nenhuma. Quando a política se fecha no racional já não consegue ser razoável. E penso que há mais na inteligência do que na razão. E que há muito mais no campo político do que o que fazem os políticos. A Igreja gostaria que todos os políticos se tornassem homens de Estado. Estou convencido que João Paulo II teve uma importância política considerável na queda do império soviético, assim como na queda de Duvalier [Haiti]: é necessário que as coisas mudem aqui, disse. Fez a mesma coisa no Paraguai ou nas Filipinas com Marcos. Conhecemos todas as palavras célebres sobre a revolução que devoram as suas crianças. A Igreja, pelo contrário, gera incessantemente novas crianças. Uma vez mais, a Igreja diz que nada de durável se constrói sobre o ódio, que tudo se sustenta sempre no amor, e é, definitivamente, a primeira e a última palavra do mundo, desde a criação, do *Génesis* ao *Apocalipse*. Mas é necessário dizer e voltar a dizer incessantemente ao homem, porque o homem é sempre um homem tentado e nós sabemo-lo bem. São Paulo, o meu santo padroeiro, pelo qual tenho a maior admiração, dizia sempre: «Há dois homens em mim, um faz o mal e não o quer fazer, o outro não faz o bem, mas gostaria de o fazer».

Pensa que o diálogo intercultural e inter-religioso é uma força muito importante hoje em dia para a política de paz?

Na Santa Sé, como sabe, estou encarregue do diálogo inter-religioso. A minha convicção é que este diálogo é não somente útil, como também necessário. Indispensável. E que se alimenta do respeito mútuo. Não há qualquer dúvida de que todo o diálogo que não seja recíproco é manipulação. A Igreja católica congratula-se que os fiéis de outras religiões, como os do islão, possam ter o seu lugar de culto. Isto pede reciprocamente que os seus próprios crentes tenham também a sua liberdade de culto: é inteiramente natural que os muçulmanos tenham a sua mesquita, mas é insensato que não possa haver uma igreja em Meca.

Como é que vê as tendências fundamentalistas hoje, que não existem somente no islão, mas também no protestantismo americano?

Há duas tentações antagonistas que se alimentam uma da outra. O crente que se sente ameaçado pelo outro na sua fé, erradamente; não tem a sua identidade fechada na sua própria existência. O fundamentalismo quer afastar o outro, quer anulá-lo: penso que à partida é uma reacção de medo. E inversamente, o outro, para facilitar a vida em comum, faz como se tudo isso fosse a mesma coisa, como dizem os camponeses da minha aldeia, por outras palavras, é necessário o sincretismo. O verdadeiro crente está nos antípodas destes dois, ele segue um caminho elevado, que nem sempre é fácil, mas que é o único digno do homem. Porque se não estou convencido da verdade da fé que é a minha, é uma indignidade fazê-la crer, uma vez que sou o ministro. E ao mesmo tempo é uma indignidade para o homem que sou não respeitar a fé do outro. Consequentemente, aquando do diálogo com o outro, faltarei à minha fé se não lhe propuser as minhas razões de crer. E ao mesmo tempo faltar-lhe-ei ao respeito se não aceitar ouvir as razões que ele me dá. Estou convencido, apesar de tudo, ainda que as aparências sejam infelizmente contrárias, que iremos na direcção dessa humanização do homem, que passa pelo diálogo.

E o crescimento das religiões hoje, o budismo nos Estados Unidos, e mesmo na Europa, mas também outras religiões, o islão, as diferentes formas de «sabedoria», o ecletismo espiritual, o «mercado das tradições religiosas», será perigoso para o futuro?

Refugiar-me-ei no provérbio inglês que você conhece: «A relva do prado vizinho é mais verde». Há nos nossos velhos países uma fadiga espiritual e crê-se descobrir aí um outro lugar espiritual mais exótico. É o perigo de que falámos há momentos. Para mim, a reencarnação é uma regressão cultural em relação à ressurreição. Jesus Cristo chama o homem para uma vida nova, este homem compreende, então, que não tem necessidade de se reencarnar nos avatares nem permanecer no encerramento da imanência. Creio que Cristo trouxe a salvação na transcendência. Respeito aqueles que não a praticam, mas quando lhes digo qual é a minha convicção, espero convencê-los que lhes proponho uma libertação e uma luz muito maiores.

E os direitos do homem?

Celebrámos o 50º aniversário da Declaração dos direitos do Homem. Fiz a conferência de encerramento do ciclo intitulado «Da tolerância». Quis chamar-lhe «Da tolerância ao respeito mútuo. Por um humanismo plenário». Há muitos residentes da casa da paz, não sou profeta, mas creio que será um dos grandes pontos de discussão nos próximos anos. Os direitos do homem assentam na necessidade de universalismo. Há uma natureza do homem, o homem criado à imagem e à semelhança de Deus, e há uma universalidade dos direitos do homem, que se traduz de maneira diferente. Quando era um jovem estudante na Sorbonne, ninguém falava do direito de ingerência. Caminha-se agora no sentido do dever de ingerência. Estamos numa fase da história da humanidade em que a tomada de consciência progressiva da universalidade da família humana é manifesta e isto deve traduzir-se em termos de solidariedade responsável.

Duas dialécticas confrontam-se no nosso tempo: de um lado, a homogeneização tecnológica, do outro, a particularização, a balcanização, política, étnica, por vezes religiosa… Na Chechénia, no Kosovo, na Índia, na China, em África e na América Latina.

Pela minha parte, recuso tanto a balcanização como a mundialização. A minha convicção é que a técnica, como a língua do fabulista, pode ser a melhor ou a pior das coisas. Se fizer um breve incursão no campo da economia, houve um momento em que parecia que só as grandes empresas é que podiam sobreviver. Constato agora que na crise económica são as pequenas e médias empresas que têm mais êxito. Tenho confiança na natureza humana e na sabedoria das mulheres e dos homens deste tempo: do antagonismo entre estes dois pólos, a homogeneização e a particularização, do meu ponto de vista incontornáveis, haverá uma tensão criadora. Quando o ser esquece a dimensão da pessoa, é apenas um indivíduo isolado. Gosto muito da minha aldeia angevina. Descobri com alegria que era francês, católico, europeu e que pertencia à comunidade dos homens. Mas continuo angevino. Por outras palavras, as minhas fidelidades não se opõem entre si, completam-se.

«O homem e a natureza são criaturas do tempo»

Ilya Prigogine

O físico e químico belga de origem russa Ilya Prigogine (nasceu em 1917 em Moscovo, morreu em 2003) emigrou da Rússia com a sua família em 1921; depois de uma estada provisória em Berlim, instalou-se em Bruxelas. O trabalho científico de Prigogine, cuja atenção é desde meados da década de 40 o estudo dos processos irreversíveis da termodinâmica, muito ganhou com as suas fortes inclinações para a arte e a filosofia. As descobertas de Prigogine criaram as bases que permitiram descrever a passagem da matéria morta a matéria viva e abriram caminho a aplicações revolucionárias nos mais diversos domínios, muito para além da química e da biologia, tão variados como o tráfego automóvel, as sociedades de insectos, o crescimento das células cancerosas... até à análise de sistemas sociais. Foi-lhe atribuído o Prémio Nobel da Química em 1977. Prigogine fala da «redescoberta do tempo» porque Newton e Einstein consideram que esta dimensão não existe fora do espírito humano. A sua solução reside no que ele chama «a flecha do tempo»: «O tempo tem um papel de construção do real que é apenas uma possibilidade entre outras. Se há objectos organizados e outros que não o são, deve-se ao efeito do tempo».

Entre as suas obras traduzidas para português, contam-se *Entre o Tempo e a Eternidade*, Gradiva, 1990; *O Fim das Certezas*, Gradiva, 1998; *O Nascimento do Tempo*, Edições 70, 2008[2]; *O Futuro Está Determinado?*, Esfera do Caos, 2008.

Ilya Prigogine, com as suas pesquisas sobre os processos dinâmicos, complexos e irreversíveis em física e em química, que prometem um novo tipo de diálogo entre o ser humano e a natureza, contribuiu para se forjar a actual imagem científica do mundo, pelo que se pode dizer que é totalmente revolucionária. Poderia explicar brevemente por que aspectos fundamentais ela se distingue dos modelos clássicos, mecânicos e causais propostos por Francis Bacon, Galileu, Descartes, Newton e seus sucessores?

A ciência actual faz-nos descobrir um mundo infinitamente mais rico, mais instável, mais surpreendente, mas também mais perigoso que o da ciência clássica. Os seus fundadores consideravam que as leis da natureza eram tão globais como imutáveis, que tudo o que existe, tudo o que se produz pode ser explicado com a ajuda de esquemas homogéneos respondendo ao postulado da racionalidade. Acreditou--se que os fenómenos da natureza podiam ser apreendidos com a ajuda de uma redução constante a elementos cada vez mais pequenos, pelo menos em princípio, e que os axiomas que se deduziriam não somente preencheriam prontamente o conjunto das falhas da ciência, como também – em condições iniciais determinadas – teriam uma validade eterna. Com esta abordagem, a ciência clássica teve um sucesso sem precedentes: existe uma surpreendente convergência entre estas hipóteses teóricas e as respostas experimentais. Mas sabíamos que a ideia segundo a qual os problemas fundamentais das ciências da natureza poderiam ser resolvidos mais rapidamente é uma ilusão e supor que o mundo se comporta como um autómato respeitando eternamente as inerentes leis matemáticas, mais ou menos simples, é uma idealização. O determinismo e a reversibilidade apenas valem para os casos-limite, quando os sistemas físico-químicos se encontram em equilíbrio; no resto do tempo, a irreversibilidade e o indeterminismo parecem ser a regra. Isto significa que os processos irreversíveis, que foram outrora banidos da pesquisa, considerados como perturbações indesejáveis, tornam-se justamente um centro de interesse, na medida em que eles estão muitas vezes na base da auto--organização espontânea da natureza, ou seja, de estados da matéria que surgem subitamente e longe do equilíbrio. Isto resulta de uma dialéctica múltipla do acaso e da necessidade em que variações fracas podem provocar transformações consideráveis, fazendo aparecer novas formas de coerência e de interacção. Um papel decisivo vem, assim, do tempo: não é somente um parâmetro de movimento, mas medida de evoluções interiores num espaço de desequilíbrio. Tem a qualidade do criativo e é a razão pela qual funciona como força motriz, tanto a nível macrocósmico como microcósmico. Quer se trate da astrofísica, da física de partículas elementares, da biologia ou da química, temos em todas as disciplinas conceitos-chave como evolução, diversificação, instabilidade, que chamam a nossa atenção para a complexidade crescente do ser vivo. Para resumir numa fórmula: o futuro já não está contido no tempo presente. Neste contexto, chegámos necessariamente a uma concepção da natureza que era estranha à ciência clássica.

Isso abrirá um abismo insuperável entre as teorias divergentes?
Não, o meu trabalho consiste em integrar os processos de evolução nas leis fundamentais da física. Não contesto de maneira nenhuma que os axiomas de Newton sejam aplicáveis a certos sistemas – mas unicamente no caso em que se os simplifica grosseiramente, em que se faz excepções cujo carácter reversível está em contradição com a

nossa experiência mais pessoal e com os fenómenos irreversíveis que observamos à nossa volta. Não há qualquer dúvida de que as rotações dos planetas em volta do Sol, por exemplo, obedecem à lei da gravitação, mas isso vale unicamente para a atracção entre massas importantes e outras que o sejam menos. Isso não diz nada acerca do que se passa em cada um dos planetas, sobre os processos geológicos e talvez mesmo biológicos que ali se desenvolvem. Por exemplo, Vénus é composto por substâncias totalmente diferentes das que compõem Júpiter. Este facto não só é novo e fascinante, revela também a inesgotável riqueza do universo e, por último, a potência que se junta à irreversibilidade. Cada planeta percorre uma evolução única, mas simultaneamente todas as evoluções vão no mesmo sentido – da mesma maneira que nós envelhecemos, você e eu, na mesma direcção. Todas as estruturas se dirigem para o futuro no sentido de obter graus de complexidade superior, que são o resultado de transformações e de ramificações anteriores. É precisamente este estado de facto que gostaria de integrar na ciência tradicional e creio que graças aos meus colaboradores e aos mais puros métodos matemáticos, conseguirei rever a nossa concepção de leis da natureza.

Como é que a mudança de paradigma das ciências da natureza, tal como a esboçou, influenciará as ciências humanas, muito especialmente a filosofia e a antropologia, que deverão também agir sempre como equilíbrio, como balança no sentido de Claude Lévi-Strauss?

A metafísica ocidental estava antes de tudo centrada no Ser. Hoje, verifica-se a passagem entre a ontologia do Ser, a substância estática e uma ontologia da Evolução. Nesta fase, adquirimos uma compreensão mais profunda dos efeitos do tempo e dos fenómenos da evolução. Não sabemos precisamente onde nos conduzem, abrem-se-nos muitas possibilidades. No início do terceiro milénio, constatamos que a porta que dá para o futuro está completamente aberta, que o mundo não está fechado ou limitado, que está em evolução e que, consequentemente, as nossas decisões têm um peso particular. Daí a nossa inquietude existencial: tendo em conta a ideia de Hegel, pela qual se é mais facilmente escravo do que senhor, questionamos de maneira urgente como se pode modelar o futuro. Fazemo-lo justamente porque temos mais conhecimentos da complexidade dos processos naturais e, portanto, uma responsabilidade cada vez maior. Por outro lado, tomámos consciência do facto que neste universo imenso, extremamente diverso, ocupamos um lugar cada vez mais pequeno e ao mesmo tempo privilegiado – porque o que nos distingue é a criatividade. O espírito criativo produz a novidade e nisto é parecido com a natureza que, por seu lado, cria incessantemente a novidade. Em vez de nos dirigirmos para um destino pré-fixado, como o desejava a ciência clássica, ele revela-se extremamente inovador. Para o ser humano, isto significa que já não está isolado face a uma natureza passiva, muda, morta, para a submeter à maneira de um monólogo a um questionamento unilateral e continuar, assim, a desencantá-la, mas entra em comunicação com ela para procurar compreender, através de um diálogo intrínseco e subtil, as suas actividades inventivas e mesmo artísticas. Os dois, homem e natureza, são criações do tempo; apenas por esta razão estão indissociavelmente ligados um ao outro. Na medida em que tentamos explorar o carácter irreversível do tempo, aproximamo-nos da compreensão da ordem dinâmica que nos envolve e nos integra, como qualquer outra criatura viva, numa rede de interacções. Estamos a dar actualmente os primeiros passos neste caminho e o resultado dos nossos esforços é tão incerto como a mutação da natureza.

A que teorias se refere para fazer da flecha irreversível do tempo o pilar do seu edifício intelectual? Quais são os cientistas que considera seus antecessores?

A minha intenção, originalmente, era a de prolongar a obra do físico austríaco Ludwig Boltzmann. Foi considerado um pioneiro da evolução no domínio da física – a exemplo de Darwin na biologia. Einstein, por seu lado, mostrou-nos que pertencemos a um universo em desenvolvimento, fundando, assim, a cosmologia moderna. Mas ele ateve-se à ideia de um cosmos essencialmente intemporal, o que se revelou ser um erro, a seguir à teoria unanimemente reconhecida do *bigbang*, que apresenta o cenário de um universo em expansão, dependendo do tempo, onde aparecem novas estrelas que, em dado momento, desaparecem nos buracos negros. A tentativa que levou Einstein – e ela encalhou – a reunir todas as leis da física numa teoria unitária de campo, único e homogéneo, reflecte-se nas concepções de cientistas actuais, como Feynman ou Hawking, para os quais a natureza é muito simples e pode ser descrita por um pequeno número de leis da mecânica clássica e da mecânica quântica – praticamente por uma fórmula universal. Do meu ponto de vista, são relíquias de uma ciência do Ser que não funciona perante a monstruosa diversidade da natureza. Pense-se apenas em quantas espécies diferentes de formigas, de borboletas ou de vírus existem neste planeta. E não se deverá esquecer que não existe, por exemplo, nenhuma explicação plausível para o facto de os répteis se tornarem pássaros, nem a maneira como isso aconteceu. A teoria darwiniana afirma que os pássaros estavam mais bem adaptados ao meio que os répteis, mas não é verdade: só alguns répteis desenvolveram asas – e o que ainda é mais curioso, alguns criaram em si penas antes mesmo de poderem voar. A mesma ideia é válida para os macacos: os humanos desenvolveram-se a partir de uma ou várias espécies específicas; a maior parte das outras, pelo contrário, continuou macacos. Uma grande quantidade de transformações deveria ter-se produzido aqui, e nós não sabemos como é que elas se manifestaram ao nível do genoma. As grandes transições entre a matéria e a vida, entre a vida e a evolução da vida, são enigmas irresolúveis, assim como a origem e evolução do universo. Portanto, tenho a convicção que a ciência não pode abster-se de tematizar os mecanismos da evolução – e que no século XXI será o seu verdadeiro desafio. Por outras palavras: ainda que a teoria da relatividade de Einstein se sustente numa geometria não euclidiana, a ciência da evolução é mais uma ciência da narração, verdadeiramente comparável às *Mil e Uma Noites*. Sherazade conta uma história, interrompe para contar uma outra mais bela no dia seguinte à noite e, depois, uma mais bela ainda. Aplicado à nossa perspectiva: existe uma história cosmológica no seio da qual se desenrola a história da matéria que, por seu lado, contém a história da vida, de onde decorre para acabar na história do ser humano. Neste sentido, pode falar-se de um elemento narrativo, e mesmo de romance da natureza, que nós começámos a decifrar. Se empreendermos a diligência que consiste em compreender a evolução, esforçamo-nos por compreender a novidade, a criatividade, ou seja, nós próprios. As obras de um Miguel Ângelo ou as de um Beethoven são, segundo os critérios humanos, testemunhos de uma criatividade impressionante. Não podemos julgar o que elas representam à escala cósmica – mas essa não é de maneira nenhuma a nossa missão.

Criou a imagem de um mundo caracterizado, do mais pequeno ao maior, pelo milagre, segredo, beleza e ao qual as ciências da natureza prestam cada vez mais homenagem. Mas isto vai manifestamente lado a lado com uma recusa clara e nítida da concepção antropocêntrica: em razão, precisamente, da sua criatividade, do saber que adquiriu entretanto, o ser humano já não pode reivindicar a posição central perante a natureza e o cosmos; deve adaptar o seu pensamento e os seus actos às leis de uma ordem omnipresente que o ultrapassa sob qualquer ponto de vista.

Copérnico e Kepler inauguraram a passagem do sistema geocêntrico ao sistema heliocêntrico; desde então a posição do homem no cosmos não parou de se relativizar. Quando se observa as fotos das galáxias, dos eventos cósmicos, aquelas que os satélites nos transmitem do nosso pequeno globo, dificilmente se pode ficar amarrado à perspectiva antropocêntrica. A visão deste espectáculo sumptuoso transforma radicalmente o nosso universo mental. O filósofo que talvez mais se aproximou foi Giordano Bruno, pelo qual tenho uma grande admiração. Ele foi queimado na fogueira porque concluiu, pela via especulativa, que uma força divina infinita cria necessariamente um número infinito de universos. Um universo único não preencheria as condições obrigatórias tanto para Deus como para o espírito engenhoso do ser humano, este espírito que cruza todas as fronteiras. Para a Igreja, este pensamento era insuportável, porque a existência de universos inumeráveis apelava a inumeráveis personagens de Cristos que deveriam realizar no infinito a sua obra redentora. Ora isto tornava caduco o dogma da unicidade de Jesus e isto tirava à Igreja a sua pretensão ilimitada de velar pela salvação universal das almas. A constância de Bruno, a sua recusa de refutar as teses que defendia com uma tal paixão, sempre me impressionou. Tudo isto antecipa uma das nossas suposições fundamentais: a ideia que a energia original apenas se pode realizar totalmente num número infinito de universos. Consequentemente, o horizonte do nosso pensamento estendeu-se para o cosmocentrismo.

Quando o homem interioriza esta visão, quando sente estima, e mesmo respeito pela harmonia cósmica, não chega a uma compreensão mais profunda de si mesmo e da vida na Terra? Não é também forçado, neste caso, a estabelecer uma nova síntese entre a ciência e a religião – a que já fez alusão Einstein nos seus ensaios *Como eu Vejo o Mundo* ou *Religião e Ciência*, em que escrevia que a religiosidade cósmica é a mola mais poderosa e a mais nobre da pesquisa científica?

Para mim, não existe contradição de princípio entre ciência e religião, pelo contrário: a ciência revela-nos um universo que excede ainda os cálculos e a imaginação de Einstein e que pode realmente fazer despertar sentimentos religiosos no sentido de um pressentimento do sagrado. Enquanto se comparou, recorrendo à argumentação mecanista, o mundo a um autómato e o ser humano a uma máquina, não houve lugar para este tipo de impulsos. Na medida em que penetrarmos doravante mais profundamente na complexidade da vida e da consciência, a nossa admiração leva-nos a pensar em qualquer coisa de sagrado. Resta, no entanto, saber a que se pode ligar este pensamento – à natureza ou a Deus. A ideia de transcendência tem originalmente, fosse na natureza ou fora dela, um criador sobrenatural. Creio que o homem de hoje se interessa antes do mais pela transcendência imanente, pelos processos espontâneos de onde nascem as formas e as estruturas cada vez mais matizadas; isto não significa, no entanto, que a ciência possa dar uma explicação definitiva, ou que a religião, referindo a uma harmonia celeste, possa responder a todas as questões daqui de baixo. O mundo não é somente harmonioso e belo, ele é também inóspito e cruel; o sofrimento leva-nos a proteger o espírito do lado trágico da vida e mesmo do universo e a evitar as desilusões inoportunas. A única coisa certa é que o mundo está impregnado de criatividade e é precisamente sobre isto que se concentrou um pensador como Teilhard de Chardin. Mas enquanto cristão, enquanto jesuíta, considerava que a evolução da natureza, visando imediatamente o ser humano, partia de um ponto alfa e terminava no ponto ómega, o qual coincidia com a apoteose. O que se deve produzir a seguir escapa, portanto, à descrição. Isto faz lembrar *A Divina Comédia* de Dante: é mais fácil descrever os sofrimentos infernais dos condenados que a felicidade paradisíaca dos eleitos.

Os tempos modernos são colocados sob o ditame de uma racionalidade rigorosa, de uma pesquisa sem valores de um conhecimento exacto que, sublinhei-o no início, tem justamente conhecido os seus grandes triunfos pelo facto da sua aplicabilidade técnica. Na medida em que se completa o estudo científico pela realidade empírica do ser humano – a sua temporalidade, a sua integração na natureza, o seu ponto de vista de observador, que não se pode jamais dissociar daquilo que observa – o *logos* e o mito já não parecem estar estritamente separados um do outro: são os dois reflexos complementares de uma só e única consciência, com a qual nós tentamos resolver o enigma da vida.

O *logos* e o mito excluem-se também um pouco um do outro como a ciência e a religião. O mito envolve e completa o *logos* porque para além do nosso saber estende-se a noite infinita do não-saber. É precisamente neste ponto de junção que se inicia a transcendência, a que nos dá acesso ao mito. Quando se lhe presta pouco valor e *a fortiori* quando se o recusa, mostra-se simplesmente a prova da sua própria ignorância. Para um homem deste tipo, basta satisfazer as suas necessidades quotidianas. Esquece que toda a actividade, todo o gesto se desenrola perante os bastidores do universo, saturado pelas estrelas. Portanto, a exploração do cosmos é um empreendimento inovador graças ao qual compreendemos que existe qualquer coisa fora de nós.

Parece-lhe bem que a civilização ocidental se volte mais claramente para outras culturas – por exemplo para a cultura indiana, chinesa ou latino-americana – que, tendo em conta as suas tradições marcadas pela

sua experiência espiritual e pelos seus valores humanos, estejam em condições de retomar a relação desfeita entre o homem, a natureza e o cosmos?

Não. Na Índia, na China e na América Latina, as desigualdades sociais que existem desde a proto-história ainda estão muito agravadas ao fim de todo este tempo, não podemos, portanto, tirar muitas lições sobre a dignidade humana. No que concerne ao aspecto espiritual e filosófico, sou igualmente céptico. Buda encarna, sem dúvida, um símbolo religioso com o qual sinto uma certa afinidade e que prefiro ao da cruz, porque este é sinónimo de sofrimento e não promete, assim, uma verdadeira solução para os nossos problemas. Quando contemplo uma estátua de Buda, vejo também o homem que reflecte no seu destino e que, desta maneira, se pode salvar. Mas a solução que Buda procura não é a minha: ele quer libertar-se do mundo triste e desprezível, para quebrar por fim o ciclo de nascimentos. Eu, pelo contrário, afirmo que se a vida continua triste e lacunar é porque muito poucos seres humanos têm parte activa, porque as guerras, as limpezas étnicas e outras catástrofes da mesma ordem continuam a ser a moeda corrente. É necessário arrancar o mal colectivo pela raiz em vez de o qualificar como ilusão, como tudo é que é efémero, e de o entregar ao nada, como exige o budismo. O confucionismo, por seu lado, assenta antes do mais em linhas de conduta fixadas com precisão: respeito aos pais, às leis, obrigação de não semear a desordem – portanto, recusa toda a transformação social. Não posso estar de acordo com este tipo de pensamento.

Mas, então, em que direcção vamos? Que ideias, que utopias, que mitos forjarão o terceiro milénio?

Há algum tempo, fizemos um questionário a esse respeito a duzentas e cinquenta pessoas com um papel na vida pública. Uma resposta dominava. Exprimia a esperança de ver este milénio ordenado sob o signo de relações mais harmoniosas do ser humano com a natureza e com o seu próximo. É essa também a minha utopia. Para que atinjamos este objectivo, a clivagem entre nações deve ser reduzida e é necessário limitar a tendência de se tomarem decisões políticas arbitrárias que provocam crises ou conflitos. Os esforços a favor de uma Europa pacífica já trouxeram os seus frutos: a Comunidade Europeia caracteriza-se hoje por uma maior homogeneidade do que pelo passado, se bem que, por exemplo, uma guerra entre a Alemanha e a França seja inconcebível. Em todos os continentes, organizações supranacionais têm um papel eminente. Apesar de todos as hostilidades, elas permitem uma cooperação mais intensa entre os referidos países. Estou de acordo, portanto, com uma globalização progressiva no quadro da qual se respeite o ser humano e se dê maior ênfase à razão. Deveríamos compreender que os riscos agudos tendem para uma falta de solidariedade e para um excesso de racionalidade e de ignorância – e não para a ciência, para a tecnologia ou para a informática. Na medida em que estes instrumentos nos permitem compreender pouco a pouco o mundo como uma estrutura mais complexa na qual coexistem a beleza e o terror, nós ultrapassaremos as concepções unilaterais, sejam elas materialistas ou idealistas: no futuro, a condição humana parecer-nos-á talvez mais trágica do que nunca – e exigirá, por esta razão precisa, novas soluções.

«Se Tocqueville regressasse à América de hoje...»

Arthur Schlesinger

Arthur Schlesinger (nasceu a 15 de Outubro de 1917 e morreu a 28 de Fevereiro de 2007) foi um dos grandes historiadores americanos do século XX. Cronista por vezes ácido, analisou a política de estadistas como Andrew Jackson, Franklin D. Roosevelt, John F. Kennedy. Observador, mas também actor da vida política, fez parte do governo do presidente John F. Kennedy na qualidade de conselheiro especial. Considerado um progressista pelas suas tomadas de posição, Arthur Schlesinger foi visto como uma voz do pensamento político de John F. Kennedy e da «Grande Sociedade». Deve-se-lhe o termo de «presidência imperial» a propósito de Richard Nixon. Nascido na cidade de Colombus, no Ohio, era filho de Arthur M. Schlesinger, um reputado historiador. Após os estudos em Harvard, serve de 1942 a 1945 como oficial de informação militar e dos serviços estratégicos. Entre 1946-1961 é professor de História na Universidade de Harvard. Em 1961 é admitido na American Academy of Arts and Letters. Em 1966 é nomeado professor na City University of New York. Arthur Schlesinger é um dos fundadores da organização Americans for Democratic Action. Escreveu discursos para as campanhas presidenciais de Adlai Stevenson, John F. Kennedy, Robert Kennedy. A partir de 2005, dá a sua colaboração ao jornal *The Huffington Post*. Autor de mais de vinte livros, recebeu vários prémios: em 1946, o prémio Pulitzer para *The Age of Jackson*; em 1965, o National Book Award para *A Thousand Days*, com que, em 1966, ganha novamente o prémio Pulitzer, crónica da sua passagem pela administração Kennedy; em 1979, o National Book Award pelo *Robert Kennedy and his times*. Em 1998 foi-lhe concedida a National Humanities Medal.

Arthur Schlesinger, desde que um termo foi colocado à oposição ideológica entre Leste e Ocidente, somos confrontados com uma erupção de tensões étnicas e religiosas. Esta situação concerne-se unicamente aos Estados Unidos ou igualmente a outras partes do mundo?

Durante algum tempo, a Guerra Fria ocultou um certo número de antagonismos religiosos, raciais, linguísticos muito antigos. Com o fim da Guerra Fria, esses antagonismos conheceram um ressurgimento, mais alarmante nuns países do que noutros. O período mortífero que a Jugoslávia conheceu mostra a que extremos trágicos esses antagonismos podem conduzir. São tão poderosos que podem dividir alguns países. Muitas pessoas fazem-se matar por razões religiosas, mais do que por qualquer outro motivo. É a ameaça suprema que fazem pesar os indivíduos que julgam executar a vontade do Todo-Poderoso. Naturalmente, o carácter único da cristandade tem a capacidade de chamar a atenção dos mortais, tão frágeis e tão propensos ao erro, para a distância que os separa do Todo-Poderoso, segundo a fórmula de Abraham Lincoln. O Todo-Poderoso persegue fins que lhe são claros, e todo o ser humano que espera, que pensa discernir esses fins, torna-se culpado de um pecado imperdoável, o de se confundir com o Todo-Poderoso.

Os conflitos étnicos e religiosos substituíram os conflitos ideológicos da Guerra Fria?

É o que me parece. No plano ideológico, a democracia triunfou no campo político, o mercado triunfou no campo económico e os antigos comunistas têm sobrevivido a ganhar dinheiro nas *joint-ventures*, transpondo os seus hábitos de corrupção do regime totalitário para o regime democrático.

Como é que a América pode chegar, sem fundamento étnico comum, a ser uma nação política unida ao fim de dois séculos de história?

Os Estados Unidos possuem uma vantagem: esta nação não se apoia num fundamento étnico comum, mas num pedestal religioso, enquanto país essencialmente protestante e branco. A cidadania americana não se define em termos étnicos, mas através da adesão à Constituição e às leis do país. Alguns, como Laurent Bellow, chamam-lhe uma religião civil, o que me parece uma definição errónea, porque a religião implica uma fé de ordem sobrenatural. Contudo, a América possui uma cultura cívica na qual cada um se pode teoricamente integrar, mesmo se na prática não tivéssemos sabido viver de acordo com estes princípios, porque o chamado *melting-pot* permitiu uma integração muito desigual. Assim, durante muito tempo, os Irlandeses foram excluídos e, depois deles, os Italianos, a seguir foi a vez dos europeus de Leste, mais tarde, os judeus da Europa Oriental e, finalmente, os orientais. Enfim, a minoria negra não veio para este país de sua livre vontade, e o comércio de escravos interditou-lhes durante muito tempo o acesso a um estatuto de membro de pleno direito na sociedade americana. Temos, no entanto, registado alguns progressos de uma forma intermitente: John Kennedy foi o primeiro presidente católico irlandês, alguns políticos levantaram, então, a questão de saber se um católico poderia jamais ser eleito presidente, mas presentemente é uma questão vazia de sentido. Logo a seguir seria a vez de um judeu chegar à Casa Branca. Em 1964, Barry Goldwater, que era judeu pelas suas origens e da Igreja Episcopal no plano religioso, foi candidato à presidência. Depois, seria a vez de uma mulher.

As mulheres são a única minoria oprimida que é maioritária. Nunca tivemos uma mulher presidente. É nos anos 30 que Roosevelt nomeia pela primeira vez uma mulher para o seu governo. Estamos a progredir na direcção certa. O movimento de exclusão para a assimilação constitui um dos temas maiores da história americana. Quando era jovem, por volta de 1950, há meio século, a ideia de ter juízes negros no Supremo Tribunal federal, um general negro como chefe do Estado-Maior das Forças Armadas, um governador negro na Virgínia, presidentes de câmara negros em cidades do Sul como Nova Orleães, Dallas, Charleston ou Birmingham, ou ainda em Chicago, Nova Iorque, Los Angeles, Detroit, Kansas City, Seattle, jogadores negros nos principais campeonatos de beisebol, teria parecido impensável. Diria, para citar Robert Frost, que temos quilómetros para percorrer antes de podermos ter um pouco de sono.

Já lhe pediram para definir a identidade, a civilização americana. Citou Hector Saint-John de Grèvecœur, essa celebra carta de um agricultor americano que explica o homem americano. A essa velha questão de um século, que resposta daria?

Historicamente, os Estados Unidos têm um fundamento linguístico inglês e protestante. É o crisol das nossas instituições. Contudo, a chegada de novos falantes de outras línguas, professando outras religiões, procedentes de outras culturas, modificou aquele fundamento. Por outras palavras, a assimilação é um processo recíproco. Os indivíduos chegam, aprendem o inglês, integram o espírito de um sistema jurídico importado de Inglaterra, mas simultaneamente modificam a cultura que os acolhe. Evidentemente, a diferença aprofundou-se entre a Grã-Bretanha e os Estados Unidos, algumas das suas diferenças devem-se aos novos recém-chegados, à evolução da cultura americana. O sociólogo Orlando Patterson salientou que em nenhum outro país as classes populares souberam alterar e enriquecer a cultura dominante como é o caso dos negros americanos. Em *The Desuniting of America*, o autor sublinhava o perigo de querer perpetuar e separar as comunidades étnicas, raciais e religiosas. Ele defendia, assim, a assimilação, a integração, e uma das estatísticas mais representativas da sociedade americana certifica a propagação de casamentos que ultrapassaram as barreiras religiosas, étnicas e raciais. Hoje, os nipo-americanos casam menos com nipo-americanos do que com americanos de origem europeia. Assim como muitos judeus americanos casam com não-judeus, a tal ponto que há alguns que se inquietam pela existência ou pelo desaparecimento futuro da comunidade judaica nos Estados Unidos. Durante muito tempo, os casamentos católicos entre negros e brancos eram ilegais em muitos estados. Cinquenta anos depois, constata-se que quadruplicaram no espaço de uma geração: na minha opinião, o amor e a sexualidade vão vencer aqueles que desejam a desunião da América.

Definiu-se a conquista do espaço como uma «nova fronteira», enquanto a fronteira intra-americana juridicamente desapareceu a partir do século XIX. Frederick Jackson Turner analisou o papel decisivo da «fronteira» para a identidade americana. Esta ideia de uma América em busca de novas fronteiras não intervém em nenhuma outra democracia, nem mesmo nas suas antigas colónias ou domínios como a Argentina, a Austrália ou o Canadá, que também tiveram, contudo, vastas porções de terra abertas à colonização.

Dentro de quinhentos anos, que reterão os humanos do século XX? A Guerra Fria, a Segunda Guerra Mundial serão dois acontecimentos desconcertantes, da mesma maneira que a Guerra dos Trinta Anos o é aos olhos dos nossos contemporâneos ou a guerra dos Cem Anos para o homem do século XVII. Por outro lado, o século XX ficará como o século em que o homem quebrou as suas amarras terrestres para iniciar a exploração espacial. Fui educado na leitura de Júlio Verne e de H. G. Wells, mas nunca pensei que durante a minha existência um homem andaria na Lua.

Se a maior parte dos americanos se definisse de um ponto de vista étnico, onde estariam os limites interpretativos da história americana, como existe no plano da história económica?

Não creio que os americanos se definissem colando-se a este ou àquele grupo étnico, porque todos eles são o produto de casamentos inter-étnicos. A proporção desses casamentos é tal que torna esta avaliação difícil: pode-se ter um pai italiano e uma mãe judia, ou uma mãe anglo-saxónica e um pai negro. Todos os americanos são o produto dessas misturas, a tal ponto que parece demasiado artificial acentuar o carácter étnico da separação entre comunidades. A pós a Segunda Guerra Mundial, atravessámos um período de culto da «etnicidade» quando alguns ideólogos, promotores dessas ideias, políticos até certo ponto, jogaram a carta étnica. A diversidade de pessoas é para este país uma grande fonte de enriquecimento, comparável à das cozinhas chinesa, italiana ou francesa. Em todas as cidades americanas, existe provavelmente uma Chinatown ou uma Little Italy, houve mesmo uma Yorkville e uma comunidade germano-americana, dispersada durante a Segunda Guerra Mundial, e esta diversidade é positiva. Por outro lado, a noção de um *apartheid* linguístico, religioso, étnico vai, e irá, contra a própria substância da América.

A América ocupará um lugar essencial no século XXI, e qual será o seu papel na civilização mundial?

Espero que o *leadership* dos Estados Unidos integre a ideia que sozinhos não poderemos atingir mais ou menos nenhum dos nossos objectivos. A nossa posição de superpotência económica e militar é temporária. A maior parte das coisas que desejamos para o mundo exige a cooperação de outros países. O dinheiro que os Estados Unidos ainda devem às Nações Unidas constitui um dos grandes escândalos do mundo actual. É certo que a Organização das Nações Unidas tal como está continua imperfeita, mas é o único instrumento de cooperação planetário e merece todo o nosso apoio.

Tocqueville era procedente de um meio aristocrático. Chegou ao cume de uma nova democracia, de uma nova era. Observou a América e soube prever um sem número de acontecimentos e de características futuras da história cultural americana na política, na religião, na filosofia e na vida social. O que é que continua válido e em que é que ele se enganou?

Quase todas as observações de Tocqueville sobre a democracia americana conservam a sua pertinência. Arriscou algumas previsões erróneas, a sua previsão de uma guerra de raças era falsa, mas a sua percepção de tensões raciais futuras revelou-se perfeitamente fundada. Tocqueville chegou a este país há cento e sessenta anos, quando contava com doze ou treze milhões de habitantes e, contudo, a relação com a nação de duzentos e setenta milhões de americanos que nós conhecemos é suficiente para demonstrar a persistência, a continuidade de uma identidade americana. E se Tocqueville não viu as mutações na imprensa cinquenta anos depois dele ou aquelas que dizem respeito aos partidos políticos americanos, compreendeu rapidamente a sua ausência de disciplina. Escreveu que o homem político americano, o legislador americano do Congresso estava sempre mais ligado aos eleitores do que ao seu próprio partido, o que explica bem os aspectos da política americana que continuam a desconcertar os europeus, habituados a mais disciplina no sistema partidário. Na Europa, a liberdade de associação, a autonomia dos Estados, a liberdade de imprensa eram combatidas e Tocqueville considerava tudo isso como elementos de base da liberdade.

Tocqueville insistiu igualmente na ausência de qualquer filosofia própria na América. Se existe uma filosofia americana, escreve ele, ela tende para o pragmatismo, para o empirismo lógico. Pensa que a história do pensamento, dos valores e da cultura americana, na medida em que ela se reflecte na história da filosofia americana, exerce um qualquer impacto transcendental ou metafísico? Mesmo o transcendentalista Emerson esteve implicado nas políticas sociais do seu tempo e em algumas experiências de comunidades sociais utópicas da Nova Inglaterra. Na América Latina, a história do pensamento e da filosofia é retirada da experiência clássica, dos séculos XVIII e XIX, que é profundamente metafísica, espiritual e transcendental, sem nenhuma relação com o mínimo feito empírico. A América Latina não tem nada de pragmático – nem Wittgenstein, nem o darwinismo social, nem George Herbert Mead, nem Herbert Spencer –, é muito intuitiva. Aceita Bergson, a tradição existencialista, mas nada de substancialismo lógico ou de empirismo analítico. A América do Norte, com toda a sua tradição

de filosofia pragmática de John Dewey William James ou Charles Peirce, que se torna a sua voz original, apresenta uma dicotomia com a América Latina. Tocqueville foi o primeiro a perceber esta contribuição substancial da cultura norte-americana para a história do pensamento e da filosofia.

Com efeito, na América Latina, o entusiasmo pela abstracção é um flagelo. Nos colóquios internacionais, logo que um latino-americano toma a palavra, sabe-se que se vai assistir a três quartos de hora de retórica abstracta e desprovida de sentido, que é o fruto de uma tradição. Nós também temos preocupações metafísicas, mas elas exprimem-se sobretudo sob uma forma teológica, que é uma forte tradição nos Estados Unidos. Antes da Independência, a dualidade da cultura colonial exprimia-se, por um lado, através de Jonathan Edwards, o grande teólogo, e, por outro, através de Benjamin Franklin, o inventor, o cientista, o homem prático. Goethe evocava a Alemanha, duas almas no mesmo coração. Edwards e Franklin foram duas almas no coração da América. Desde então, Edwards foi colocado na categoria de um vulgar pregador à maneira de Billy Graham. Contudo, o teólogo americano mais influente do século, Reinhold Niebuhr, pertencia à mesma categoria de Jonathan Edwards. O trabalho notável de Williams James consistiu em sistematizar a concepção da vida segundo Benjamin Franklin para fazer do pragmatismo uma filosofia. Foi assim que nasceu o pragmatismo, parte através da experiência pessoal e parte através dos princípios da psicologia. Williams James iniciou-se como psicólogo, e o seu livro *Princípios de Psicologia* continua a ser uma obra fundamental da psicologia. Também foi buscar muito à tradição emersoniana, no que me parece ser o mais interessante em Emerson, não o seu transcendentalismo, mas o seu aspecto mais obscuro, perceptível nos seus ensaios sobre o destino da história, nomeadamente através das observações extremamente agudas que Emerson formulou sobre a natureza humana, o que seduziu Nietzsche. Além disso, o pai de James era amigo de Emerson, e ele cresceu nesta atmosfera. Finalmente, Williams James era um escritor maravilhoso. Dizia de Henry James que escrevia os seus romances como um psicólogo e que ele próprio escrevia as suas obras de psicologia como um romancista. Quanto a Charles Peirce, era num certo sentido um espírito mais original do que James. Este último era de uma grande generosidade: enquanto Peirce foi incapaz de encontrar trabalho, James sustentou-o financeiramente durante anos.

Pensa, portanto, que a cultura americana soube desenvolver uma dimensão metafísica original?

Uma dimensão teológica original, diria eu. Poupámo-nos à calamidade hegeliana. O ensaio de William James sobre o hegelianismo constitui uma formidável rejeição da influência hegeliana. Situamo-nos mais na tradição empírica, com a influência de Hume e de Locke.

Para si, a identidade americana nunca esteve parada, esteve sempre em movimento. Se se trata de um processo infinito, onde poderá conduzir?

Se Tocqueville regressasse à América de hoje reconheceria o país do seu livro e uma certa continuidade da identidade americana. A passagem progressiva da exclusão à assimilação prolongou e enriqueceu esta identidade, transformou-a, de modo que já não nos satisfazemos apenas com incorporar a arte culinária francesa, italiana, chinesa, indiana ou japonesa, mas igualmente toda uma variedade de patronímicos tão estranhos como excêntricos. Os velhos nomes ingleses da tradição estão cada vez menos presentes no mundo político, no espectáculo, na literatura, nas Igrejas. O *melting-pot* começa finalmente a funcionar e isso levou-nos um tempo considerável.

Na sua opinião, o messianismo – que marcou a política exterior da América desde há séculos, no século XIX nas Filipinas, na América Latina com a doutrina de Monroe, na China, em Cuba – é mais forte na América do que na Europa?

Trata-se de um messianismo retórico. A América é um exemplo para o mundo, mas não intervirá no mundo. O problema está nas resistências que levanta qualquer intervenção: seis americanos são mortos, há indignação no congresso e em todo o país, e é imediatamente a retirada das tropas americanas. Num plano retórico, estamos, portanto, preparados para tudo, mas infelizmente, na prática, isto supõe a morte dos nossos soldados. Adoramos a guerra aérea pelo seu carácter asséptico: descola-se, carrega-se em alguns botões, aterra-se, bebe-se uma cerveja a acompanhar uma boa refeição.

A economia mundial ainda possui uma ética?

A cobiça foi sempre um motivo humano muito forte. Na América do Sul, a escravidão era defendida pelos padres, que consideravam, contudo, o jogo ou a dança como um pecado. A auto-satisfação tem sido sempre um dos vícios mais chocantes tanto no mundo actual como em épocas mais recuadas. Alguns indivíduos examinam o mundo dispensando o juízo de outros indivíduos. O mundo dos negócios quer-se ético e moral, mas na realidade é apenas um instrumento destinado a ganhar dinheiro, a produzir bens e inovação, mas que pode também revelar-se muito destruidor. O mercado deve ser avaliado em função desses objectivos. A destruição criadora faz parte do processo do capitalismo, mesmo se nós devemos fazer tudo ao nosso alcance para limitar essa capacidade de destruição quando o capitalismo ataca indivíduos frágeis e indefesos.

Pensa que a implantação da economia liberal em culturas como as de Madagáscar ou do Peru, que têm tradições culturais completamente diferentes desde há séculos, corre o risco de lhes fazer perder a sua identidade religiosa e cultural?

A vida é plena de mudanças, não se pode fazer parar a história. Marx, falando da Índia, pensava que apesar dos crimes dos Britânicos e das pilhagens dos Italianos, a colonização tinha despertado o sub--continente do sono da estagnação asiática, levando-a a produzir motores, locomotivas, vias férreas, a dotar-se de um comércio moderno. Num certo sentido, tudo isto era inevitável, e ele incumbe à Índia de decidir o que quer receber ou não do Ocidente, porque ninguém lhe imporá nada, ninguém detém esse poder.

A tecnologia dos *media* modernos, em que a CNN é um dos exemplos de ponta, constrange os habitantes do Equador ou da Colômbia a receber informação sobre o seu próprio meio político a partir de Atlanta,

sede da CNN. Para evitar este perigo, não seria necessário promover entre todo o mundo centros de informação assegurando a pluralidade das fontes na pluralidade das culturas?

Na minha opinião, existem outros perigos bem mais graves. As pessoas ouvem o que querem ouvir. Que mal há nisso? Se querem resistir a Hollywood que resistam a Hollywood. Eu não farei nada para restringir a liberdade da escolha humana.

Entrega-se portanto ao mercado?

Como compreendeu, eu creio num mercado humanizado. A grande força da democracia reside na sua capacidade de se corrigir. Numa democracia de boa saúde, se alguém se mostra muito duro, muito agressivo, muito destruidor, desenvolver-se-á um movimento correctivo. Estes processos correctores desenvolvem-se sempre face ao excesso.

Qual é o seu desejo para o novo século?

Espero que acabem as matanças. Espero que o desenvolvimento das instituições internacionais permita aproximar as pessoas e que as leve a trabalhar conjuntamente para fins humanos. Mas não espero um governo mundial, seria um desastre.

«Só a beleza nos salva...»
Michel Serres

Michel Serres (nascido em Agen, em 1930, no seio de uma família rural) é filósofo, historiador da filosofia e das ciências. Obtém a agregação de Filosofia em 1955. De 1956 a 1958 serve como oficial da marinha em diversos navios da Marinha Nacional: esquadra do Atlântico, reabertura do Canal do Suez, Argélia, esquadra do Mediterrâneo. Michel Serres defende a sua tese de doutoramento em 1968, passando a ensinar Filosofia em Clermont--Ferrand, Vincennes, Paris I. Nas suas numerosas obras, interessa-se, entre outros assuntos, pela história das ciências (*Hermes,* t. I-V, Minuit, 1969-1980). A sua filosofia, interessando-se tanto pela sensibilidade como pela inteligência conceptual, busca as junções possíveis entre as ciências exactas e as ciências sociais. Foi eleito para a Academia Francesa em 1990 e é comendador da Legião de Honra. Epistemólogo rigoroso, não está menos preocupado com a educação do que com a difusão do saber. Michel Serres distingue-se por um percurso atípico que o levou da Escola Naval à Academia Francesa. Desde 1982, passa uma parte do ano na universidade de Stanford, onde ensina História. *Le Contrat naturel* de Serres, publicado em 1990 (F. Bourin), foi lido como um tipo de filosofia pós-moderna da natureza. Reagiu à mundialização dos problemas do ambiente. Em 2006, saíram nas edições Le Pommier *Petites chroniques du dimanche soir* e *L'art des Ponts. Homo Pontifex.* Sem aderir à cultura do outro lado do Atlântico, Michel Serres tem uma opinião resolutamente optimista sobre o desenvolvimento das novas tecnologias. Historiador das Ciências e visionário, distingue-se de muitos dos seus colegas, inscrevendo as perturbações actuais da sociedade na continuidade da evolução do homem. Alguns dos seus livros estão traduzidos para português: *A Grande Narrativa do Humanismo*, Instituto Piaget, 2009; *Os Cinco Sentidos*, Bertrand Brasil, 2005; *O Livro da Medicina*, Instituto Piaget, 2004; *As Origens da Geometria*, Terramar, 1998.

Michel Serres, a sua obra filosófica testemunha a relação definida entre a ciência exacta e a inteligência intuitiva. Como é que, do seu ponto de vista, se desenrola a interacção entre os processos de conhecimento filosófico, científico e literário?

A sua questão remete para uma tradição muito antiga na língua francesa, que se encontra também em alemão, em espanhol e em italiano. Montaigne, Diderot, Voltaire eram filósofos, particularmente filósofos da ciência, mas não tinham aversão pela narrativa. Isto também é válido para Nietzsche, Cervantes e Dante. Mesmo hoje, a maioria dos livros dos físicos, astrónomos, biólogos, bioquímicos contam, de uma maneira geral, a grande história – a que, por exemplo, começa com o *big bang*, se prolonga até ao nascimento das estrelas, das galáxias, depois ao arrefecimento dos planetas, à origem da vida, ao aparecimento do homem, etc. Actualmente como no passado, a ciência parece, portanto, formar-se de uma certa maneira em volta dessa admirável narração que se retoma com o infinito, que se corrige, que se remodela – conforme os resultados que a ciência obtém em cada caso. Mas em toda a história do espírito, ela não elaborou até hoje nenhuma narrativa tão bem estruturada e tão próxima da realidade como a que conhecemos hoje. Isto significa que participamos numa síntese tão extraordinária entre o conhecimento científico exacto e a sua representação narrativa. Os nossos modelos do pensamento global correspondem à legenda única da matéria anorgânica, da vida, do homem, da linguagem. A exploração e a consignação de uma evolução tão fascinante fazem de nós os animais dotados de saber que somos hoje.

Duas personagens ocupam um lugar central nos seus textos: Hermes e Arlequim. Os dois ilustram, em perspectivas diferentes, a interpretação da ciência e da arte, na medida em que um, Hermes, tem um papel de um tipo de mediador arquetípico entre os domínios do saber e da vida, enquanto o outro, Arlequim, reflecte a pluralidade cintilante, mas também, frequentemente, caótica, da vida.

Um filósofo não deve somente conceber ideias, mas também personagens filosóficas. Sinto, há já muito tempo, uma forte afinidade com Hermes que, como se sabe, era o deus grego dos tradutores, dos mensageiros, dos comerciantes, dos ladrões e das relações. Um pouco em oposição com as tendências da filosofia dos anos 60, que se consagravam mais a Prometeu – o deus que rouba o fogo aos deuses e que se tornou em certa medida para os homens o «herói do trabalho» – sou partidário da ideia que a sociedade da produção que herdámos do século XIX dará lugar à sociedade da comunicação e que, consequentemente, Prometeu será substituído por Hermes. Creio que esta hipótese está a ser confirmada: fui, sem dúvida, o primeiro a prever uma sociedade da comunicação. É precisamente este o papel, a missão e o objectivo da filosofia: antecipar o futuro. No que toca a Arlequim, se o escolhi é porque, antes de mais, ele encarna um personagem filosófico procedente da *commedia dell' arte*, personagem que Leibniz já tinha tomado. Queria servir-me dele para falar da mescla de culturas, do encontro entre as diferentes tradições e as diferentes linguagens. O Arlequim parece prestar-se muito bem a tal porque normalmente vestia-se com trajes de tamanhos, formas e cores diferentes e eu via nele um símbolo marcante do que se qualifica hoje, de maneira abstracta, de multiculturalidade.

O progresso científico vai buscar sempre a sua inspiração ao caos criativo, admirável e inesperado, que representa o Arlequim. Um dia

explicou, neste contexto, que o impulso poético não estava de maneira nenhuma em contradição com as ciências da natureza, que era mesmo o seu verdadeiro elixir.

No fim do século XIX e início do século XX, o matemático e filósofo francês Henri Poncaré fez uma descoberta magnífica: no conceito de Newton, o da mecânica celeste aparentemente uniforme, apareciam distorções que as equações lineares não permitiam explicar sem ambiguidade. O fenómeno do que se chama a não-linearidade conduziu seguidamente à teoria do caos que nós hoje conhecemos. Bergson aplicou a ideia de uma evolução totalmente criadora, imperceptível de maneira conceptual, à própria vida e ao universo no seu conjunto – o que, para a história, e sobretudo para a história do espírito, significa simplesmente que ela é submissa à contingência. Com efeito, a história das ciências é imprevisível, manifesta-se na forma de transformações descontínuas. Só um imbecil sabe sempre o que vai dizer, enquanto um homem inteligente tem sempre em conta o facto que qualquer coisa de surpreendente pode acontecer. É a razão pela qual esta integração do imprevisto constitui uma característica decisiva da inteligência e do trabalho intelectual, característica que é também, necessariamente, a da ciência. A ciência e a poesia – que etimologicamente vêm de «fabricar» – estão, sem dúvida, ligadas pela mesma meticulosidade e pela mesma atenção: aqui no procedimento metodológico, ali no uso preciso da linguagem.

Certamente, mas desde Descartes, as ciências da natureza e também, cada vez mais, as ciências do espírito, são essencialmente fundadas no princípio da estrita racionalidade, associada à objectividade, à verificação e à independência face aos valores – um conceito do qual se abusou muitas vezes. A convicção que a força do conhecimento humano, quando toma esta orientação, pode apreender, ao longo do tempo, tudo o que é, condiciona em última análise a exclusão de questões éticas e metafísicas. Como é que, num tal contexto, o homem pode encontrá-las, como é que ele poderá redescobrir o acesso ao carácter inesgotável do mundo e, portanto, a uma finalidade mais profunda da vida?

O assunto que você delimita aqui é extremamente complexo. É verdade, nós determinamos com uma certeza crescente os resultados científicos, mas nós duvidamos ainda mais do caminho que a ciência deveria tomar. Encontramo-nos de novo, aqui, no limiar do inesperado e do imprevisível. Se me interrogar sobre o sentido da vida e, portanto, também sobre o sentido, a direcção que ela dá em particular ou em geral, respondo-lhe que nós nunca o saberemos. Não conhecemos nem o objectivo das evoluções futuras nem o da história em si. Felizmente, as pessoas têm crianças que são por vezes desobedientes, que fazem o que os pais não estão à espera, e que resolvem assim os problemas face aos quais os adultos ficam desamparados. Obviamente, criam a seguir novos problemas. Portanto, o sentido da vida revela-se justamente neste género de mudanças de direcção que parecem ramificações contínuas das árvores.

O prémio Nobel da Física, Charles Roubia, falou da profunda admiração que lhe inspirava tanto a beleza do cosmos exterior como do mundo material interior. Ainda que ligado às ciências exactas, ele venerava uma ordem superior excedendo infinitamente a ideia que esta obra grandiosa é unicamente fruto do acaso e da estatística. Ele crê que esta obra é devido a uma inteligência situada para além do cosmos.

Charles Roubia faz aqui uma profissão de fé rigorosamente pessoal, que eu respeito. Há dois aspectos, aqui, que me parecem essenciais. O primeiro concerne à relação que mencionei há pouco entre ciência e poesia. Quando nos consagramos à astronomia, à bioquímica ou a uma disciplina da mesma ordem, ficamos sobretudo impressionados pela beleza. Não somente pela harmonia ou pela diversidade desconcertante do mundo, mas, concretamente, pelo milagre que se manifesta por exemplo já na associação de numerosas células no seio do organismo de um feto. Se, ao fim de nove meses de gravidez, alinhássemos todos os fios de ADN desta criança, obteríamos um percurso um milhão de vezes maior do que ir e vir à Lua. O facto de uma mulher trazer ao mundo uma criatura concebida de uma maneira tão engenhosa não pára de me surpreender e entusiasmar. Podemos dizer que se o homem não compreende a beleza, o homem não compreende absolutamente nada. É ela e só ela que nos salva e nunca a poderemos dissociar da verdade. Chegamos, assim, ao segundo aspecto, a teologia. Perante um tal milagre, há uma certa inclinação para acreditar que exista um deus criador. Mas o que é a fé? Podemo-la definir muito bem da seguinte maneira. Tomemos a distância entre 0 e 1, um pequeno segmento em que o ponto 0 designa a certeza que Deus não existe e o ponto 1 a certeza que Deus existe; ora bem, a fé é a viagem permanente do espírito entre o ateísmo categórico e o reconhecimento ilimitado de um poder sagrado. É este estado de hesitação radical no qual nos encontramos sempre, oscilando entre as duas hipóteses extremas. E foi apenas o que o cristianismo inventou, porque as outras religiões tiveram tradições, mas não fé. Esta simples palavra «credo», que se tomou de empréstimo do direito romano e se introduziu na teologia cristã, preparava uma outra ordem social: a nossa – fundada na fé e nos diferentes graus em que ela se exprime, em função da definição dada.

A nossa época, dominada pela ciência, pode conceber uma ética sem fé?

Não sei. A ética é confrontada com a dificuldade de que não pode ser pronunciada antes da ciência, precisamente porque não se pode cercear a liberdade dos cientistas e porque também não se pode prever os resultados da pesquisa. Tenta-se consequentemente, a seguir, formular uma ética do rigor, mas ela é depois repelida por cada resultado obtido, porque logo que a ciência descobre uma nova possibilidade, a técnica esforça-se para concretizá-la, e os homens têm o desejo legítimo de se apropriarem de cada invenção. O que se poderá fazer, uma vez que a ética não é aplicável *a priori* e que é inútil *a posteriori*? No domínio científico, as questões éticas que têm a ver hoje em dia com a química, a bioquímica e as manipulações genéticas já tinham sido colocadas na Grécia há dois mil e quinhentos anos. Nesse tempo, a anatomia desenvolveu-se de maneira positiva, o que permitiu à medicina, graças à escola de Hipócrates, obter alguns êxitos notáveis. Hipócrates compreendeu imediatamente que o médico é, por assim dizer, senhor da vida e da morte dos seus pacientes, razão pela qual ele juntou aos seus próprios trabalhos científicos um aditamento conhecido hoje em todos os países desenvolvidos com o nome de «juramento de Hipócrates». Este famoso juramento prova que uma ética pode ser conservada durante muito tempo: hoje como antes, qualquer médico principiante deve fazê-lo após os seus estudos. Portanto, somos confrontados com a tarefa de estender o juramento de Hipócrates a todas as ciências. Há já cinco ou seis anos, propus um juramento científico com o qual o cientista manifestaria o seu acordo no fim dos seus estudos. Isso significaria que a sua consciência o obrigasse a assumir a responsabilidade pessoal dos estudos que faz e, nessa consciência, a garantir o carácter ético da sua acção. Creio que é aqui que reside a solução do problema ético levantado pela pesquisa moderna.

Falou da rapidez com que a técnica mete em prática o que a ciência funda em teoria e torna disponível. Até certo ponto da história do espírito e da cultura, isto não era muito inquietante, uma vez que a técnica se desenvolvia no contexto de um pensamento mais ou menos marcado pela metafísica e isto, ao fim e ao cabo, delineava-lhe os seus limites. Mas na medida em que a técnica se torna ela própria um tipo de Deus--máquina, ou pelo menos um dogma, não se pode deixar de interrogar o que poderia ainda conter o progresso tecnológico e controlar as suas consequências, cada vez mais ameaçadoras para a civilização.

A ideia de progresso procede do período situado entre o século XVII e o Iluminismo; promete um movimento ascendente permanente no domínio do conhecimento científico que contribui sempre para o bem da humanidade. Ao que parece, este movimento durou até meados do século XX antes de se conhecer um corte bastante profundo. As explosões das bombas atómicas em Hiroxima e em Nagasáqui fizeram compreender de repente que os cientistas – e alguns dos melhores – eram capazes de construir uma arma que matava num instante dezenas de milhares de pessoas e que, após novos desenvolvimentos, poderia destruir milhões de seres humanos e eliminar qualquer vestigio de vida no planeta. Este fiasco abalou as fundações da física; também a química encalhou em certos problemas que provocaram uma forte poluição do ambiente; e, finalmente, foi a própria biologia que levantou questões éticas, porque algumas das suas actividades assim o impunham. As ciências, umas após outras, confrontam-se com obstáculos que travam a ideia de progresso. A este estado chegou uma geração que tinha uma atitude absolutamente negativa a respeito da ciência e da técnica, condenando as duas com tanta energia como antes se tinha feito o seu elogio. Penso que a ideia de progresso sem freio, assim como a sua crítica radical, sugerem uma solução extremada que não se torna verdadeiramente necessário levar a sério. O processo de desenvolvimento científico contém, como todas as ocupações humanas, qualquer coisa de inesperado e de imprevisível, uma mistura do bom e do mau, de ganhos e de perdas. Tudo se paga. A ciência continuará provavelmente a trazer-nos muitas vantagens, mas nós deveremos pagar o preço.

Tendo em conta a evolução do ser humano ao longo dos últimos cinco ou seis milhões de anos, acredita que enquanto intelectual criador de símbolos e acessível à transcendência, o homem pode dar a esta evolução um sentido para além do puro processo biológico e empírico?

Não temos ainda conhecimento detalhado sobre a maneira como as coisas se desenvolveram no quadro desses imensos períodos; existem, por outro lado, do meu ponto de vista, tantas teorias da evolução como biólogos. Cada um cultiva a sua forma de darwinismo, razão pela qual é extremamente difícil reencontrarmo-nos nesta confusão inextricável. Torna-se já necessário ter uma visão ao mesmo tempo global e sem compromisso para afirmar, num tom convicto, que o homem é isto e aquilo. A única coisa certa é que ele se compõe de diferentes facetas. O homem, por exemplo, inventou a linguagem dos processos de comunicação que, efectivamente, funcionam bem – mas não obrigatoriamente melhor do que num organismo monocelular, que também ele descobriu um método que lhe permite reagir a certas dificuldades no seu meio. Esta novidade foi seguidamente propagada muito rapidamente entre os organismos monocelulares vizinhos – quase como o que se passa hoje *via* Internet. Em suma, espero que o nosso destino seja colocado sob o signo da transcendência, mas não o podemos provar.

Não haverá um risco de ver a Internet e o ciberespaço, meios de uma realidade inteiramente transposta para o virtual, substituir a metafísica

clássica, e mesmo a religião, com a ideia do ciberespaço como uma forma técnica do Bem e da transcendência?

Isso seria dizer muito. Nas tradições míticas e religiosas, os criadores divinos do mundo não tinham nenhuma relação directa com sistemas de comunicação. Vulgarmente, eram criaturas subalternas que se ocupavam em transmitir mensagens – por exemplo, Hermes, que já citámos, ou ainda os anjos do cristianismo. Vemos hoje o desenvolvimento global de uma rede de transferências e de relações mudar de maneira fundamental a codificação e a transmissão da informação. O mesmo fenómeno aconteceu no início da humanidade, quando a escrita provocou convulsões sociais, políticas e científicas, e, depois, no século XVI, quando a invenção da tipografia exerceu na religião, a busca e a hierarquia dos valores, um efeito dificilmente mensurável. Assistimos, por isso, à terceira revolução de vectores de dados e à mudança de informações. Ela não terá menos consequências que as duas revoluções que a precederam.

Na medida em que veneramos hoje a tecnologia da informação sem ter algo a dizer-nos sobre o fundamento, banimos progressivamente da nossa consciência o carácter intrinsecamente espiritual da nossa existência. O que é que esta civilização poderá aprender das culturas arcaicas para se opor a esta perda? Se pensarmos, por exemplo, nos escritos de Leroi-Gourhan sobre as religiões pré-históricas?

Mas nós próprios somos arcaicos numa boa parte dos nossos actos! Quando nos lembramos simplesmente que o teor de sal do nosso sangue corresponde ao teor de sal do mar, que reproduz consequentemente o meio dos animais marinhos, dos quais somos descendentes. A seguir a uma evolução que durou muitas centenas de milhões de anos, o meu corpo contém todas as características da vida original – mas também algo completamente novo, por muito que tenha alguns conhecimentos em matéria de bioquímica ou de filosofia contemporânea. A mesma ideia é válida para a nossa civilização. Por um lado, somos precisamente informados sobre os últimos resultados de cientistas de primeiro plano; por outro, no entanto, estamos firmemente enraizados no pensamento arcaico.

É a razão pela qual me parece que um objectivo pedagógico elementar é fazer descobrir às crianças as fábulas antigas, as tradições bíblicas, as tragédias gregas, etc. Muitas vezes, hoje, esquecem-se ou rejeitam-se documentos de culturas antigas, ainda que nos mostrassem de onde vimos e quem somos.

Esse esquecimento mostra, no entanto, de maneira impressionante a gravidade das perdas que nos causa, no domínio intelectual e espiritual, o homogeneização tecnológica conduzida pelos Estados industriais. O homem ocidental não deverá constatar, com uma certa melancolia, que os países mais pobres da periferia, nas suas formas de vida e nas suas obras de arte, ainda se encontram imbuídos de uma espiritualidade e por uma criatividade marcantes – bem mais cultos, no verdadeiro sentido, que nós?

No mundo em que vivemos, já não há um centro, e consequentemente também já não há uma periferia. Os novos tipos de canais de comunicação constituem uma rede que se estende por todo o planeta e, ao contrário do círculo ou do quadrado, esta rede tem o seu centro em todo o lado e a sua circunferência em lado nenhum. Seja qual for o ponto onde nos encontremos, estamos sempre, de certa maneira, no centro, na vizinhança com o outro, mesmo que ele viva, do ponto de vista geográfico, num lugar distante. As obras artísticas de que fala não são, assim, explicáveis pela separação entre centro e periferia, mas antes pela desgraça. Elas resistem misteriosamente ligadas às constantes fundamentais da existência, ao sofrimento, à tristeza, à morte – e nisto, os grandes romances sul-americanos que nos chegam hoje não se distinguem de maneira nenhuma das tragédias gregas. Não, elas não se encontram fora ou à margem – o que seriam elas se estivessem de factos afastadas? Os homens dos países ricos são simplesmente muito gordos, muito brutos, desprovidos de experiência vital; ora uma obra importante cria-se antes do mais com o corpo.

Diz-se, hoje, muitas vezes que no século XXI será necessário intensificar o diálogo intercultural e inter-religioso para que os horrores

indizíveis do século xx não se repitam. Considera esta tese realizável ou utópica?

Primeiro, é preciso notar que em toda a história da humanidade a classe dominante nunca foi tão ignorante. Para encorajar o diálogo entre culturas, os homens políticos, mas também, na sua sequência, os detentores do poder económico, deveriam possuir uma cultura universal. Se tivessem sido mais inteligentes no passado, não teriam provocado tais estragos nas cidades e no campo. Em geral, o conceito de cultura designa duas coisas: primeiro, na interpretação antropológica, a totalidade de costumes de uma família, de uma tribo ou de um povo, costumes praticados numa língua determinada e usados por essa língua; segundo, na perspectiva académica, a evolução intelectual ascendente, visando o refinamento e a beleza. Acrescento uma terceira significação: as interacção entre a nossa própria cultura e a cultura universal. A cultura é o diálogo entre culturas, o que se desenvolve desde sempre e que, graças às nossas possibilidades técnicas e uma maior abertura ao que é estrangeiro, se aprofundará, sem dúvida, ainda mais no futuro.

Finalmente, é portanto o amor que é necessário reconquistar como *kairos* da nossa época, que nos falta nas artes, na literatura, na poesia, no cinema, mas também na vida quotidiana?

O amor é a única solução. Mas ele só existe raramente e muito mais raramente entre duas pessoas. De uma maneira geral, é consumido pelo poder, pelo dinheiro, pela concorrência e pela dispersão. Mas os que se dedicam ao amor constituem a aristocracia secreta da humanidade. Não se encontra e apenas se vê naqueles seres. Eles não são nem presidentes da República, nem cientistas, nem financeiros. Fazem-se notar pela sua simplicidade e talvez seja esta a chave da santidade. São o sal da terra, dos quais fala o Evangelho. O amor seria a solução para todo o ser humano, mas ninguém quer. Enfim, fala-se muito, mas a cada instante da vida é necessário senti-lo e mostrá-lo do mais profundo do nosso coração, com uma fidelidade inabalável – infelizmente, é a grande excepção e isso constitui provavelmente a nossa maior tragédia.

«Somos inspirados pelo desejo de transcendência»

Wole Soyinka

O escritor Wole Soyinka, nascido em 1934 numa aldeia de Isara, na Nigéria Ocidental, foi o primeiro escritor africano a receber o Prémio Nobel da Literatura em 1986. Soyinka, que é venerado muito para além dos meios literários do seu país, nunca deixou de se exprimir sobre os acontecimentos políticos na Nigéria, onde o ditador Sani Abacha mandou executar em 1995 o escritor Ken Saro Wiwa. Ele próprio esteve preso várias vezes na Nigéria, numa das quais dois anos em isolamento na prisão de Kaduna. Foi viver, a seguir, para Paris, Nova Iorque e, depois, perto de Los Angeles. Após a morte de Abacha, durante o Verão de 1998, Wole Soyinka regressou à Nigéria para estadas temporárias. Conheceu sobretudo um grande sucesso internacional com o seu romance *Aké, Os Anos da Infância*, que mostra, sob a forma de recordações de infância, uma imagem densa da sociedade africana, entre a tradição do continente e uma burguesia influenciada pelos valores europeus.

Ensinou sucessivamente na Nigéria, no Gana, no Reino Unido e nos Estados Unidos, escrevendo tragédias e comédias, poemas, romances e textos autobiográficos. Wole Soyinka tornou-se em 1997 presidente do Parlamento Internacional de Escritores do qual é um dos co-fundadores. Hoje é vice-presidente de The North American Network of Cities of Asylum, que tem por missão estabelecer em todo o mundo casas de acolhimento para escritores ameaçados ou no exílio (Russel Bank é o presidente e Salman Rushdie é vice-presidente). A sua peça de teatro *Baabou Rei*, escrita à maneira de *Ubu Rei* de Alfred Jarry, mete em cena o ditador Sani Abacha e as suas loucuras assassinas.

É igualmente autor de *Ibadan, les années pagaille*, «romance documental» autobiográfico no qual conta a sua chegada à escrita enquanto o seu país conquista a independência.

Algumas das suas obras foram publicadas em Portugal: *É Melhor Partires de Madrugada*, Pedra da Lua; *Os Intérpretes*, Edições 70, 1986.

Wole Soyinka, disse um dia que as religiões e as mitologias africanas tinham todas as razões para considerar com prudência e cepticismo as outras religiões, sobretudo a religião cristã.

Sim, esta desconfiança parece-me absolutamente necessária, seja em relação ao cristianismo, ao islão ou ao hinduísmo. As religiões ditas mundiais, que pregam a fraternidade universal, têm atravessado, de resto, fases sangrentas, de um separatismo extremo do qual não souberam abdicar até hoje. Enquanto os cristãos colocam as suas distâncias em relação aos não cristãos, os muçulmanos fazem-no em relação aos católicos. Os hindus aos muçulmanos, e combatem os «inimigos» porque eles não são adeptos da mesma teologia, o conceito humano sofre uma terrível redução. Pelo contrário, a maior parte das religiões africanas que conheço não está disposta a aceitar e a praticar este tipo de separatismo. Os Iorubas, por exemplo, dos quais descendo, não fazem separação entre os crentes e os que têm uma outra fé. Eles estão, pelo contrário, persuadidos que cada indivíduo é, à partida, caracterizado por um deus criador pessoal. Este evolui à medida que a criança cresce e amadurece; a seguir, durante a sua juventude ou quando se torna adulto, uma nova divindade protectora pode tomar o lugar da anterior. Isto significa que os deuses tomam parte num processo no qual se condicionam e se substituem uns aos outros em vez de se suprimirem ou de se destruírem. Assim, os Iorubas não consideram o cristão como um estranho, mas como alguém que pertence ao mesmo mundo que ele.

Essa abertura do espírito africano em relação ao outro, considerado como uma forma dilatada de si mesmo e, em certa medida, como seu reflexo, passa, a seguir, directamente do sentimento religioso ao domínio cultural, o qual testemunha a multiplicidade de mitos, da sua vitalidade na vida quotidiana, como disse o teólogo africano John Mbiti.

O que é verdade é que os diferentes mitos das tribos africanas, as suas visões do mundo, sempre específicas, situam-se numa relação complementar. O que é primeiramente estranho é mais assimilado do que rejeitado. Vou dar-lhe um exemplo que ilustra e que permite também compreender a que ponto o sagrado intervém no é aparentemente profano. Para os Iorubas, Shango é o deus de relâmpago; em certos casos é também o representante da justiça reparadora. Se os seus adoradores tropeçam num fenómeno vindo de um outro mundo – por exemplo, a electricidade – eles não o amaldiçoam como qualquer coisa ímpia, como obra do diabo. Não, estudam as explicações mitológicas que eram as suas até aqui e questionam-se: não temos uma divindade cujo poder e efeito corresponda a este fenómeno? Claro que temos! A electricidade e o relâmpago vêm da mesma força, têm o mesmo princípio fundamental, e Shango torna-se também a divindade da electricidade! A religião absorve as experiências exteriores inabituais, harmonizando-as com o seu *corpus* habitual de simbolismos e continua a existir com elas, enriquecendo-se.

Nesse contexto, sublinha também o facto de que na história pré-colonial de África não se encontram guerras por causa de motivos religiosos, as confrontações tinham sempre uma motivação puramente política ou económica – uma ideia que atravessa também a literatura do nigeriano Chinua Achebe.

É a minha profunda convicção. Em busca de um tipo de teologia mundial humanizante, podemos tirar algumas lições de certas religiões africanas – e nomeadamente através da veneração que os Iorubas têm pelo seu deus Orisha. Não desencadeiam guerras para sua própria satisfação, não fazem conversões violentas pegando em armas em nome de uma divindade invisível, até porque esta transmite princípios na realidade muito filantrópicos. Se pusermos à parte a história de Moisés e dos dez mandamentos, se colocarmos também à parte os privilégios particulares que os profetas recebem, ninguém pode afirmar ter recebido de uma criatura suprema instruções e teorias directas e verdadeiras, porque ninguém nunca viu divindades deste tipo. Nós dispomos unicamente de informações que nos deram os profetas, os visionários, os teólogos. E para mim, nenhuma colecção de sabedorias tem mais ou menos valor do que qualquer outra.

Um outro ponto comum entre as culturas africanas evidencia-se no facto de respeitarem e honrarem o mistério da vida. Esta atitude, as tradições intelectuais ocidentais, dominadas pela racionalidade e viabilidade tecnológica, tem-se perdido pouco a pouco. Neste contexto, como descreveria a contribuição africana para a compreensão das relações, menos visíveis, entre o homem e a terra, entre o homem e o céu – uma questão muito presente no trabalho de Jean Rouch, por exemplo, em *Moi, un Noir*.

A visão africana do mundo é, antes de tudo, caracterizada por uma verdadeira humanidade. O homem na sua totalidade e existência é constituído pelo coração. Isto significa que não pode ser sacrificado nem à ciência, nem a uma revelação divina, nem a nenhuma outra hipótese. Trata-se sempre da entidade humana, incluída precisamente nestes domínios onde nos esforçamos para adquirir conhecimentos. É a razão pela qual numerosas divindades africanas não têm o estatuto da perfeição, pelo contrário, fazendo-as descer ao nível dos mortais: elas são mortais, cometem erros, devem pagá-los e submeter-se ao julgamento dos homens. Na minha opinião, é uma característica decisiva. Dissipa as quimeras da demência fundamentalista, que frequenta e consome o mundo, fundando-se numa doutrina religiosa ou intelectual. Este tipo de fenómeno não pode acontecer nas religiões africanas.

E como caracterizar mais precisamente o fosso entre o pensamento africano, que é em si diverso e múltiplo, e os hábitos de pensamento cada vez mais estereotipados do Ocidente ou a mecanização fulgurante das nações industriais que acaba por destruir a diversidade cultural?

O problema do mundo ocidental é que idolatra a ciência e a tecnologia, submetendo a vida aos seus ídolos. Nas religiões africanas, pelo contrário, antecipa-se cada progresso da civilização. Por outras palavras: o saber pode estender-se até ao infinito na medida em que é integrado sem preconceitos por elementos sempre novos – mas sem os exaltar. Nas relações humanas, existem algumas linhas directrizes que a capacidade criativa não deve prejudicar, razão pela qual a tecnologia deve sempre estar ao serviço das relações, da evolução orgânica da sociedade, assim como de alguns métodos elementares de aquisição de conhecimento. Estas linhas directrizes, profundamente enraizadas no humano, confirmam a coesão da comunidade; são elas que determinam o que deve ser posto em prática, o que poderia destruir o equilíbrio intercultural, o que deve ser encarado no quadro das conquistas técnicas. Não dizemos: porque temos uma bomba atómica e porque obedecemos às suas imposições vamos fazê-la explodir. Porque estamos na era da Internet, que permite uma comunicação total, temos também a faculdade de tudo comunicar. Não, controla-se o conteúdo, coloca-se acima de tudo as exigências que uma nova tecnologia tenta impor. Parece-me que isto constitui a diferença fundamental entre as sociedades africanas e as sociedades europeias que têm um pensamento mecanista.

Poderemos, portanto, falar de uma filosofia intrinsecamente africana – na medida em que se estende a partir de um cânone tradicional? Que forma toma a interacção entre a filosofia e a mitologia?

A filosofia africana é tão pouco homogénea como a religião africana ou a arte africana. As concepções dos Dogon, por exemplo, divergem claramente das concepções dos Iorubas ou dos Kwazulu. Deveríamos, assim, evitar trabalhar aqui com modelos de explicação unidimensional. E como em todas as outras sociedades, a filosofia vai buscar as suas origens à mitologia. Na medida em que é uma construção simbólica, aparece como seu derivado abstracto. Mas na realidade, a própria filosofia é uma construção que possui o mesmo valor que a construção mitológica, porque também visa a interpretação dos fenómenos e a produção de conhecimento. Nos dois casos, temos de erigir um edifício de pensamento extremamente complexo e cativante no qual se reflecte o esquema do mundo.

Mas é necessário lembrar, aqui, que as sociedades orientais, no início do século XXI perderam claramente a sua relação com o mito – pelo menos na sua forma clássica.

Coloca justamente a tónica no termo «clássico». Sim, o Ocidente abandonou a mitologia clássica. Mas, pelo contrário, vemos constantemente aparecer novos mitos, por exemplo o do espaço cósmico. Hoje em dia, ele é reanimado, dando-lhe novas versões, nomeadamente no cinema. Manifestamente, não se trata de maneira nenhuma, na sua qualidade, de um mito intelectual; eu faço uma diferença entre uma coisa centrada no coração íntimo do ser humano e uma outra que apenas deve a sua existência à técnica, encontrando o seu modo de difusão. Para animar o mito, marcado tanto pelo instinto como pelo espírito, as pessoas voltam-se para a religião com que cresceram. O património intelectual perdura. Infelizmente, nas culturas europeias actuais, vai no sentido de uma existência crepuscular porque já não impregna a poesia nem a música. Espero que nos poupem a isso, a nós, africanos.

É precisamente a isso que quero voltar. A secularização teve por consequência uma perda da espiritualidade, ela subtraiu ao homem o lugar a que ele regressava numa ordem em que se fazia uma interpretação metafísica. Desde a Renascença, ou mais tarde, o pensamento ocidental afastou-se desta ordem, nega-a para responder ao postulado da mensurabilidade e da rentabilidade económicas. Como é que o europeu pode agir contra este processo para encontrar algo como um equilíbrio intelectual e cósmico, tendo também consequências para a vida política?

Deve regressar obrigatoriamente à comunidade, tornando-a objecto de consideração, no sentido de sair do seu desterro intelectual. Mas ao mesmo tempo, deveremos utilizar com prudência a expressão «segurança intelectual». É precisamente nas épocas pré-científicas que se coloca pensadores e cientistas na roda ou que se os queima na fogueira, porque eles colocam em questão esta pretensa «segurança intelectual», uma ordem que tinha a aparência da garantia. A hierarquia medieval exerceu o seu poder reprimindo com todas as suas forças as tendências que se lhe opunham. É a razão pela qual respeito unicamente o saber que irradia de todos os domínios da vida, o que transmite o padre, a mulher, a criança. É esta a segurança intelectual a que me refiro.

Falou da obrigação de restabelecer uma relação entre o indivíduo e a comunidade. Mas como é que o homem ocidental, instruído até à saturação, submetido aos princípios do subjectivismo e do liberalismo – desde o conceito de individualismo possessivo desenvolvido por John Locke no século XVIII e mesmo antes – poderá encontrar o caminho que o conduza? Que possibilidades terá de ultrapassar esse Ego ao qual tem dado, entretanto, uma dimensão absoluta também na economia?

Esse individualismo constitui certamente uma outra forma de fundamentalismo – uma ideologia em que as ideias de liberdade e de dignidade são levadas ao extremo. Numa primeira fase, elas têm uma justificação, porque evitam ao indivíduo ser submerso na massa. E, contudo, é ele que constitui a comunidade. Encontrar-se-á na margem se negligenciar esta realidade, se se negar como elemento de um todo, está obrigatoriamente ao serviço do interesse geral. É sempre necessário colocar na balança os interesses do indivíduo e os da comunidade. Não é necessário sacrificar o indivíduo; ao mesmo tempo, este não tem o direito de se alienar da comunidade e de explorá-la para satisfazer um apetite insaciável de poder. Em todo o caso, partilho da sua opinião num ponto: o individualismo que faz furor hoje em dia é um tremendo prejuízo intelectual.

Não somente corrompe, pior, ele desagrega a partir do seu interior as sociedades ocidentais, mas também influencia a sua relação com as culturas pretensamente periféricas, relação que se exprime muitas vezes numa perspectiva altamente etnocêntrica. O senhor acusou, por exemplo,

Leo Frobenius, o especialista alemão de África, de nunca ter verdadeiramente penetrado no mundo das ideias e da vida em África, de nunca ter seriamente tentado compreender a essência do africano.

Frobenius tinha conceitos e paradigmas feitos, nos quais arranjava o que lhe convinha para excluir o que recusava ou o que não compreendia. Na sua insuportável arrogância, chegou mesmo a afirmar, face a uma cultura africana que conhecia um magnífico florescimento, que não podia ter sido criada pelas pessoas daqui, que estava em dívida para com não sei que imigrantes de uma civilização distante e mais desenvolvida em que os africanos seriam apenas os últimos descendentes. Ele foi simplesmente incapaz de discernir e de respeitar as relações entre o povo, a cultura e a criatividade. Nem sequer teve a humildade de estudar de mais perto a mitologia e de a meter em relação com os abundantes testemunhos da cultura que se lhe ofereciam. Veio aqui, recolheu o que queria e serviu-se disso para construir as suas belas fórmulas antropológicas que tinham aparentemente um valor de modelo.

Os europeus e os norte-americanos nunca abandonaram esta atitude arrogante. Hoje em dia, trazem sobretudo apoio financeiro e económico aos países do Terceiro Mundo que, aos seus olhos, «se portam bem» – política e economicamente através do FMI ou do Banco Mundial ou dos ministérios de Desenvolvimento – muitas vezes sem considerar os próprios valores indígenas. Eles exportam uma tecnologia exógena frequentemente em contradição com os valores culturais e religiosos dos referidos países, que arriscam perder a sua identidade humana. Cultura é mais do que «folclore», a tecnologia deve ser «aculturada», todas as culturas têm o seu «capital criativo» e também político.

Sim, essas esmolas são uma vergonha. Creio, no entanto, que um capitalista tem o direito e mesmo o dever de perguntar como são utilizados os meios que ele forneceu – se desaparecem nos bancos estrangeiros ou se um chefe de Estado os utiliza para oprimir o povo que deve, por outro lado, dar-se muito mal para produzir bens económicos. Quando o objectivo que se fixou, o aumento da qualidade de vida, não é atingido, quando se promove o que não passa de uma outra forma de escravatura, então cabe aos Estados ricos repensar a sua ajuda ao desenvolvimento.

Desde há algum tempo, é certo que têm a tendência, por um lado, de perdoar as dívidas de alguns países africanos, e, por outro, a dar-lhes o direito à autodeterminação. Qual é a sua opinião sobre este tipo de gestos?

Por que têm de lhes dar o direito? Os países pobres não teriam o direito de o reclamar imediatamente? De acordo, sabemos que este assunto exige um comentário detalhado. Mas se considerarmos a parte elevada da ajuda ao desenvolvimento que se se consagra unicamente a sustentar os especialistas enviados ao local – uma percentagem que atinge mesmo os 85% num país africano que estudámos há dez anos – é chocante e não se consegue compreender como é que se pôde chegar a uma tão grande dependência. A era pós-colonial não foi só a da libertação, mas a da entrega das matérias-primas às antigas potências coloniais que tiveram uma prosperidade crescente. Esta relação muito desequilibrada mantém-se na medida em que os países donatários desejam dispor de espécies de governantes, sob a forma de ditadores africanos, com os quais podem fazer negócios sem ter de dar contrapartidas consideráveis. Mas em qualquer momento, chega--se ao ponto em que cada uma das nações se deve questionar durante quanto tempo mais vai atribuir aos países ricos que as exploram a responsabilidade da sua desgraça. Ao ponto em que diremos simplesmente: agora já chega, queremos livrar-nos dos governantes corruptos, acordar com os nossos parceiros comerciais condições mais equilibradas e produzir bens dos quais temos necessidade.

A forma de resistir à voragem deste pensamento utilitário que tudo devora seria, sem dúvida, confrontar-se de novo, e de uma maneira consciente, com as tradições intelectuais da sua própria cultura. Os africanos deveriam visar um regresso às suas origens?

Existe sempre nisto um risco de não ver as raízes dos outros. Além disso, nenhuma sociedade pode restabelecer a sua situação original. Mas existe uma fonte que trazemos sempre em nós, um núcleo em que a cultura, a mentalidade e a história se fundem numa unidade, uma base na qual construímos cada dia e que continuaremos a modelar. Recordar é, na minha opinião, indispensável.

A capacidade de transcendência, profundamente ancorada no espírito africano, fornece as melhores condições, nomeadamente porque elimina a separação rigorosa entre os antepassados, os vivos e os que ainda não nasceram – penso, por exemplo, no «culto dos antepassados» em muitas culturas africanas, de Madagáscar à Nigéria.

Sim, quase todas as religiões deste continente defendem a ideia que os três mundos constituem um único continuo. Não é unicamente um modelo de pensamento, não se manifesta simplesmente nos diferentes ritos e festas, define também a percepção imediata. Uma criança que acaba de nascer tem, deste modo, as mesmas características que um antepassado e tratam-no desde muito cedo quase como um adulto. Esta fé na continuidade atravessa, como um fio condutor, as estruturas sociais das sociedades africanas.

Que papel tem aqui a noção de sacrifício que o Ocidente rechaça da sua consciência com tanta veemência?

Quando nos sabemos envolvidos pelos antepassados ou pelos espíritos, quando o mundo nos oferece constantemente uma passagem para um além invisível, o sacrifício simbólico tem por função essencial preservar esta interacção entre os níveis da existência.

No seu romance *Aké*, escreve sobre o baobá, a árvore que produziu durante muitos anos e que representa a duração inabalável no meio de tudo o que é mudança.

Sim, temos aqui uma questão com o paradoxo da eternidade e da mutação, que caracteriza o indivíduo e a sociedade no seu conjunto. A realidade possui duas faces e nós somos confrontados com as duas faces ao mesmo tempo.

Esta concepção está também na base do personagem de Bukola, a jovem que, no seu romance, percorre o ciclo infinito da vida (*ábiku*) na medida

em que ela morre e renasce constantemente. Ela encarna na figura de uma jovem xamã em transe e que entra em contacto com as almas mortas. Considera que a tradição xamanística continuará a existir em África?

Nunca poderá ser destruída, nem connosco, nem noutros povos. Infelizmente, ganha nas sociedades europeias formas sectárias, porque as pessoas já não têm um acesso natural à realidade mágica, ao aspecto xamanístico da sua própria existência. Logo que a pressão metafísica é repelida, ela atormenta o psiquismo e liberta-se a qualquer momento sob uma forma funesta. É a prova de que somos inspirados pelo desejo de transcendência e que não lhe podemos escapar.

O desejo vem do subconsciente, exprime-se graças à intuição e encontra uma representação válida na religião e na arte.

Os pensadores europeus também reconheceram a origem da criatividade; Arthur Koestler, por exemplo, sublinhou várias vezes a importância, nas ciências exactas, do elemento intuitivo que condiciona a inteligência analítica. Para o artista, a intuição, a força criativa e os diferentes graus de possessão estão indissociavelmente ligados. Trabalha com o subconsciente, por vezes durante o sono, e quando acorda uma metáfora aparece-lhe de repente, uma sucessão de palavras, uma frase musical. Mas a seguir, trata-os com os utensílios da consciência; o artista africano, contrariamente a alguns preconceitos, não cria unicamente no êxtase.

Desse ponto de vista, a frase de Peter Brook, para quem um africano se esconde em cada europeu, é muito pertinente.

Esta concepção poderia livrar o mundo ocidental da sua visão mecanista e estereotipada. E não nos esqueçamos: o inverso também é verdade.

«A Tecnologia não é uma força»
Edward Teller

O físico americano de origem húngara Edward Teller, de seu verdadeiro nome Teller Ede (nasceu em Budapeste em 1908 e morreu em 2003 em Stanford), era conhecido pelos seus trabalhos sobre a bomba de hidrogénio. Fez os seus estudos na Alemanha no Instituto de Tecnologia de Karlsruhe e nas universidades de Munique e de Leipzig. Em 1941, tornou-se cidadão americano. Ao longo deste ano, trabalhou no projecto Manhattan com o objectivo de construir uma bomba atómica. Durante mais de dez anos colabora com Enrico Fermi no projecto na universidade de Chicago e em de Los Álamos (Novo México). Em 1952, torna-se professor de Física na universidade de Berkeley e director do Radiation Laboratory em Livermore (hoje Lawrence Livermore National Laboratory). Reformou-se do ensino em 1975, continuou director honorário do laboratório de radiação. É considerado o pai da bomba de hidrogénio e fervoroso defensor desta arma, ao contrário de muitos cientistas que trabalharam com ele no projecto Manhattan (nomeadamente Robert Oppenheimer). O que provocou uma profunda ruptura entre ele e o resto do mundo científico, a tal ponto que Isidor Isaac Rabi declarou: «O mundo seria melhor sem Edward Teller».

Cada século tem as suas descobertas. O século xv foi o da invenção da impressa por Gutenberg e da viagem de Cristóvão Colombo. O século xvii, o de Newton, Galileu, Descartes e Locke. O século xix, o de Bell e do telefone, de Edison e da lâmpada eléctrica, etc. Retrospectivamente, como é que avalia o século xx?

Para dizer a verdade, parece-me totalmente diferente dos períodos precedentes. No início do século fizeram-se grandes descobertas: a relatividade de Einstein e a mecânica quântica de Bohr e dos seus alunos. A massa da população, e mesmo os intelectuais, não compreenderam praticamente nada destas descobertas. Mas do ponto de vista do saber, da filosofia, elas são também importantes, ou mesmo mais importantes que as maiores descobertas do passado – por exemplo o movimento da Terra. Simplesmente não as compreenderam.

E, depois, as coisas seguiram o seu curso. Houve as duas guerras mundiais nas quais a tecnologia teve um papel considerável. E, em parte por causa disso, novas evoluções tiveram lugar. Se há alguma coisa que toda a gente pensa, num primeiro momento, é na energia nuclear e nas explosões atómicas. Há nisto duas causas que metem medo às pessoas, algo que não compreendem, a relatividade e a mecânica quântica, e, depois, algo que temem, a bomba atómica ou a bomba de hidrogénio. O resultado é que durante a segunda metade deste século, o movimento, a ideia, ganhou força. Sim, fomos muito depressa. Não temos o direito de compreender e de descobrir tantas coisas. É necessário ir mais lentamente. Sem isso, destruir-nos-emos.

O grande exemplo, na minha opinião, é a descoberta – ou antes: as descobertas – sobre a clonagem, a fabricação de uma criatura viva a partir de uma célula. Em 1930, teríamos recebido a notícia com gritos de alegria. Hoje, tem-se medo. Eu não tenho medo. Só tenho medo do medo. Queremos continuar o nosso caminho, mas tendo como segurança que as nossas descobertas não sejam mal utilizadas.

As descobertas de Albert Einstein agitaram o nosso universo.

Einstein fez duas grandes descobertas, que não se podem dissociar uma da outra. A primeira é que o tempo e o espaço estão ligados de uma maneira mais interessante do que se pensava. Por exemplo, não se pode dizer que dois eventos são simultâneos sem estabelecer uma relação precisa com o espaço. A outra descoberta é a explicação da gravitação por qualquer coisa de singular. Vou mencioná-la, mas não se pode explicar tão simplesmente: é a curvatura do espaço. Isto não tem nada a ver com a física quântica e pouca coisa a ver com os átomos. As descobertas sobre os átomos foram feitas no seio da mecânica quântica. A verdadeira grande descoberta é que nós podemos compreender muitas coisas, que podemos determinar muitas coisas, mas não o suficiente para prever o futuro. Quando nos voltamos para o passado, não podemos refutar a ligação entre a causa e o resultado. Mas quando utilizamos estas relações causais – e não temos outras – o futuro torna-se muito imprevisível. Poderia muito bem existir qualquer coisa como um livre-arbítrio. É, talvez, a maior descoberta, a que fez Bohr e os seus alunos. E essa, Einstein não a compreendeu, combateu-a.

Em que medida o trabalho de Einstein transformou a visão de Newton?

Newton teve um papel particular. Newton disse qualquer coisa de falso, mais qualquer coisa de muito importante e que era necessário dizer. Explicou claramente: «Em todo o lado no tempo, o tempo passa da mesma maneira, de modo que se possa definir, onde quer que seja, a simultaneidade». Einstein contradisse-o neste ponto, e tinha razão. E Newton tinha falhado. Mas Newton teve o grande mérito de não admitir por aproximação esta concepção inexacta: descreveu-a com precisão e permitiu, assim, que fosse também contestada precisamente.

Enquanto físico, acredita que o homem, como criatura histórica, seja verdadeiramente quantificável, e que seja possível de o compreender através da quantificação? Não existirá outras perspectivas no processo cognitivo, como a intuição ou a empatia?

Uma das coisas mais importantes que pode dizer um cientista são apenas duas palavras: não sei. Não sei o que é a vida. Não sei o que é a consciência. Faço a experiência, mas não a compreendo. Poderia ter algo mais do que o que já não tenha compreendido? Devo dizer que sei precisamente que somos tão pequenos, eu e a minha compreensão, que há muitas coisas que não compreendo. Eu próprio não me compreendo. A melhor resposta a isso é esta: Deus sabe. Mas nós não sabemos o que é Deus.

Poderá existir algo como Deus para um físico?

Não falo de coisas que não compreendo. Tentei compreender o que quer dizer a palavra Deus, mas não a compreendi. Devo voltar, portanto, às duas palavras mais importantes: não sei.

O século XX foi o século da ciência e da tecnologia. Para si, a tecnologia será, ao fim e ao cabo, a força motriz decisiva da evolução do homem na história universal da humanidade?

Não estou de maneira nenhuma de acordo com os termos da sua questão. No início do século XX, a ciência fez grandes progressos, tanto no domínio da teoria como no da aplicação. Na segunda metade desenvolveu-se um movimento favorável ao ambiente. Apoiava-se, essencialmente, no facto de que muitas pessoas acreditavam que a ciência teria graves consequências. Deveríamos desacelerar. Deveríamos parar. Creio que é um forte movimento negativo, que põe fortemente em causa o nosso progresso futuro e penso que está totalmente errado. Creio que é no medo que reside o perigo.

Qual é a sua posição sobre as possibilidades biotecnológicas do futuro, por exemplo a clonagem de seres humanos? Pensa que isto seja eticamente defensável?

Creio que não seria admissível clonar alguém sem o seu acordo. Isso poderia acontecer, mas é necessário que se interdite. Segundo, a clonagem abre muitas possibilidades que poderiam revelar-se muito importantes para a criação de animais. Podemos, além disso, imaginar alguém que tenha o desejo de ser recriado. Será necessário proibir que se meta no mundo dez irmãos com uma ética, espero, que lhes indicasse como se comportar uns com os outros? Eu não o proibiria. O medo do futuro é qualquer de novo. Eu não tenho medo. Não tenho medo, mas reconheço que existe a possibilidade de produzir este tipo de transformações. É necessário reflectir sobre tudo isto e também sobre a sua regulamentação.

Isso significa que, para si, a tecnologia é uma força positiva do progresso humano na evolução?

A tecnologia não é uma força. A tecnologia é a abertura de possibilidades que podem ser utilizadas tanto para o bem como para o mal. Em 1900, pensava-se geralmente que o progresso era útil. Hoje, as pessoas estão cada vez mais convencidas de que a tecnologia é um perigo. Eu sou velho, sou favorável à ideia de 1900, e não ao que se desenvolveu contra a tecnologia no decurso de cem anos que se seguiram.

Mas no século XX as ciências naturais estiveram cada vez mais dependentes da tecnologia, desde o telescópio ao computador, passando pela energia nuclear, se pensar em Alan Turing, John von Neumann, Albert Einstein, Oppenheimer, Werner Heisenberg, Niels Bohr e Max Planck.

A tecnologia e a ciência são aliadas. Manifestamente, os Verdes e os seus militantes lutam contra a importância que se atribui à tecnologia. Mas não o podem fazer sem também atacar a própria ciência. Penso que a ciência é em si boa e necessária, que tem um efeito positivo na humanidade: não unicamente para os homens, mas porque, graças a ela, não somente nos compreendemos melhor como também nos tornamos melhores. Não se pode acreditar, o que é o meu caso, sem ter confiança no facto de que se pode utilizar a novidade de tal forma que seja útil a cada um de nós. E se a dúvida é obrigatória, com as terríveis recordações que nos deixou a Segunda Guerra Mundial, devemos, no entanto, compreender que as próprias guerras mundiais não foram provocadas pela ciência, mas pelo ultra-nacionalismo. Creio que hoje em dia, por exemplo na Europa, se desenvolve grandes esforços para limitar o nacionalismo, unificando o continente. É um muito bom sinal. Agindo assim, ter-se-ia podido evitar as duas guerras mundiais. Creio que se comete um erro ao procurar um futuro no qual não se faça apelo à ciência.

Enquanto cientista da natureza, nomeadamente no domínio da pesquisa da energia nuclear, questionou certamente durante toda a sua vida se se tinha o direito moral de explorar o que se tinha a capacidade de estudar. Francis Bacon e outros – como Friedrich Dürrenmat na sua obra *Os Físicos* – falaram do poder do saber. Nunca teve dúvidas morais? Nunca pensou que não se podia assumir a responsabilidade humana do que era cientificamente possível? Por exemplo, o senhor trabalhou na bomba atómica ou, na administração Reagan, na «iniciativa de defesa estratégica», o programa da conquista militar do espaço, mais conhecido com o nome de «guerra das estrelas»?

Penso que, enquanto cientista, tenho três missões a cumprir e que existe uma quarta que não tenho. Sou responsável pela descoberta. Sou responsável pela aplicação. Sou responsável pela compreensão geral. Não sou responsável pelas decisões políticas fundadas nas novas descobertas. Este tipo de decisão era tomado antes pelos reis, a seguir, talvez, pelos capitalistas e, depois, porque não, pelas pessoas de Hollywood ou da imprensa. Tudo isto se deslocou. As decisões nunca deveriam ser tomadas pelos cientistas. Numa democracia, é o povo que deve tomá-las. E somos nós que temos a responsabilidade de informar o povo sobre as verdades demonstradas e demonstráveis. Quanto ao resto, enquanto cientista, não tenho mais nada a dizer que interesse aos duzentos e cinquenta milhões de americanos. Creio que esta questão errónea está relacionada com o facto de se ver hoje cientistas, que realizaram correctamente o seu trabalho, laborar em domínios que não são da sua competência.

Alguns dos seus colegas físicos, como Carl Friedrich von Weizsäcker ou Hans Peter Dürr, ou outros na América, foram-se pouco a pouco, no decurso dos últimos decénios, distanciando da utilização da energia nuclear. Esta situação não lhe inspirou dúvidas? O senhor foi sempre um adepto da energia nuclear, tanto do ponto de vista estratégico como da sua utilização pacífica.

Sobre esse ponto, tenho uma resposta perfeitamente clara: nunca tive dúvidas. Creio que a energia nuclear é uma ciência importante, um avanço importante. Na sua aplicação, ela inquietou e apavorou muita gente. Isso não a torna menos importante.

E não teme que os poderes destruidores da energia nuclear possam tomar a dianteira e justificar uma rejeição expressada por muitos, de Oppenheimer a Fermi ou Weizsäcker? O senhor foi, de qualquer modo, um dos raros a defenderem favoravelmente a energia nuclear, depois de 1945 – mesmo após Hiroxima e Nagasáqui.

E estou convencido de ter tido razão. A prova foi dada cinquenta anos mais tarde, quando os Soviéticos desistiram. Concentrei-me na simples ciência. Não conheço os motivos dos outros, e não quero explicá-los, mas recusar ver alguma coisa é, do meu ponto de vista, um erro puro e simples.

O homem deve, portanto, levar para a frente, na ciência, aquilo de que é capaz em teoria, sem angústia nem preocupação pelas consequências éticas que isso possa ter para a civilização e para a política?

Deve haver essa preocupação na medida em que ela exprime claramente o que está feito e o que deve ser feito, de maneira que o homem comum possa compreender. A seguir, é a comunidade que deve decidir. Esta é a situação política hoje – ou, pelo menos, o tipo de situação política que comporte o mínimo de contradições. É a democracia. Não quero dizer que ela seja a ideal. Quero dizer que não temos nada melhor. E também que esta democracia não será melhorada pela ignorância.

Pensa que a política, a filosofia e a física são incompatíveis?

Ao longo da minha carreira, a questão da política é colocada com grande acuidade. Foi ela que me forçou a vir para a América. Foi ela também que me fez trabalhar em armas, quando eu não tinha nenhuma vontade, porque a física é muito mais interessante. A política tem muitas relações com a minha vida, mas não com a minha física.

Isso significa que, enquanto físico, tentou sempre trazer respostas independentes e continuar a ser fiel ao seu trabalho científico.

Não podia fazer outra coisa. Enquanto físico, pude resolver algumas questões ligadas à política. A única coisa que me distingue dos outros é que abordei os problemas técnicos pela técnica e não pela filosofia.

Quais são para si os maiores acontecimentos da história humana no domínio das ciências da natureza?

São em todo o caso as duas grandes descobertas de que já falei, a mecânica quântica e a relatividade. No século XIX, compreendeu-se muitas coisas sobre a electricidade, o magnetismo e a luz. Penso que foi extraordinariamente interessante e útil, mas menos fundamental do que as descobertas feitas no início do século. Antes desta data, tinha-se descoberto naturalmente o movimento da Terra, a existência das estrelas, o facto de nós sermos apenas uma fracção extremamente reduzida do cosmos. Foram esses os grandes acontecimentos. Houve certamente descobertas mais antigas do que estas. Mas foram estas que tiveram um papel importante no decurso dos últimos cinco séculos.

Quando se debruça sobre a história humana, consegue discernir algum tipo de curso linear que justificasse que se fale de «progresso»? Quais são, na sua opinião, as forças motrizes da história neste sentido?

Existe um progresso não linear, mas em aceleração, no domínio da possibilidade de ter uma vida boa. Não tem nada a ver com o que é possível, mas com o que as pessoas querem. Do meu ponto de vista, a maior catástrofe, não foram os acontecimentos incríveis provocados pelas duas guerras mundiais deste século. A grande catástrofe ocorreu alguns séculos mais cedo. A Guerra dos Trinta Anos dividiu em dois a população da Europa Central no espaço de três decénios. O único resultado foi uma divisa: *Cuius regio, eius religio*. Aquele que reina determina também a religião. Esta expressão insignificante foi o resultado de todo o conflito que custou a vida a milhões de pessoas. Penso que nos encontramos hoje numa situação em que o conflito entre as vontades humanas se estende a todo o planeta. O que se desenvolveu não foram soluções, mas os problemas para resolver e o seu grau de urgência. Parece-me que sem o progresso técnico as dificuldades seriam ainda mais importantes e talvez mesmo em maior número. Creio que as soluções se encontram forçosamente fora da ciência – elas encontram-se naquilo que pode unir a humanidade.

Será necessário que exista, neste novo século, qualquer coisa como uma ética mundial? Ou, então, não provocaria a redução da diversidade humana, característica da evolução e da história universal do homem?

Uma ética é uma solução. Ficaria verdadeiramente satisfeito com uma ética que permitisse às pessoas, ainda que o mundo se torne mais pequeno, compreenderem-se um pouco melhor, encontrar um equilíbrio.

E o que faria da pluralidade das culturas e religiões modernas?

A diversidade é um facto. A transformação é necessariamente lenta. Quando quiserem resolver todos os problemas ou quando se acreditar que os têm todos resolvidos, estaremos certamente no caminho errado.

No início do século XX, o historiador Oswald Spengler – com todas as suas contradições – escreveu no seu *Declínio do Ocidente* um texto polémico, a sua profecia sobre o declínio da força ocidental. Pensa que esta profecia se realizou? Não é o contrário do que aconteceu?

O período à volta de 1900 foi um período feliz. A última grande experiência de conflito militar remontava às guerras napoleónicas. Houvera, obviamente, outras guerras entretanto, mas menos importantes. Ao longo dos últimos decénios, a paz e o progresso reinaram, nomeadamente no Ocidente. Oswald Spengler compreendeu que o Ocidente não tinha realizado progressos tão significativos como mostrava. E tinha razão. As duas guerras mundiais deram-lhe razão. Mas não creio que nos tenha ajudado a melhorar. Melhorar-nos será uma missão de grande fôlego, que se concretizará aceitando o progresso e utilizando-o para reaproximar os povos.

«Ser humano, plenamente»
Tu Wei-ming

Tu Wei-ming (nascido em 1940) é um historiador e filósofo chinês, especialista em neo-confucionismo. Foi nomeado director do Instituto Yienching de Harvard em Janeiro de 1996. Licenciado em Harvard, ensinou História e Filosofia Chinesa na universidade de Princeton e na universidade de Berkeley. Desde 1981, dá aulas em Harvard. Foi membro do «Grupo de pessoas eminentes» convidadas por Kofi Annan e pela ONU para facilitar o diálogo entre civilizações e é membro da Academia Americana das Artes e Ciências. As suas pesquisas incidem sobre o humanismo confucionista, a história intelectual chinesa, as tradições filosóficas da China e o pensamento religioso asiático. Tu Wei-ming participou no Fórum Económico Mundial de Davos em 2006. A sua história da filosofia chinesa em cinco volumes foi editada na China em 2001. Publicou também livros em inglês, entre os quais *Neo-Confucian Thougth; Wang Yang-ming's Youth; Centrality and Communality; Humanity and Self-Cultivation; Essays in Confucian Thought; Selfhood as Creative Transformation; Way, Learning, and Politics; Essays on the Confucian Intellectual; Confucianism and Human Rights; Confucian Traditions in East Asian Modernity; Moral Education and Economic Culture in Japan and the Four Mini-Dragons*.

Fala do confucionismo como um processo de transformação criativa. O que entende por isso?

A preocupação principal da tradição confuciana consiste em aprender a ser humano, plenamente, completamente humano, com profundidade. É evidente, é o que todos nós somos, seres humanos, mas ao invés dos outros animais tentamos conscientemente aprender a ser autênticos em relação à nossa própria humanidade. Muitas vezes, assimilamos esta diligência confuciana de aprendizagem humana a uma forma de ética social, à ideia de que aprendemos a ser humanos, associando-nos com outros e estendendo o círculo das nossas relações, começando pelos próximos, os pais, ou os primeiros tutores, depois os irmãos e as irmãs, os outros membros da família e assim sucessivamente. Por exemplo, o nosso corpo é uma realização, uma aquisição, mas não é propriedade nossa: tornamo-nos no nosso corpo. Exprimimo-nos no plano étnico como no plano ético e religioso. Neste sentido, o *eu* inscreve-se constantemente num processo de transformação, e esta transformação não é passiva, é criativa.

Apresenta o confucionismo como uma filosofia da vida. Será que irá ao ponto de o apresentar como uma fonte de conhecimento susceptível de dar resposta às necessidades ocidentais?

Num certo sentido, todas as grandes tradições éticas e religiosas são universais, mundiais. Karl Jaspers fala das velhas civilizações como o hinduísmo, ao qual podemos juntar o jainismo e o budismo no Sudeste Asiático, o confucionismo e o taoísmo assim como outras tradições espirituais na China e, por fim, o judaísmo, o cristianismo e o Islão. Devemos ainda mencionar um grande número de tradições religiosas indígenas, que constituem outras tantas correntes capazes de trazer ideias plenas de sentido à humanidade considerada como um todo, ao mesmo tempo que continuam profundamente enraizadas numa forma cultural singular. É essa a razão pela qual a identidade cultural é tão importante para certos segmentos específicos da comunidade humana. A diversidade e a universalidade trabalham simultaneamente.

O confucionismo é uma filosofia social e uma teologia civil do empenhamento prático nos casos morais do mundo?

Coloquemos a questão de outro modo: de que filosofia se trata aqui? A filosofia é o amor da sabedoria, a reflexão sobre si, o conhecimento pessoal, na acepção grega do termo. Mas se alargamos o assunto, tomando em consideração todas as tradições éticas e religiosas, então a filosofia torna-se um modo ou uma forma de vida. É por essa razão que ela está intrinsecamente ligada a toda uma série de exercícios ou de disciplinas espirituais. Deste modo, a tradição confuciana concentra a sua atenção no processo de aprendizagem do humano, o que a leva a apreender todos os aspectos. Aprendemos a linguagem, não somente a linguagem verbal, mas também a do corpo, a da comunicação, a linguagem da compreensão de si. Podemos mesmo ir ao ponto de encarar a noção confuciana de que a cultura de si transforma o corpo para fazer dele uma expressão estética do *eu*. Por outras palavras, transformamos o nosso corpo físico através do ritual, da comunicação, da discussão, de modo a sermos capazes, em seguida, de nos exprimirmos no plano estético. É neste sentido que a estética, a ética e a religião são integradas no processo holístico do desdobramento do humano.

Será que existe, por exemplo, uma afinidade entre o confucionismo e o pragmatismo do filósofo americano John Dewey, que coloca a tónica na

qualidade da acção através de uma aprendizagem minuciosa dos ensinamentos de Confúcio, indo até ao campo político?

Com efeito, essa afinidade é forte, não somente com o pragmatismo de John Dewey, mas também com o próprio instrumentalismo de Charles Peirce na sua ideia de acção simbólica ou do sistema simbiótico. Por outras palavras, os seres humanos são igualmente animais simbólicos. Não são apenas signos, mas também símbolos portadores de um sentido profundo. E este tipo de interacção, este tipo de prática, permite ajudar o indivíduo, não unicamente como um ritual isolado, mas inscrevendo-o no centro de uma relação, na comunicação com o *eu* dos outros.

Considera o confucionismo tradicional uma filosofia do mundo contemporâneo?

Não só tenho o confucionismo como contemporâneo, mas considero que ele possui o potencial necessário para se tornar uma fonte importante de inspiração para as futuras gerações. É comum ver-se a herança confuciana como uma extensa tradição histórica. Alguns vêem nela uma simples bagagem feudal pertencendo do passado. Segundo estes, teríamos entrado num período moderno guiado por forças de uma outra ordem, na qual essa tradição nunca mais funcionaria. Contudo, sou daqueles que acreditam que a tradição permite justamente compreender o nosso mundo ou o mundo futuro. Temos necessidade de um passado em vida, porque esse passado nos permite compreendermo-nos a nós próprios e compreender as gerações vindouras. É por isso que necessitamos de ter uma visão clara dos laços entre o passado, o presente e o futuro. Mais uma vez, estamos perante uma corrente contínua. O confucionismo não é apenas contemporâneo, epíteto que pode revestir dois sentidos. O contemporâneo pode ajudar a compreender a perenidade do presente, ou, pelo contrário, revelar-se momentâneo: aquilo que seria pertinente agora não teria qualquer utilidade para lá do simples presente. É nesse sentido que atribuo uma certa perenidade, indubitavelmente contemporânea, à tradição confuciana.

A dimensão religiosa da cultura de si será uma nova expressão da filosofia ateia?

No estudo comparativo das religiões, consideramos que muitas tradições espirituais são profundamente religiosas, mas também que algumas não o são, estando mais particularmente ancoradas no campo social ou no mundo político. Ora, o confucionismo é muitas vezes definido como um humanismo secular, unicamente interessado pelo mundo secular, *hic et nunc*. Com efeito, quando se interrogava Confúcio a propósito dos espíritos, ele respondia: «Não compreendemos os humanos, como poderemos entender os espíritos?» Questionado acerca da morte, dizia: «Somos incapazes de compreender a vida, como poderemos nós compreender verdadeiramente a morte?»

Alguns exegetas, parece-me, enganaram-se em relação às suas intenções e concluíram que ele se interessava mais pelos vivos do que pelos mortos, e mais pelos humanos do que pelos espíritos. Da maneira como o leio ou como o interpreto, dou-me conta de um elemento muito subtil, que não faz parte de uma compreensão superficial das coisas, sabendo que é impossível compreender a morte quando não se compreende a vida. Por outras palavras, é necessário compreender a vida como uma condição prévia da sensibilidade à morte e, inversamente, para apreender a vida em toda a sua significação é necessário compreender a morte. Se não se compreende o mundo humano, não se pode ter a pretensão de compreender os espíritos, mas compreender os humanos é uma condição prévia que pode ajudar a apreender o mundo espiritual. Portanto, a plena compreensão pressupõe o conhecimento do mundo espiritual. É nesse sentido que eu entendo a tradição confuciana como fundamentalmente humanista, como uma ética religiosa, em que a ética e o religioso desempenham um papel equitativo. E é uma percepção muito alargada do humano, que implica as quatro dimensões, o eu, a comunidade, a natureza e o céu. Três princípios de base estão em jogo, que regem essas quatro dimensões.

Reciprocamente, sem o apoio benevolente da comunidade, o impulso individual esmorece. Existe, portanto, um espaço para a interacção. Ao mesmo tempo, é necessária uma relação durável e harmoniosa entre a espécie humana no seu todo e a natureza. A natureza, no sentido confuciano do termo, é o domicílio próprio do humano. Não se trata aqui desta angústia existencial de um ser humano atirado para um mundo que não irá conhecer e que deveria modelar em função de preocupações antropocêntricas. Fazemos parte do universo, somos seus membros legítimos em igualdade de circunstâncias com as árvores e com as plantas. Por fim, existe uma relação entre o coração do homem e a via do céu. Felizmente, esta relação é feita de reciprocidade, de respostas mútuas, e é isto que permite uma interacção entre o mundo humano, aqui e agora, e o paraíso, um paraíso que não se reduz à sua própria natureza, mas que participa numa visão muito mais abrangente do universo.

O confucionismo não será marcado pela ausência de crença num deus inscrito numa vontade histórica singular e definida, próprio das filosofias ocidentais?
É verdade que muita gente sustenta que não existe um Deus monoteísta, a não ser totalmente fora do mundo, e se esse Deus criou o mundo, nós, as suas criaturas, não somos donos da inteligência, da racionalidade ou de qualquer meio que seja para aceder à significação do ser humano tal como Deus o idealizou, porque seria uma blasfémia da nossa parte ter a pretensão de enunciar o teor do plano divino. Contudo, a tradição monoteísta contém em si uma significação profunda, segundo a qual fomos criados à imagem de Deus. A nossa dignidade, a nossa espiritualidade está impregnada da graça e do amor de Deus. Mesmo a racionalidade humana é preciosa. Os teólogos católicos desenvolveram grandes esforços no sentido de tentar compreender o mundo através do discurso racional, que é um dom de Deus. Também os confucionistas acreditam intensamente que a nossa existência deriva de uma certa razão, em virtude deste velho ditado, anterior mesmo a Confúcio: «O céu cria os humanos perfeitos», ou «O céu engendra os humanos perfeitos». Mal compreendida, é uma noção estranha, que poderá conduzir a um contra-senso em relação ao humanismo confucionista. Nesse sentido, a criatividade do cosmos não é somente esta força exterior impessoal que não teria

nada a ver com o humano. Se essa criatividade não é pessoal, é muito humana, uma vez que dá origem a novas realidades. Enquanto seres humanos, é neste processo que participamos e é nossa responsabilidade perceber em que medida a nossa criatividade instaura uma espécie de ressonância com a do cosmos. Os adeptos do confucionismo talvez não tenham a mesma concepção do Deus pessoal, porque reagem a um processo cósmico, a uma transcendência que é definida como o paraíso. E Confúcio diz que se o céu deseja que essa cultura perdure, então os indivíduos animados de intenções malignas a meu respeito serão incapazes de me causar dano. Existe aqui uma dimensão de missão. Nesse sentido, a cultura humana continua a obra da criatividade cósmica. O cosmos é, portanto, considerado como a própria criatividade, e a autotransformação humana constitui a continuação desse processo cósmico.

Privilegia a dimensão metafísica do confucionismo como meio de atingir a sabedoria na vida actual?

Esta dimensão metafísica existe no sentido em que a finalidade da vida transcende as únicas realidades vividas. Naturalmente, vivemos naquilo que vocês chamam um mundo secular, mas muitas das tradições espirituais insatisfeitas por esse mundo criam santuários espirituais no exterior, igreja, templo, sinagoga ou relicário, que constituem domínios sagrados. Os confucionistas são sensíveis a esta movimentação, mas partilham uma outra concepção do mundo secular enquanto sagrado. Em vez de instaurar um santuário espiritual fora deste último, consideram o universo das relações humanas, da família, da amizade, até mesmo da política e das relações sociais. Todas estas dimensões do mundo podem ser transformadas para passar do registo secular ao domínio do sagrado. Podemos considerar o secular como sagrado, considerando que a ideia confucionista de ritual dá lugar à de rito sagrado.

Acredita que é possível fundar uma filosofia de alcance mundial a partir das bases do confucionismo?

Acredito, e acredito igualmente que é da nossa responsabilidade, nós que estamos empenhados na tradição confuciana, tentar esse projecto. Por outras palavras, queremos levar a nossa contribuição à comunidade mundial, para que os saberes locais, apesar da sua grande especificidade histórica, étnica e cultural, ganhem um sentido mundial. É esta dimensão mundial de um saber local que vem de uma forma de confucionismo. Esta obra deverá ser compreendida no quadro de um universo pluralista. O mundo nunca será totalmente confuciano, islamita, cristão ou budista. O mundo do século XXI é, de certa maneira, uma segunda *axio-idade*. A primeira *axio-idade*, mais de um milénio antes de Cristo, foi aquele longo período em que nasceram e se desenvolveram independentemente as principais religiões. Um sem número de pessoas viveu no mundo cristão sem manter relações com o mundo não cristão. Não esqueçamos também a influência do budismo *mahayana* e do confucionismo no xintoísmo japonês.

O senhor questionou-se sobre a natureza do *eu* confuciano. Encontrou a resposta?

Essa questão do *eu* é infinitamente complexa. Não se trata somente da identidade de nós mesmos, mas também do conhecimento, da compreensão de nós mesmos em relação às numerosas dimensões da experiência humana. Eu estudo o confucionismo, mas também o budismo *mahayana*. Durante anos, fui muito solicitado por essa concepção budista muito poderosa do *eu*. Esse *eu* é de natureza compósita, conjuga muitas forças harmónicas, e é ilusório acreditar na existência de um *eu* por de trás dessa natureza compósita. Nós não temos o *eu*. Na tradição hindu *ataman*, o verdadeiro *eu* faz parte do *brahman*. O *brahman* e o *ataman* são como uma gota de água que cai no oceano, uma vez caída, passa a fazer parte do oceano. Do ponto de vista cristão, alguns interrogam-se: o que aconteceu ao *eu*? Onde está a pessoa? Com efeito, a gota de água desapareceu. Pelo contrário, se entendemos o *eu* como essa conjugação de esforços, elas imprimem à água a sua forma de gota, e uma vez que essa gota cai no oceano, este último torna-se no eu, e é a fusão do *brahman* e do *ataman*. Quanto à concepção confuciana, intriga-me muito: em primeiro lugar, exprime essa forte crença segundo a qual todo o ser humano tem uma existência predestinada, enraizada, ancorada numa tradição social, política e cultural. Esta especificidade do *eu* é única e não pode ser modificada, mesmo entre os gémeos, que ocupam, de todos os modos, duas posições distintas no mundo. É no quadro desta essência particular que varia o que eu chamo as ligações primordiais, a pertença étnica, o sexo, o local de nascimento, a língua, a forma de socialização, a classe, a idade, a orientação religiosa fundamental. Esta combinação, esta constelação, é tão única que cada pessoa é específica.

Entende o sentido do confucionismo e da individualidade confuciana como um processo autêntico e específico?

Se considerarmos o confucionismo como uma corrente viva, comprometido no mundo actual, importa implicar-se activamente no mundo e não se entrincheirar num santuário espiritual exterior a ele. Mas esse comprometimento pressupõe uma consciência crítica, porque fazer parte do mundo secular numa espécie de *status quo* não é desejável. É necessário transformá-lo, através da transformação de si, o que é a condição preliminar. A este respeito, o confucionismo não difere de outras grandes tradições religiosas.

Contudo, o confucionismo considera que a verdadeira transformação ocorre quando os intelectuais têm um papel público. Emprego, aqui, um conceito moderno, mas que está profundamente enraizado na sensibilidade do confucionismo. Pode fazer parte de uma comunidade, ou intervir nos *media*, na política, nos negócios, nas diversas organizações sociais ou religiosas. Através da transformação de si, este indivíduo tenta transformar o mundo a partir do interior comprometendo-se nele. Isto é uma convicção profundamente enraizada no confucionismo.

É crítico em relação às tendências radicalmente individualistas que minaram o tecido social da civilização ocidental?

Sou crítico em relação a essas a essas tendências, e não somente porque são ocidentais, mas também porque invadiram o Sudeste Asiático e o resto do mundo. Existe uma fórmula japonesa, o *shing shingi* ou *shing shingshin*, que designa a nova humanidade e esta nova geração que emerge sob a influência dos *media* de massa e que aposta muito na força dos grupos de pressão. Esta geração efectua a sua aprendizagem por si própria e através dos *media* de massa. Os seus membros são muito individualistas, identificam-se com uma nova espécie. Este tipo de situação inédita decorre da economia de mercado, que é certamente muito benéfica para a vitalidade do desenvolvimento económico, mas desastrosa noutros planos. Com efeito, esta concepção de interesse pessoal, do ser humano como animal racional cuja racionalidade se define a partir do único interesse pessoal, em que cada um se consagra à maximização do seu lucro num mercado regido pelas únicas disposições regulamentares, com exclusão de qualquer outra forma de responsabilidade, minou fortemente o tecido social.

Somos confrontados com duas crises maiores, a da ecologia, por causa da nossa inapetência de nos ligarmos ao cosmos, e a da desintegração de todos os laços da comunidade social, da família ao Estado, sem falar da colectividade mundial.

Acredita que cada ser humano dispõe de reservas interiores suficientes para concluir essa transformação de si e tornar-se tão sábio como Buda ou Cristo?

Do ponto de vista confuciano, é uma questão que vem complicar duas convicções muito fortes, na aparência totalmente contraditórias, mas que podem ajudar a compreender a condição humana. A primeira dessas duas convicções quer que cada ser humano disponha de reservas interiores de realização de si, para se tornar num sábio no sentido confuciano. O sábio é a manifestação mais autêntica e mais sincera do humano, é, assim, da nossa natureza poder aceder a essa sabedoria. Mas, ao mesmo tempo, numa situação existencial concreta, nenhum ser humano, apesar das suas tentativas, pode tornar-se sábio.

Numa situação de existência, nenhum ser humano pode atingir a perfeição. Há sempre lugar para um melhoramento, mesmo se se atinge o mais alto nível, porque conservar esse nível exige uma enorme mobilização de energia, como a virtuosidade musical: o melhor dos pianistas nunca deixa de praticar. E se somos capazes de concretizar a natureza dos seres humanos, então podemos concretizar plenamente a natureza das coisas, e é isso que, no fim de contas, permite fazer parte da transformação e dos processos que alimentam o céu e a terra. Seguidamente, conseguimos construir uma trindade com o céu e a terra, e esta ideia de trindade corresponde à de um ser que se torna perfeito, um sábio. Idealmente, na realização antropológica do humano, toda a gente está dotada desta possibilidade, mas no plano existencial trata-se de um processo contínuo de refinamento de si. Estas duas posições – sou um sábio, nunca poderei tornar-me um sábio – reflectem as duas dimensões inseparáveis da potencialidade e da realidade humanas.

Que significa esta série de dicotomias entre o *eu* e a realidade, o criador e a criação, o sagrado e o profano, a cultura e a natureza à luz da continuidade do ser no confucionismo?

Os confucianos estão, de facto, muito atentos a este modelo interactivo, holístico, dinâmico. No pensamento chinês clássico, que não é apenas confuciano, mas também taoísta, este modelo *ying-yang* denuncia um conflito, uma tensão, mesmo tendências contraditórias, mas também complementares. Estes elementos coexistem, nenhuma realidade existe sem uma força *yang*, força e princípio masculinos, e uma força *ying*, feminina, e esta reciprocidade entre o masculino e o feminino está activa na criatividade e na procriação. Este modelo de interacção e de conflito reúne a preferência, e é por isso, aos nossos olhos, que muitas dicotomias não são exclusivas mas complementares, por exemplo as dicotomias entre a raiz e o ramo, o interior e o exterior, a parte e o todo, o princípio e o fim, a superfície e a profundeza. Do ponto de vista confuciano, elas descrevem o essencial da condição humana, muito mais do que oposições exclusivas que não podem conduzir à integração, à unidade. Segundo estas últimas, a criatura nunca poderá ser o criador, o espírito não poderá ser o corpo. É a ideia cartesiana segundo a qual o físico não pode ser mental, o sagrado não pode ser profano. Por outro lado, na tradição confuciana, se uma pessoa pode muito bem ser a criatura do processo cósmico, a pessoa compreendida no seu corpo pode também ser o criador de uma transformação criadora da aprendizagem do humano.

O confucionismo não é nem estático, nem mecanista, nem analítico. O cosmos confuciano é um processo de autocriação da vida. Ora, o cosmos é um sistema eternamente em expansão. Que consequências tem para o confucionismo?

Essa concepção do cosmos como fundamento orgânico, holístico, dinâmico, transformista da criatividade não é somente confuciano, é igualmente chinesa e encontramo-la no taoísmo. Existe uma forte crença segundo a qual todas as formas do universo estão ligadas entre si, e daí a noção de uma continuidade do ser. O universo em todas as suas formas inclui as rochas, as árvores, os animais, os espíritos. Todos eles estão ligados num todo orgânico, à medida que o desenvolvimento do processo cósmico da criação gera todas estas realidades. Enquanto seres humanos, estamos, portanto, ligados aos outros animais, às plantas, até às rochas, na continuidade do todo. Existe uma consanguinidade entre todas as coisas, pela ligação de uma energia vital e do sangue. Quaisquer que sejam os elementos que identificamos no mundo ou no cosmos, se sondarmos em profundidade, estão ligados, e existirá entre eles uma relação molecular.

A visão confuciana de um corpo formando um todo com o céu e a terra na miríade das coisas é antropocósmica, no sentido em que a realização completa do *eu* implica a unidade da humanidade com o céu?

Efectivamente, qualifica-se muitas vezes a tradição confuciana como tradição antropológica, é uma forma de antropologia filosófica que acentua o humano, a condição humana. Alguns julgam que esta acentuação se faz em detrimento do céu ou da transcendência. Alguns pensadores sustentam que na tradição confuciana tudo seria imanência, sem nenhuma transcendência. De certo modo, adiro a essa definição.

Encaixa-se nisso um profundo sentido religioso, porque o céu engendra e o humano acaba. É da nossa responsabilidade conduzir o desvendar do céu ao seu acabamento. Qualquer equívoco sobre este assunto pode revelar-se muito enganador. Há a ideia de que não somos somente criaturas do processo cósmico, mas que este processo nos impõe tomar parte nele.

A ética confuciana contribui para processo de racionalização instrumental que transformou fundamentalmente as tradições ocidentais?

É resultado da racionalidade instrumental, um termo empregue por Max Weber, que é muito poderoso na sociedade ocidental moderna. A ciência, a tecnologia, as instituições políticas, a economia de mercado baseiam a sua existência e o seu *modus operandi* nessa racionalidade. Mas esta reveste-se de um sem número de formas. A racionalidade dos fins últimos difere da dos puros instrumentos. A racionalidade instrumental não passa de uma forma no espectro total das responsabilidades, incluindo a das mentalidades ocidentais. Na tradição grega, por exemplo, a racionalidade está ligada à sabedoria, à técnica e ao conhecimento e à compreensão de si. Não se trata somente de uma aptidão para dominar um instrumento particular, a dominar o mundo exterior no interesse de si mesmo. Apesar do sucesso fenomenal desta racionalidade no Ocidente moderno, penso que as tradições espirituais ocidentais, o judaísmo, o cristianismo, o islão e outros colocam questões muito difíceis a este modo particular de pensamento, recordando que temos necessidade de estabilidade social e de um meio ambiente propício ao desenvolvimento humano.

Assim, a tradição confuciana insiste fortemente na obrigação de tratar o outro como um fim em si, preceito semelhante ao imperativo kantiano: não tratar o outro como um meio para alcançar um fim, mas como um fim em si. Isso aplica-se também à educação, a educação para a realização e transformação de si. Este pensamento entra em conflito com a instrumentalização racional, mas é muito mais lata. Pode adaptar-se aos domínios em que a racionalidade instrumental funcione correctamente. O senhor refere Dewey, o pragmatismo e o instrumentalismo, e é certo que devemos saber escolher os meios mais apropriados para atingir certos fins. É necessário saber responder a questões específicas, sobretudo às questões colocadas pela vida comum e pelas realidades políticas e sociais. Estes domínios de reflexão são essenciais ao funcionamento da sociedade moderna, da democracia e da economia de mercado. Mas também fazem parte de um universo mais vasto, a vida familiar, a amizade, a religião, a estética, a transformação espiritual e todas as formas de interacção humana que não são regidas pela economia de mercado. Refiro-me a um capital social, a conhecimentos culturais, a valores espirituais. Estes domínios devem ser cultivados, nomeadamente através daquilo que chamamos humanidades.

A recomendação confuciana, visando harmonizar a sociedade, vem corrigir o individualismo ocidental fundado na ideia da propriedade privada segundo John Locke, a do interesse pessoal segundo Adam Smith e a da vida privada segundo Stuart Mill?

Essas ideias de Locke, Smith e Stuart Mill lançaram um desafio maior ao universo confuciano. Os adeptos de Confúcio compreenderam a importância da propriedade privada para o desenvolvimento da dignidade pessoal, a importância do mercado para o dinamismo económico e o sentido da vida privada para a protecção dos direitos individuais. Os confucianos aprenderam assim muito com os pensadores ocidentais, o que os levou a criticar as suas próprias tradições, em que o lugar reservado à participação colectiva e ao bem público é excessivo em relação ao que é atribuído ao interesse pessoal. Igualmente, acentua-se aí demasiado o lugar reservado à estabilidade política em detrimento do dinamismo económico. O contacto com os pensadores ocidentais permitiu assim reformular as ideias confucionistas.

Por outro lado, cento e cinquenta anos mais tarde, o imenso poder da economia de mercado, a preocupação exclusiva do interesse pessoal, o peso do domínio privado em detrimento do domínio público impõem reflectir numa concepção do bem-estar que não seja definida somente em termos de interesse individual ou de grupos restritos, mas no sentido do bem-estar da colectividade, da nação ou da comunidade mundial no seu conjunto.

Como definiria a orientação espiritual confuciana?

O emprego da palavra espiritual designa uma concepção bem mais lata do ser religioso. O confucionismo é uma religião? Se definirmos a religião segundo as três tradições monoteístas, com a existência de deus e de uma igreja e a obrigação de se converter para se tornar membro de uma comunidade religiosa, o confucionismo não corresponde a esses critérios. Por outro lado, se temos uma visão mais ampla de religião, se queremos levantar certas restrições, então o confucionismo deverá ser parte integrante. Muitas pessoas pensam que ele participa de um estado de espírito humanista, mas este humanismo confuciano tem justamente a particularidade de ser muito aberto, sem subestimar ou ignorar a dimensão transcendental. Insiste fortemente na importância do céu. Por outras palavras, na tradição confuciana, a mais alta manifestação da humanidade é uma fusão total do humano com o céu, o que os Chineses denominam o *chenyengi*, a unidade, a reciprocidade do céu e do humano. Esta concepção do espírito está enraizada na condição humana, não comporta, portanto, nenhuma negação do humano. Difere profundamente do humano, do demasiado humano de Nietzsche. Depende da verdadeira dignidade humana que reside na natureza celeste do homem, natureza dotada de transformação e de criação. O sentido do humano possui, assim, uma dimensão espiritual, e simultaneamente essa dimensão espiritual não é somente uma ideia abstracta, ela encarna-se no projecto humano, está ancorada no mundo aqui e agora.

Que papel desempenha a intuição intelectual no confucionismo? Estará ligada à contemplação e ao valor supremo do conhecimento de si, e de maneira alguma ao esoterismo e ao irracionalismo?

Se transpomos esta intuição intelectual para a sua forma kantiana, constatamos que o filosofo alemão sublinha que os seres humanos não podem compreender pela análise, apenas podem estudar os fenómenos ou as aparências. Os humanos são incapazes de compreender a coisa em si. Esta coisa em si fica assim dissimulada para sempre à racionalidade humana. O homem pode unicamente compreender a estrutura superficial da coisa, não a sua estrutura profunda. Nesse sentido, os seres humanos não podem compreender-se a eles próprios, nenhum ser humano pode compreender a natureza humana em si. Por outro lado, os confucionistas, os budistas, e todos os taoístas partilham esta fé profunda na possibilidade do conhecimento de si, enraizada na compreensão humana da natureza como dom celeste.

Aí trata-se de uma diferente forma de compreensão, não simplesmente de um saber aplicado ao tempo que faz, a uma fórmula matemática, a uma questão técnica. Este saber não é somente uma reflexão, é uma contemplação, uma meditação sobre um objecto. O próprio saber transforma a pessoa ao longo do processo. Este saber transformador é um saber encarnado, incorporado.

O grande investigador Joseph Needham, que estudou muito a civilização chinesa, fala de um hiato entre a suprema sabedoria e a racionalidade humana. Criou a noção de «visão orgânica». O que entende por isso?

Needham está fortemente influenciado pelo taoísmo. E declarou que se sentiria feliz por ser considerado «membro honorário» da tradição taoísta. O que ele refere a propósito da cosmologia chinesa e taoísta, e que o confucionismo partilha, é essa noção de universo que se engendra a si mesmo, sem criador, sem ordenador. Esse mundo funciona, assim, numa perspectiva evolucionista, um mundo simultaneamente multidimensional e integrado. Considera o mundo não como uma máquina mas antes, porque é bioquímico, como um desenvolvimento orgânico de criatividade espontânea. É por isso que o mundo pode ser ordenado sem ordenador. O mundo é proveniente de um processo criativo perfeitamente coordenado. Este processo evolucionista permite ao mundo funcionar de maneira fluida e espontânea, como um conjunto orgânico.

Como distinguiria a própria noção de religião e de filosofia no confucionismo dessas mesmas noções na tradição ocidental?

Se escrevêssemos uma história da filosofia ocidental, começaríamos por mencionar as grandes figuras da tradição grega, alguns nomes da tradição medieval, como Santo Agostinho e Tomás de Aquino, para abordar seguidamente o período moderno, com a tradição analítica e filósofos como Kant e Hegel. Depois, se escrevêssemos uma história da religião ocidental, começaríamos por Moisés, Jesus Cristo e Martinho Lutero, Kierkegaard e uns quantos pensadores religiosos. Se compararmos estas duas histórias, elas apareceriam como complementares, mas são muito diferentes. Alguns dirão de um modo muito simplista que a filosofia insiste fortemente no espírito racional, no método analítico, não escapando cada premissa à verificação e à análise crítica, enquanto a tradição religiosa colocaria a tónica na importância da fé, na comunidade dos crentes e na tradição. Por outro lado, se escrevesse uma história da filosofia chinesa e uma história da religião chinesa, as figuras dominantes seriam as mesmas. É por essa razão que eu associo, estranhamente talvez, a filosofia e a religião. Por outras palavras, a reflexão filosófica não está de modo algum em conflito com o comprometimento religioso ou com a fé da comunidade religiosa. A separação operada pela tradição grega e judaico-cristã ocidental é própria do Ocidente, e não se verifica no mundo hinduísta, budista, confucionista ou taoísta. É nesse sentido que a tradição confuciana pode do mesmo modo depender tanto da filosofia como da religião. De facto, ela não é nem religiosa nem filosófica, porque isso já é uma distinção ocidental, ela é as duas ao mesmo tempo.

O confucionismo ocidental e o budismo não partilham uma dualidade da espiritualidade e da materialidade?
Na tradição do budismo *mahayana* e no confucionismo, existe, com efeito, uma separação nítida entre a materialidade e a espiritualidade, que pode confundir mais do que esclarecer. Isso provém, em parte, dessa série de dicotomias entre o espírito e a matéria, o secular e o sagrado, o corpo e o espírito, o criador e a criatura, que funcionam bem num universo dualista.
Pelo contrário, na tradição confuciana, o corpo é ao mesmo tempo profano e sagrado, se o mundo, a santidade da terra é considerada um dado adquirido. O budismo mostra-se muito crítico em relação ao mundo do *samsara*, esse ciclo infindável de nascimentos e mortes, que não é mais do que ilusão, e prefere o mundo que se encontra na outra margem, o dos reinos espirituais. A tradição budista *zen* ou *mahayana* acentua contudo a transformação do mundo aqui e agora, e acredita que o *samsara* se pode transformar no nirvana. Esta ideia é comparável à do secular e do sagrado, mas aqui o corpo, em vez de ser a prisão da alma, pode ser, pelo contrário, o domínio em que

a alma e o espírito se realizem. Neste sentido, a interacção entre o mental e o físico, entre o material e o espiritual, é alimentada permanentemente. A noção chinesa clássica do *chi*, ou *qui*, a força material, matéria psico-fisiológica, quer que o mundo seja construído por essa energia vital.

Assim como pela sabedoria intuitiva e pelo conhecimento não dualista...
Com efeito, a separação entre o espírito e a matéria já não existe, porque não se encontra em quase nenhum sítio no mundo, mesmo se pudermos encontrar matéria morta que não tem espírito, ou um espírito totalmente desencarnado que não tenha forma material. Por exemplo, uma mesa ou um calhau não são simples entidades materiais e estáticas, mas sim manifestações da energia vital, que é contínua. Isto equivale a afirmar que nada é estático no mundo, que tudo é existência em transformação, numa perspectiva histórica longa, que tudo é emoção. O calhau é uma constelação de campos de energia e é por isso que podemos falar de diferentes graus de espiritualidade das pedras. O tijolo não terá talvez a mesma espiritualidade que a ágata ou o jade, que, com a sua estrutura interior, contêm uma certa força espiritual que os liga ao humano.

O sentido da comunidade é essencial ao desenvolvimento moral e espiritual de si e à realização do pensamento confuciano?
A ideia da comunidade verifica-se, primeiro, na crença segundo a qual a pessoa nunca é uma ilha, mas um epicentro de relações, um fluxo contínuo. Enquanto tal, entra em comunicação com um sem número de outros fluxos e isto forma uma comunidade. Naturalmente, a comunidade que tem a nossa preferência é a da confiança, a que chamo comunidade da fidelidade, fundada em compromissos de fidelidade em relação aos valores fundamentais da sociedade. E é nesse sentido que uma pessoa não pode sobreviver sozinha. Se ela vive na solidão, desmoraliza-se, empobrece enquanto ser humano. Tomei conhecimento que nos campos de extermínio, algumas crianças com menos de seis anos morriam inevitavelmente, mesmo se a sua nutrição e outros aspectos da sua condição material

parecessem aceitáveis. A razão era porque, em parte, ninguém cuidava delas, viviam sem trocas de olhares, sem nunca serem beijadas, sem que ninguém delas se encarregasse, sem que ninguém lhes dirigisse uma palavra, e foi este silêncio e este isolamento que as matou. Por outro lado, existem indivíduos que sobrevivem à solidão durante décadas, mas aí trata-se de pessoas muito mais velhas, que conservam a ainda a lembrança de terem sido tocadas, de terem comunicado com outros, e que ainda se lembram de ter vivido em contacto com o mundo exterior. A sensação de fazer parte de uma comunidade, e de alargar essa comunidade, é essencial para a sobrevivência do ser humano e para o seu desenvolvimento.

A cosmologia chinesa possui algum mito da criação?

Estamos perante um assunto controverso. Escreveram-se artigos muito provocatórios em que se afirmava que a ausência do mito da criação era um traço distintivo da cosmologia chinesa. Inversamente, muitos autores detectaram depois disso a presença de mitos dessa ordem ao longo de toda a história chinesa. Não se trata, portanto, de uma falta. O traço distintivo da cosmologia chinesa é saber se existe ou não um tal mito. É a tese da continuidade do ser que predomina. No século XVII, um pensador fez a seguinte observação, que é muito característica do modo de pensar confuciano, e que diz igualmente respeito à cosmologia chinesa: «Imaginemos que vimos ao mundo através da evolução. Os seres humanos evoluíram, portanto, através de um sem número de estádios ao longo de um grande período de tempo. O céu e a terra são os nossos pais. Deste modo, as plantas, as árvores, os animais são nossos primos». Eles fazem parte do processo que contribuiu para a ascensão do homem.

Existe uma verdadeira metafísica no pensamento ou na história chinesa das ideias, que difira sensivelmente da metafísica ocidental?

Na China, toda a história das ideias difere profundamente da história do pensamento ocidental. A metafísica é um modo de pensamento para lá do físico, muitas vezes ligada a uma forma de pensamento contemplativa, que jamais é susceptível de prova. Por isso há quem estime que este modo de pensamento é do foro da hipótese, como a poesia, como o imaginário dos possíveis de um mundo não real. É um exercício intelectual essencial no Ocidente. Temos na China um sem número de exemplos similares de reflexão especulativa. Contudo, na tradição confuciana é a experiência vivida dos indivíduos que constitui o ponto de partida. Trata-se, portanto, de uma reflexão sobre a vida, sobre o significado do ser humano e sobre a condição humana. Não é simplesmente um pensamento metafísico sobreposto ao mundo. Se podemos afirmar a existência de uma ontologia, de uma reflexão sobre o que é a realidade, ou de uma cosmologia, que se debruça sobre a maneira como se gerou o cosmos, estas reflexões estão ligadas a experiências de vida no mundo que tomam como ponto de partida. Não se trata, portanto, de sistemas metafísicos, gerados, de certo modo, unicamente pelo pensamento especulativo. Nesse sentido, podemos dizer que a filosofia é composta por uma série de reflexões homogéneas sobre as intuições humanas que apresentam uma visão do mundo. Esta visão do mundo possui uma significação cosmológica, é à sua maneira uma ontologia.

A falta de precisão analítica é compensada pela riqueza da imaginação?
Certamente, mas eu diria que a distinção estabelecida entre a precisão analítica e a riqueza metafísica aqui talvez não se coloque. Poderíamos antes falar de uma ambiguidade fecunda, resultado de um objectivo deliberado, o de não procurar regularizar tudo ao mínimo detalhe. O objectivo não é tirar da experiência um sistema cuidadosamente ordenado, mas atingir um conceito de vida que, mesmo na ausência de um sistema fechado e limitado, permita continuar a pensar segundo uma concepção holística mais rica, em que se possa descobrir um acréscimo dimensional. É um processo de desdobramento contínuo.

O confucionismo é uma forma de ética social?
Sim, porque está ligado à participação social. Possuímos uma noção de responsabilidade ética, por vezes julgada tão importante, por vezes mais, como a ética dos fins últimos. Os confucianos interessam-se

pela pureza da vontade. Os nossos actos são fundados num fim em si, mais do que nos meios de um fim, mas as consequências sociais destes actos inscrevem-se no quadro da responsabilidade. Evidentemente, somos sempre confrontados com consequências sociais negativas e involuntárias, que não derivam das nossas intenções mas dos factos. Contudo, nesta concepção, o indivíduo é tido como responsável, mesmo neste domínio.

O acto colectivo deliberado tem alguma importância?

Tem, no sentido em que a ética social é um acto colectivo. Por outras palavras, a percepção de si é um acto colectivo e um grande ensinamento. Cada um, do imperador, filho do Céu, ao homem comum, deve considerar a cultura de si como raiz e fundação. A sociedade é considerada como tendo sido criada para o desenvolvimento humano. Não traz apenas aos indivíduos a possibilidade de existir no sentido económico do termo, ou de desfrutar da segurança no plano político, mas também um ambiente de desenvolvimento no sentido ético e religioso.

Qual o teor da estética chinesa? O que significa para a civilização chinesa?

O senhor conhece os três domínios claramente separados do pensamento moderno: a estética, a ética e a religião. No pensamento confucionista, eles estão ligados. A sensualidade do corpo fornece a base da acção e da participação sociais. A extensão do domínio ético às preocupações últimas permite à ética realizar-se plenamente. A estética pode, portanto, ser considerada, por um lado, o fundamento da ética, a percepção estética da natureza, da sensação fundamental do belo, mas também a mais alta manifestação da ética. Confúcio dizia que se pode seguir as imposições do coração sem transgredir os limites do que é justo. O que sou e o que devo ser fundem-se num todo espontâneo, e este sentido da estética está também ele carregado de sentido.

Que lugar ocupa a dignidade humana na cosmologia chinesa?

A dignidade humana é o valor intrínseco do ser humano, conferido pelo céu. Esta máxima está representada nos analectos: podem-se privar os três exércitos do comando, mas não se pode privar o homem comum da sua vontade. Uma vez que o indivíduo é determinado a agir, esta decisão é em si um acto de transformação. No pensamento cristão, o indivíduo, sem prejuízo da sua posição, do seu poder e da sua influência, deve ser respeitado porque ele é a imagem de Deus. Mas no pensamento confuciano o indivíduo é a encarnação ou a manifestação do princípio celeste. Uma vez que a natureza do indivíduo lhe é conferida pelo céu, ele deverá ser respeitado não somente como membro legítimo da comunidade social, mas também como ilustração do princípio celeste nos assuntos humanos.

Como se situam os conceitos confucionistas do *eu* e do indivíduo em relação ao Estado e à sociedade? A autodisciplina é um modo de governo?

A grande lição ensina-nos algo de muito interessante no que diz respeito à realização exterior e à disciplina interior. Isto enuncia-se desta maneira: o fundamento da regulação familiar assenta na cultura das vidas pessoais, e se a família se encontra em ordem, então o Estado será governado e a paz universal reinará no céu. Dizer que as Nações Unidas desempenham convenientemente o seu papel significaria que cada Estado membro estaria a ser bem governado. E cada um desses Estados estaria a ser bem governado porque os membros das famílias de cada Estado também estariam a sê-lo, porque os membros dessas famílias teriam atingido uma certa forma de harmonia. Ora, a cultura da pessoa assenta na possibilidade de corrigir o seu estado de espírito. Esta correcção do espírito é fruto da sua vontade sincera e autêntica e efectua-se através do alargamento do saber individual, que assenta, por sua vez, na investigação, na avaliação e na compreensão do sentido das coisas. O processo desta harmonização interior, o desenvolvimento de certas reservas profundas do ser com vista a um equilíbrio constituem o fundamento da justa acção social, do governo dos Estados e da paz universal.

Um teólogo de excepção, Reinhold Niebuhr, evocou a existência de pessoas morais, de indivíduos morais no seio de uma sociedade imoral. Na concepção confuciana, os indivíduos morais devem moldar-se de maneira a estar à altura de transformar a sociedade, no sentido que de imoral ela se torne moral. Este conceito assenta na forte convicção de que quantos mais indivíduos possuem influência, poder, acesso à informação, aos bens, às ideias, mais estão obrigados a pôr ordem na sociedade. Isto impõe-lhes que se mostrem mais assíduos nesta empresa da transformação de si.

Que relação vê entre os direitos, as responsabilidades e as obrigações como sinais específicos da civilização chinesa?

Recentemente, em Harvard, no âmbito de um curso sobre razão e moral, ensinei a estudantes do primeiro ano o humanismo confuciano, a cultura do si mesmo e o sentido da comunidade moral. Pedi-lhes para escolher entre duas categorias de valores essenciais, hierarquizando-as por ordem de prioridade. De início propus-lhes escolher entre racionalidade e simpatia, a seguir, entre a lei e ritual, entre os direitos e a responsabilidade (ou o dever), entre a pessoa enquanto indivíduo e entre a pessoa epicentro de relações e, por fim, entre a noção de responsabilidade pessoal e a de participação no mundo social. Quando me encarregaram desse curso, há oito anos, sobre a questão dos direitos e da responsabilidade, a maioria dos estudantes julgara os direitos mais importantes do que a responsabilidade ou o dever. Hoje em dia, pelo contrário, dá-se o inverso.

Estas preferências são válidas no contexto dos Estados Unidos. Mas no contexto chinês, a responsabilidade e o dever são considerados condição prévia ao exercício dos direitos. A responsabilidade, em particular o sentido do dever, não é simplesmente a responsabilidade dos jovens para com os mais velhos, da periferia para com centros do poder ou do povo em relação ao governo. É igualmente o dever da elite cultural e política. Na tradição confuciana, podemos, portanto, derivar a noção dos direitos do povo da dos deveres da elite. Possuindo a elite um imenso poder sobre o povo no seu conjunto, a elite deve aplicar certos deveres a si mesma, muito mais do que em relação ao povo. Tem, portanto, muito mais obrigação de velar pela manutenção da estabilidade social. A este respeito, se a consciência dos direitos nunca se desenvolveu no confucionismo clássico, podemos afirmar que um povo tem necessidade de ser respeitado porque possui direitos inalienáveis e é dever do Estado velar por eles, sobretudo os Estados poderosos, sem o que não poderão exercer as suas responsabilidades.

Hoje, na China, coloca-se a questão dos direitos humanos. Estes direitos, no sentido da dignidade individual, são compatíveis com o confucionismo?

O confucionismo é perfeitamente compatível com a dignidade individual, mas a consciência dos direitos constitui um discurso que evoluiu ao longo de um grande período, no Ocidente. Lembremo-nos que as Nações Unidas formularam a primeira declaração dos direitos do homem em 1948. Foi definido um conjunto de direitos, não somente direitos políticos, mas também direitos económicos, cívicos e culturais. Alguns pensadores confucianos tomaram parte na redacção do texto original desta declaração. As ideias confucionistas estão assim integradas neste documento. Não há razão para afirmar que exista uma incompatibilidade fundamental entre o humanismo confuciano e esta declaração.

Em todo o caso, esta questão complica-se pelo facto de existirem três estratos dos direitos humanos: os direitos políticos, os direitos socioeconómicos e os direitos das comunidades e dos grupos, ou direitos culturais. Qual dos estratos deverá ter a primazia? A China põe os direitos económicos à frente dos direitos políticos. Mas creio, qualquer que seja o modo de abordar essa questão, que todo o governo civilizado deve respeitar algumas regras de base, proibindo-se de prender as pessoas sem processo, torturar os dissidentes políticos e tratá-los como criminosos de direito comum. No mundo moderno isto é inaceitável.

Isso corresponde à situação chinesa actual?

Na minha opinião, estas noções são compatíveis com a tradição confuciana. Na China, o regime político defende que os direitos económicos são os mais importantes. Este regime é, sem dúvida, capaz de assegurar um certo número de direitos económicos fundamentais que permitem às pessoas terem o suficiente para viver. Pelo que reduz certos outros direitos, como a liberdade de expressão ou de reunião. Penso que é fazer um mau uso das categorias, porque alimentar-se não é suficiente, é preciso também poder enriquecer pessoalmente, estar em condições de assumir um papel educador, para o desenvolvimento humano tomado como um todo. O governo deve, portanto, disciplinar-se no sentido de respeitar algumas das regras fundamentais de qualquer governo civilizado. A China já ratificou todos os tratados e convenções nesse domínio, ao invés dos Estados Unidos que não assinaram tantos como isso. Assinar, na verdade, não é mais do que um acto de boa vontade, que falta pôr em prática. A China ainda não chegou lá, e nesse plano está muito atrás de muitos outros países. É imperativo que a China entenda isso, que o governo aprenda a respeitar os direitos fundamentais dos indivíduos.

Como avalia a situação no Tibete?

Esta situação não é boa, deverá melhorar, o que vai levar o seu tempo. A incompreensão é terrível, e a transformação irá ser longa e lenta, mesmo sabendo nós que a educação pode favorecer uma evolução positiva. A China, não apenas o governo, mas as elites culturais, está obcecada pela modernização estritamente definida em termos de desenvolvimento económico e tecnológico. Assim, a China tornou-se totalmente insensível ao que se passa num campo cultural, por definição complexo. O Tibete possui uma cultura, uma tradição que a China ignora. A mudança pode resultar pelo facto de a Índia ser levada em consideração, cuja cultura começa a ser apreciada pela China, tomando-a como referência.

Se tal for o caso, os dirigentes chineses e a elite serão sensíveis ao Tibete enquanto foco de cultura e ao Dalai Lama, mas muito mais ao santo homem do que ao separatista totalmente politizado que soube despertar um forte sentimento antichinês. O nosso governo faz mal em empregar argumentos nacionalistas contra o Dalai Lama e o Tibete. Pelo contrário, deveria mostrar-se sensível ao enriquecimento que essa cultura traz, cada vez mais, tanto ao Ocidente como ao Oriente. Faz parte da preciosa herança chinesa e do pluralismo com o qual o pensamento chinês apreende o mundo. Em vez de procurar controlá-la, a China deveria compreender tudo o que teria a ganhar deixando desenvolver a cultura tibetana.

Qual é a mensagem humanista, vinda da sua tradição cultural, que a China poderia trazer ao mundo?

Nos últimos anos, preocupei-me muito com o diálogo entre as civilizações, e sou, portanto, muito crítico em relação a essa noção de choque de civilizações. Neste diálogo entre elas, existem dois passos muito diferentes, ambos providos de sentido. O primeiro visa assegurar as condições mínimas à sobrevivência humana, que transcendem todas as oposições mais relevantes entre as religiões. Hans Küng embrenhou-se profundamente neste sentido que assenta em dois princípios fundamentais aqui já evocados; o primeiro, «Não faças aos outros o que não queres que te façam a ti», e o segundo, o princípio da humanidade em virtude do qual se considera cada pessoa, cada país como um fim em si, e não como um conjunto de meios ao serviço de um fim. Mas esta exigência mínima deverá ser acrescida de uma realização máxima. Por outras palavras, aprecio o que o outro faz, precisamente porque não basta contentar-se com uma situação em que não nos agridamos mutuamente, em que não nos matemos; porque importa igualmente partilhar uma aspiração para a comunidade humana, de modo a que nos possamos desenvolver em conjunto.

Como nos desenvolvermos? Para isso, temos de abraçar a diversidade e o pluralismo. Não poderemos tolerar os relativismos perniciosos ou as noções não menos perniciosas de adulteração radical. É necessário demonstrar um imenso respeito pelo outro, ser sensível à diversidade e ao pluralismo cultural sem cair na armadilha da religião e do relativismo. Para lá chegar, é necessário instaurar uma rede de comunicação ininterrupta pelo diálogo, pela discussão, pelo debate.

A este respeito, a tradição confuciana pode desempenhar um papel interessante. Entreguei-me a uma série de diálogos éticos e religiosos, inter-religiosos com cristãos, muçulmanos, confucionistas, judeus e até mesmo com marxistas. Estas trocas de impressões permitiram-me compreender que o substantivo confuciano pode também ser um adjectivo. Quando há diálogo entre muçulmanos e judeus, sabemos quem são uns e outros. O mesmo acontece com budistas e cristãos. Os confucianos, pelo contrário, raramente se identificam como tal. Eles são cristãos confucianos, muçulmanos confucianos, budistas confucianos. A sua pertença é mais compósita. Eles apresentam-se assim (por exemplo, como cristão confuciano) porque, assim sendo, reivindicam um comprometimento político e social, uma sensibilidade cultural. Isto equivale a dizer: «Não me interesso unicamente pela ordem monástica ou pelo reino do deus que há-de vir, mas também pelo mundo actual, pelos meios de o transformar e pela maneira de me comprometer de forma criativa neste processo de transformação». É verdade que um budista confuciano será o que apelidaremos um budista humanista, que não desejará abandonar a sua família para fundar uma ordem monástica, ir para o mundo da outra margem. O mesmo acontece com o bodhisattva, que quer trabalhar no mundo, para obter, depois, o direito de entrar no nirvana, mas que volta ao mundo por compaixão, no sentido de mudar este mundo. Para o conseguir, é necessário respeitar a santidade da terra e melhorar a comunidade humana.

É por isso que os intelectuais confucianos estão aptos para desenvolver toda a espécie de redes, de estabelecer um diálogo religioso e de contribuir para o desenvolvimento de uma ética mundial, que não se limita à exigência mínima da sobrevivência humana, mas que persegue outras aspirações.

O confucionismo critica, dentro de certos valores do Iluminismo, a saber, o individualismo materialista, a competição agressiva e o relativismo pernicioso, a sua incapacidade em formular um guia de acção homogéneo, verdadeiramente «humano»?

O espírito do Iluminismo, procedente da civilização ocidental moderna, foi, sem sombra de dúvida, a mais potente ideologia na evolução do mundo durante estes últimos dois séculos, e esse processo irá prosseguir, sem dúvida, ao longo das próximas décadas. Desde o início do século XX, os intelectuais chineses aderiram ao espírito do Iluminismo como a um grau supremo da racionalidade instrumental, aptidão para conquistar a natureza, para o desenvolvimento económico e tecnológico e para esse valores próprios do mundo ocidental moderno, a dignidade da pessoa, a salvaguarda das liberdades individuais que são a liberdade, a igualdade, a racionalidade, tantas ideias e aspirações que doravante fazem parte da experiência do resto do mundo. O Iluminismo brilha nas trevas medievais e os seres humanos acedem à sua libertação através desse processo em que ainda nos encontramos.

Mas se deitarmos um olhar crítico sobre esta evolução respeitante à condição humana actual, sobre a nossa sobrevivência enquanto espécie e sobre a ideologia que nos pode guiar através desta crise difícil, então compreenderemos que a glorificação da economia de mercado pode conduzir a um excesso de competição, de individualismo, de antropocentrismo. Pela primeira vez na história, a ideia de que o homem é a medida de todas as coisas, e a nossa atitude para com a natureza, para com o outro, para com os desfavorecidos, são, de certa maneira, modeladas por um humanismo agressivo ultrapassado.

Cita muitas vezes o filósofo John Rawls e a sua percepção do indivíduo enquanto fonte de reivindicações legítimas, tal como ele explana em *Teoria da Justiça*. Segundo Rawls, os indivíduos são o fruto dos seus deveres e das suas obrigações para com a sociedade. Na tradição confuciana, o sentido de enraizamento não é incompatível com uma ética global no que diz respeito à comunidade humana. Quais são as diferenças maiores entre a ideia do indivíduo e da justiça na tradição ocidental, nomeadamente como na fórmula de Rawls, e a tradição confuciana?

John Rawls é um pensador liberal maior, mas igualmente foi sujeito à influência de Kant e do pragmatismo americano. A sua posição é, portanto, muito diferente daquela que tem Hayek, outro pensador liberal.

Certamente, o pensamento confuciano é antinómico ao do liberalismo segundo Hayek. Este calculava que o liberalismo permitia compreender o funcionamento do mercado mais do que o bem-estar social. Também se opõe a qualquer intervenção estatal sobre o mercado. A posição de Rawls não é tão radical.

Rawls visa a moderação e quer permitir ao governo desenvolver políticas sociais que acentuarão a justiça distributiva, privilegiando os indivíduos mais marginalizados, mais desfavorecidos. Em Rawls, existe uma dimensão social da noção de justiça. Mas, mantendo-se fiel à tradição de Locke, não leva em consideração o número de elementos que, na concepção confuciana, são, a meu ver, matéria de debate público. Assim, não considera a religião como pública, mas como estritamente privada, e pensa que o campo político não deve abordar as questões religiosas. No confucionismo, a religião constitui uma das questões públicas fundamentais. Os problemas morais tão-pouco são privados. Em suma, uma questão profundamente pessoal não será tão-pouco considerada privada porque comporta também uma parte de responsabilidade pública. A esse título, a separação entre público e privado pode revelar-se impraticável, mesmo na América do Norte.

A visão confuciana do privado e do público é outra, trata-se de uma relação mais dinâmica. Por exemplo, eu tenho uma atitude muito privada em relação à minha família, se velo por ela ultrapassando o meu único interesse pessoal, mas a minha atitude será de inspiração mais pública do que a de um indivíduo que apenas pensasse no seu interesse pessoal sem se preocupar com a família.

A família não deixa de ser uma esfera privada em relação à aldeia, à comunidade ou ao clã. Se não se ultrapassa a ideia da família, fica-se na esfera privada, não se está suficientemente virado para a esfera pública. Por sua vez, uma comunidade tomada no seu todo pode constituir uma esfera privada e será entendida como tal. Em seguida, o interesse do país, e não unicamente o de um Estado ou de uma província, pode sobrepor-se a certas preocupações da esfera privada mas o próprio país delimita uma esfera privada. Qualquer que seja a sua influência, a América constitui uma esfera privada face às Nações Unidas no seu conjunto. A América exerce toda o tipo de direitos privados em detrimento do seu espírito público, nomeadamente não pagando a sua cotização às Nações Unidas por causa de alguns senadores conservadores que apenas entendem os Estados Unidos em termos de espírito de sacristia. A comunidade internacional interroga-se assim sobre o espírito público americano.

Mas, por sua vez, a humanidade inteira pode ser encarada como uma esfera privada por causa da influência não do espírito mas da mentalidade do Iluminismo. Pensamos que tudo o que serve o interesse humano a curto prazo se justifica. Julgamos poder pilhar a natureza, destruí-la, impor toda o tipo de coisas contra a sua natureza sem percebermos que este tipo de actos cometidos pela espécie humana e visando fins privados vai destruir a dinâmica do processo cósmico. Falta-nos, assim, aprender a fazer prova de civismo. Esta exigência de imparcialidade, de abertura a um campo mais vasto não está absolutamente em conflito com o enraizamento na dimensão local. Estar enraizado é sentir-se em casa, parte integrante de um grupo ético, religioso ou social. Mas isso não vai ao encontro da identificação do seu interesse pessoal. Simplesmente, é preciso admitir que outros seres humanos estão enraizados, encarnados de um modo diferente. É, portanto, importante saber tornar a comunicação possível. É, por isso, que o enraizamento pressupõe também saber elevar-se acima das suas próprias raízes para se voltar para o espírito público.

Por que razão a politica chinesa está tão manchada de violações dos direitos humanos?

O argumento avançado pelo governo é a estabilidade social como condição prévia ao desenvolvimento económico da China. Sem desenvolvimento económico, estabilidade política e uma harmonia social elementar, o país não pode fornecer à sociedade os bens elementares de que necessita. Os dirigentes chineses estão orgulhosos de o terem conseguido, nomeadamente em relação à ex-União Soviética. A meu ver, este argumento coloca questões, porque a estabilidade social assenta num equilíbrio dinâmico. E se o governo se torna opressor, é a sua legitimidade que é posta em causa. Portanto, o governo não consegue atingir a estabilidade, mesmo a curto prazo, e a sua desintegração pode conduzir o Estado ao desastre.
Desde o fim da Revolução Cultural em 1976, a China atravessou profundas mutações políticas. De 1976 a 1989, ela conheceu um desenvolvimento muito encorajador e o governo abriu-se progressivamente a toda o tipo de possibilidades. Contudo, a confrontação entre o governo e os estudantes, por exemplo, não se resumia a um afrontamento entre duas ideologias. Os estudantes levantaram questões de responsabilidade

política, respeitantes nomeadamente à corrupção ou a certos mecanismos autoritários de controlo que fizeram deles a consciência da sociedade. Inicialmente, o governo foi incapaz de responder eficazmente e a sua administração ressentiu-se dessa ineficácia. Um sentimento de humilhação veio à luz do dia, particularmente aquando da visita de Mikhail Gorbatchev e outros dirigentes mundiais, que descobriram uma China governada de um modo bastante ineficaz, sem harmonia, e essa humilhação conduziu a uma confrontação militar brutal. O governo comportou-se como um animal ferido que quer obter a sua vingança, que tenta repor a ordem e sobreviver, aplicando o método mais difícil. Foi esta diligência que conduziu à tragédia de 1989 [Tiananmen].

Mas esta situação de modo nenhum justifica o raciocínio segundo o qual a tradição confuciana ou, mais alargadamente, a do pensamento chinês se tenha sempre colocado do lado dos mecanismos autoritários de controlo e nunca tenha considerado o indivíduo com respeito. É verdade que somos igualmente confrontados com um outro exemplo de autoritarismo, muito mais complexo, o de Singapura. Nas circunstâncias presentes, não se trata de um autoritarismo brutalmente opressor como em muitas ditaduras do recente período. É um outro mecanismo que está em acção, formulado da seguinte maneira: «Singapura vive num ambiente muito hostil e vai ter de assegurar a sua sobrevivência de tal modo que a ciência, a tecnologia e certas instituições ocidentais façam parte da sua cultura política; por outro lado, a permissividade ocidental, o individualismo, a liberdade de expressão sem restrições, o lugar deixado mesmo a toda a espécie de noções excessivas, tudo isso Singapura não se pode permitir, porque essa sociedade tem de preservar uma certa harmonia inter-racial, interlinguística, transcultural». Esta argumentação não é minimamente convincente, porque Singapura passa, no espaço de uma geração, de um mecanismo autoritário a um outro de espírito mais liberal e mais aberto. E a nova geração é mais receptiva às vozes dissidentes. Singapura e a China deverão as duas empreender uma democratização semelhante à que Taiwan efectuou. Naturalmente, essa evolução pode conduzir a escolhas caóticas e a diversas violências.

A questão é saber como equilibrar este tipo de processo de modo a tornar o complexo processo de modernização estrutural mais controlável. Nesta combinação, em que nos é necessário abordar a questão dos valores e das culturas, das forças culturais em presença, seria um erro considerar em princípio a ideia confuciana da dignidade humana e de desenvolvimento do individuo incompatível com os direitos humanos.

Falou dos valores asiáticos. A ética confuciana contribuiu para o crescimento da Ásia industrializada?

Também aí nos deparamos com uma questão complexa que muito me preocupa. Tenho a impressão de que a Ásia industrializada, incluindo uma parte da Ásia socialista, se inscreve num universo cultural confuciano. Para tentar compreender este fenómeno, além das características e das forças económicas, é necessário tomar em consideração os factores institucionais e políticos.

Sendo assim, se nos queremos limitar a uma explicação puramente económica deste fenómeno, satisfatória para os economistas, diremos que a Ásia, por causa da presença americana, do mercado americano, do ambiente internacional, da importação de substituição e das políticas orientadas para a exportação, se desenvolveu economicamente. Se pudéssemos explicar tudo em termos de políticas nacionais, de estruturas de governo e de forças sociais sem falar da ética ou das ideias culturais confucianas, isso convir-me-ia. Ora, esta explicação está longe de ser completa. O seu carácter superficial impõe-nos compreender igualmente como as instituições políticas, as estruturas sociais e outros elementos não políticos, certas exterioridades intervêm e permitem a essas sociedades funcionar. Penso, portanto, que, ao contrário da incompletude desses raciocínios, impõe-se-nos examinar em profundidade os hábitos do coração, de cultura e assim por diante. Antes de falar dos valores confucianos, é necessário seguramente estudar um certo número de outros factores, tomar em consideração a situação económica, as características sociais, politicas, institucionais. É necessário abordar seguidamente a questão dos valores e da cultura.

Esta região do mundo consiste, portanto, no próprio sentido de uma cosmologia cultural, mas onde as causas da ascensão são também as que precipitam a queda. Quais são elas?

O primeiro factor é o papel preeminente do governo. O segundo é a estrutura familiar enquanto fundamento da sociedade, que essa rede familiar aumente a produtividade económica ou, pelo contrário, que interdite a transparência e a abertura do mercado. Em seguida, a educação é essencial; ora, na Ásia, ela aparenta-se a uma religião civil. No Sudeste Asiático, a educação está muito concentrada na ciência e na tecnologia, e não suficientemente na cultura. É uma lacuna de que estes países estão a tomar consciência. Por fim, há essa tradição da acção cívica, exterior à justiça, exterior a qualquer constrangimento legal. É o que chamamos «a correcção ritual», que é um meio de resolver os conflitos e as tensões. A tónica é colocada na harmonia mais do que na competição. No sector económico, a competitividade apoia-se na iniciativa individual, em algumas aptidões para excluir qualquer artimanha, em desafiar a autoridade. Algumas sociedades asiáticas sob a influência confuciana terão, sem dúvida, dificuldade em se adaptar. Anteriormente, essas sociedades conseguiram utilizar as redes, serviram-se da preeminência do governo, serviram-se dessa educação fundada na tecnologia para aumentar a sua contabilidade. Sob este ponto de vista, terão de se transformar.

Considera que o mundo apenas conta uma só modernidade, ou que existe uma pluralidade de modernidades em função das diferentes regiões e tradições culturais, múltiplas modernidades?

Nestes últimos anos, empenhei-me num projecto baptizado «Modernidades Múltiplas», questão que eu tinha levantado previamente numa das minhas obras. Mais alargadamente, eis que se coloca a questão das tradições na modernidade. A hipótese seria a de que a modernidade teria emergido no mundo ocidental a partir de uma história complexa, na sequência da diversidade no seio das experiências ocidentais. A comunidade anglófona difere da comunidade francófona ou hispanófona. A história da modernidade é, portanto, mais complexa do que parece, porque não é só uma ocidentalização que está em causa, mas

muitas formas de ocidentalização. Consequentemente, se admitirmos que existe uma modernidade asiática, profundamente influenciada pelo ocidente, esta influência não é homogénea. Muitos comparativistas cometeram o erro do que chamam «a reconvergência» ou convergência inversa, designando o que as sociedades asiáticas tentaram apreender do Ocidente. O dinamismo ter-se-á deslocado para a região Ásia-Pacífico, e essa deslocação constituiria um modelo. Por sua vez, os Estados Unidos e a Europa vão ter de aprender com o Sudeste Asiático para reencontrarem uma dinâmica. Após a crise financeira que inicialmente atingiu as economias asiáticas, este modelo desapareceu.
Contudo, penso que os acontecimentos do Sudeste Asiático, reposicionados numa perspectiva a longo prazo, sugerem as seguintes reflexões: o processo de modernização pode revestir diferentes formas culturais. Começou na Europa, ganhou em complexidade, deslocou-se para a América do Norte e, depois, para a Ásia. Isto tende a demonstrar que ele revestiu uma forma asiática, sudeste asiática, mas pode igualmente revestir um sem número de outras formas, latino-americana, africana, islâmica, confuciana, etc. Se tal for o caso, acredito que podemos adiantar duas hipóteses, que merecem ser submetidas à prova dos factos. A primeira consiste em sublinhar a importância e o significado das tradições na modernidade, de maneira a que todas as formas de tradição, americana, francesa, espanhola, alemã terão as características da sua própria tradição. De acordo com a segunda hipótese, o processo de modernização poderia revestir-se, de facto, de diferentes formas culturais, e é o que leva a falar de modernidades múltiplas. A realidade que se impõe, realidade apaixonante e complexa, é a que assistimos no mundo actual a dois processos contínuos, cuja existência simultânea é geradora de conflitos. É necessário que compreendamos a sua interacção.

«Se o tempo é dinheiro, então velocidade é poder»

Paul Virilio

Paul Virilio (nascido em 1932, vive hoje em La Rochele), urbanista, dromólogo (teórico da velocidade), especialista em questões estratégicas relativas às novas tecnologias da comunicação, é igualmente professor jubilado da Escola especial de arquitectura de Paris, de que foi director entre 1972 e 1975 e preside ao conselho de Administração desde 1990. Após os seus primeiros ensaios filosóficos, tornou-se director da colecção «L' espace critique» nas edições Galilée em 1973. Em 1987, recebe o Grande Prémio Nacional da Crítica de arquitectura. Em 1990, torna-se director de programa do Colégio Internacional de Filosofia sob a direcção de Jacques Derrida. Desde 1992, é membro do Alto Comité para o Alojamento dos Desfavorecidos. Citemos, entre as suas principais obras, editadas pelas Edições Galilée: *Esthétique de la disparition*, 1989; *Un paysage d'événements*, 1996; *La bombe informatique*, 1998; *Ce qui arrive*, 2002; *La procédure silence*, 2000; *Ville panique: Ailleurs commence ici*, 2003; *L'accident originel*, 2005. Em 1991 organizou a exposição «A velocidade», em Jouy-en-Josas, colaborou em várias exposições da Fundação Cartier para a arte contemporânea. Paul Virilio foi igualmente nomeado, em 1990, consultor especialista na COFRES (Companhia Francesa Para a Exposição de Sevilha) – Pavilhão de França, com Régis Debray. Apoia, desde a sua criação em 2001, o fundo associativo Não-Violência XXI. Até ao fim dos anos 70, o conceito de «dromologia» tinha um sentido rigoroso para os especialistas em línguas antigas. Isso mudou com os trabalhos do investigador Paul Virilio, especialista nas questões de velocidade e que conheceu um grande sucesso com os seus ensaios *L' art du moteur* (1993) e *La vitesse de libération*. No seu livro *L' écran du desert* (1991), Virilio revelou espantosos paralelos entre o desenvolvimento da técnica militar e o cinema. O pensamento de Virilio fascina pela sua surpreendente aliança entre tecnologia, história do saber e filosofia.

Marcámos encontro num cibercafé, um lugar público que, mais do que qualquer outro, representa a sociedade actual de informação e da comunicação e nos dá uma antevisão da maneira como utilizaremos amanhã os *media* electrónicos. A Web, a Internet, o ciberespaço: é a Fórmula mágica que designa um futuro radioso?

Será simultaneamente radioso e consternante, como o foi o século xx. O cibercafé é o antípoda da estação, do porto e mesmo do aeroporto. Era nesses lugares que a partida e o êxodo tinham lugar. Ora, aqui, acontece tudo: as imagens, os sons e as visões, tudo se concentra neste espaço. Não é necessário viajar para onde quer que seja, basta esperar. Isto constitui uma reviravolta da nossa ligação ao mundo, um fenómeno que me parece extraordinário. A projecção sobre o horizonte transforma-se numa espécie de introjecção, fundada nos impulsos ópticos transmitidos directamente e à velocidade da luz.

Quando pronunciou essas palavras, percebe-se que há uma subtileza sombria e pessimista.

Sim, porque a primeira liberdade do homem foi a de se deslocar sem entraves. E isto continua a ser possível, mas quando somos estragados a este ponto pela disponibilidade total de informação, deixamos de ter necessidade de mudar de lugar. A Internet apenas situa o início deste processo que se reforçará ainda com a abertura de novas auto-estradas de informação e com a sua colocação em rede. Receio que, a partir daí, as teletecnologias estejam na origem, nos utilizadores, de uma passividade doentia que um dia qualifiquei como «pólo de imobilidade». Isto significa que o centro do mundo está por todo o lado nos cibercafés, mas que a periferia não está em lado nenhum.

A fazer fé no que afirma – parados como estamos, a olhar para o ecrã como se estivéssemos enfeitiçados – somos subjugados e dominados pelos sinais visuais e ópticos. Para muitas pessoas, esta visão nada tem de angustiante. Vêem nisso uma possibilidade particular de encorajar no mundo inteiro um diálogo aberto e interactivo, de eliminar os preconceitos e de chegar a níveis de saber cada vez mais altos.

Toda a conquista também implica perdas. Por outro lado, a mundialização une cada vez mais a humanidade num todo coerente, mesmo se esse progresso, hoje, ande a par e passo dos conflitos. Por outro lado, uma vez que as imagens são transmitidas directamente, o próximo e o longínquo encontram-se, o espaço terrestre contrai-se tanto como o tempo, o que torna o mundo infinitamente pequeno. O encerramento de que falava Michel Foucault a propósito do século XVIII situa-se na realidade diante de nós, no século XXI. Tamanha atrofia de distâncias conduz à claustrofobia. Como padeço pessoalmente desse mal, tenho tendência a senti-lo como uma ameaça enorme para as futuras gerações.

Este género de opinião valeu-lhe a reputação de ser um profeta da desgraça, um céptico.

Um céptico, sim, mas nem um guru, nem um profeta. Sou um filho do meu século, carrego os seus medos e exprimo-o à minha maneira. Vivi a Segunda Guerra Mundial entre o meu sétimo e décimo terceiro aniversário, num contexto forjado pela manipulação e falsificação, que destruíam a fé na proximidade, no imediato. Morávamos em Nantes, que os Alemães tinham ocupado, e aqueles que vinham de longe e surgiam no céu a bordo dos seus aviões de combate, os Aliados, lançavam as suas bombas em nome da liberdade. O inimigo, omnipresente, sobrecarregava-nos com a sua propaganda, e o amigo, lá em cima, salvava-nos destruindo a cidade e matando pessoas. O jovem que eu era não acreditava no que via e perguntava-se onde poderia encontrar um apoio, no meio de todos aqueles fenómenos enganadores. Observava a pretensa realidade com extrema suspeição – e conservou essa atitude. Continua a ser a mesma hoje em dia.

O desenrolar da história, depois de 1945, contribuiu para o confortar, no seu ponto de vista.

É sabido, a guerra deu lugar ao «equilíbrio do terror». Durante quarenta anos, fomos confrontados com esse mito, que se revelou ser uma outra realidade. O risco era de ver não apenas uma cidade como Hiroxima ou Nagasáqui, mas a Terra inteira reduzida a cinzas: o fim do Mundo podia ter lugar a qualquer momento. Mesmo aí, éramos forçados a pôr em dúvida a propaganda local quando fundamentada num esquema de pensamento segundo o qual os maus se situavam a Leste, e os bons no Ocidente. Tínhamos todo o direito de nos opor a este tipo de maniqueísmo e de desenvolver uma outra mentalidade, entre as duas ideologias contrárias. Foi precisamente isso que eu fiz.

E essa reorientação pessoal deu-lhe a força para não abandonar a esperança, apesar dessa ameaça visível.

Sim, sou um convertido. Em 1950, graças aos padres operários, passei-me para o cristianismo. Como sou oriundo de um meio de esquerda, colocaram-me perante uma alternativa: ou o marxismo, o comunismo e o totalitarismo, ou, então, a fé. Escolhi esta última.

De qualquer modo, não se tornou um optimista quando o medo de uma guerra nuclear, que tudo teria destruído, diminuiu claramente. Refiro-me ao momento em que a União Soviética se desmoronou e à queda do Muro de Berlim em 1989. Acredita manifestamente que um novo sistema de dissuasão pelo terror se irá estabelecer e poderá ser, sob certas condições, pelo menos tão eficaz como o antigo?

Penso que os Americanos recordam com uma certa nostalgia os velhos tempos em que detinham sozinhos a arma absoluta, razão pela qual estão, hoje em dia, à procura de sucedâneo comparável. Talvez se trate da bomba informática. Como sabe, numa conversa com o abade Pierre, Einstein explicou que existem três bombas: a bomba atómica, a bomba da informação – eu diria: a bomba informática – e a bomba demográfica – a que eu chamo bomba genética. Por detrás da bomba atómica dissimula-se a bomba informática, porque sem as operações de computadores a física nuclear nunca teria conhecido um desenvolvimento tão fulgurante. Do mesmo modo, a bomba genética deriva da bomba informática, porque apenas os computadores permitem a decifração e a manipulação do ADN. Por que razão, neste caso, um acidente provocado pelas tecnologias da informação e produzindo efeitos em todo o globo não se deverá substituir à guerra, como se fosse um prolongamento da política através de outros meios? O ciberespaço é também um instrumento capaz de bloquear o saber e a energia. Recentemente, viu-se no Kosovo o que isto significa: interrompia-se o fornecimento de electricidade com a ajuda de bombas de grafite, especialmente concebidas para essa finalidade. No quadro de uma comunicação mundial, aquele que sabe desligar de imediato a rede virtual dispõe de um poder monstruoso. Os vírus informáticos, as bombas enviadas por *e-mail,* são apenas os primeiros sinais precursores de uma catástrofe que ameaça – de uma guerra de informação, de uma revolução nos assuntos militares.

Que outros indícios o levam a pensar que aqueles que possuem acesso ao fluxo geral da informação e são capazes de a navegar se tornam pouco a pouco os senhores do planeta?

Pense apenas na NSA, a National Security Agency, sediada em Fort Meade, em Maryland, e que assume especialmente a responsabilidade específica do sector das telecomunicações no lugar da CIA – ou seja, não para a espionagem local, mas para a actividade global de fornecimento de informações. Esta organização supervisiona a totalidade de informações pela Internet e por telefone, e exerce consequentemente uma forma de poder governamental. Paralelamente, vemos multiplicarem-se os sinais de uma denúncia óptica permanente; ela causa muito mais danos do que a denúncia oral ou escrita que praticavam, por exemplo, os colaboracionistas durante a Segunda Guerra Mundial. A revolução actual, ao nível da informação, anda obrigatoriamente lado a lado com uma revolução no plano da denúncia. Isto significa que a televisão e a Internet, a *webcam* e a *livecam* são meios que desvendam o mundo e também se servem disso para o denunciar. O exibicionismo que ali se pratica prova-o tão claramente como o voyeurismo a ele associado. O prolongamento desse sistema de denúncia é a omnipresença das câmaras vídeo de vigilância: em Inglaterra, por exemplo, contam-se actualmente um milhão de câmaras instaladas em lugares públicos. Quando se passeia pelas ruas de Londres, é-se filmado pelas câmaras trezentas vezes num dia. O governo Blair quer estender este sistema a todo o país, incluindo as praias. Por que não as florestas? Não é o desvelamento total, o hiper-óptico puro e simples? Não é o Orwell? Em todo o caso, o futuro da televisão e da Internet anuncia-se assim: a propagação desenfreada das imagens, sem a menor análise crítica.

A que noções-chave quer ligar, por um lado, as diferenças fundamentais e, por outro, os pontos sombrios comuns entre a revolução informática – com os seus epifenómenos – e a revolução industrial dos séculos XVIII e XIX?

A revolução industrial é sinónimo de estandardização: os objectos são homogeneizados para poderem ser multiplicados. Os danos que isto causa – nomeadamente em relação às escalas de valores e costumes – são evidentes. A revolução da informação que se realiza hoje coloca o problema delicado da sincronização. Esta define tanto as relações humanas e comunitárias como a estandardização define a produção. Nos dois casos, nota-se um reducionismo notável. Vemos surgir um paralelo suplementar se pensarmos na radioactividade, quer seja industrial ou utilizada para fins militares: ela está para a energia como a interactividade está para a informação. A radioactividade designa a contaminação *progressiva*, provocada pela radiação, interactividade a contaminação *imediata* provocada pelos raios electromagnéticos. A bomba informática – contrariamente à bomba atómica – tem uma característica essencial:

o imediatismo. É certo que a radioactividade perdura durante milénios, mas, como se viu no acidente do reactor de Chernobyl, não se difunde imediatamente. Por outras palavras: as novas tecnologias cibernéticas estão estritamente ligadas à extrema rapidez da interactividade.

Mas como é que apesar dos riscos que citou e que, no seu ponto de vista, convergem no sentido de formar um cenário quase apocalíptico, ficamos na maior parte das vezes persuadidos que a informação libertará, no fim de contas, o ser humano dos constrangimentos interiores e exteriores? Por que razão, apesar das suas análises e dos seus prognósticos, parece explicitamente satisfeito quando trata os dados, navega na Internet, envia ou recebe *e-mails* e telefona de maneira excessiva?

Em primeiro lugar, existem motivos para estar satisfeito: está numa gaiola dourada. O que constitui a melhor das coisas? A linguagem, a informação. Isso, ninguém o contestará. E o que é que constitui o pior? A linguagem, a informação. Estamos prisioneiros nesse dilema na medida em que concebemos sucessivamente o pior e o melhor. Direi, portanto, que a satisfação momentânea é, por vezes, totalmente justificada. Os produtos *high-tech* são impressionantes, e nunca afirmei que não nos devíamos servir deles. Mas eles também assentam numa ilusão, ela própria ligada à promoção: a revolução da informação levou a uma revolução no domínio da publicidade. Esta condiciona os seres humanos de uma maneira análoga à que provocou a propaganda da Segunda Guerra Mundial, de que falei à pouco. Fundamentando-me na minha experiência, antevejo já os germes. Aprendi a desconfiar do *bluff*, e é a razão pela qual rejeito absolutamente a publicidade, sobretudo na Internet, quando ela é financiada por um orçamento de não sei quantos milhões de dólares. Um personagem como Bill Gates não encarna apenas um *software*, mas também a manipulação dos que o utilizam – e que além disso têm razão de o fazer.

O que poderia impedir o futuro de ser ainda pior do que profetizaram Orwell, Bradbury e François Truffaut com *Fahrenheit 451*, ou Ernst

Jünger com *Héliopolis*? O que poderá libertar-nos dos pesadelos com os quais somos confrontados pela ficção científica?
A democracia. Está hoje em perigo, menos por causa de alguns ditadores – esses sempre houve e haverá – do que pela técnica e pela sua monstruosa influência. O progresso já quase fez um *deus ex machina* – a sua rapidez representa uma forma específica de poder político. Se o tempo é dinheiro, então a velocidade é poder. Trata-se, neste caso, de uma potência totalmente independente, que não é sancionada nem o pode ser. Para a restringir ou eliminar, será necessário cortar a corrente ou fazer explodir a central... Levando em conta esta realidade, tornou-se urgente renovar a democracia, nos partidos políticos, mas também nas empresas e nas relações humanas, em que se a nega frequentemente. Já não se refuta a justiça social ou o comércio livre, mas a democracia em si. Sem ela, não há qualquer esperança. Dito isto, não estou resignado quanto a este ponto, pelo contrário: acredito que a democracia tem futuro, mesmo se o caminho está cheio de escolhos, como sempre esteve. Uma única coisa me leva ao desespero: esta apatia que é uma nódoa, que paralisa o espírito, os sentidos e o corpo.

Ela testemunha essa uniformidade interior, resultado da bomba informática que o senhor denuncia. Mas nesse seu ímpeto, falou também há pouco da bomba genética. A sua consequência devastadora seria a redução da diversidade presente na natureza a alguns exemplares considerados como dignos de serem reproduzidos.
Não posso deixar de pensar que a biologia, capaz, graças à decifração do gnoma, de produzir clones e quimeras, visa uma transformação fundamental do ser humano. Que quer erguer, se não o super-homem, pelo menos uma raça humana mais aperfeiçoada. Como ainda ecoa nos meus ouvidos a maneira como os nacional-socialistas propagaram o mito ariano, receio que a bomba genética venha a provocar um regresso do eugenismo. Não me espantaria que se estejam a realizar em certos laboratórios pesquisas sobre a maneira de gerar novas raças humanas, das quais umas seriam mais maduras ou capazes que outras. Anuncia-se, aqui, uma tragédia ética perante a qual Auschwitz

só dificilmente se compara. Foi primeiramente Galton, primo de Darwin e pai do eugenismo, que estudou as características da genética no sentido de eliminar as «espécies inferiores» – deficientes, judeus, ciganos, homossexuais – e de terminar a selecção natural. Depois, Mengele entrou em cena e efectuou num campo de concentração, em seres vivos, experiências atrozes que deveriam confirmar essas teorias. Quem ousará dar o passo seguinte? O que está em jogo é muito simplesmente a natureza do ser humano, e mesmo de toda a criatura – ou ainda, se eu quisesse empregar uma expressão religiosa, o livro da vida. A bomba genética tem, assim, um potencial explosivo bastante mais elevado do que a bomba atómica e a bomba informática. Aproximamo-nos, assim, de um dos últimos grandes combates da história.

Empregou a palavra exacta. O Ocidente está confrontado com um fenómeno decisivo: a perda da religião, da metafísica e da transcendência. Não poderíamos crer que fossem projectadas no ciberespaço todas as qualidades que Deus antigamente reivindicava, antes que proclamassem a sua morte? Na ubiquidade, invisibilidade e instantaneidade da Internet; o ciberespaço, uma forma técnica de Deus! Ou antes uma transcendência *decepcionante* e artificial!

Como já fiz alusão, a informação globalizada no interior do ciberespaço é caracterizada por um poder que pode incitar algumas pessoas a transformá-lo num objecto de culto, de um culto tecnológico. A omnipresença, a visão absoluta, o imediatismo: são atributos de Deus, mas que também estão ligados ao espaço virtual. Agir à distância, navegar, influenciar, colocar em circuito directo a totalidade dos meios de comunicação: este critério, também ele, prova a analogia entre o sagrado e a esfera cibernética. O ciberespaço esconde efectivamente a incredulidade e permite-lhe, assim, desenvolver-se ainda mais.

Conhecemos a célebre frase atribuída a André Malraux: o século XXI será religioso ou não será. Que condições lhe parecem indispensáveis para que a experiência interior, impregnada de uma espiritualidade

autêntica, se reflicta na realidade novamente? **Por outras palavras: sobre que se deverá fundar uma nova metafísica?**
Quando se fala de metafísica, não se pode deixar de falar também da relação com morte. A nossa sociedade materialista, que exorta ao consumo, baniu-a da consciência. Tudo o que é grave e perigoso é escamoteado – a começar pela morte, ou seja a própria vida, o objectivo da vida. Afinal só nascemos para morrer, vivemos porque somos efémeros. Acredito, consequentemente, que não se pode esboçar uma visão filosófica fundamentada sem reintroduzir a questão da morte. Alem disso, suspeito que a tecnologia genética não constitui mais do que um outro método de separar a morte, imaginando a imortalidade do clone. É realmente surpreendente constatar com que veemência as ciências que tratam mais ou menos directamente com a morte – incluindo o sector militar-industrial – a rejeitam. O fabrico de cópias geneticamente idênticas parece constituir a última tentativa de iludir a morte – mas, nesse caso, a vida, também, fica à beira da estrada.

Desde há milhões de anos, o homem viaja através da evolução, sempre preocupado em ver na natureza a manifestação de uma força sobrenatural, e de tomar atenção a uma e a outra. Nesse sentido, é um animal metafísico – também porque é o único «animal» que está consciente da sua morte, e isso em todas as culturas. Contudo, renuncia precisamente hoje em dia a capacidades e a qualidades que assim o fizeram. Não estará assim a arrancar as raízes da sua existência intelectual?
Manifestamente perdeu qualquer coisa que ocupava um lugar central na metafísica e dava aos seus diferentes discursos significação e contorno: a linguagem simbólica. Foi vítima de afasia, o que provocou graves erros. Ninguém fala hoje essa linguagem, tão-pouco alguém a compreende, para além de alguns teólogos e filósofos. É sem dúvida uma das causas da ausência de comunicação: a realização e afinação de todas as técnicas que hoje utilizamos fizeram desaparecer o mundo da expressão simbólica. Ora nós não podemos renunciar a ela; face às máquinas e às ferramentas, mais do que nunca, temos necessidade dela. Devemos redescobri-la, ou reinventá-la. Mas não sei se isso é possível.

Se o homem se afasta cada vez mais das suas origens intelectuais e biológicas, não será de recear que perca muito simplesmente o contacto com o que se considerava outrora a realidade física tangível? As tecnologias da simulação não o catapultam num mundo inteiramente sintético?

Aos meus olhos, a realidade compõe-se ao mesmo tempo do actual e do virtual. O actual produziu a perspectiva do espaço real que, durante o *Quattrocento*, não só deu forma às pinturas de Masaccio, de della Franscesca ou de Ucello, mas também à imagem da cidade da Renascença e aos projectos de um Maquiavel, razão pela qual ela constitui uma invenção estética como política. Hoje, essa primeira perspectiva – com os seus altos e baixos, com a sua estereofonia e com a sua estereoscopia – abre-se sobre uma segunda, a do espaço virtual, e ambas constituem uma estéreo-realidade: aqui, a realidade actual, ligada ao mundo verdadeiro e à corporalidade, ali, a realidade virtual que assenta, no essencial, em imagens transmitidas em directo – em tempo real. Evoluiremos, portanto, no futuro, num espaço estéreo-real, e dirigiremos os nossos olhares nas duas direcções. As duas realidades são complementares, melhor: são forçadas a sê-lo para que tudo não se congele na irrealidade. Apesar das minhas objecções, alimento secretamente a esperança de que a estéreo-realidade em constituição provocará uma reviravolta intelectual análoga à desencadeada pelo Renascença italiana, e irá abrir-nos a uma visão radicalmente nova na coesão do mundo. Preparar e dominar uma diligência deste tipo é uma grande missão para electrotécnicos e videastas, mas sobretudo para filósofos e teólogos que deverão responder a esta questão: como se vive numa realidade fraccionada?

Será por conseguinte uma época de transição durante a qual o ser humano reconhecerá que mais ninguém além dele determina o modo como se exploram as informações e em que se põem em prática as tecnologias. Continuará a ter o seu destino na mão.

No século XII, Hildegard von Bingen escrevia: *Homo est clausura mirabilium Dei*, o homem é a conclusão dos milagres de Deus. Isto significa: não é o centro do mundo, mas o seu objectivo, a quintessência da sua perfeição. É a mais alta realização da criação, mas também a sua conclusão. Esta verdade foi sempre camuflada pelas religiões e ciências, porque insistiam no antropocentrismo e no geocentrismo. Mas a frase de Hildegard desvenda-a.

«Quando ouvimos um testemunho, passamos a ser uma testemunha».

Elie Wiesel

O escritor Elie Wiesel nasceu em 1928 em Sighet, no norte da Transilvânia. Filho de comerciantes judeus, foi educado no espírito da piedade hassídica. Em 1944, foi deportado com a sua família, primeiro para Auschwitz, depois para Buchenwald, de onde foi libertado a 11 de Abril de 1945. Foi o único membro da sua família a sobreviver ao Holocausto. Mais tarde, Wiesel partiu para Paris, onde fez os seus estudos na Sorbonne. Até 1966, foi correspondente permanente do diário *Yedot Ahronot* de Telavive, em Paris e em Nova Iorque. A partir de 1972, ensinou Literatura, Filosofia e Ciências Hebraicas no City College de Nova Iorque. Para além de muitas outras distinções, Wiesel obteve em 1986 o prémio Nobel da Paz. Hoje é professor de Ciências Humanas na universidade de Boston. Alguns dos seus livros encontram-se publicados em português: *Amanhecer*, Texto Editores, 2005; *Dia*, Textos Editores, 2004; *O Tempo dos Desenraizados*, D. Quixote, 2004; *Noite*, Texto Editores, 2003.

Elie Wiesel, o senhor considera o Holocausto uma tragédia singular, que foge a qualquer comparação na história humana. Mas como é que se pode explicar, neste caso, que o genocídio constitua um fenómeno histórico recorrente – lembremo-nos do Camboja, do Ruanda, dos Arménios com os seus milhões de mortos, na União Soviética e dos seus *gulags*, da China durante a Revolução cultural sob Mao?

Existe, no entanto, uma diferença entre o genocídio e o Holocausto. Se continua a haver massacres e atrocidades, é porque o mundo não aprendeu a lição. Talvez tenhamos uma pequena parte de responsabilidade neste fenómeno. Talvez não tenhamos sido capazes de o exprimir com as palavras adequadas. Se Auschwitz não mudou o homem, o que o poderá mudar? Se Auschwitz não lhe ensinou a abominar o ódio e o mal, o racismo e o anti-semitismo, o que poderá estar em condições de o fazer? Não consigo entender que certas pessoas recusem compreender esta lição. A polémica indigna que teve lugar há dois anos na Alemanha[11] causou-me um profundo desgosto. Não tenho vontade

---

11 Após o discurso de Martin Walser aquando da entrega do Prémio da Paz do sector livreiro alemão em Frankfurt, desencadeou-se uma violenta polémica entre Walser e, nomeadamente, alguns representantes da comunidade judaica alemã, e em primeiro lugar com Ignaz Bubis.

de dizer mal seja de quem for, mas quando um escritor tão prestigiado como Martin Walser afirma que já não suporta as confrontações com o Holocausto, se mesmo ele fecha os olhos, o que acontece com aqueles que são menos inteligentes, menos dotados, menos cultos do que ele? Se os propósitos de Walser foram tão dolorosos para mim, foi porque ele escreveu o prefácio da edição alemã dos meus cadernos, *A Noite*. Isto significa que ele leu o texto, mas que manifestamente nada entendeu. Razão pela qual desejo que os meus editores alemães suprimam o seu prefácio nas próximas edições. O meu nome não deve mais figurar num livro ao lado do de Walser.

As tentativas para reprimir, de uma maneira ou de outra, os inconcebíveis horrores que foram cometidos nos campos de concentração e de colocar um ponto final, de uma vez por todas, a tudo isso não são mais novas do que os mal-entendidos e os erros de avaliação que estão no refinado programa da extermínio dos judeus. Hannah Arendt, por exemplo, utilizou a este propósito, no seu livro *Eichmann em Jerusalém*, a expressão «a banalidade do mal» e, depois disso, passou a ser encarada como *persona non grata* em Israel.

Eu conhecia Hannah Arendt desde a altura do processo Eichmann, que juntos acompanhámos. Era uma grande senhora, com ideias sociais e filosóficas importantes, e cujos trabalhos sobre o totalitarismo desempenharam um papel histórico. Mas as suas considerações sobre Eichmann pareciam-me deslocadas. Face a seis milhões de pessoas assassinadas, não se pode falar de banalidade. Existia um plano, um sistema e mesmo uma teoria do assassinato! Todas as leis anti-semitas promulgadas, depois de 1933, iam no sentido da solução final, que seguidamente foi planificada sem a mínima ambiguidade na conferência de Wannsee: mais onze milhões de judeus deviam ser eliminados. Decisões de tal alcance, que previam a extinção de um povo inteiro, o seu desaparecimento da superfície do planeta e até da história, constituem um fenómeno escatológico, não um fenómeno banal. É precisamente neste ponto que Hannah Arendt se enganou. Dito isto, foram muito duros com ela: ela limitou-se a sublinhar um aspecto, tocar num ponto particular.

Do seu ponto de vista, as imagens não permitem comunicar a experiência de Auschwitz. O senhor recusa-se profundamente a rodar filmes sobre o assunto, porque não quer, em nenhuma circunstância, abusar das vítimas e enviar os sobreviventes, uma segunda vez, para o inferno.

A experiência de Auschwitz não é representável. Não podemos deixar de ver que, aqui, esbarramos numa fronteira – certamente uma fronteira lamentável, mas que perdura. Devemos saber e confirmar que existe um mal, um mal que não tem nome e que, contudo, é real. Sem isto, começamos a banalizá-lo, e isso seria ainda pior do que esquecê-lo. Não quereria ver em imagens reconstituídas o que não se pode, no melhor dos casos, exprimir a não ser por palavras; não é uma ficção, diz exclusivamente respeito à documentação, quer no cinema quer na literatura. É preciso, obviamente, lembrarmo-nos de tudo para possuir uma memória de conjunto: uma memória da língua, da angústia, da morte e mesmo do silêncio, razão pela qual rejeito o silêncio da memória. Mas isto não se revela nas imagens e não deveríamos jamais alimentá-lo com imagens.

Refere-se aos místicos judeus e aos sábios hassídicos que sempre sublinharam o facto que as mais íntimas das experiências apenas são transmissíveis através do silêncio. Não se poderá estabelecer uma relação entre tudo isto e os versos de *La Fugue de la mort* de Paul Celan, que foram precisamente arrancadas ao silêncio?

Paul Celan era um poeta notável, uma espécie de profeta, de que é testemunho a *Fugue de Mort*. Organizei vários seminários sobre a sua obra; uma vez, convidei um professor da universidade de Stanford, John Felstiner, que tinha publicado uma biografia de Celan. Apareceu com a gravação de uma leitura da *Fugue de mort*, recitada pelo próprio Celan. Quando o ouvimos dizer, com a sua voz: «A morte é um senhor vindo da Alemanha», ficámos completamente alterados, mudos, como que petrificados. Um profundo silêncio habita nesse poema. Não aprovo, por isso, o silêncio que nega a linguagem, mas indubitavelmente o silêncio que inclui a linguagem nela própria. A significação de uma obra mede-se sempre pelo silêncio que ela oculta. É essa a razão pela qual estou profundamente convencido de que ninguém pode contar a história de Auschwitz. Em todo o caso, pela minha parte não estou em condições de escrever um romance a esse propósito. Nunca conseguirei reconstituir o medo de uma criança que se dirige para morte, ou o de um velho que entra sem uma palavra numa câmara de gás, ou a angústia de uma mulher a quem arrancam os filhos para serem abatidos. Perante uma tal dor, um tal mistério, professar a sua humildade é um dever sagrado.

Se evocamos a linguagem do silêncio, será necessário incluirmos também Nelly Sachs. Ela foi colher às tradições da Bíblia e do *Sohar* – o «livro do esplendor» da Cabala – e disse que «a mística do mundo inteiro revê-se ali». Apelando, por um lado, a Jacob, Daniel, Job, David e Saul, e dando, por outro lado, expressão ao espírito místico, ela procurou – ela que disso escapou tangencialmente mas foi submetida a perseguição até ao último momento – encontrar a partir do terror um caminho que conduzisse a Deus. As suas formulações, «A morte foi o meu senhor», ou «As minhas metáforas são as minhas feridas», devem ser-lhes muito familiares.

Eu li Nelly Sachs e conhecia-a pessoalmente. Ela refere-se, certamente, em primeiríssimo lugar, às fontes hebraicas da experiência de Deus. Mas há outra coisa. Nelly Sachs desconfiava da sua língua materna, disse-mo várias vezes. Quando chegou à Suécia, após o desencadear da guerra, tomou consciência do facto que as palavras alemãs tinham sido distorcidas, profanadas, desviadas, e que não poderia mais servir-se delas. Provavelmente é esta a razão pela qual se virou para os textos antigos. Também a mim, embora não escreva poemas, essa impotência em relação à linguagem é totalmente familiar. As palavras surgem-me, por vezes, extremamente pobres, fracas e insignificantes. Nessa altura abro por exemplo o livro de Job, ou, melhor ainda, o de Jeremias – só então redescubro a força original. As palavras de antigamente vivem e vibram no meu vocabulário de hoje.

Nelly Sachs conduziu também uma reflexão sobre Abraão, o homem original, o primeiro a recusar os falsos deuses e a ter venerado o verdadeiro.

Em Abraão ela via a encarnação de uma atitude humana fundamental mais do que uma personagem histórica: o desejo de sagrado, a capacidade de transcender as coisas deste mundo, o efémero, para entrar em contacto com o invisível, com o eterno. Abraão representa, consequentemente, a confiança no nosso destino original e forja, além disso, o papel que Israel, conforme a mensagem bíblica, tem para o destino de toda a humanidade. Aprova a sua interpretação?

Na tradição judaica, chega-se a disputar amavelmente para saber quem é o maior judeu. Para Maimónidas, é Abraão, para outros sábios, é Moisés. Abraão encarna a fé, Moisés a lei. E, obviamente, um como o outro confirmam o vivo desejo que os judeus têm de uma verdade absoluta, do que faz de nós criaturas compostas ao mesmo tempo de pó e alma. O meu interesse por Abraão torna-se, por vezes, numa certa obsessão. Não só porque ele foi o primeiro crente, mas sobretudo por causa da história extraordinária e mesmo miraculosa do salvamento de Isaac. Qual é o pai que está preparado para sacrificar o seu filho bem amado – mas, também, qual é o Deus que o exige?! A docilidade de Abraão tem-me deixado sempre incomodado, tanto mais que vemos nele a quintessência da graça, da piedade e da compaixão. É a razão pela qual coloquei uma hipótese que reflecte a interpretação filosófico-moral que faço deste capítulo: logo no início, Abraão tinha decidido não obedecer a Deus. Para ele – como para Deus – tudo isto era para o colocar à prova, como se dissessem os dois: vamos ver quem vai ganhar. Segundo o *Midrash*, de facto, Abraão declara: «Deste-me uma ordem e, consequentemente, eu executo-a». E Deus responde: «Mas é impossível!». Sobre o que Abraão dá as suas condições: «Se queres que eu poupe Isaac, começa por fazer isto e aquilo». É magnífico. Abraão não só descobriu Deus, como também foi o primeiro a opor-se-lhe. Se estabelecer uma relação entre Abraão e a visão actual do mundo, que é do mesmo modo sofrivelmente ateu, aparece-me como um homem, dispondo da faculdade – e esforçando-se com uma grande coragem – de destruir os nossos falsos ídolos e divindades inumanas, ou pelo menos, de dissipar a aura que os envolve. Entendo por isso, por exemplo, os computadores e os objectos voadores que se enviam para o espaço.

Pensa que será possível um comprometimento entre judeus, cristãos e muçulmanos para um diálogo no espírito de Abraão que constitui, de certo modo, a charneira de um ecumenismo global?

Sim, na minha opinião, esse diálogo é não somente necessário, mas possível. O que nos coloca perante uma nova situação. Entre judeus e muçulmanos esse diálogo é, ainda, certamente minimal enquanto não desaparecer o último dos conflitos militares. É uma pena, porque houve uma fase de simbiose, a idade de ouro, quando os nossos principais pensadores escreviam em árabe, muito particularmente Maimónidas, o filósofo e talmudista que viveu no século XII na corte de Saladino. Mas a minha geração atribui muito mais valor às relações com o cristianismo – e aí o diálogo torna-se muito mais praticável. Diria quase que ao longo destes dois mil anos de história nunca foi tão fecundo e luminoso como agora. Lembremo-nos do passado: quando um soberano medieval queria humilhar os judeus, convocava o seu chefe local ou nacional e forçava-o a entrar numa disputa com o adversário cristão. Para as comunidades judaicas, eram sempre dias de angústia durante os quais se jejuava para reforçar espiritualmente o seu representante. Hoje, as duas partes encontram-se realmente com prazer e com verdadeiro respeito, falam muitas vezes entre si. Do meu ponto de vista, esta evolução deve-se, essencialmente, a João XXIII, que foi talvez o maior papa da história da Igreja; foi ele que libertou a liturgia cristã de expressões anti-semitas. Por outro lado, desconfiei, num primeiro momento, do papa actual. Quando este homem, que vem da Cracóvia, celebrou em Auschwitz, recentemente, uma missa pelas vítimas, ou seja, que realizou o rito principal, o mais sagrado, da religião cristã, sem pedir ao mesmo tempo a um rabino para dizer o *kaddish*, a palavra «judeu» não lhe veio aos lábios. É incrível, mas é verdade: pregou no pior lugar de infelicidade do povo judeu sem o mencionar. Teria ele, por acaso, a intenção de converter, a título póstumo, todos aqueles que tinham sido assassinados? Felizmente, depois reconsiderou: reconheceu Israel e retomou as relações diplomáticas. Ficará na memória como o papa que tentou reconciliar as comunidades religiosas – essencialmente o cristianismo e o judaísmo.

O senhor insiste no facto de que o judaísmo é uma religião de um grupo pouco numeroso, mas que marcou profundamente o conjunto da humanidade. Poderemos dizer ainda hoje que o povo judaico foi eleito por Deus?

Na medida em que cada homem, cada povo, cada nação é eleita, sim. Quando era pequeno, considerava que nós, os judeus, éramos os únicos eleitos. Depois, evoluí, estudei as nossas origens e as de outros crentes, e mudei de opinião. Afirmo que nenhum povo, nenhuma religião tem o direito de se considerar superior. Concordo, nasci judeu, mas cada dia decido de novo pela minha religião, elejo-me de novo. O católico, o muçulmano, o budista, o agnóstico ou o ateu podem dizer a mesma coisa acerca das suas convicções e sobre si próprio. É uma questão de respeito. Respeito o próximo pelo que ele é, o que deseja e o que faz – na condição de que ele também me respeite, naturalmente.

Martin Buber, de quem estudou tão intensamente os conceitos, tratou dessa interacção construída à base do respeito fundamental do outro no seu texto *Je et toi*.

Foi o primeiro livro que eu li de Buber, e prefiro-o às suas narrativas hassídicas. É uma obra maravilhosa – tão convincente tanto pelo seu conceito filosófico como pela linguagem que lhe dá forma. Um dia, foi em 1947 ou 1948, ouvi Buber na Sorbonne – um verdadeiro grande homem. O grande auditório estava a rebentar. Lá estava ele, o filósofo existencialista da religião, vindo da Terra Santa. Se tivesse falado em inglês ou alemão, teria sido compreendido pela metade dos ouvintes, se tivesse falado iídiche, talvez fossem um quinto. Mas escolheu falar num francês muito aproximado, o que fez com que quase ninguém o tivesse compreendido. Apesar de tudo, tínhamos a sensação de participar numa experiência extraordinária.

Aprecia muito um outro filósofo judeu da humanidade e da alteridade: Emanuel Levinas. As obras dele exerceram uma influência directa na sua evolução intelectual?

Não. Na verdade tivemos o mesmo professor na mesma época, Mordechai Chouchani, mas não nos conhecíamos. Sob a sua direcção, cada aluno devia ficar só consigo próprio e não manter qualquer diálogo senão com Chouchani. Foi só mais tarde, quando eu publiquei alguns textos de Chouchani, que Levinas se voltou para mim e que comparámos os nossos pontos de vista. Admiro os seus trabalhos, nomeadamente os comentários do Talmude. Mas a ideia da alteridade já me era familiar, através da mística e do hassidismo. Um hassidim nunca vive isolado, vive na comunidade, na presença inelutável do outro, que o educa no amor e na tolerância. De certa maneira, Levinas fez desse retorno ao Tu a pedra de toque da sua impressionante filosofia; do meu ponto de vista, integra, com Henri Bergson, o número de pensadores mais notáveis do século XX.

Nos seus romances, nas suas narrativas e nos seus ensaios, vê-se constantemente que se sente tão atraído pelas doutrinas ocultas da Cabala como pelas sóbrias interpretações do Talmude. Para si, manifestamente, o estudo dos mistérios da esfera religiosa e metafísica anda lado a lado, desde a sua juventude, com a vontade de sustentar um discurso caracterizado pela razão e pela elucidação. As recordações dessa época ainda lhe dão força e esperança?

A literatura, como diz Mauriac, constitui a ponte entre a infância e a morte. Sobre este ponto, tem razão, não há dúvida sobre isso. A infância é uma fonte de riqueza interior e de aprendizagem, a morte uma fonte de preocupação e de angústia. No fundo, tudo o que sei hoje já o tinha aprendido quando era criança, sobretudo junto do meu avô. O hassidismo foi-me trazido pelo meu pai, o interesse pela metodologia inteligente do Talmude pela minha mãe, os cantos e a beleza sublime do misticismo pelos meus professores cabalistas. Mas não paro de aprender. Todos os dias estudo o Talmude e os comentários que o acompanham. Por outro lado, não falamos do misticismo.

Que papel tem a recordação na sua biografia pessoal?

O mesmo do que para outro ser humano. A recordação é um elemento essencial da vida e do sentido da vida. Sem recordação, o passado é atraído pelo abismo, o que o faz perder todas as suas ligações com o tempo presente. Sem recordação, não haveria história, nem cultura, não haveria civilização, não haveria nem moral, nem consciência do dever. Quando esqueço a minha responsabilidade para com os mortos, esqueço também a que tenho em relação com os vivos. Graças à recordação, identifico-me portanto com o que me ultrapassa. Neste contexto, é preciso mencionar o facto de que escrevi um romance sobre a doença de Alzheimer, certamente o mais obscuro dos meus livros. Não há nada pior do que esse cancro que rói a personalidade. O doente assemelha-se a um livro ao qual é arrancada página após página até que não resta nada mais do que a capa. Nem sequer percebe a vida como um vazio, vive na ausência completa, na ausência do vazio, na ausência da ausência. Não reconhece quem tem à frente, não se reconhece a si próprio. O Eu, que antes constituía o centro do microcosmo, apagou-se, desapareceu. Este sofrimento aterrador mostra a imensa significação que desempenha a memória.

No hassidismo, é a condição essencial da salvação da alma.
Sim, Baal-Shem-Tob, o fundador do movimento hassídico, sublinhou que o esquecimento retardava a redenção, enquanto a recordação acelera-a. Quando recordamos, transcendemos o tempo e respeitamos assim um mandamento bíblico.

Não existe um risco de ver empalidecer ou mesmo se dissipar a memória do Holocausto, a partir do momento em que deixe de existir uma testemunha para a manter?
É certo que essa angústia tortura os sobreviventes. Em breve, um deles será o último, e espero não ser esse um, porque seria um fardo demasiado pesado a carregar. Dito isto, nenhuma tragédia na história foi tão documentada como esta, de uma maneira tão exaustiva. A quantidade de fotografias, de poemas, de orações e de números que foram reunidos está em condições de acordar uma humanidade indiferente e anestesiada, e de lhe gritar: «Lembra-te!». Além disso, os filhos dos sobreviventes têm necessidade de continuar o seu trabalho. Mesmo a jovem geração alemã, que se encontra numa infeliz situação porque deve assumir a culpa dos pais e dos avós, afirma frequentemente a

sua intenção de continuar a honrar a memória. Quando ouvimos um testemunho, passamos a ser uma testemunha. Nesta perspectiva, não sou nada pessimista.

A confiança de que dá provas incita-me a voltar ao ponto de partida. Tendo em conta o horror de Auschwitz e de Buchenwald, como conseguiu preservar a fé em Deus? Theodor Adorno dizia que não há poesia possível depois de Auschwitz. E a fé em Deus?

É uma questão dolorosa. No campo de concentração continuei a rezar pelo meu pai, com ele e graças a ele. Mais tarde, depois da libertação, mergulhei de novo, ainda com mais ardor, nos meus estudos religiosos e na fé. Uma voz interior sugeriu-me retomar a minha vida no ponto exacto em que ela fora interrompida, como se que o que se tivesse passado não tivesse sido mais do que um intervalo. Mas, depois, atravessei uma crise de fé de que nunca me consegui restabelecer totalmente: a minha fé foi danificada, não é tão inquebrantável como antigamente. Mas qual seria a minha alternativa? Não existe. Mesmo se a tragédia do crente é pior do que a do não crente, aceita-a e suporta-a. Paro o judeu em particular, podemos dizer o seguinte: ele pode ser a favor ou contra Deus, mas não sem ele. É esta a razão pela qual retomo sempre o combate contra Deus.

Há alguns anos, no Fórum Mundial de Davos, ouvi-o pronunciar a palavra «contudo». Isso significa que, apesar de face diabólica da natureza humana e de uma história universal cheia de guerras e genocídios, nós devemos continuar a ter confiança no ser humano?

Pertenço a uma geração traumatizada que tem toda a razão do mundo para desesperar com o ser humano. Percebemos do que ele é capaz, que efeitos devastadores exerce sobre a inteligência, a cultura, a civilização, como ele nega e condena os valores inalienáveis da comunidade. Vimos que o mal triunfa. A partir daí, podemos com razão recusar as belas palavras sobre a humanidade, sobre a esperança que promete a redenção. Mas, ao mesmo tempo, pertenço a uma geração à qual compete não avançar esses motivos legítimos e declaro: contudo creio no outro, na história, em Deus. Contudo, acredito que o homem possui o dom de se ultrapassar no sentido do bem. Contudo, acredito que a vida não pode parar, que é preciso fazer qualquer para o futuro dos descendentes. É preciso vencer o mal, e isso acontece cada vez que uma criança é salva, que um doente sorri, que duas almas se encontram.

Posfácio

1.

«O mundo é duplo para o homem porque a atitude do homem é dupla. Ela é dupla em virtude da dualidade das palavras fundamentais, das palavras-princípio que ele está apto a pronunciar. As palavras-princípio não são palavras isoladas, são pares de palavras. Uma dessas palavras-princípio é o par Eu-Tu. [...] A palavra princípio Eu-Tu apenas pode ser pronunciada pelo ser inteiro. [...] Esta concentração, esta fusão num ser integral nunca se poderá fazer por mim, nunca se poderá fazer sem mim. Realizo-me ao contacto com o Tu: é tornando-me Eu que digo Tu. Toda a verdadeira vida se encontra. [...] O espírito, na sua manifestação humana, é a resposta do homem ao seu Tu. O homem fala diversas linguagens – a linguagem verbal, a linguagem da arte, a linguagem da acção – mas o espírito é um, é a resposta ao Tu que surge do fundo do mistério, que chama do seio do mistério». (Martin Buber)[12]

Quando se tenta colocar numa longa série de entrevistas as questões essenciais do início do século XXI, reúne-se um número muito importante de

---

12   Martin Buber, *La vie en dialogue*, traduzido por Jean Loewenson-Lavi, Aubier-Montaigne, Paris, 1959, pp. 7, 13, 32-33.

interlocutores procedentes de disciplinas e de domínios muito diversos da existência: literatura, arte, arquitectura, filosofia, história, ciências religiosas, antropologia, música, política internacional, ciências da vida – para citar apenas um pequeno número de exemplos. Tem-se, portanto, menos necessidade de reflexões e de justificações para introduzir o princípio segundo o qual são fundamentadas estas entrevistas – em certa medida, a sua matriz intelectual.

Quais foram as condições históricas do diálogo que nos esforçámos por instaurar neste livro?

Os procedimentos que regem a troca de reflexões entre seres humanos – uma troca na qual criámos, tentámos e consolidámos mensagens portadoras de sentido – podem certamente ser reproduzidas pela escrita; mas esta não pode, quanto a ela, pô-las em acção. É necessário, sobre este ponto, concordar com Sócrates: apenas ler não é suficiente. Se nos podemos aproximar da sabedoria, devemos falar mas também, naturalmente, ouvir. Mesmo em Platão se exprime a compreensão do facto que a palavra falada é superior à palavra escrita. Também Sócrates pôde ser interpretado nesse dia quando convence o seu interlocutor Eutífron que não pode pensar o que disse sobre a essência da piedade. Eutífron acusa Sócrates de meter as suas palavras em movimento: elas não querem muito simplesmente parar. Sócrates concorda com ele e acaba por admitir que não é intencional – assim como Dédalo deu movimento às suas estátuas ainda que preferisse continuar a vê-las imóveis. É aí que se encontra o movimento, a tensão interior mais produtiva quando nos entregamos a uma troca de pensamentos orais. Numa conversa aberta em que os interlocutores tentam compreender-se, empregam frequentemente as mesmas palavras – mas só o processo de questionamento e da resposta permite saber se designam a mesma coisa através dessas palavras. Sentimos estes processos num diálogo vivo e muito menos facilmente num texto escrito.

O *Filebo* é um dos diálogos mais tardios de Platão. Sócrates aparece aqui pela última vez no papel de interlocutor principal. É necessário observar, aqui, que Platão, após os cursos magistrais e didácticos dos diálogos da época mediana e tardia, retorna ao método dos seus primeiros escritos: a dialéctica do dom e da acepção dialogada não desembocam numa conclusão definitiva, o processo da tese e da réplica que nós consideramos justamente como característica de Sócrates.

O que há de tão particular neste método, por que é que se formula a hipótese quase provada de que produziria resultados tão preciosos? O que poderíamos aprender, no fim de contas, sobre a maneira como efectua os diálogos, tal como se apresentam neste livro?

Sócrates conduz as suas conversas relembrando o famoso passo de *Fedro* em que explica por que motivos uma discussão viva é infinitamente superior ao relato dessa discussão. As palavras escritas, diz ele, parecem alguns seres vivos, mas quando se os interroga, dão sempre a mesma resposta. Uma vez que a palavra foi escrita, é projectada de um lado e de outro, tanto para os que tentam compreendê-la como para os que não têm qualquer interesse nela.

Pode-se formulá-la com toda a confiança: o facto de pensar um com o outro é o segredo do êxito do diálogo. Esta realidade é também aplicada a este livro. Recordemos o que demonstra Sócrates em *Górgias*: o diálogo socrático distingue-se do método dos sofistas na medida em que estes queriam impor a sua opinião tentando convencer o outro. Sócrates, pelo contrário, comprometia-se a constituir uma cultura da linguagem, uma atitude moral no diálogo teórico. Queria pôr os homens em condições de falar uns com os outros, mas também corrigir a sua opinião. Ao princípio do diálogo correspondia o reconhecimento da igualdade de todos os participantes, que se levavam todos a sério. Nos diálogos socráticos da Antiguidade, as intenções práticas coincidiam consequentemente com as intenções teóricas.

Também nos esforçámos neste livro por fazer convergir os dois elementos racionais na tradição do diálogo socrático. Lembremo-nos ainda: nos diálogos socráticos ou platónicos, tentava-se reflectir «verdadeiramente» sobre a essência de uma coisa. Em virtude da vontade de atitude moral que acabámos de caracterizar, Sócrates devia fazer de modo que continuasse a estar igualmente aberta a possibilidade de corrigir a sua própria opinião. A atitude moral necessária era o reconhecimento de igual valor do outro interlocutor e o facto de se levar a sério o *topos* escolhido em comum. O diálogo era o instrumento encontrado por Sócrates ao fim de uma longa busca tendo em vista o discernimento da verdadeira natureza e não a natureza suposta das coisas. O diálogo era o lugar onde Sócrates queria ir da opinião, talvez verdadeira, de um indivíduo, à opinião verificada de todos. No diálogo *Fédon* – como no *Parménides* – Platão dizia como era necessário desenvolver a ideia ou o aspecto essencial de uma coisa: primeiro, era necessário percebê-la, depois, verificá-la e, assim, reconhecê-la sob a forma de diálogo. Em *Parménides*, interroga-se sobre a relação entre as ideias e as coisas tomadas isoladamente. Recordámos estas tradições para circunscrever brevemente a história dialéctica e dialógica da conversa, em cujo âmbito também foram conduzidas as discussões deste livro.

Há um outro ponto que também me parece importante: não há, sem dúvida, um tema mais central na filosofia ocidental do que o da verdade e não parece ser um exagero dizer que a história da filosofia pode ser descrita como dois milénios e meio em busca da verdade. Tomás de Aquino diz a este propósito: *Veritas est adaequatio rei et intelectus* (A verdade é a adequação da coisa e do intelecto). A concordância absoluta da coisa e do pensamento era designado como critério de verdade. Plotino, no fim da Antiguidade, e Agostinho, no princípio da Idade Média, marcariam o início de uma evolução que poderíamos designar como a transição entre a ontologia e a filosofia da consciência. Para Plotino e Agostinho, o critério da verdade encarnava a capacidade de controlar o desempenho do espírito humano ou da razão humana iluminada. A concepção protagoriana abria um caminho cada vez mais amplo à medida que se desenvolvia a corrente filosófica que podemos descrever como uma filosofia da consciência ou um mentalismo. No início dos tempos modernos, tornou-se então certo que o que é conhecido não depende das coisas mas do entendimento humano e do seu desempenho. Tornou-se claro, aqui, que não pode existir um baricentro fora da evolução cultural – que não existe, de certa maneira, o exílio cósmico onde se poderia julgar o que é o conhecimento objectivo que conduz à verdade absoluta.

Estas conversas situam-se, assim, na tradição dos diálogos socráticos que, como os diálogos antigos, constituíam um exercício prático tendo em vista melhorar a comunicação, no qual se educava sobretudo a audição e em que se clarificava os conceitos. A intenção deste livro é a de fazer reviver, de maneira exemplar, para o nosso tempo, esta tradição de conversas platónicas e socráticas.

2.

«*O valor de um diálogo depende sobretudo da multiplicidade de opiniões concorrentes. Se a torre de Babel não tivesse existido, seria necessário inventá-la*» (Karl Popper)[13]

Após estas breves reflexões preliminares sobre a história da cultura, voltemo-nos para o conceito de «diálogo» propriamente dito. O que é que liga todos os diálogos deste livro?

O conceito de diálogo tem sempre uma relação com o desejo de ser entendido, mas também com o de se falar seriamente, lealmente e francamente. Vamos tentar, aqui, desenvolver um pequeno número de normas que serviram de fio condutor aos diálogos que se encontram nesta obra – um género de método do diálogo que teria sido aplicável a todas as conversas.

Quais são as características notáveis do tipo de diálogo que se pratica neste livro? Quais são os principais elementos que o compõem? Para além da propensão a ouvir, da capacidade de suspender por momentos as nossas opiniões, e *a fortiori* os nossos juízos têm certamente um papel a desempenhar. Tratava-se, nos diálogos, de explorar campos de reflexão que nos estão próximos, ou que nos são estranhos, sob uma forma aberta e não manipulada. A nossa experiência dá-nos a todos um sentido profundo, instintivo, do que podemos conhecer, do que chamamos a «realidade» e, portanto, do que foi um diálogo fecundo. Algo que nos tocou profundamente, talvez alguma coisa que a palavra alemã *Einsicht* (literalmente: in-specção, ou seja: discernimento, compreensão) permitiria designar com mais precisão.

Tentámos neste livro aproveitar a oportunidade do diálogo, de alargar estes momentos e trabalhar ao longo das fronteiras do pensamento tal como se desenvolveu até aqui. Os diálogos são sempre uma tentativa de

---

13   Karl R. Popper, *Conjecturas e Refutações*, Almedina, 2003.

abordar diferentemente as questões, as situações e os lugares comuns dotados de vários níveis. Tentou-se sempre fazer nascer novas situações em que a interacção era fonte de criatividade, seguindo a linha do pensamento.

O essencial era aprender mais sobre uns e outros e sobre nós próprios, assim como crescer mutuamente. Cada conversa foi vivida como um encontro enriquecedor. Utilizámos as abordagens que permitiram ao diálogo avançar para novos elementos de compreensão e novas soluções qualitativas no sentido de captar «o espírito do diálogo».

Nesse sentido, todas as conversas reunidas neste livro são a expressão de um processo de conhecimento. Nenhuma das conversas tinha por finalidade constituir entidades fechadas e monádicas. Tratava-se sempre, antes de tudo, de um projecto comum, a várias vozes, destinado a mostrar que se pode tornar fecundo o encontro de pontos de vista diferentes sem fechar as palavras num espartilho de afirmações e definições. Todas as entrevistas tentaram adoptar um procedimento dialógico concebido como a busca comum de um novo conhecimento. A atitude de aprendizagem é, portanto, fundamental. Aqui reside talvez o segredo e o êxito do diálogo, que é sempre um caminho de aprendizagem, mas também de encontro e esperança.

Acontece muitas vezes que no nosso papel de investigadores, professores, conselheiros, nos comportamos como pessoas dotadas de um saber, mas incapazes de aprender com as nossas conversas e *a fortiori* fazer com elas experiências comuns. Acontece frequentemente que nos ouvimos mal uns aos outros, que nos defendemos muito e que nos interrogamos muito pouco – que se manipula supostas certezas como se se tratasse de verdades. Em suma: acontece muitas vezes que constituímos uma comunidade de ensino primeiro do que uma de aprendizagem. Procurámos, assim, neste livro não somente ouvir, mas pensar e aprender em conjunto.

Como é que estes diálogos deveriam começar? Colocando sinceramente em causa todas as certezas que temos como tantas outras imagens bloqueadas? Como introduzir um diálogo numa situação petrificada? Como acreditar que se vai poder pôr em acção qualquer coisa com sucesso que não corresponde nem à evolução da «cultura da querela» nem ao modelo da comparação entre duas «situações objectivas»? Como explicar que o diálogo é mais do que a troca do que se reflectiu? E outro ponto importante: como é que as pessoas podem desenvolver pelo diálogo a sua humanidade comum? Como é que se pode desenvolver o espírito do diálogo? Como pensar e viver nele?

Tantas questões que nos chegavam em todas as entrevistas, que não cessavam de se colocar, clamando todas elas por uma resposta. Talvez tenhamos procurado estas respostas, fazendo constantemente ressoar um diálogo interior com muitas vozes diferentes. A isto junta-se a ideia que embora um diálogo englobe geralmente o decurso de uma conversa entre duas pessoas, esta tem-se intensamente sempre consigo mesmo. Devíamos também, no decorrer das entrevistas, colocar o problema da «reprodutibilidade técnica», para empregar os termos de Walter Benjamin: como, para ser mais preciso, é que as entrevistas poderiam ganhar em qualidade e em profundidade, ainda que paralelamente a troca de informações e reflexões entre os homens se tenha multiplicado na era da revolução digital e das tecnologias electrónicas de comunicação, e qual é o veículo para os mais diversos meios técnicos? A qualidade, no fim de contas, deixará lugar à quantidade? Poderemos tirar ensinamentos intelectuais a partir de polaridades? E sobretudo: como é que as coisas novas e férteis surgem entre os homens? É necessário responder aqui a uma questão essencial: poderão as polaridades subsistir no diálogo, poderão mesmo manter um equilíbrio para percebê-las de maneira consciente, tirando daí as lições da sua multiplicidade? Questionamo-nos muitas vezes se podemos falar uns com os outros, supondo que uma opinião que parece aberrante possa ainda conter em si uma pequena ponta de verdade.

A ideia directriz deste livro é a de se familiarizar com o modelo de diálogo como forma de pensamento e de vida que desenvolvemos a partir das nossas experiências e dos nossos encontros. A ideia do diálogo exige que se esteja também o mais aberto possível às exegeses e interpretações de outros pontos de vista. Uma coisa é certa: mesmo a implicação trágica pode conduzir ao diálogo. E pode-se aplicar este princípio à política: o diálogo primeiro, a paz a seguir. Como disse Martin Buber, «toda a vida real é um encontro».

3.

«*Se tens razão, podes permitir-te ficar calmo; se não tens, não te podes permitir perder a calma*» (Mahatma Gandhi)

O princípio fundamental deste livro assenta na energia transformadora dos processos de diálogo que percorremos com os outros. É necessário, sem dúvida, fazer aqui a distinção entre um diálogo de acaso e um diálogo voluntário, mas também entre uma simples troca de propósitos e um diálogo orientado para um objectivo.

É só à primeira vista que o diálogo parece ser um tipo de comunicação simples e natural. Procurar – e era um dos fios condutores dos diálogos publicados neste livro – uma linguagem que leve em conta a essência do diálogo, da exigência consistente do «não querer parecer» ao sentido como entendemos Buber, sem dar a impressão de querer pregar verdades ou de nos entregarmos a simples exercícios intelectuais: este era o desafio.

No início de cada entrevista, encontrávamo-nos perante uma missão incomum e mesmo face a um projecto paradoxal. Tratava-se de fixar através da escrita o que se prende essencialmente com o processo – a entrevista – e compreender este processo como uma busca comum. O poder das palavras escritas, e mais fortemente ainda o das palavras faladas, corre o risco de não funcionar se não nos esforçarmos por restituir o que cria o ambiente e a evolução do pensamento no centro de um processo em que se tenta ultrapassar trajectórias e esquemas calcificados.

Desde há muito tempo, os filósofos e os escritores são confrontados com esta questão. Escreveram poemas e até criaram cascatas de palavras que deviam levar à perfeição alguns aspectos da ambição dialógica. Robert Musil escreveu, por exemplo:

«Não estou unicamente persuadido/ que o que eu digo é falso/ mas também/ o que se dirá para o refutar./ Apesar de tudo, é necessário começar a falar./ Com um tal objecto a verdade/ não é um centro/ mas um contorno como um saco/ que muda de forma/ a cada opinião com que se forra/ e torna--se, no entanto, cada vez mais sólido».

Um dos objectivos destas entrevistas era também preservar a espontaneidade que as habitava, de seguir em directo os meandros do pensamento de todos os protagonistas – numa palavra: ouvir a voz viva.

O cronista, na circunstância, continua sempre a ser uma parte da sua crónica. Esforçámo-nos por nos colocarmos constantemente em questão, em certa medida «pensar contra nós próprios», frequentemente irrequietos entre a universalidade do saber e o particularismo da temática abordada.

Mas encontrávamos sempre, num primeiro plano, um espírito comum e mesmo uma consciência comum que ultrapassava muitas vezes a essência das opiniões. Tínhamos frequentemente a impressão de que a resposta não se escondia de maneira nenhuma nas opiniões, que se encontrava noutro lugar e aparecia, talvez, no livre jogo dos movimentos do espírito silencioso. Esforçámo-nos, assim, por recentrar de maneira coerente estas entrevistas no seu sentido para nos aproximarmos um pouco da verdade e poder dela participar. Mas atenção: a verdade propriamente dita parece escapar-nos muitas vezes – é precisamente o que torna o diálogo francamente insubstituível, uma vez que se preocupa, ao fim e ao cabo, em dar um sentido. Se a incoerência deste sentido se manifesta, nunca avançaremos para a verdade: todos os caminhos estarão fechados antes mesmo de nos comprometermos. Só o diálogo dialéctico pode avançar no sentido da constituição de um sentido comum, para um tipo de «verdade comum». Foi, portanto, necessário aqui, apoiando-nos numa grande mobilidade intelectual, procurar incessantemente novos caminhos. Pensamos, por exemplo, quanto, neste sentido, teria podido ser fértil um diálogo entre Niels Bohr e Albert Einstein.

4.

«Numa conversa autêntica, voltamo-nos para o nosso parceiro e dirigimo-nos a ele com toda a verdade: é, portanto, um movimento do ser para ele. Cada um dos que falam vê aqui no ou nos parceiros a quem se dirige a existência que tem da pessoa. Ver quer dizer, neste contexto, que o que fala está ao mesmo tempo a torná-lo presente na medida em que lhe é possível nesse instante.

[...] Mas o que fala não percebe apenas a pessoa que lhe está, assim, presente; aceita-a como parceiro, ou seja, confirma-a, na medida em que é ele que confirma este outro ser. O movimento que faz com que o seu ser se dirija veridicamente ao outro ser inclui esta confirmação, esta aceitação. Uma tal confirmação, escusado será dizer, não tem de modo algum o sentido, já, de uma aprovação; mas qualquer razão que possa ter para me opor ao outro, digo sim a essa pessoa, aceitando-a como um parceiro autêntico.

Além disso, se uma conversa autêntica tiver de acontecer, cada um dos que participam nela deverá expor-se a si mesmo. Isto significa, em primeiro lugar, que deve estar preparado, em qualquer momento, para dizer o que pensa verdadeiramente do objecto tratado. [...] Na grande fidelidade, pelo contrário, em que a conversa autêntica respira, o que tenho a dizer neste ou naquele caso tem já o carácter do que quer ser dito e tenho o dever de não o reter, de não o reter em mim. Quando a palavra dialógica existe, de origem autêntica, é necessário que se lhe faça justiça usando total franqueza. Ora, a franqueza é exactamente o contrário de discorrer sem qualquer sentido. [...] Quando a ideia do efeito que se produz ao pronunciar-se as palavras que se deve pronunciar reina até na atmosfera da conversa autêntica, age-se destrutivamente... Quando, pelo contrário, a conversa se realiza na sua essência, entre parceiros que estão verdadeiramente voltados um para o outro, exprimindo-se sem reserva e livres de toda a vontade de parecer, produz-se na sua comunidade um memorável estado de fecundidade, como não se apresenta em parte alguma. A palavra nasce substancialmente, cada vez, entre homens que apreendem na sua profundidade e obra o dinamismo de uma co-presença e mutualidade elementares. O inter-humano oferece um acesso ao que distintamente está fechado a esta penetração». (Martin Bubber)[14]

Não nos esqueçamos: estas entrevistas desenrolaram-se ao longo dos últimos anos do segundo milénio e no início do século XXI, ou seja, numa época caracterizada pela especialização excessiva de todos os domínios do saber. Por isso, as entrevistas são sempre também uma tentativa de ultrapassar esta fragmentação moderna do nosso pensamento. Foram

---

14 Martin Bubber, *La vie en dialogue*, op. cit., pp. 215-216.

conduzidas com um espírito interdisciplinar, no melhor sentido da palavra. As problemáticas decisivas dissimulam-se muito frequentemente entre as diferentes disciplinas universitárias – as questões abordadas ao longo destas entrevistas oscilam em consequência entre todas as faculdades das ciências humanas: literatura, filosofia, antropologia, história da cultura, arte e teologia, para só citar alguns exemplos. No enunciado das questões, tentámos sempre avançar para uma visão mais profunda dos processos e dos acontecimentos do mundo, colocando-os no seu contexto. O cérebro humano é, aqui, concebido como uma organização que apreende, o pensamento linear serve de fundamento da lógica enquanto o pensamento paralelo evolui como uma aprendizagem-modelo. Resulta daqui que o próprio cérebro aplica uma forma natural do diálogo.

Um questionamento constante permite colocar supostas certezas sob uma nova luz; o inesperado, aqui, é sempre um desafio a superar. O estudo da história mostra que o conceito de diálogo se enraíza profundamente na tradição antiga e na significação grega original do termo. Os Gregos antigos praticavam o seu discurso na praça do mercado, a *agora*. A civilização política mundial do início do século XXI também tem necessidade da *agora* – muito mais do que da arena – no quadro da política quotidiana. A *agora*, na cultura grega, servia de plataforma à democracia. Nos casos felizes, a conversa era o enquadramento de uma expressão de inteligência colectiva. Isso não mudou até aos nossos dias. O diálogo fez aparecer possibilidades intelectuais que cada um detém decerto individualmente mas que só se manifestam na conversa. Pelo contrário, as opiniões rígidas opõem-se à capacidade de conduzir um bom diálogo.

Este livro situa-se na tradição de uma cultura de interrogação – o diálogo é provavelmente a ferramenta mais manuseável para fazer mover o mundo intelectual em eixos cada vez mais largos e pô-lo incessantemente na ordem.

Mas o livro concebeu-se também como um fragmento crítico da civilização dos tempos modernos. Devemos mudar o nosso estilo de reflexão monista, isolado, atomizado, para aceder a um pensamento fundado no diálogo. Isto concerne à política actual, à economia, mas também à cultura, às artes e à religião. Neste espírito, esta obra quis trazer uma pequena contribuição à refundição de uma cultura do diálogo que se oporia à frente compacta da tecnocracia no mundo pós-industrial do início do século XXI.

Todos os elementos que compõem o diálogo devem, aqui, ser tomados em conta: o respeito mútuo, a atenção, o sentimento de ser entendido. Quando realmente têm êxito, as experiências dialógicas apenas podem ser descritas pelo termo «graça» que se reserva vulgarmente ao domínio religioso.

A política, no sentido daquele que exerce o poder, insta a apresentar-se como um homem «que sabe». A atitude do que aprende pede-nos ao contrário da abertura, a coragem de se lançar num recomeço sem fim. Atitude parecida de aprendizagem permite-nos criar um espaço suficientemente aberto para pôr constantemente em causa os nossos velhos modelos de pensamento e de comportamento. O mestre *zen* Shunryu Suzuki tinha já compreendido que se a coragem de recomeçar abre muitas possibilidades, este não é o caso do «espírito dos peritos» que domina cada vez mais fortemente a nossa modernidade técnica, invadida pela burocracia.

Todo o diálogo tem necessidade de abertura. É necessário um espaço aberto para que possa nascer, quando tudo vai bem, uma nova compreensão, uma nova proximidade. Mas só se obtém esta proximidade criativa quando duas pessoas, face a face, estão preparadas para se soltar das suas próprias convicções, a transmitir mutuamente as suas figuras de pensamento, a fazê-lo sem reserva, estando na disposição de deixar que o pensamento do outro influencie o seu.

Estas condições, esta abertura, foram determinantes para todas as entrevistas que se encontram neste livro e que, caso contrário, não teriam jamais visto a luz do dia.

Mas como pudemos aqui chegar? Primeiro, foi necessário ter confiança no interlocutor, a certeza de que não se sairia daqui magoado. Numa atmosfera de debate, e *a fortiori* de disputa, esta certeza não existia de todo: vivemos, assim, uma polarização do ataque e da defesa, luta-se para obter posições, estamos envolvidos num certo tipo de guerra. Ora, se a guerra traz, por vezes, a vitória, esta não traz a paz; aquele que se supõe ter ficado por cima quer entrar em cena como vencedor.

Uma situação destas não aconteceu em nenhuma das entrevistas que são reunidas neste livro. Bem pelo contrário: o essencial era a capacidade próprias de ouvir, as entrevistas eram levadas pela experiência fundamental que consistia em ser escutado sem reserva pela outra pessoa. Esta experiência é comparável a um «campo» gerativo no qual o indivíduo pode sentir se vai detectar uma compreensão, uma frivolidade, uma dificuldade profunda e uma energia criativa que nenhum dos parceiros talvez nunca ousasse imaginar. É evidente que a escuta empática, tal como foi praticada nas entrevistas, tem sempre um carácter activo. Na medida em que dou sentido ao que ouvi, o processo da resposta transforma-se de uma maneira muito natural. Nesta acepção, a audição pode activar uma força intelectual e uma criatividade surpreendentes. A audição oculta sempre uma energia transformadora: podemos falar de um nível metacognitivo que permite ser aberto ao desconhecido, ao novo.

  Estas entrevistas mostraram também que era muito importante não só escutar o outro, mas ser igualmente ouvido por ele. Isto implica também o respeito e o reconhecimento pelo outro. Nesta medida, o êxito do diálogo é sempre, de certo modo, uma cura interior. Se o homem, após uma longa busca, encontra um lugar onde tem a sensação de ser ouvido – no equilíbrio do reconhecimento – então o espaço do diálogo vale a experiência que o ser humano tem quando regressa a sua casa: ele «pertence a este lugar». Este «regresso» foi ao mesmo tempo o fio condutor e o critério de todas as entrevistas reunidas neste livro.

  A aprendizagem e a compreensão mútuas encorajaram o «argumento produtivo» que teve um papel central nas entrevistas. Os participantes expuseram-se mais a um processo de reflexão do que a um confronto exclusivo com produtos intelectuais acabados. O objectivo destas entrevistas era o de retardar os processos intelectuais para permitir um pensamento no espaço comum. A sua missão essencial era desenvolver esta figura do «observador interior» que, como um sismógrafo, permite ir ao fundo das convicções e das atitudes intelectuais.

  Vivemos um processo de exploração e de reflexão comuns, mas também uma tentativa que visa transformar a nossa percepção do mundo no sentido de podermos falar uns com os outros – de nos compreendermos, simplesmente. Estas entrevistas puderam, assim, ser utilizadas para desenvolver modos criativos do pensamento, seguindo fios condutores de um tema comum. Ouvir sem preconceito, a palavra geradora, exploradora, era aqui uma condição indispensável. As principais capacidades requeridas eram, para além da abertura de espírito, a atitude do que quer aprender, uma profunda curiosidade, a rejeição de pretensas certezas, no sentido de manter mais facilmente o equilíbrio do diálogo, de respeitar a opinião do outro e, inversamente, deixar agir sobre nós as palavras do interlocutor. O «argumento produtivo» assenta na faculdade que tem uma «palavra geradora» de falar, de certo modo, «do fundo do coração», de ultrapassar os preconceitos e de defender o seu ponto de vista de tal maneira que a integridade intelectual do seu diálogo seja preservada e que se exponha as profundas estruturas do que pensa realmente o seu interlocutor.

5.

«Foi então que pensei: sou mais sábio do que esse homem. Pode ser que nenhum de nós nada saiba acerca do belo e do bom; mas ele acredita saber alguma coisa, ainda que nada saiba, enquanto eu, como nada sei, também não creio em saber. Parece-me, portanto, que eu sou um pouco mais sábio do que ele pelo próprio facto que o que não sei também não penso saber». (Platão)[15]

O contexto etimológico permite progredir na compreensão da essência do diálogo, tal como se exprime neste livro. A noção de «diálogo» deriva da palavra grega *diálogos*. *Logos* designa, aqui, a palavra, mas também o sentido dessa palavra. Quanto ao prefixo *dia*, não significa «dois», mas «por». Na circunstância, o termo é todo um programa. Ninguém tenta ganhar, no sentido em que quando eu ganho, és tu que perdes, como é o caso na disputa e mesmo na simples discussão. Os diálogos reunidos nesta obra visavam o processo de pensamento sobre o qual se apoiam as suposições e as opiniões, não as próprias opiniões. O objectivo era transformar o desenvolvimento colectivo do pensamento. É a este que se atribui a sua atenção. Da posição do pensamento intelectual, avançava-se para um processo de reflexão comum, sustentado na ideia de que, do

---

15 Platão, *Apologia de Sócrates* 20-23.

ponto de vista da história cultural, uma grande parte do pensamento é sempre de origem colectiva – mesmo a linguagem humana é, na história da evolução, o fruto de uma vivência colectiva. O indivíduo pode, assim, interiorizar a atitude dialógica antes de sopesar e de decidir. Na balança da evolução humana, o pensamento colectivo é, portanto, mais expressivo do que a reflexão isolada, puramente individual, que é em grande parte, no fim de contas, o resultado do pensamento individual na interacção do homem com os artefactos do seu espírito. Isto vale também para a reflexão que oculta a linguagem enquanto expressão colectiva, cada pensador dá, então, uma contribuição, tendo também o seu papel. Assim sendo, muito poucos pensadores são capazes de meter frequentemente muitas coisas em movimento.

O «princípio dialógico» sobre o qual assentam todas as entrevistas deste livro permite, melhor, exige – e é um ponto importante – a emergência da empatia que permite o advento do «espírito» da entrevista e o desenrolar da criação. No fim de contas, toda a acção humana pode ser concebida como um desenvolvimento criativo com vista a assegurar-se o seu carácter único, mas também a sua integração numa harmonia cósmica. Aqui, o conceito de inspiração no conhecimento de si parece perfeitamente adequado.

Estas entrevistas também exigiram, consequentemente, um «desdobramento interior». Tomás de Aquino falava já desta «unicidade que religa tudo» e pensava certamente aqui na harmonia cósmica, esta união no cosmos como realização quando vibra ao mesmo tempo que a unicidade. O «desdobramento interior» oculta sempre um mistério. Não existe nada no cosmos, nem o mais pequeno grão de pó, que não contenha em si um segredo interior – aprendemo-lo também em física das partículas. Não podemos conceber uma partícula, por muito pequena que ela seja, que não tenha uma ligação existencial com as suas semelhantes. Como também o mostra a física quântica, as fronteiras convencionais do espaço e do lugar explodiram. Não existe nada que não seja sem outra coisa. O reino do cosmos é o das relações infinitas. E também podemos aplicar esta metáfora ao conceito de diálogo.

As entrevistas publicadas neste livro eram, portanto, um tipo de apelo ao diálogo, concebido não somente como uma conversa, mas como um progresso mútuo susceptível de abrir um horizonte. Ensaiar o diálogo é tão antigo como as mais velhas civilizações da história da humanidade. Do que foi dito até aqui, ressalta claramente o facto de que a forma do diálogo ao qual nos esforçamos por aceder é um processo de vários estratos que ultrapassa largamente as concepções tradições de conversa e de troca de ideias. Um campo extraordinariamente vasto de experiências humanas torna-se claro: valores profundamente enraizados, emoção, função da memória, importância dos mitos culturais tradicionais, mas também a experiência doinstante que, por si só, garante a espontaneidade do diálogo.

Na sua acepção mais profunda, um diálogo semelhante ao que tentámos instaurar seria um convite para repensar a viabilidade da identidade, sobretudo quando o pensamento comum permite um benefício no domínio do saber. Questiona-se, no fim de contas, o que significa «ser homem» e explorar em conjunto o potencial e abrir os horizontes do pensamento.

Mencionámos noutra ocasião que é necessário superar a «fragmentação científica», apelando à participação criativa. As partes estão sempre em relação integral uma com a outra, o que, em caso de sucesso, desobstrui a entidade viável da entrevista. É necessário evitar os modelos de pensamento genérico e tradicionais do ser humano que apenas percebem o mundo de uma maneira fragmentária e cindindo o que não deveria ser separado.

Basta observar o conjunto da civilização e da vida política para nos darmos conta que uma tal percepção fragmentária desemboca obrigatoriamente num mundo no qual as nações se encontram num frente-a-frente hostil onde os espaços económicos parecem blocos erráticos, onde as religiões não se falam, onde os sistemas de valores estão em conflito político e onde os egos fundamentalmente opostos testam o seu poder – tudo isto apesar das tentativas de pôr ordem nas coisas.

É a razão pela qual as nossas entrevistas foram caracterizadas pela experiência concreta da comunidade. Interpretava-se de maneira positiva as opiniões e os valores opostos, mantendo-os em suspenso, o pensamento tornava-se criativo. Mantinha-se no espírito as suposições e as reacções do interlocutor. Não se tratava de «corrigir» o que ia surgindo ao longo da entrevista. Uma curiosidade distendida, que se abstinha de emitir um veredicto, tentava perceber o interlocutor em todas as suas facetas, sem o instrumentalizar. O que, de maneira aparentemente inevitável, constitui a incoerência do pensamento humano era compensado por uma interacção entre o observador e o observado, que abandonava as suas posições fixas para desfrutar do teor intelectual da entrevista. Podíamos, assim, produzir, do ponto de vista do espírito, uma nota fundamental comum, renunciando a todo o caderno de encargos na escolha de temas: a entrevista desenrolava-se como um livre curso de significações entre os parceiros. Ninguém devia defender-se e a liberdade de transformar estava sempre presente. Esforçávamo-nos, assim, por obter uma nova dinâmica que não teria excluído nenhum interlocutor nem conteúdo determinado. As entrevistas eram uma excursão partilhada cujos interlocutores assumiam a responsabilidade e, no melhor dos casos, uma reflexão colectiva. A entrevista era também, sempre, um encontro humano directo que exigia uma alta dose de sensibilidade e de atenção. Estas entrevistas não eram orientadas para os acontecimentos, para os factos, o seu objectivo não era criar imagens separadas da realidade. Isso teria correspondido ao pensamento tradicional da civilização técnico-científico que se tratava justamente de ultrapassar aqui. As fronteiras eram, pelo contrário, consideradas permeáveis. Lançámos pontes entre as disciplinas científicas no sentido de conceber o movimento do mundo perceptível como participante num Ser vital.

O movimento intelectual esforçava-se, assim, por atingir uma ordem natural mais profunda, que fazia também surgir estratos contextuais e intelectuais que poderíamos talvez justamente descrever com precisão, empregando a expressão «discurso intelectual sem fronteiras». Esta «ausência de limites» corresponde, num sentido filosófico-antropológico profundo, à definição fundamental da existência humana segundo a qual a dimensão cósmica é uma necessidade intrínseca do ser humano – a necessidade de compreender os sentidos da vida para aproximar do «fundo do Ser».

Se queríamos ultrapassar com estas entrevistas a fragmentação da percepção científica, que encontra a sua expressão última na fragmentação de toda a civilização política, como já tínhamos feito alusão atrás, este não é o resultado das leis imutáveis da evolução humana, mas o fruto da compreensão da incoerência do nosso próprio pensamento.

Neste sentido, estas entrevistas inscrevem-se numa crítica da civilização. Não querem unicamente ultrapassar a fragmentação do pensamento científico, mas a da realidade da civilização no início do século XXI. As dimensões individual, colectiva e cósmica da existência humana cruzam-se nestas entrevistas, o homem é concebido como um «animal metafísico» no seu longo caminho através da história da evolução.

Estas entrevistas concebem-se também como campo de experimentação de uma nova ordem de suposições, de saber, da relação consigo próprio e com o outro, o próximo com o qual partilhamos o mesmo mundo.

6.

«Se as portas da percepção fossem mais largas, tudo apareceria ao homem tal como é: infinito. Mas o homem fechou-se de tal maneira que apenas vê as coisas pelas estreitas fissuras da sua caverna» (William Blake)

Houve sempre nestas entrevistas um nível tácito, um silêncio sustentado pela sua própria coesão interna, um tipo de saber silencioso e partilhado pelos parceiros. O saber tácito é sempre um saber concreto. Pode mesmo dizer-se que o processo concreto da reflexão se faz sempre em silêncio; o pensamento permuta sempre sobre um fundo silencioso, o que conduz explicitamente para a expressão, mas ele não é senão uma parte do todo. O processo tácito é vivido em comum, é uma partilha, no sentido literal do termo.

A intenção deste livro é dar uma contribuição a um movimento que faz avançar o processo de diálogo no plano de toda a civilização política no sentido de desenvolver uma consciência comum e de reencontrar a capacidade de pensar – e sobretudo: de agir em conjunto. Uma grande parte do património comum que se exprimiu – *pars pro toto* – nestas entrevistas tem também uma significação para a civilização política no seu conjunto. É urgente encontrar um sentido comum e assumido do pensamento e da acção. Uma civilização política é sempre um feixe de relações entre seres humanos e instituições; só elas são capazes de assegurar a coexistência. Isto pressupõe que se partilhe e que se viva conjuntamente os conteúdos semânticos de uma cultura. O sentido, aqui, designa sempre a intenção, o objectivo, a representação dos valores. Sem isto, toda a civilização se fractura na política e na economia.

Estas reflexões ganham uma actualidade e um peso suplementares quando se recorda um paradoxo ameaçador no qual vive a civilização mundial actual: por um lado, a comunicação através dos *media* electrónicos e digitais conhece um crescimento exponencial, os satélites varrem todo o planeta, pode estabelecer-se um contacto directo com as mais pequenas manifestações organizadas nos quatro cantos do mundo, através da CNN/ /MTV ou da BBC World. O mundo é apreendido até nos mais longínquos recantos pela tecnologia de comunicação, a Internet aumenta ainda mais o desempenho na sua rede, o telefone está omnipresente, os voos intercontinentais supostamente aproximam pessoas de todo o mundo. Mas é apenas uma das faces da mesma moeda.

Na realidade, as tensões étnicas e religiosas, os conflitos militares em África, na Ásia e na América Latina, na ex-Jugoslávia e na antiga União Soviética provam que os membros de diferentes nações, religiões e culturas vivem hoje em dia em tensão e que muitas vezes mal são capazes de discutir pacificamente sem que isso se torne num confronto. É por esta razão que a capacidade civilizadora do diálogo ganha uma importância também elementar, não somente na conversa pessoal, mas também no campo da política internacional e da economia. Vê-se cada vez mais claramente que no domínio político, nomeadamente, os diferentes grupos não estão absolutamente em condições de se ouvirem mutuamente e *a fortiori* entrar num diálogo sério. Dever-se-ia, no quadro deste diálogo, tentar que os parceiros não se contentassem com transmitir algumas ideias e informações que são já sobejamente conhecidas. O objectivo deveria ser desenvolver um princípio de acção comum, criando algo de fundamentalmente novo entre as partes. É, no entanto, muito raramente o caso na diplomacia internacional. O diálogo tem aqui menos lugar do que a disputa, as negociações ou as trocas entre nações e territórios políticos. É a busca da «verdade» e da coerência que deveria ter a o lugar central; seria necessário que houvesse disposição para se questionar as velhas estruturas do poder, que se estivesse disposto a fazer prova de abnegação, correndo o risco que o interlocutor, permanecendo ao abrigo do seu escudo, mantivesse a sua opinião preconcebida e a defendesse com virulência. É somente quando aparece a possibilidade de obter algo de fundamentalmente novo no arsenal dos argumentos, e mesmo de fazer surgir qualquer coisa de comum, que existe uma esperança de ultrapassar também as «barreiras intelectuais» no domínio da diplomacia internacional.

O que acabámos de apresentar ilustra a importância que o diálogo assumiu para as culturas, civilizações e religiões no início do século XXI. Estes fundam-se em «dogmas» tradicionais e em suposições da sua interpretação da realidade, como o sublinharam alguns antropólogos, de Claude Lévi--Strauss a Clifford Geertz. Não pode haver paz, hoje, entre as nações enquanto não se tiver estabelecido preliminarmente uma paz entre as religiões e as culturas. Só o diálogo tem a força para fazer moderar os fundamentalismos e os nacionalismos seculares ou religiosos e de lançar uma ponte entre crenças diferentes. O físico David Bohm falou do «tudo inerente» que é necessário estudar para discernir as fontes espirituais comuns. Nós somos sempre pelo diálogo e este dá-nos uma metáfora fiel da existência: estamos sempre em contacto com os outros, ou para nos identificarmos com eles, ou para nos demarcarmos deles. O diálogo é, antes de tudo, um modo de vida comum a todos os homens. Numa época marcada pelos conflitos etno-religiosos e pelo regresso ao tribal, o diálogo de culturas e de religiões torna-se na condição *sine qua non* de uma política de paz responsável.

A homogeneização técnica do mundo está também em conflito com a preservação das diferenças culturais e religiosas. Sentimos os diferentes modos de fundamentalismo como um antimodernismo. De um lado, a totalização do planeta induzido pela economia mundial e pela tecnocracia acelera. Mas no exacto momento em que a economia se globaliza, o planeta cinde-se no plano político, étnico e religioso. Face ao comércio cosmopolita em crescimento fulgurante e à troca de informações nos *media*, encontra-se uma agitação territorial extraordinária. A «aldeia global» é agitada pelos nacionalismos laicos ou religiosos, por divisões que se exprimem em guerras civis, por conflitos entre identidades culturais e religiosas. A integração cultural não segue fielmente a integração política, seja nos Estados da APEC, da ASEAN ou do Mercosur na América Latina, entre os que assinaram o acordo do GATT ou ainda os do Pacto Andino. O totalitarismo da economia mundial opera-se sobre um cenário de uma balcanização cultural e religiosa sem limites, nos antípodas da uniformização e da homogeneização que ameaçam o mundo. Isto diz respeito tanto à Argélia, ao Irão, à Índia como a algumas zonas da China, à Chechénia ou à ex-Jugoslávia, os problemas que ocorrem em África e no Sri Lanka, em vastas zonas da ex-União Soviética ou na América Latina. Poderíamos falar de um tipo de termóstato antropológico que exerce um efeito de correcção sobre a integridade cultural da humanidade no início do século XXI.

A importância crucial do diálogo entre culturas, religiões e civilizações salta, aqui, aos olhos. A era da globalização dos diversos procedimentos de comunicação e da economia, religiões e culturas não vivem separados uns dos outros, influenciam-se mutuamente e os produtos das diferentes culturas misturam-se.

Constata-se, portanto, quanto a modernidade de uma cultura tem necessidade do diálogo para ultrapassar as abstracções e as cisões no domínio da política de paz.

7.

«O espírito da abstracção alimenta o sistema totalitário» (Gabriel Marcel)

Vivemos, hoje, num mundo digital onde a velocidade e a eficiência têm uma grande importância. Mas quer se trate de fax, dos satélites ou dos computadores, com o seu correio electrónico e os seus serviços virtuais imediatos, o seu único efeito foi o de reforçar uma densidade opressiva, o mutismo, no próprio sentido do termo, e a perda de referências metafísicas da existência. À medida que progredia a comunicação virtual, o diálogo inter-humano inibiu-se ou cessou. Torna-se, hoje, urgente encontrar possibilidades de reforçar a cultura do diálogo. Se quisermos melhorar um diálogo real, se se quiser que o pensamento se torne, ao mesmo tempo, mais profundo e mais visível, é necessário que se retarde este pensamento e fornecer-lhe sondas susceptíveis de medir a profundidade. Sem este processo de retardação, estaremos cada vez menos em condições de justificar o sentido profundo da existência humana e de a integrar na civilização. Seria efectivamente desejável, precisamente hoje, encontrar uma argumentação mais independente, não obedecer aos *mass media* como a imperativos e não rechaçar as «questões últimas», como por exemplo a perda do sagrado, a ausência da metafísica vivida, a relação com a morte. Como formula justamente J. Krishnamurti: «Se começas a compreender o que tu és, mesmo que não tentes mudar, estás já a transformar-te».

O homem da modernidade situa-se em cada dia numa sucessão infinita de diligências de avaliação. No coração deste fluxo de dados, é necessário tomar decisões e fazer escolhas no sentido de chegar a esta interpretação da «realidade», que apenas nos recorda que é uma construção única. É exactamente neste ponto que uma cultura dialógica pode trazer melhoramentos essenciais. Sem ela, as nossas decisões e acções são definidas pela radiação de imagens do mundo que não perfuram praticamente o véu dos factos objectivos.

O objectivo declarado do diálogo é quebrar esta reacção em cadeia no sentido de ultrapassar todas as formas de comunicação artificial e falsa. Pode-se aqui chegar graças à retardação da qual já falámos, duplicando uma atenção responsável, de uma profundidade reconquistada. Chegar-se-á melhor através de um processo de mutação natural do que recorrendo ao que já foi «pensado».

É característico que as primeiras etapas da civilização da humanidade tenham sido marcadas por este pensamento do «diálogo», mas também da «participação». Nas primeiras e precoces culturas (sabêmo-lo, por exemplo, graças aos estudos sobre a religião dessas épocas publicados por Leroi-Gourhan e O. E. Wilson), reinava uma visão não fragmentária mas holística: as partículas do universo não pareciam cindidas, os elementos estavam ligados uns aos outros e tomavam parte, conjuntamente, numa harmonia cósmica. O espírito «de todas as coisas» encarnava uma unidade, um todo. É bem evidente que hoje em dia, com a visão fragmentária da civilização técnica, esta harmonia cósmica é quebrada se não se chegar a reforçar de novo o pensamento participativo e o princípio dialógico.

Recordemo-nos: na pré-história e nos primeiros tempos da história, as tribos dispunham de um totem, de animais específicos com os quais era possível identificar-se. A tribo e o totem eram idênticos. Pressupunha-se que um totem participasse, de maneira comum, numa energia ou num espírito. Talvez mesmo se pensasse que tudo o que existia participava de um espírito universal ou, para utilizar uma formulação mais exacta, de um «material universal».

Era através de um totem que se entrava em relação com a tribo. E era «na sua globalidade» que o homem se dirigia ao totem. O totem e o ser humano alimentavam-se da mesma energia, o que provocava uma sensação de unidade.

Na cultura ocidental, conservou-se esta significação até ao fim da Idade Média. Foi necessário esperar pelos tempos modernos para ver surgir a ruptura, na sequência da qual o indivíduo já não tem lugar ao abrigo da globalidade. O sujeito e o objecto dissociam-se, então, nas figuras de pensamento essenciais. É contra isto que é necessário agir. Temos necessidade, justamente na nossa modernidade, de compreender que não podemos deixar a globalidade cindir-se, que é necessário uma harmonia cósmica, sobretudo se queremos tornar compatíveis a tecnologia e a cultura, em resumo, que uma visão holística se tornou simplesmente uma condição da sobrevivência.

A ideia da participação continuou a ser posta em prática na Idade Média, por exemplo em Tomás de Aquino. Este explicou, com razão, que o sujeito de uma frase participa do seu predicado. Pensava igualmente que o ar participava da luz do sol. Para ele, o ar, na sua forma mais pura, exprimia-se no sol e nós participávamos disso. Seria desejável que a modernidade se recordasse desta unidade perante os desafios ecológicos da humanidade, que culminam com a pilhagem da natureza, dos mares, dos planetas.

Temos, hoje, cada vez mais necessidade, na civilização política, deste «princípio do diálogo», segundo o qual tudo participa de tudo, e compreende a nossa própria existência, que intervém no destino da terra. A ideia de um Ser autónomo, liberto do *Oikos*, da terra que envolve todas as coisas, não conduz a lado nenhum. Somos alimentados pela terra. É necessário ultrapassar a fragmentação da existência humana em proveito do «princípio do diálogo» e do pensamento participativo que age no crescimento comum das coisas e das pessoas. Caso contrário, as relações humanas transformam-se numa mecânica fria. O homem tradicional da modernidade concebe muito fortemente o Si-mesmo como um objecto, supondo além disso que toda a actividade decorre dele. É face a esta atitude que é necessário colocar o pensamento do diálogo participativo, tendo em conta o facto de que a participação mútua constitui a verdadeira natureza da existência humana. O diálogo integra sempre uma certa ordem, uma certa coerência.

O mais importante é compreender que os homens, desde a pré-história, têm também uma dimensão cósmica, de um espaço que mergulha na natureza e no sobrenatural, nas cosmologias do saber, na sensação religiosa profunda. Os espaços da natureza e do sobrenatural ultrapassam largamente o indivíduo e a sua civilização política.

As primeiras culturas humanas eram ainda marcadas pelo animismo. Considerava-se que a natureza era viva, animada por um espírito. O homem estava inteiramente integrado nela e tomava parte de todas as coisas.

Podemos talvez dizer que é necessário, no seio da economia da evolução humana, reconhecer uma necessidade do cósmico. Exprime-se na arte – que teve sempre uma relação com o cosmos – certamente na exigência intrínseca do sagrado e da religião, posteriormente da literatura e da filosofia, após todas as tentativas conduzidas pelo ser humano para estabelecer relações entre a natureza e o sobrenatural.

Na modernidade técnica, é precisamente esta relação tensa entre o homem e o cosmos que se quebrou; o homem encontra-se hoje num impasse, por assim dizer «no fim da natureza». No início dos tempos históricos, a natureza era ainda algo de poderoso, escapando à influência do ser humano. Perante as ameaças ecológicas que pesam sobre ele, o homem da modernidade técnica é forçado a compreender que o processo histórico atingiu um ponto em que a destruição tecnológica que ele desencadeou corre o risco de o destruir a si mesmo. Corremos o risco, hoje, de cruzar o ponto de não retorno.

Lancemos um novo olhar sobre a história, no sentido de regressar de certo modo a nós próprios. As culturas tribais da pré-história e do início da história formulavam-no muito claramente: a Terra é a nossa mãe. Devemos manipulá-la com precaução. Esta metáfora da natureza como mãe, encontramo-la ainda hoje num grande número de culturas indígenas, entre outras no espaço andino da América Latina, nas montanhas da Bolívia e do Peru – nos índios Q'erro, por exemplo, entre os quais se fala de «Pacha Mama», a Mãe Natureza que é necessário respeitar.

A perigosa marcha tecnológica à qual se entrega o ser humano moderno, que não recua perante uma instrumentalização sem freio de todas as fontes naturais, ganha, neste início do século XXI, proporções planetárias – pense-se apenas na catástrofe ecológica que está em vias de acontecer na China onde se comportam sem o mínimo respeito nem o mínimo escrúpulo pela natureza; isto ultrapassa todas as fronteiras ideológicas. O problema é planetário. A transformação das nossas relações com a natureza, a rotura da relação interna que nos ligava a ela, ameaça hoje essa harmonia; é a loucura da modernidade tecnológica.

Como disse Octavio Paz, a atitude em relação à natureza exprime sempre a dimensão cósmica do homem na sua história e na sua actualidade. Parece que a existência humana é levada e marcada por uma busca do ilimitado, melhor: do infinito. O ponto decisivo, aqui, é que na perspectiva da participação, ou seja, do diálogo participativo, o ilimitado é o fundo de tudo – de onde decorre que o nosso verdadeiro Ser é, no fim de contas, também ele ilimitado. Aqui, a compreensão da importância da participação e o princípio do diálogo destacam a compreensão do ser humano por si mesmo que, ao longo da sua grande viagem na história da evolução, tem sido sempre um animal metafísico.

8.

«*Uma teologia que daria não respostas, mas questões sem resposta – não seria uma teologia que contribuísse para uma fé que levasse verdadeiramente o ser humano a sério?*» (Jean-Baptiste Metz)

É na busca da metafísica e da transcendência que o homem se revela verdadeiramente humano. Esta busca de metafísica autêntica, de espiritualidade e de transcendência encontra-se nos estádios de cultura e de civilização mais diversos. A necessidade de cruzar fronteiras fixadas à condição humana aparece tanto na Ásia Central como no culto dos antepassados praticado na África Ocidental ou em Madagáscar e nas culturas da Amazónia, mas também nos Estados industrializados da América e da Europa. Nas culturas do Ocidente e do Oriente, esta necessidade exprime-se pelas formas mais diversas: na busca da imortalidade nas ilhas taoístas, mas também na demanda do Eldorado, nas peregrinações hindus a Varanasi, dos muçulmanos a Meca, na prática mística dos sufis muçulmanos, dos cabalistas judeus, nas Sagradas Escrituras católicas, na *Odisseia* ou na epopeia de *Gilgamesh*. Esta necessidade exprime-se, naturalmente, na filosofia, na magia, na pesquisa científica e, obviamente, nas diferentes formas que toma a arte. A busca espiritual exprime-se na epopeia mitológica de *Popol Vuh* no seio das culturas avançadas meso-americanas do México, sobre as quais trabalhou Alfred Métraux. A busca do conhecimento ocupa, aqui, o primeiro lugar. O homem continua a ser o técnico do sagrado, desde as culturas indígenas avançadas dos Incas até aos nossos dias.

Sejam quais forem as diferenças entre culturas, todas elas têm necessidade de uma transcendência visionária da realidade dada. Ernst Cassirer sublinhou-o com a sua teoria das formas simbólicas. Como é que poderemos dizer, do ponto de vista da história da evolução, que uma existência é humana? Antes de tudo, por esta busca metafísica. O homem é pelo menos tanto *animal quaerens* como *animal rationale*, tenta elevar-se acima do mundo natural e ultrapassar a cisão entre natureza e cultura, em que reside a busca de tudo o que é metafísico. Esta necessidade de se transcender, no sentido em que o entendia Bergson, tem as suas raízes nas origens protoplásmicas da evolução. É somente na medida em que o homem se esforça por superar a satisfação das suas necessidades puramente biológicas que a busca se torna verdadeiramente humana. O homem procura mais do que encontra, e é nesta clivagem que reside a raiz da metafísica. Esta busca espiritual e metafísica está, numa primeira fase, em relação com as religiões, mas teríamos dificuldade em identificar umas com as outras. Clifford Geertz atribui às religiões a capacidade de conferir às instituições sociais um selo no fim de contas válido, de as inserir num quadro sagrado e cósmico. A religião protege o ser humano contra a anomia da insignificância, exprime esta busca de sentido urgente e intenso à qual se entrega o ser humano – uma busca que se situa na origem da tentativa que visa impor também a ordem à qual escapa o seu controlo. Lévy-Bruhl falava já da participação mística a propósito das religiões primitivas.

Esta busca metafísica revela a incompletude – interiormente verídica – de todos os esforços humanos, na medida em que se refere à possibilidade de obter uma ordem superior à ordem insuficiente que é hoje a nossa. Levar uma vida na consciência irreversível do seu carácter efémero, ter consciência de que a existência é um espaço intermédio e transitório: eis o contexto desta busca. A busca de permanência é uma quimera, incompatível com a mobilidade e transformação que definem o homem como um ser que interroga. Na incerteza do futuro reside também a fonte de energia da busca pessoal. A clivagem entre certeza e incerteza cria toda a potencialidade re-formadora como uma constante antropológica de todas as culturas – e compreende a era da realidade virtual. O questionamento, dizia o poeta Auden, é sempre também uma busca. Isto consiste em procurar qualquer coisa da qual ainda não se tem experiência. A busca metafísica e espiritual do ser humano é o esforço imperfeito para tornar actual este ou aquele elemento do futuro. Isto dá ao ser humano o seu quadro de referência, ele encontra-se a si mesmo, crendo tornar-se sempre mais do que é efectivamente. O homem vive na sua imperfeição, é para si mesmo uma promessa, permanece um *animal quaerens*. A busca metafísica e espiritual é um processo criativo ao longo do qual o homem não pára de se criar. Nesta busca encarna-se o que é propriamente humano, a fidelidade para com o Si incompleto. Se a busca metafísica e espiritual é uma constante antropológica enraizada na biologia, na língua e na história do ser humano, encontramos exemplos em todas as épocas e estádios culturais, em todas as religiões e em todos os mitos. Cada cultura tem necessidade dos seus utensílios de transcendência – a busca metafísica e espiritual dos xamãs prova-o tanto como a busca dos cientistas e dos poetas, dos artistas, filósofos ou fundadores de religião. O homem, animal metafísico, encontra-se projectado por esta antecipação que conhece quando procura uma transcendência transformadora num futuro menos conhecido. O homem não pode unicamente viver nas abstracções de uma civilização técnica, a vida não é um erro metafísico da matéria, o homem não pode viver na geografia da sua consciência como no sentimento do desespero sem lugar, da alquimia artificial da vida. Mesmo no tempo da modernidade técnica, não está condenado à inutilidade metafísica. Resta o conhecimento metafísico do segredo de todas as coisas, que é mais do que a respiração periférica ou o instinto rítmico de um qualquer organismo, mais do que um frio sarcasmo. Os enigmas da vida são mais do que um simples reflexo da espécie humana. O homem não se pode contentar com jogar com as aparências.

As forças que vão no sentido contrário, que se exprimem no «pensamento participativo» e numa cultura do diálogo, são, portanto, de uma importância primordial. Este volume e as entrevistas que contém situam-se nessa tradição e quiseram dar a sua contribuição.

CONSTANTIN VON BARLOEWEN

Lista dos entrevistados

«Nasci no Alcorão»
Adónis   21
«A América também tem necessidade do multilateralismo»
Boutros Boutros-Gahli   45
«Nenhum cientista sabe o que é a vida»
Erwin Chargaff   63
«Os futurólogos enganam-se sempre»
Régis Debray   75
«A Odisseia crioula ou o drama da América Latina e as mitologias do futuro».
Carlos Fuentes   87
«Dêem-nos tempo: também já tiveram o vosso»
Nadine Gordimer   121
«A história natural não conhece progresso»
Stephen Jay Gould   135
«Por que é que certos países são desenvolvidos e outros não?
Samuel Huntington   147
«Philip, quero ver o mundo inteiro!»
Philip Johnson   165
«Não estou à espera do fim anunciado do sentimento religioso»
Leszek Kolakowski   179

«Interessar-me pela língua é uma maneira de abordar de modo material o espírito…»
Julia Kristeva   191

«A ideia de me dissolver no nada não me inquieta»
Claude Lévi-Strauss   219

«Há muito mais dignidade no mendigo…»
Federico Mayor   233

«Um homem deitado no pó também pode ser grande»
Yehudi Menuhin   251

«Sim, a poesia pode salvar o homem»
Czeslaw Milosz   273

«O combate pela terra é mais importante do que qualquer problema arquitectural»
Oscar Niemeyer   285

«Gosto do deserto e sou um homem da periferia».
Amos Oz   299

«Os melhores são os mais humildes»
Raimon Panikkar   315

«O homem não poderá nunca permanecer na indiferença»
Cardeal Paul Poupard   335

«O homem e a natureza são criaturas do tempo»
Ilya Prigogine   357

«Se Tocqueville regressasse à América de hoje…»
Arthur Schlesinger   369

«Só a beleza nos salva…»
Michel Serres   381

«Somos inspirados pelo desejo de transcendência»
Wole Soyinka   393

«A Tecnologia não é uma força»
Edward Teller   405

«Ser humano, plenamente»
Tu Wei-ming   417

«Se o tempo é dinheiro, então velocidade é poder»
Paul Virilio   453

«Quando ouvimos um testemunho, passamos a ser uma testemunha».
Elie Wiesel   467